WENHUA YICHAN XUE

文化遗产学

蔡靖泉 著

华中师范大学出版社

图书在版编目(CIP)数据

文化遗产学/蔡靖泉著.—武汉:华中师范大学出版社,2014.1(2025.8 重印)
ISBN 978-7-5622-5179-8

Ⅰ.①文… Ⅱ.①蔡… Ⅲ.①文化遗产 Ⅳ.①G04

中国版本图书馆 CIP 数据核字(2011)第 165157 号

WENHUA YICHAN XUE

文化遗产学

蔡靖泉© 著

责任编辑:周柏青　**责任校对**:刘 峥　**封面设计**:甘 英
编辑室:学术出版中心　**电话**:027—67863220
出版发行:华中师范大学出版社有限责任公司
社址:湖北省武汉市洪山区珞喻路 152 号
电话:027—67863426(市场部)
传真:027—67863291
网址:http://press.ccnu.edu.cn　**电子信箱**:press@mail.ccnu.edu.cn
印刷:武汉兴和彩色印务有限公司　**督印**:刘 敏
字数:523 千字
开本:787mm×960mm 1/16　**印张**:28.25
版次:2014 年 1 月第 1 版　**印次**:2025 年 8 月第 8 次印刷
印数:5101—6100
定价:66.00 元

欢迎上网查询、购书

前　言

文化遗产是人类在社会历史实践中创造的具有文化价值的物质财富和精神财富遗存，是人类赖以生存和发展的珍贵资源。

有史以来，文化遗产尽管因自然和人为的原因难免受到损毁，但人类出于生活需要，也一直在有条件、有选择地保护与利用文化遗产，只是世人对文化遗产的价值、保护与利用文化遗产的意义的深刻认识，以及基于此认识并因文化遗产存在环境恶化而采取的全面保护文化遗产的全球行动，则形成并出现在近半个多世纪里。

20 世纪上半叶的两次世界大战，不仅给世界人民的生命财产造成巨大损失，而且摧毁了无数珍贵的文化遗产。战争结束后，有识之士在沉痛的反思中，也对战争给文化遗产造成的损坏深感可惜，呼吁国际社会共同保护文化遗产。于是，以维护世界和平，促进各国在教育、科学和文化方面的合作为宗旨而成立的联合国教科文组织，在 1954 年的海牙大会上通过了《武装冲突情况下保护文化财产公约》(简称《海牙公约》)，阐明了“确信对任何民族文化财产的损害亦即对全人类文化遗产的损害”的世界文明观念，要求各缔约国“采取一切可能步骤以保护文化财产”。从此，保护人类文化遗产成为联合国教科文组织的重要工作内容。1950—1970 年是欧、亚、非许多国家由战后重建转入经济快速发展的时期，大规模的建设造成了文化遗产和自然环境的严重破坏，保护文化和自然遗产的难度增大，也更加需要世界各国通力合作、共同行动。在成功主导了一些国家的文化遗产保护工作而积累经验、深化认识的基础上，联合国教科文组织在 1972 年举行的第 17 届大会上通过了《保护世界文化和自然遗产公约》(又称《世界遗产公约》，简称《世遗公约》)。这个公约的通过，标志着联合国教科文组织主导的世界遗产事业正式揭开了发展的序幕，促成了在世界范围内持续升温的文化遗产保护热潮。1980—2000 年，世界各国被更快地纳入全球经济一体化的轨道，现代化、城市化的进程加速，文化遗产存在的环境也更趋恶劣。文化生态的巨大变化，促使人们越来越深刻地认识到保护文化遗产对于维护世界文化多样性的重大意义。尤其能体现世界文化多样性而生存条件脆弱的非物质文化遗产，逐渐广为世人重视而被加强保护。2003年，联合国教科文组织第32届大会通过了《保护非物质文化遗产公约》(简称《非遗公约》)。以此为标志，联合国教科文组织主导的世界遗产事业迈入了对文化遗产实施全面保护的阶段，世界遗产保护的水平也达到了前所未有的高度。

在世界遗产事业的发展过程中，文化遗产作为人类的生存根源和发展基础，日益为世界人民所深刻认识。文化遗产作为民族和国家发展的基础性、战略性资源的价值和作用，也越来越为各国政府所重视。在联合国教科文组织的主导下，世界各国都在大力加强保护与利用文化遗产的工作。

中国是世界上历史悠久且文明从未断裂的大国，也是有着丰富多样、弥足珍贵的文化遗产的大国。自古以来，中国就一直有着保护与利用文化遗产的传统。新中国成立后，政府更是高度重视和不断加强对文化遗产的保护与利用。由于历史的原因，中国在1985年才加入《世遗公约》，将本国的文化遗产事业与联合国教科文组织主导的世界遗产事业接轨。经过近30年来积极参与世界遗产保护的工作和大力加强本国文化遗产保护的实践，中国在文化遗产保护与利用的观念、原则、方针、制度、规划、措施等许多方面，已与国际接轨而跨入世界前列，并且根据国情总结经验、取长补短，形成了中国特色。

文化遗产保护与利用的紧迫性和必要性，促成当今世界文化遗产保护与利用事业的广泛开展和蓬勃发展。文化遗产保护与利用的具体工作和深入实践，又促使世人不断丰富和深化关于保护与利用文化遗产的认识。迄今关于文化遗产的概念、类型、构成、价值及其保护与利用的原则、机制、方式等认识，主要是在近60年来文化遗产保护与利用的实践中逐步丰富和深化的，而且已经形成涉及广泛、研究深入的相关知识，有必要对其进一步系统化和理论化。当前，文化遗产保护与利用社会实践的广泛展开和深入进行的现实，急切地要求创建可以为这一重要社会实践提供理论支撑的学科知识体系——文化遗产学。

文化遗产保护与利用的实践，必然会形成相关的理论。科学的发展，伴随着人类社会实践能力的提高和程度的加深而发展。学科的产生和演化，始终与人类的社会实践密切联系在一起。人们对文化遗产保护与利用的相关理论认识进行系统化的归纳和理论化的概括，就能构建出文化遗产保护与利用的基础理论体系。实践是理论产生的前提和形成的基础，理论是实践的认识升华和活动依据。没有理论的指导，实践活动也难免会有盲目性。同理，文化遗产保护与利用实践的正确开展和事业的顺利发展，也需要在社会实践基础上形成的体系化的基础理论提供服务和指导。

文化遗产从根本上讲是民族、国家和人类的共同财富。文化遗产的保护与利用，是民族、国家乃至全人类的事业，需要全民共同参与，尤其需要大量系统掌握其基础理论知识的人才具体从事这项事业。因此，广泛宣传文化遗产保护与利用的知识，大量培养相关专业人才，关系到文化遗产事业的成效。近年来，文化遗产的宣传、教育和研究已逐渐形成热潮。较早重视文化遗产保护与利用的西方发达国家，在 20 世纪后期就已开始培养文化遗产专业的研究生。20 世纪末以来，中国各地、各高校的文化遗产研究机构和相关专业，如雨后春笋般地涌现。文化遗产的宣传、教育，需要将其保护与利用的相关知识系统化和理论化。文化遗产的研究，逐步由概念、具体、个案的研究进展到全面、系统、综合的研究。随着文化遗产宣传、教育的日益普及和文化遗产研究的深入开展，近年国内学术界形成了创建文化遗产学的强烈呼声。在北京及各地举行的相关学术活动中，文化遗产学的构建都成为重要议题。2009 年颁行的修订版《中华人民共和国国家标准·学科分类与代码》，正式将"文化遗产学"确定为国家标准中的一门学科并纳入中国的学科体系。

学科是相对独立的知识体系，学科的形成非一朝一夕之事，需要长期学术研究的积累和相关学科的支撑。文化遗产学的诞生，正是有着学术研究的长期积累和发展成熟的众多相关学科的支撑。

在中国，研究文化遗产的历史可以追溯到商周时期，而且形成了重视和研究文化遗产的传统。这首先表现为对文献的整理和研究，其次表现为对各种文物和民间文艺作品的收藏、搜集、整理和研究。汉代，学者们为了证经补史而研究传世和零星出土的青铜器以及刻有文字的石刻碑版，开始孕育中国古代的金石学。宋代，帝王乃至士大夫皆热衷于搜求、赏玩和研究古器物，金石学也随之兴盛。清末民初，已有学者提出建立古器物学。新中国成立以来，文物事业蓬勃发展。至 20 世纪 70 年代，文物界就有人根据中国文物事业飞跃发展的形势和文物保护的需要提出建立以包括古器物、古书画、古建筑、古遗址等所有文物为研究对象的综合性大学科——文物学。另外，近代以来，诞生于欧美的考古学、博物馆学、民族学、民俗学、人类学等与文化遗产研究密切相关的学科，也在传入中国后获得了很大的发展。

外国的文化遗产研究似乎还要早于中国。古埃及和古巴比伦的统治者着意搜求珍品奇物，古希腊的伟大学者亚里士多德悉心整理和研究了亚历山大大帝获取的大量珍贵文物。西方国家对物质的和非物质的文化遗产的全面关注和研究，肇始于 16 世纪，至 19 世纪形成了相关学科，20 世纪以来愈加重视和持续繁荣。

20 世纪下半叶以来，在各国有识之士的推动下，在重视文化遗产保护的国家的表率下，在联合国教科文组织的主导下，世界范围内的文化遗产保护和研究都取得了巨大成就。

中国和世界各国高度重视、大力加强文化遗产保护工作的社会形势和广泛实践，联合国教科文组织主导而在世界范围内形成的文化遗产保护热潮，世界各国日益增长的利用文化遗产资源发展社会经济文化的极大需求，催生着为文化遗产保护与利用提供理论支撑的学科。加之世界各国文化遗产研究的长期学术积累、文化遗产研究相关学科的发展和成熟，以及近年世界各国专家为保护文化遗产进行研究所形成的大量成果，尤其是以文化遗产为研究对象而与文化遗产学科知识体系密切相关的学科的成熟理论、方法和研究成果，为文化遗产的全面保护、科学管理与充分利用、合理开发作理论阐发的学科形成提供了条件，也使文化遗产学的创立具备了必然性和现实性。

文化遗产是人类在历史的社会实践中一切文化创造活动及其成果的遗存，内容极其丰富。因此，文化遗产学既是一门综合性、体系化的大学科，又有着与相关学科不同的主要研究任务——文化遗产的保护与利用。

在科学发展史上，学科分分合合的两种趋向一直存在，但又在不同的社会历史阶段或突出表现为分，或突出表现为合。诞生于人类文明史早期的科学，起初就是自然科学和社会科学的大综合体，并无专门学科的严格分野。至16世纪,科学分化为多种学科的趋向才越来越明显。在西方世界从农业社会向工业社会转型的17—19世纪，人们日益提高着社会实践能力，奋力开拓认识和改造客观世界的广度和深度，学科的分化尤其突出，形成了许多专门化、精细化的学科。不过，20世纪以来，尽管学科发展随着人们向认识和改造客观世界的广度和深度进军而仍旧加速分化，却也因人们认识和改造客观世界达到相当高度后凸显客观世界的整体化、庞杂化、系统化的难度而趋于综合化。与社会的物质生产和生活直接相关的自然科学，首先并且不断地出现了综合性的学科。信息论、控制论、系统论这新兴科学的"三论"，都是学科大交叉、大综合的科学理论。兴起于当今科学研究领域的生命科学、能源科学、海洋科学、材料科学、空间科学、环境科学等，无一不是综合性的学科知识体系。据现代社会发展的要求，受自然科学发展的影响，人文社会科学领域各学科不仅突破传统界限而相互交叉、渗透，而且出现了或正在构建大交叉、大综合学科。文化遗产学可谓人文社会科学领域内正在构建的一门这样的学科，其研究需要与社会科学和自然科学的许多学科发生横向渗透或边缘交叉的联系。尽管文化遗产学与一些关系密切的学科在研究中有相当程度的一致性或重合性，但文化遗产学因其主要研究任务不同，研究范围、理论和方法也不尽相同，并非可以包容或取代这些相关学科。

近年来，不少学者和许多从事文化遗产保护的人士都在大力呼吁并积极探讨创建文化遗产学，而且提出中国作为文化遗产大国更有责任在世界上率先构建出学理坚实、具有中国特色的文化遗产学科知识体系，确立中国在世界文化遗产事业中的话语权，为人类利用文化遗产而可持续地多元创造、和谐发展作出贡献。

本书的撰写，就是适应中国及世界文化遗产保护与利用实践的迫切需要，在对文化遗产及其保护与利用进行较为全面系统的研究的基础上，构建文化遗产学科知识体系的尝试。

尝试构建文化遗产学科知识体系，期望这一尝试不仅对文化遗产保护与利用的相关知识进行系统化的归纳和理论化的概括，而且对文化遗产的宣传和教育切实有益，笔者在撰写过程中着重考虑了以下几个方面：

一、全面性与综合性

文化遗产涵盖了物质的和精神的人类文化遗存的方方面面，但国际社会对文化遗产的认识却是随着文化遗产保护实践的深入而逐步丰富和深化的。《世遗公约》中定义的"文化遗产"，仅指不可移动的物质文化遗产。至世纪之交，国际社会才充分"考虑到非物质文化遗产与物质文化遗产和自然遗产之间的内在相互依存关系"及其保护的必要性，《非遗公约》乃于新世纪初产生。可是，在文化遗产的研究及保护与利用的实践中，人们仍习惯于分别对待，因而不利于对文化遗产进行全面的保护与利用。

本书则是对物质的和非物质的文化遗产及其保护与利用的理论与实践的全面阐述和综合探讨，并对文化遗产学的综合性特征做了较为深入的分析。

二、理论性与系统性

文化遗产的保护与利用已是世界热潮，但其理论研究却严重滞后。国际国内出台的一些相关文件中对文化遗产的概念和类型的界定、分类的方法和体系等，往往都是为文化遗产保护实践所提出并根据当前需要而阐发的，存在学理上的不够完整、严谨、科学之处。

本书对文化遗产的重要概念和类型、分类的方法和体系等进行了理论分析和概括，力图作出完整严谨的概念界定、类型说明，建立合理的分类体系。

关于文化遗产学的学科构架，本书也尝试着建立系统化的学科知识体系的基本框架。

三、应用性与贯通性

在笔者看来，文化遗产学的一个重要特征就是应用性。甚至可以说，文化遗产学是一门应用理论学科。因此，本书不仅仅是有关学科知识体系的理论构建和文化遗产诸问题的理论阐发，对文化遗产的保护、利用和管理也做了较为全面而详明的论述，力图做到理论与实践相结合，充分体现学科的特性和效能。

本书尝试构建的学科知识体系关联着诸多学科，论述的内容涉及自古以来物质文化遗产和非物质文化遗产的方方面面，考察视野既有保护又有利用、既有历史又有现实与未来。因此，本书的理论阐发和实践总结都注重其贯通性，力图阐明其相互关系。

四、特色性与创新性

文化遗产的概念及其保护理念和方式，尽管主要是近30年来传入中国而为国人所汲取和借鉴，但中国实际上已经有了数千年的文化遗产保护与利用的历史，尤其是新中国成立以来，积累了保护文化遗产的较为丰富的理论认识和有效的保护经验。在新世纪里，中国政府不仅大力加强了文化遗产保护工作，而且在借鉴外国文化遗产保护的先进理论和方法、积极与国际接轨的同时，也结合国情并发扬传统而有所创新。本书立足中国，放眼世界，既注重论述文化遗产保护与利用的国际共识及外国先进的理论和方法，更注重论述中国在文化遗产保护与利用中的历史经验、理论探索和方法创新，着力突出文化遗产保护、利用与文化遗产学构建的中国特色和创新之处。

文化遗产学的构建虽然是社会呼吁多年、学界孕育多年，并且已经有了诸如《世界遗产学》、《非物质文化遗产概论》、《中国文化遗产保护概论》、《非物质文化遗产学》之类的著作面世，但这类著作大都或为非物质文化遗产，或为物质文化遗产，或为世界文化和自然遗产的知识介绍及其保护的理论和方法论述，迄今尚未见到全面系统地论述既包括物质的和非物质的文化遗产，也涉及自然遗产保护与利用的理论和方法，并构建出其学科知识体系的论著出版。

关于文化遗产的概念、类型、保护方法、利用措施、管理体制与方式等，本书不仅有着对国际国内的理论与实践的述评，而且在深入的理论分析基础上尽力阐发笔者的一孔之见。

五、普及性与通俗性

文化遗产保护与利用是全民的事业，只有让广大民众了解文化遗产保护与利用的理论和方法并自觉地参与文化遗产保护与利用工作，文化遗产才能得到有效保护与合理利用。因此，本书虽然是关于文化遗产的学术论著，但也着眼于向广大民众介绍文化遗产和普及文化遗产保护与利用的知识，尤其是为了便于学校用作文化遗产及其相关专业的教材，故在论述中力求通俗易懂，而且为了增强普及效果，随文附上插图，力求图文并茂、知识性与理论性兼备。

本书分为八章，逐一论述文化遗产学的学科构架及文化遗产保护与利用的重要问题。

文化遗产学这一学科知识体系的构建，有其必要性和现实性。但是，其构建又不是仅凭一人之力或少数学者在短时间里所能完成的，而是需要众多从事文化遗产事业的人士集思广益、同心协力才能完成。笔者在撰写本书的过程中，参阅和借鉴了学界同仁及社会各界人士的相关研究成果，选用了媒体(包括网络)公开发表的相关图片。本书完稿付梓之际，笔者的感激之意也倍增于怀。

本书只能说是关于文化遗产学的尝试性探索，还期待有志于文化遗产事业的博洽人士不吝赐教、共同玉成。

希冀本书有助于读者了解文化遗产及其保护与利用的基本知识，自觉参与文化遗产事业的活动；有助于同仁深入研究文化遗产保护与利用的基本理论，积极推动文化遗产事业的发展。

目　录

第一章　导　论

往昔珍宝，人皆爱之；遗留财产，人皆承之。人类在社会历史实践中的创造性成果，会作为文化遗产而存留于世。人类的世世代代，都是在继承前人文化遗产的基础上发展的。出于生活的需要，人类早就知道珍惜和传承前人的文化成果，也早就开始学习和研究前人的文化成果。不过，人类为了自身的发展而形成保护与利用文化遗产的社会意识，则是近几百年间的事情。人类为了自身的发展而在全球开展文化遗产保护活动，并进行文化遗产保护与利用的理论和方法的科学研究，更是近几十年里的事情。

文化遗产学是关于文化遗产及其保护与利用的理论和方法的知识体系，是20世纪中叶以来在全球兴起保护与利用文化遗产的热潮中孕育的专门学科，是21世纪的今天正在为适应文化遗产保护与利用的实践需要而创建着的新兴学科。

第一节　文化遗产学的形成

自从有了人，便有了人类历史的发展；自从有了人，就有了人类文化的创造。前人创造的历史文化遗存，就是留给后人的文化遗产。

世界各民族、国家都有自己的历史，也都有自己的文化遗产。热爱自己的民族和国家，也必然尊重自己民族和国家的历史，也理当珍惜自己民族和国家的文化遗产。事实上，世界许多民族和国家都早已重视并长期研究其文化遗产。

不过，重视和研究、保护和利用文化遗产的社会意识，是在文艺复兴运动以来的欧洲逐渐形成和传播的，又是在20世纪中叶以来随着全球化、现代化进程加快而成为世界文化思潮的。

一、中国的文化遗产研究

前人栽树，后人乘凉；前人造屋，后人有房。前人的文化创造成果，大多会以各种方式遗留或传承于后世。后人对前人文化创造中有价值的成果，当然也会喜爱和重视。喜爱而保存、重视而利用某些方面的文化遗产，大概是世界各民族或国家古往今来的自然之事。不过，世界各民族或国家的文明进程和文化传统有异，其重视而保存、研究以利用文化遗产的程度也有所不同。

早在原始社会，中国先民就形成了浓重的祖先崇拜观念。《诗经·商颂·烈祖》歌云："嗟嗟烈祖，有秩斯祜。申锡无疆，及尔斯所。"尊老敬祖、祭拜列祖列宗始终是中华民族不可更易的传统，古今的中国人也因此十分珍惜祖先的遗产。在中国文明史中，上自王公贵族，下及平民百姓，都格外重视保存祖先的遗产。《周礼·春官》记述："天府掌祖庙之守藏……凡国之玉镇大宝器藏焉。"《史记·孔子世家》记述："故所居堂、弟子内，后世因庙，藏孔子衣冠琴车书，至于汉二百余年不绝。"前人或由政府安排，或因个人爱好，对许多种类的文化遗产作了精心的保藏和大量的研究。

曲阜孔府(项春生摄)。图片来源：中国曲阜网(qufu.gov.cn)。

《尚书·周书·多士》说："惟殷先人，有册有典。"记录历史文化的典册文献，当然是重要的文化遗产，中国早在商朝就已建有收藏文献档案的府库。在商朝后期都城遗址——殷墟的小屯宫殿遗址中，发现了一个窖藏坑有刻文甲骨17 096片、完整的刻文龟甲近300版。这些集中埋藏的甲骨和龟甲，即当原为商代朝廷府库的收藏。商代以后的历代王朝，都建有守藏室、金匮石屋等国家图书文献库。对文献的整理和研究，也早在周代就开始了。史载孔子(公元前551—前479)整理修订了《诗》、《书》、《春秋》等文献，这可谓中国文献整理和研究的开端。西汉前期，王朝大力搜求天下图书。西汉后期，汉成帝诏令刘向

(约公元前77—前6)等文臣校阅古书。刘向、刘歆(约公元前50—公元23)父子领衔对朝廷所藏文献做了全面的审阅校订和系统的分类整理。此后，文献的整理和研究成为政府重视的文化事业和学者热衷的学术工作。明清盛世，朝廷组织大批文士整理和编辑文献，编成《永乐大典》、《古今图书集成》、《四库全书》等皇皇巨著，在世界上无与伦比。中华人民共和国成立后，政府对此事更加重视。国家最高领导人曾亲自提议，国务院总理出面组织专家标点了二十四史。20世纪80年代以来，国务院专门设立古籍整理委员会，直接领导和规划文献整理，卷帙浩繁的《道藏》、《儒藏》、《四库全书存目丛书》、《续修四库全书》、《中华大典》等丛书或类书得以相继整理编纂出版。汉代以来，中国涌现出了大量的藏书家和在文献整理与研究方面作出杰出贡献的人物。清人叶昌炽(1849—1917)的《藏书纪事诗》，记述了五代至清末的739位藏书家。广为人知的文献整理大家，有人们熟知的刘向、刘歆、陆德明(约550—630)、郑樵(1104—1162)、纪昀(1724—1805)、章学诚(1738—1801)、张元济(1867—1959)等。罗振玉(1866—1940)、王国维(1877—1927)、郭沫若(1892—1978)等近现代学者，又主要以整理和研究出土文献著称于世。中国文献整理和研究源远流长且日益繁荣，以至于在20世纪已形成为专门的学问——中国文献学。

顾恺之《洛神赋图》摹本(局部)。图片来源：艺术数据网(art-here.net)。

中国人一向重视书画的收藏和研究。先秦时期，中国的绘画艺术已相当发达，文字书写趋于艺术化。汉代，绘画与书法已成为独立的艺术门类。魏晋南北朝时期涌现出以“画绝”顾恺之(约348—409)和“书圣”王羲之(321—379)为代表的一大批书画家，出现了以王僧虔(426—485)的《书赋》、《论书》、《笔意赞》和谢赫(约479—502)的《画品》为代表的许多书画研究著作。唐宋以至清代，收藏古旧书画杰作蔚然成为日益隆盛的社会风尚，上至帝王，下及平民，社会各阶层人士有兴趣又有条件者，无不竞相搜求名家书画作品。唐太宗李世民(599—649)喜好书法，广求天下名帖。“贞观中，太宗以听政之暇，锐志玩书，临羲之真草，书帖购募备尽。”①宋徽宗赵佶(1082—1135)尤好书画并沉溺于书画的品鉴和创

① (唐)张怀瓘：《书断》卷三。

作，利用王权和采取各种手段，搜求到三国至宋初的绘画名作数千件、汉代至宋初的书法名作千余件，使朝廷内府所藏书画远超前朝。清朝诸帝搜求天下名贵书画的欲望，较前朝帝王更是有过之而无不及。尽管有末代皇帝和太监等偷盗造成的损失，另有一部分在解放战争后期被撤离大陆的国民党当局转运到了台湾①，今北京故宫博物院所藏的历代书画名作仍有近 5 万件之多，可谓荟萃了由宋至清朝廷内府收藏书画的精华，几乎囊括了现存中国历代绘画的名家名品，其中仅国家一级文物就有近千件。唐宋元明清，私人收藏书画之风益盛，见于记载的大收藏家难以胜记，如张彦远(约 815—907)、周密(1232—1308)、陈思(南宋人，生卒年不详)、赵孟頫(1254—1322)、王世贞(1526—1590)、王世懋(1536—1566)、高士奇(1645—1704)等。南海(今广州)吴荣光(1773—1843)、番禺潘正炜(1791—1850)、元和(今苏州)顾文彬(1811—1889)、乌程(今吴兴)庞元济(1864—1949)被誉为近代四大书画收藏家。收藏本为品鉴，品鉴而需收藏。书画的收藏与研究始终相伴相随，书画创作大家和书画收藏名家往往也是书画研究名家，如初唐裴孝源(生卒年不详)作《贞观公私画录》，张彦远作《历代名画记》和《法书要录》，宋徽宗主持编撰《宣和画谱》和《宣和书谱》，清康熙帝诏令文臣编撰《佩文斋书画谱》并予钦定，周密作《云烟过眼录》，陈思作《书小史》和《书苑菁华》，王世懋作《澹圃画品》，何良俊(1506—1573)作《书画铭心录》，高士奇作《江村销夏录》，孙承泽(1592—1676)作《庚子销夏记》，孔广陶(1851—1874)作《岳雪楼书画录》，顾文彬作《过云楼书画记》等。时入现当代，书画的收藏与研究更为普及和繁盛，不仅国家各级博物馆及许多教育机构、文艺单位悉心收藏与研究，社会各阶层人士乃至许多企业也大力收藏与研究，并在此基础上致力于交易增值，以至于书画交易成为当今艺术品市场中交易量最大、盈利率最高的一类。

青铜器、玉器、金银器、瓷器等价值较高的古器物，古人虽然很早就藏之为宝，但相关研究则不够全面系统。商周青铜器有很高的历史价值，许多带铭文的器物直接显露出历史信息，故最为学者重视。汉代，学者们为了证经补史而研究传世及零星出土的青铜器以及刻有文字的石刻碑版，从而孕育了中国古代的金石学。唐代，学者的金石研究主要为时代鉴定、著录编目、文字考释、文字互证、引述以证经补史等。《史记》、《汉书》、《后汉书》、《说文解字》、《水经注》、《洛阳伽蓝记》等文献中皆有记录或引述。宋代，帝王乃至士大夫皆

① 1948—1949 年，运到台湾的故宫文物共计 2972 箱。现台北“故宫博物院”收藏的故宫文物，有器物 46 100 件、书画 5526 件、图书文献 545 797 册(件)。见台北“故宫博物院”网(www.npm.gov.tw)。

毛公鼎(西周晚期)及其铭文拓片。图片来源：台北“故宫博物院”网(npm. gov. tw)。

热衷于搜求、赏玩和研究古器物，金石学也随之兴盛。其研究因袭传统的著录、摹写、考释又重视评述，产生了一大批研究著作，如欧阳修(1007—1072)《集古录》、刘敞(1019—1068)《先秦古器记》、吕大临(1040—1092)《考古图》、李公麟(1049—1106)《古器图》、王黼(1079—1126)《宣和博古图》、薛尚功(生卒年不详)《历代钟鼎彝器款识法帖》、王俅(生卒年不详)《啸堂集古录》、赵明诚(1081—1129)《金石录》等。研究对象由有铭刻文字的铜器和石碑，扩大到玉器、铜镜、钱币、玺印、砖瓦、画像石等。吕大临的《考古图》，不仅著录了200余件铜器，还采录了14件古玉。成书于南宋的洪遵(1120—1174)《泉志》，收录了中外古钱币348品，是研究中国历代钱币的重要著作。元明至清，古器物研究大有发展，而且趋于分类的专门化或综合性研究，尤其是清人收藏益富且研究著作也数量激增，如青铜器及其铭文研究方面，有乾隆“御纂”的《西清古鉴》、《西清续鉴甲编》、《西清续鉴乙编》和《宁寿鉴古》(合称《西清四鉴》，四部书著录了清宫收藏的铜器4000多件)，还有钱坫(1744—1806)《十六长乐堂古器款识考》、阮元(1764—1849)《积古斋钟鼎彝器款识》、刘喜海(1793—1853)《长安获古编》、吴式芬(1796—1856)《捃古录》和《捃古录金文》、吴大澂(1835—1902)《恒轩所见所藏吉金录》及《窸斋集古录》、端方(1861—1911)《陶斋吉金录》、方濬益(？—1899)《缀遗斋彝器款识考释》等。钱币研究方面，有梁诗正(1696—1763)等《钱录》、李佐贤(1807—1876)《古泉汇》及与鲍康(1810—1881)合撰的《续泉汇》等。玺印研究方面，有瞿中溶(1769—1842)《集古官印考证》、陈介祺(1813—1884)《十钟山房印举》等。铜镜研究方面，有钱坫《浣花拜石轩镜铭集录》、梁廷楠(1796—1861)《藤花亭镜谱》等。古人对古器物的收藏，主要是传世及零星出土的器物，藏品难成完整系列；古人对古器物的研究，主要为著录、摹写、考释、鉴别、品评，大抵不出传统金石学的范畴，未能作历史、艺术、科学诸方面的全面系统研究。近现代，随着博物馆的兴建和科学考古的开展，出土的和大量征集的古器物得以在各地、各级和各类博物馆里收藏、陈列和研究，文物的保护、研究机构和相关的教学、研究机构日益增多，全社会也越来越重视古器物的收藏和研究，古器物的收藏和研究进入了一个新的发展时期。相关研究突破了传统金石学的樊篱，不仅研究范围大大拓展，而且研究日益全面深入；既分门别类地逐步形成相对完整的研究体系，又互相联系而趋向形成综合性的大学科。清末民初，已有学者提出建立古器物学。新中国成立以来，文物事业蓬勃发展，古器物的收藏和研究跃入突飞猛进的发展阶段。伴随着国家经济文化建设的快速发展，考古发掘在全国范围内广泛而持续地展开，大量精美的各类古器物络绎不绝地面世且被文物部门、教育机构收藏与研究。同时，古器物的艺术和经济价值越来越为世人看重，民间的收藏与研究也越来越兴旺。古器物的收藏和研究，有同于上述书画的收藏和研究，各类专门性和集成性的研究著作难以胜计。20 世纪 70 年代，文物界就有人士根据中国文物事业大发展的形势和文物保护与研究的需要，提出建立以包括古器物、古书画、古建筑、古遗址等在内的所有文物为研究对象的综合性大学科——文物学。近 40 年来，文物学虽然仍是建设中的学科，但已经出版了数部专著，并且被一些大学列为考古与文博专业的基础课程。

宫殿、坛庙、陵寝、衙署、祠堂、府第、民居、园林、台榭、佛寺、道观、塔宇、楼阁、城垣、堰渠、桥梁等历史上遗存的古建筑，历朝历代的人们都对其有所保护和修复。例如黄鹤楼，相传自三国黄武二年(223 年)修建后，历代屡毁屡修，以致“楼之兴废，更莫能记”，仅清代重修、补葺就达 8 次。但是，由于政治、经济、文化尤其是战乱等原因，加之中国古建筑多为土木结构，遗存有限且损毁严重。即使在新中国成立后，因经济困难和“左”倾思潮的影响，遗存有限的不可移动的文化遗产也未能得到很好的保护，甚至遭到破坏，“文革”期间更遭严重破坏。“文革”结束后，国家虽然加强了保护，可随着经济全球化浪潮的冲击和现代化进程的加快，许多地方片面追求经济发展的高速度和城镇建设的现代化，又使不少历史文化名城(街区、村镇)、古建筑、古遗迹及风景名胜区整体风貌遭到破坏。直到进入 21 世纪，全社会初步形成了保护与利用文化遗产的意识，这种状况才有较大好转。尽管如此，古往今来的学者都十分重视古建筑、古遗迹的价值并进行调查与研究。成书于战国时代的《考工记》，就已记载了王都规划的模式及“夏后氏世室”、“殷人重屋”和“周人明堂”的建筑格局。历代的一些建筑学著作，如《鲁班经》、《长物志》、《园治》等，也都总结了前代及当时房屋或园林等建筑营造的法则和技艺。司马迁(约公元前 145—前 86)曾游历天下，广寻史迹，为撰写《史记》作调查研究。在《春申君列传》中，他即言：“吾适楚，观春申君故城，宫室盛矣哉!”郦道元(约 466—527)撰《水经注》，记述了各地遗存的大量建筑。历代史志文献，都对古建筑有所记录。尤其是方志，对当地的建筑有着详明的记述。历代还有各种记述了古建筑的专志，如《三辅黄图》、《终南十志》、《洛阳伽蓝记》、《梅仙观记》、《重修鹅湖书院记》等。现代社会，许多学者已是高度重视古建筑的调查、研究和保护。著名建筑学家梁思成(1901—1972)与林徽因(1904—1955)夫妇，

梁思成、林徽因在修缮中的北京天坛顶上。图片来源：李跃《梁思成：致力古建筑保护的一代宗师》，载《晶报》2008年11月6日。

乃为学者典范。新中国成立以来，政府保护古建筑的力度不断加大。国家公布的全国重点文物保护单位，多为具有高度的历史、艺术和科学诸方面价值的古建筑。国家公布的历史文化名城、名镇、名村，也多因其古建筑有着高度的历史、艺术、科学诸方面的价值而被选定。国家各级文物管理部门和研究机构，许多中央和地方的高等院校、建筑设计单位，都研究古建筑的保护和修复。建筑学类的院校和专业，更是将古建筑的营造和修复作为重要的教学和研究的内容。

前人集中生活或建造工程的遗址，因为大多与时人生活没有直接关系，故在古代的保护与研究还不如古建筑。能够保存下来的，多数是仍能发挥经济效益的工程遗址，如都江堰、灵渠、京杭大运河等。到了现代，随着考古工作的展开及其在新中国成立后的全面推进，考古工作者发现了大量的古人类文化遗址。具有重大价值的考古遗址，迄今已较多地得到了保护，如周口店"北京人"遗址、半坡遗址、河姆渡遗址、殷墟遗址、纪南城遗址等。遗憾的是，即使是今天，许多重要考古遗址主要由于经济原因没能保护下来，就是保护下来的也大多状况堪忧。古遗址研究基本上是伴随着考古学的发展而展开的，其繁荣是在新中国成立后，尤其是1980年以来。

对于非物质文化遗产的重视和研究，中国不仅有着源远流长的传统，而且因政治需要和民族民间的社会生产和生活需要等缘故，古人对其重视的程度和研究的深入甚至有过于对物质文化遗产的重视和研究。无论是民间的口头文学、表演艺术及节庆礼仪、风俗习惯，还是有关自然界、宇宙的知识和实践及传统手工艺等，中国传世和出土的早期文献中就已有了大量记载，并且对其某些方面有着较为深刻的论述。

殷商的甲骨文字反映了当时的占卜习俗，记录了当时的天文历法、气象、农业、畜牧业、手工业等知识。《尚书》记载了帝舜命夔典乐的传说。《周易》反映了周人的卜筮习俗和对自然界、宇宙的认识等。周朝乐官编订的《诗经》，本就是用以"经夫妇，成孝敬，厚人伦，美教化，移风俗"①的，其中的《国风》则是采风所得的各地土风歌谣。《诗经》不仅描述了商人起源的神话和周人起源的

① 《毛诗序》。

传说，而且反映了周代的习俗和生产活动等。《左传》和《国语》都有关于神话、民俗等非物质文化遗产内容的记述。楚辞和出土文献《楚帛书》，保存了丰富的中国南方神话传说和民间习俗、民间表演艺术的资料。《山海经》不仅是神话的奥府，而且可谓记述先秦人们对自然界认识的百科全书。诸子著作不仅对神话传说、民间艺术等多有记述，而且对民俗的论述尤为深刻。被古人视为杂家之作的《吕氏春秋》，对非物质文化遗产的各个方面也都有所记述。《周礼》、《仪礼》记述的虽然是官制和贵族礼仪，但也反映了礼与俗的关系。周朝上自帝王权臣，下至学者布衣，都认识到以诗乐和习俗为主要内容的非物质文化事关国家治乱而予以重视，故对非物质文化遗产的研究也自周代形成传统。

至政治大统一、文化大整合的汉代，学者们总结、整理前代文化遗产并述史立论，更是高度重视对非物质文化遗产的整理和记述。汇集先秦礼论文章的《礼记》，对源于习俗的礼仪与习俗的关系、礼治思想、礼制原则等有着多方面的阐述。《史记》、《汉书》记述了前代许多重要的神话传说和民情风俗。尤其是《汉书·地理志》，在记述各地山川物产的同时也记述了各地的民俗。《淮南子》记录了不少上古神话，描述了主要继承前代楚乐舞而发展的汉代民间表演艺术，反映了迄于汉初人们关于自然界、宇宙的认识。王充(27—97)的《论衡》，征引了一些民俗事象以“疾虚妄”。应劭(生卒年不详)的《风俗通义》，可谓中国第一部民俗学著作，记述了大量上古习俗和神话传说。傅毅(生卒年不详)和张衡(78—139)皆作《舞赋》，描述了楚、汉一脉相传的表演艺术。乐府民歌，反映了汉代民间诗歌创作的成就。

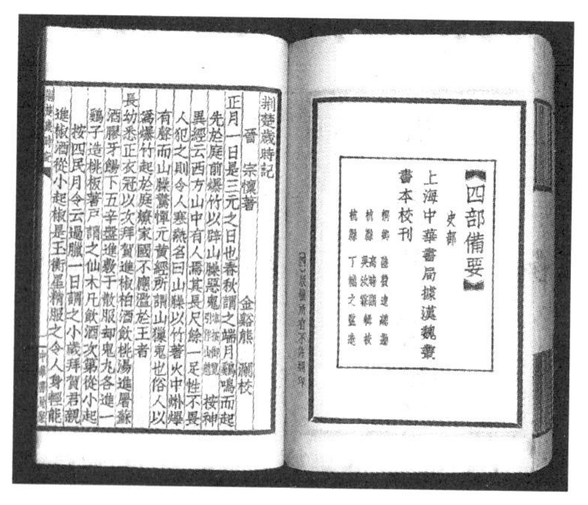

《荆楚岁时记》书影。图片来源：布衣书局网(booyee.com.cn)。

魏晋南北朝时期，非物质文化遗产的诸多方面不仅仍在史学、哲学、文学等著作中有所记述，还出现了一批辑录、记述非物质文化遗产资料或研究非物质文化遗产的专著。邯郸淳(约132—约221)的《笑林》，是中国第一部笑话专集。杨泉(生卒年不详)的《物理论》，对当时人们所掌握的宇宙自然知识作了理论总结。郦道元的《水经注》，记述了许多神话故事、历史传说和民情风俗。贾思勰(生卒年不详)的《齐民要术》，对当时人们的农业生产技艺作了系统阐述。宗懔(约501—约565)的《荆楚岁时记》，记述了南方荆楚地区的时令节庆、民俗事象以及一些相关的神话传说。

唐宋至明清，社会经济文化越来越发达，民众的文化生活越来越丰富，记述非物质文化遗产的各类著作和专门著作也越来越多。不仅史学、哲学、文学、农学、科技等传统类别的著作一如既往地对其有所记述，而且增添了大量汇集其资料的新类别的著作，如辑录诸方面资料皆丰富的类书《初学记》、《艺文类聚》、《太平御览》、《太平广记》、《永乐大典》、《古今图书集成》等，辑录历代乐府资料的《乐府杂录》、《乐府诗集》等，辑录民间歌谣的专集《山歌》、《桂枝儿》、《古今风谣》、《天籁集》、《广天籁集》等，辑录谣谚的专集《古今谚》、《古谣谚》等，辑录笑话的专集《雪涛谐史》、《笑府》、《广笑府》等，记录民俗的笔记类著作《岭表录异》、《东京梦华录》、《武林旧事》、《帝京岁时纪胜》、《杭俗遗风》等，记述乐舞、说唱、戏曲等表演艺术的著作《教坊记》、《碧鸡漫志》、《唱论》、《顾误录》等。中国有着悠久的修史修志的传统，历代史书和志书都大量记载了民间文化。尤其是肇兴于宋元，大盛于明清的方志，记述土风民俗最为详明。

到了近现代，由于西方民主思想的影响和民族解放运动的兴起，民族民间文化越来越为全社会所重视。伴随民族意识的觉醒和出于向民众宣传新思想的需要，许多先进知识分子注重搜集、整理民间文艺资料并大量创作民间文艺形式的新作品，许多进步学者也注重研究民间的文学艺术和风尚习俗。五四运动以后，学术研究团体纷纷成立，学术研究刊物也竞相创办，学术研究成果则因受西方科学的理论和方法的影响而面目一新，并且逐渐具有集成性、概括性和理论性。成立的重要学术团体，有20世纪20年代北京大学的歌谣研究会、方言调查会和风俗调查会，中山大学的民俗学会，20世纪30年代的杭州中国民俗学会等。出版的重要刊物，有20年代北京大学歌谣研究会创办的《歌谣》周刊、1927年中山大学民俗学会创办的《民间文艺》周刊（次年更名为《民俗》周刊）、1930年杭州民俗学会创办的《民俗月刊》等。出版的重要著作，有乐嗣炳（1901—1984）的《儿童歌谣》、李白英（1903—1981）的《江南民间情歌集》、朱自清（1898—1948）的《中国歌谣》、胡朴安（1878—1947）的《中华全国风俗志》、茅盾（1896—1981）的《中国神话ABC》、顾颉刚（1893—1980）的《孟姜女故事研究集》、江绍原（1898—1983）的《发须爪》、钟敬文（1903—2002）的《民间文艺丛话》、荣肇祖（1897—1994）的《迷信与传说》、黄石（1901—?）的《神话研究》、郑振铎（1898—1958）的《中国俗文学史》等。同时，民间表演艺术的研究，主要在戏曲、音乐、舞蹈的研究领域里展开，并且取得了很大的成就。以民间的文艺和风俗为主要内容的中国非物质文化遗产的研究，发展到20世纪上半叶，已经初步形成为一门新兴的学科——中国民俗学。

新中国成立后，方志的编修和民族民间文化的研究受到了政府和全社会前所未有的重视。1956年，国务院科学规划委员会制订《十二年哲学社会科学规划方案》，将编修地方志列为20个重点项目之一，计划在10年内全国大部分县市编成新志。此事虽因"文革"中断，但在1983年就已全面恢复。在中央和地方各级政府的统一领导和组织下，至2012年，全国31个省、自治区、直辖市(不包括香港、澳门和台湾)首轮省、市、县三级志书已出版6700余部，其中大量汇集了关于民族民间文化的非物质文化遗产资料。1949年7月，中华全国文学艺术界联合会在北京成立①。1950年3月，中国民间文艺研究会在北京成立②，郭沫若任理事长，老舍(1899—1966)、钟敬文任副理事长。研究会的宗旨是"搜集、整理和研究中国民间文学、艺术，增进对人民的文学艺术遗产的尊重和了解，并吸取和发扬它的优秀部分，批判和抛弃它的落后部分，使有助于新民主主义文化的建设"。各省市也成立了相应的社团组织，各地还建立了群艺馆、戏曲研究所、曲艺团、地方戏剧团等文化机构、研究单位和表演团体。这些机构的建立，促进了中国非物质文化遗产的调查、搜集、整理和研究工作，并且取得了斐然的成就。可是，到20世纪六七十年代，由于"左"倾思潮的干扰，许多民间文艺和习俗都被视为封建的、落后的文化糟粕而遭到摒弃甚至扫荡(尤其是在"文革"中)，发轫未久的中国民俗学的学科建设严重受挫。"文革"结束后，清除了"左"倾思潮，国家文化事业有了飞跃性的发展。上述社团组织及文化机构、研究单位、表演团体不仅完全恢复，而且大有增置。中国民俗学会于1983年成立，各省、市、自治区也相继成立了分会。1979年，由文化部牵头、国家民委和中国文联等单位共同发起，在全国逐步开展了搜集、整理民族民间文艺作品和编纂、出版十部中国民族民间文艺集成志书的工作。这套大型志书，全国共有10万余民间文艺工作者和专业人士参与编纂，分为中国民族民间歌曲、器乐曲、戏曲音乐、曲艺音乐、舞蹈、故

"中国民俗学之父"钟敬文(新华社发资料照片)。图片来源：张家口新闻网(zjknews.com)。

① 1953年更名为中国文学艺术界联合会，现有中国戏剧家协会、中国音乐家协会、中国美术家协会、中国曲艺家协会、中国舞蹈家协会、中国民间文艺家协会等50个团体协会组织。

② 1987年更名为中国民间文艺家协会。

事、歌谣、谚语、戏曲、曲艺十大艺术门类，按20世纪80年代的行政区划立卷，2004年完成，共计298部450册，约5亿字。历史、文学、哲学、语言、艺术、科技史诸学科，也都十分重视对非物质文化遗产相关方面的研究。滞缓了30年的中国民俗学，如今成为显学，不仅在高等院校颇受重视，而且在社会上大受关注，现已发展成为涵盖非物质文化遗产诸多方面的综合性学科。1998年出版的钟敬文主编《民俗学概论》，论及的民俗学内容就有“物质生产民俗”、“物质生活民俗”、“社会组织民俗”、“岁时节日民俗”、“人生礼仪”、“民俗信仰”、“民间科学技术”、“民间口头文学”、“民间语言”、“民间艺术”、“民间游戏娱乐”，这些也正是非物质文化遗产的主要内容。

二、外国的文化遗产研究

好珍惜宝，人之常情。喜好而搜求前人的珍贵遗物，古今中外皆是如此。保存与研究前人的文化遗产，却因各国历史发展和文化传统有别而情况不一。

早在4000多年前，古埃及和古巴比伦的统治者就着意搜求珍品奇物。巴比伦的末代君王那波尼德(Nabonidus，公元前556年—前539年在位)及其子女收藏丰富，其女儿专门为之辟建古物馆。在古希腊，公元前5世纪的特菲尔·奥林帕斯神殿已辟有保存战利品和艺术品等物品的收藏室。不过，外国的早期收藏，也同中国的早期收藏一样，主要是财富的继承和聚储，并非以研究为目的。

公元前4世纪，马其顿国王亚历山大(Alexandros，公元前336年—前323年在位)建立了一个横跨欧亚非三大洲的大帝国。他在征伐战争中掠取了大量珍贵文物，并将其交给他的老师亚里士多德(公元前384—前322)整理。亚里士多德不仅整理和研究了这批文化遗产，还利用其从事教学、传播知识。这可谓西方世界重视并研究文化遗产的开端。亚历山大去世后，帝国分崩离析。他的部将托勒密·索特尔(Ptolemy Soter，约公元前367—前285)建立托勒密王朝，并在亚历山大城(今属埃及)创建了当时世界上最大的学术和艺术中心——亚历山大博学园，内设收藏包括亚历山大遗留的丰富文化珍品的缪斯神庙(后亦称亚历山大博物馆)和图书馆等。博学园约建成于公元前280年，公元270年前后毁于战火，但其机构的教育和研

重建的亚历山大图书馆。图片来源：金融界网(jrj. com. cn)。

究作用大约持续到了公元5世纪。在长达数世纪的时间里，世界各地的学者、作家、艺术家、科学家及青年学生云集博学园，利用神庙中的文化遗产进行学习和研究。

罗马帝国征服古希腊后，继承古希腊的文化遗产和文化传统，也重视搜集文化珍品。于是，帝国境内的无数珍贵文化遗产，聚储于罗马城内的寺院和贵族宅第中。中世纪的欧洲，教权与王权并立甚至高于王权，教堂、修道院和教会学校成为以宗教文物为主的文化遗产的重要收藏处，王宫、贵族府第、领主庄园则是世俗文物的主要聚储处。由于教会垄断了文化和教育，文化遗产的研究也主要在教堂、修道院和教会学校中进行。

14—16世纪，进步人士从古希腊、罗马的文化遗产中寻找和领悟到反对封建和宗教黑暗统治的思想，因此高度重视并研究古希腊文化遗产，并高举复兴古代文化的旗帜，以批判封建主义和宗教神学。正如恩格斯所言："拜占庭灭亡时抢救出来的手抄本，罗马废墟中发掘出来的古代雕像，在惊讶的西方面前展示了一个新世界——希腊的古代；在它的光辉的形象面前，中世纪的幽灵消逝了。"①文化遗产的重大价值和巨大作用被欧洲人认识之后，欧洲也形成了探访古迹、搜求文物的社会热潮。社会各阶层人士不仅热衷于在欧洲各国广为探访和搜求，而且随着环球新航线的开辟和世界地理的新发现而热衷于在世界各地探访和搜求。于是，欧洲出现了研究文化遗产的热潮，世界各地的文物也日渐集中到欧洲的皇家和私人手中，逐渐形成了建立文物的保藏、陈列、研究、教育机构——近代博物馆的思想基础和物质条件。

牛津大学阿什莫林博物馆。图片来源：大河收藏网(shoucang. dahe. cn)。

1683年，英国贵族阿什莫林捐助私人藏品而建立的阿什莫林艺术和考古博物馆开馆，标志着世界近代文博事业发展的开端和文化遗产研究新时期的来临。随着西方资本主义和殖民主义在18、19世纪的发展，西方势力渗透到世界各地，西方文明也影响到世界各地。博物馆不仅在发达的欧美各国如雨后春笋般地涌现，而且在西方的殖民地或半殖民地国家纷纷建立。世界各国

① 恩格斯：《自然辩证法·导言》，见《马克思恩格斯选集》第三卷，人民出版社1972年版，第444～445页。

的文化遗产研究，随着博物馆越来越多的建立而日益广泛深入和兴盛繁荣。但同时，世界许多地方，尤其是殖民地、半殖民地各国的宝贵文化遗产，却因西方殖民主义和帝国主义侵略而遭到大量的掠夺和破坏，无数珍贵的文物至今仍存于当年的殖民主义、帝国主义国家的博物馆或私人手中。包括中国在内的一些当年的殖民地、半殖民地国家的文化遗产及历史文化研究，都不得不受制于人。

西方世界对物质的和非物质的文化遗产的全面关注和研究，肇始于16世纪，至19世纪形成了相关学科，20世纪以来愈加重视且持续繁荣。

欧洲人对文物的研究，原本主要是将其作为艺术品而进行艺术审美和艺术史方面的研究。至16世纪，西欧资本主义产生并导致海外新航路的开辟，文艺复兴运动也进入后期。社会经济的发展、世界地理的“大发现”及文艺复兴的陶冶，使西欧人的社会视野大为开阔，历史意识大为增强，许多学者乃对人类发展不同阶段的历史文化，尤其是因所知尚存世界各地的原始部落而触发对野蛮与文明的分野和发展产生强烈的兴趣。加之文物的收藏积累已经相当丰富，还不间断地发现史前文物，学者们开始更多地以历史的眼光审视文物。意大利首先出现了一股对文物作历史文化考察的研究热潮，并且迅即影响到西欧各国。在利用文物研究历史的同时，学者们也开始联系到神话传说、风俗习惯等非物质文化遗产。在对史前文化的考察时，学者们免不了会以尚处于原始社会发展阶段的部落的物质文化和非物质文化作为参照。

16世纪后期，“区别于艺术爱好和艺术史研究的正规历史古物学”在英国开创。英国学者约翰·利兰周游英格兰和威尔士以调查文物，并对有价值的文物作了登记和说明。汉弗莱·勒威则描述了英国安戈尔西岛的史前文物。1572年，英国成立了保护国家古物协会。此后，欧洲各国广泛地兴起了调查、研究古物及相关的古民俗的热潮，尤其是在绅士嗜古成癖的英国。至19世纪，英国的古物学研究大盛。英国古物学者不仅热衷于调查和研究古文物，而且热衷于调查和研究民间古俗——民间传统风俗习惯、仪式信仰、口头创作等。借助于文物收藏丰富的条件，立足于广泛的文物和民俗调查的基础，出自于深入研究历史文化，尤其是史前文化的需要，兴盛于英国的古物学发展成为欧美各国的显学，并且对考古学、博物馆学、民俗学、民族学、人类学等从不同方面研究文化遗产或利用文化遗产作不同方向研究的新学科的兴起，有着催化作用。随着这些学科的兴起，古物学也在19世纪中叶以后分解到这些新兴学科中。

20世纪以来，诞生于欧美国家的考古学、博物馆学、民俗学、民族学和人类学等与文化遗产研究相关的学科传播到世界各国，成为世界范围内的显要学科，也极大地促进了世界各国的文化遗产研究。西方发达国家关于文化遗产的研究，则长期居于世界范围内文化遗产研究的前列。

三、文化遗产学的形成

在人类数千年的文明发展历程中，世界许多国家关于文化遗产的研究已经有了悠久的传统，并且形成了一些相关学科，许多社会人士，尤其是文化精英珍惜文化遗产，越来越重视对文化遗产的保护和研究。然而，20世纪上半叶的两次世界大战，导致许多国家的大量文化遗产(主要是古城镇和古遗址)毁于战火，令有识之士心痛不已。战争结束后，欧美及亚非诸国竞相恢复和发展经济，在世界范围内掀起了现代工业化浪潮，又导致生态环境的急剧改变和恶化，大量的文化遗产及自然遗产在自然损耗的同时遭到了不同程度的，甚至是毁灭性的破坏，引起了全世界的广泛关注。随着社会经济文化的发展，文化遗产的资源作用和经济价值越来越凸显。因此，人们认识到，面对文化遗产以及自然遗产日益遭受损毁的严峻现实，若不立即对其进行有效的保护，人类将失去赖以生存和发展的基础和条件。在这一认识逐渐形成为世界共识的同时，世界各国的专家学者和有识之士大声疾呼，希望世界各国联合起来保护人类的共同财富。

联合国教科文组织总部。图片来源：联合国教科文组织网(unesco. org)。

20世纪50年代以来，联合国教科文组织大会通过了一系列保护文化遗产的文件，其中重要的有1954年的《海牙公约》、1962年的《关于保护景观和遗址的风貌与特性的建议》、1972年的《世遗公约》和《关于在国家一级保护文化和自然遗产的建议》、1976年的《关于历史地区的保护及其当代作用的建议》(简称《内罗毕建议》)、1978年的《关于保护可移动文化财产的建议》(中译本又译为《关于保护可移动的文物的建议案》)、1989年的《保护民间创作建议案》(简称《建议案》)、1999年设立《人类口头和非物质遗产代表作名录》的决议、2001年的《保护水下文化遗产公约》、2003年的《非遗公约》、2005年的《保护和促进文化表现形式多样性公约》(简称《文化多样性公约》)等。这些文件在联合国教科文组织半个世纪的多次大会上陆续获得通过的历程，反映了国际社会对保护文化遗产及自然遗产的重要性和迫切性的认识越来越深刻，反映了全球范围内保护文化遗产及自然遗产事业的发展，反映了在联合国教科文组织主导下，世界各国联合起来保护人类共同财富的活动日益全面化、系统化和科学化。《海牙公约》虽然针对的是战争状况下的文化遗产保护，是对战争毁坏文化遗产的反思和制止，却已明确地表达了“对任何民族文化财产的损害亦即对全人类文化遗产的损害”、“文化遗产的保存对于世界各民族具有重大意义”的国际共识；《关于保护景观和遗址的风貌与特性的建议》是对保护文化遗产及自然遗产的世界性倡导；《世遗公约》的通过，则是联合国教科文组织主导世界文化遗产及自然遗产保护事业的开端；此后通过的一系列相关文件，反映了联合国教科文组织主导世界文化遗产及自然遗产保护事业的发展和完善，即文化遗产保护内容的具体化和整体化——从重视物质文化遗产的保护到重视包括物质的和非物质的文化遗产的全面保护。

此外，一些与文化遗产保护相关的国际学术组织，也在大力呼吁和积极从事文化遗产的保护。1964 年在威尼斯召开的第二届历史古迹建筑师及技师国际会议通过的《国际古迹保护与修复宪章》(简称《威尼斯宪章》)指出：“人们越来越意识到人类价值的统一性，并把古代遗迹看作共同的遗产，认识到为后代保护这些古迹的共同责任。将它们真实地、完整地传下去是我们的职责。”国际古迹遗址理事会于 1982 年通过的《历史园林保护宪章》(简称《佛罗伦萨宪章》)强调：“作为古迹，历史园林必须根据威尼斯宪章的精神予以保存。”国际古迹遗址理事会于 1987 年通过的《保护历史城镇与城区宪章》(简称《华盛顿宪章》)确认：“(历史城镇和城区)除了它们的历史文献作用之外，这些地区体现着传统的城市文化的价值。”这些宪章都在国际上产生了巨大影响，有力地推动了世界范围内的文化遗产事业。

世界范围内文化遗产事业的开展，是建立在世界各国重视和加强文化遗产保护工作的基础上的。联合国教科文组织主导的世界范围内的文化遗产事业，也是在世界各国，尤其是公约缔约国的大力支持和具体实施下开展的。第二次世界大战结束至今，世界各国，尤其是公约缔约国都越来越重视对本国文化遗产的保护，其中突出的有法国、英国、意大利、美国、日本、韩国等。

法国历史悠久，文化灿烂。法国人民不仅热情浪漫，而且有着强烈的民族意识和浓厚的文化情结。民族文化情结浓厚的法国人，自然格外珍视文化遗产，而且很早就形成了保护文化遗产的观念和传统。即使是在社会动乱的法国大革命时期，国民公会于 1793 年颁布的《共和二年法令》，就明确规定法国境内的任何一类艺术品都应予以保护。19 世纪 30 年代，法国设立了专门负责文化遗产保护的政府机构。1840 年，法国颁布了世界上第一部文物法——梅里美《历史性建筑法案》。1913 年，法国颁布了世界上第一部现代文化遗产保护法——《保护历史古迹法》。1962 年，法国颁布了世界上第一部关于历史街区和城市古迹保护的法规——《历史街区保护法》。60 年代，法国开展了世界上首次“大到教堂，小到汤匙”的科学性、系统性及标准化的文物大普查。1984 年，法国又在世界上首创设立“文化遗产日”①。在长期的文化遗产保护实践中，法国形成了中央政府管理机构、地方政府管理机构、民间组织三位一体的文化遗产管理体系，也相应制定了国家、地方、部门相结合的文化遗产保护法规体系。各级政府主导、民间人士参与文化遗产管理且重视利用，是法国的一大特色。法国政府将每年文化建设预算资金的15%以上用于文化遗产保护。但政府具体管理的重点文物古迹大略可及半数，其余都由私人管理，著名的埃菲尔铁塔也是由私人管理。如今，“一个民族文化的丧失，将意味着这个民族文明的终结”②的认识，已成法国民众的共识。法国约有两万个文化协会，参与文化遗产的保护和展示。在全社会高度重视和积极参与文化遗产保护和利用的形势下，法国丰富多样的文化遗产大都得到了较好的保护和管理。法国以古老的教堂建筑、皇宫建筑和城市建筑为代表的文化遗产，为世界瞩目，也为世人向往，每年都吸引着世界各地的游客③。

埃菲尔铁塔。图片来源：三联素材网(3lian.com)。

意大利是古罗马帝国的奠基地和欧洲文艺复兴的兴盛地，文化遗产尤其丰富和集中。国土面积不过30.13万平方千米的意大利，境内有古教堂约10万座、古修道院约1500座、古庭园近4万个、古建筑约5万个，保存较好的古城历史中心区有900多个、博物馆近4000座、图书馆和档案馆约3000座，还有遍布各地的历史遗迹。据联合国教

罗马万神庙。图片来源：中国经济网(ce.cn)/世界文明。

① 法国于1984年规定每年9月的第三个周日为“文化遗产日”，1992年将“文化遗产日”活动时间延长为周六和周日两天。其活动旨在动员和引导国民广泛参与文化遗产保护，使国民在免费观赏国家文化遗产的同时，增强民族文化遗产的保护意识。法国首创的“文化遗产日”活动，得到欧洲国家的积极响应。1991年，欧洲理事会确立了“欧洲文化遗产日”。

② 此话系法国前总理若斯潘于1998年来华访问期间答记者问时所说。

③ 参见宋晓芹《文化遗产就是民族文明的生命——法国世界文化遗产的管理与保护》，收入杨巨平主编《世界文化遗产的保护与管理》，世界知识出版社2005年版，第47～55页。

科文组织估计，全世界约60%的历史、考古、艺术资源集中在意大利。截至2013年，意大利已有49处文化和自然遗产入选《世界遗产名录》，其数量居世界首位。意大利的文化遗产不仅数量多，而且类型全、价值高，人们因此称意大利为世界遗产第一国。意大利也有着悠久的文化遗产保护传统，而且较早就将文化遗产保护作为重要国策写入了宪法。1947年由制宪会议大会通过的《意大利共和国宪法》第九条规定："共和国保护国家的自然风光和历史艺术遗产。"迄今为止，意大利还是世界上最早成立隶属于国家文化遗产部以专门保护文化遗产的武装警察部队——"文物宪兵"的国家。由于历史和经济的原因，意大利的文化遗产保护长期不尽如人意。20世纪90年代以来，意大利在强化保护意识、健全法规体系、完善管理机制等方面的举措和步伐则勇于争先。自1997年始，意大利确定每年5月的最后一周举行"文化遗产周"活动，又于每年举办以"春天"、"夏日"、"秋实"、"冬眠"等为主题的遗产知识普及活动，大力营造"人人了解遗产，人人爱护遗产"的社会氛围。1999年，意大利议会通过了综合以往众多文化遗产及环境遗产保护法规条文而修订的联合法，使得意大利的文化遗产保护有了全面具体又操作性甚强的基本法。在意大利的众多法规中，明确规定属于私人财产的文化遗产也必须纳入国家的统一管理，不允许物主擅自处置。由于文化遗产数量众多，国家财力有限，意大利政府根据国情确立保护与利用并举的战略目标，鼓励私人投资文化遗产的保护与利用，但政府牢牢掌握着文化遗产的使用权、开发权和监督权，从而摸索出颇具特色的文化遗产管理的"意大利模式"——政府负责保护，私人或包括企业在内的非政府组织负责经营①。

费城独立会堂。图片来源：建筑文化艺术网(jzwhys. com)。

美国的建国历史只有200多年，美国人民对自己国家的文化遗产和自然遗产的珍爱程度与保护意识，在世界上却不落人后。美国社会各相关单位、民间组织及各种基金会，都积极从事或参与文化遗产和自然遗产的保护与利用工作。1966年，美国制定了《国家历史保护法》，各州、市也制定有文化遗产保护法规，还针对不同的遗产单位和遗产地制定了专门的法规，从而形成了联邦政府、地方政

① 参见宋晓芹《意大利世界文化遗产的保护与管理》，收入杨巨平主编《世界文化遗产的保护与管理》，世界知识出版社2005年版，第56～64页。

府、遗产单位和遗产地多种遗产保护法规构成的较完善的法规体系。美国政府专设的独立机构——保护历史遗产顾问委员会，主要负责就保护与利用历史文化遗产资源，向总统与国会提供政策咨询，并就相关项目、活动或政策组织讨论，进行审议。1949年由国会批准成立的国家历史保护基金会，本是迫于公民们自发保护文化遗产的压力而由国会资助的官方机构，后逐渐独立，至2006年已发展成为拥有27万名会员的民间非盈利组织。60多年来，该组织以其卓越的贡献，成为美国文化遗产保护运动的倡导者和领导者。各州、市地方政府乃至一些部落也都成立了保护历史文物基金会，指导文化遗产的保护并提供财政资助。民间还有相关的基金会组织，也踊跃为文化遗产保护项目提供资助。为了鼓励社会各界及个人保护文化遗产，政府对投资文化遗产保护项目实施税收减免政策。由于有全社会的广泛参与、先进信息网络的宣传、较完备的行政管理机构的设置、较完善的保护法规的制定、较充裕的资金投入、高科技的应用，美国的遗产保护与利用水平在世界上居于领先地位。美国迄今登记在册的历史文化遗址达8万多处，并且已从遗产单位和遗产地的个体保护，发展为历史街区、城镇乃至构建国家公园体系和“遗产廊道”体系的整体保护，即不仅重点保护有价值的历史遗物、遗迹、遗址及自然景区，而且兼顾自然、历史、文化、教育、经济、科学等多种因素对相关联的遗物、遗迹、遗址及景区作区域性、整体性的保护与利用。美国的国家公园体系包括59个国家公园、300多处自然与历史胜地、12 000多处历史遗址和建筑、8500多座纪念碑(馆)及国家墓地，占地面积达33.8万平方千米。美国议会自1984年确定国家第一条遗产长廊并通过了《伊利诺伊和密歇根运河国家遗产廊道法》以来，至2013年已确定了包括8条国家遗产廊道在内的49个国家遗产区域。美国对有关民族文化、民间习俗方面的非物质文化遗产的保护也很重视。美国高度重视文化遗产的宣传和教育，在中小学开设“保护我们的历史”课程。2003年，时任美国总统布什签署法令，在全国开展“保护美国”的社会活动，旨在宣传美国历史，激发国民的爱国热情，倡导和鼓励全社会的团体和个人积极参与保护和利用文化遗产及自然遗产。同时，政府还设立了“保护美国”总统年度奖，每年表彰为保护历史文化遗产作出杰出贡献的政府机构、社会组织、企业和个人①。

日本虽然是一个国土面积狭小的岛国，却是一个文化遗产保护的强国，是世界上尤为重视文化遗产保护并使文化遗产得到全面、有效保护的国家之一。早在明治维新之初的1871年，日本政府就针对脱亚入欧、急剧西化的社会变

① 参见张丽霞、任彪《体系完备 多方兼顾——美国“遗产长廊”保护体系浅析》，收入杨巨平主编《世界文化遗产的保护与管理》，世界知识出版社2005年版，第111～121页。

日本歌舞伎。图片来源：中新网(chinanews. com)。

革，为保存民族文化的财富而颁布了《古器旧物保存法》，开始逐步设立文化遗产保护的机构。1897年，日本政府颁布了《古社寺保存法》，全社会由对古器物的保护发展到对古建筑的保护。1919年，日本政府制定了《史迹名胜天然纪念物保存法》，将文化遗产保护范围进一步扩大到对历史遗址、遗迹的保护。1929年，日本政府颁布了《国宝保存法》，不仅对文化遗产作了分类，而且大大拓展了保护文化遗产的范围。1950年，在第二次世界大战中战败的日本尚处于经济的恢复期，政府就及时颁布了《文化财产保护法》。这部法律不仅概括、完善了以往颁布的关于文化遗产保护的法规内容，还在世界上首次提出了“无形文化财产”的概念，确定了文化遗产的范畴，强调了对有形的和无形的文化遗产的保护。之后，日本不断修订完善这部法律①，同时依法加大文化遗产的保护力度，采取各种全面保护文化遗产的措施，又通过广泛宣传使文化遗产保护成为全民的自觉行动。1996年，日本国会通过了新修订的《文化财产保护法》，政府开始据以大力推行文化财产登录制度，将认定而登载国家名录的文化遗产公布于众。日本尤其重视非物质文化遗产的保护，将重要的非物质文化遗产列为国家保护项目。从1950年开始，日本在世界上率先实行“人间国宝”(指对民间传统艺术和工艺造诣高深、身怀绝技的艺人和工匠)的认定和保护制度。日本不仅确立了较完善的文化遗产保护法规体系，而且建立了较完备的管理体系，形成了政府主导、全民参与的文化遗产保护与利用机制。日本的民间文化主要是靠民众自发组织起来保护和传承。为了传承民族文化根脉，日本近年来不断加大宣传教育的力度，在中小学教育中增加了民族历史和文化课程的比重，让民众从小就了解能乐、文乐、歌舞伎等日本国粹。日本还积极推动世界范围内的文化遗产事业，在联合国教科文组织中发挥积极影响。1988年，日本在联合国教科文组织中设立了文化遗产保护日本信托基金，用以资助世界各地濒危文化遗产的保护。日本对“无形文化财产”的认识和保护，在国际上的影响越来越大，并最终得到了联合国教科文组织成员国的认同。1989年以来，联合国教科文组织通过了多个关于保护非物质文化遗产的国际准则性文件。这

① 迄今为止，日本的《文化财产保护法》经过了1954年、1968年、1975年、1996年、2005年五次大修订，目前颁行的是2007年修正版。

些文件以及世界许多国家颁行的关于非物质文化遗产保护的法规性文件，都借鉴了日本的经验①。

韩国江陵端午祭。图片来源：《中国文化报》2009年5月12日。

韩国保护与利用文化遗产，是在直接借鉴日本经验的基础上，根据国情而不断调整和强化的。其力度之强、措施之细，甚至较他国有过之而无不及。1962年，韩国颁布了第一部保护文化遗产的综合性法律——《文化财产保护法》，对物质文化遗产和非物质文化遗产的保护作了具体规定。随后，韩国根据实践情况和形势变化不断修订。迄今为止，韩国对《文化财产保护法》所作的全面修订和部分条款的修订已有20多次。另外，韩国还颁布有《文化财产保护法施行令》、《建筑法》、《都市计划法》等相关法令。在机构设置上，韩国不仅像其他国家那样设立了从中央到地方的主管部门和保护单位，还成立了国家和地方的文化财产委员会，负责文化遗产的认定和文化遗产保护项目的审议。在非物质文化遗产的保护与利用方面，韩国取得了令人瞩目的成就，制定了较合理的“活的人类财富”保护制度并且建立了较完备的管理体制。韩国将所有的非物质文化遗产的种类乃至民间艺人都一一编号，纳入政府的保护与利用计划，由中央和地方的政府分别给予财政资助，同时着眼于传承，要求被确定为“技艺掌握者”并授予“重要文化财产保有者”或“人间国宝”称号的艺人或工匠传授技艺，而自愿学艺的年轻人可以免费受业。韩国不仅高度重视非物质文化遗产的保护，而且尤其重视利用，大力进行民族民间文化观光资源和工艺商品的开发。1967年，韩国将“江陵端午祭”列为国家“第13号重要无形文化财产”，每年资助举办盛大的活动，引得国内外各界人士纷至沓来，大大提高了国家的知名度，也促进了地方经济文化的发展。2005年，“江陵端午祭”入选《人类口头和非物质遗产代表作名录》②。

---

① 参见米彦军《浅析日本对文化遗产的合理保护》，收入杨巨平主编《世界文化遗产的保护与管理》，世界知识出版社2005年版，第3～13页。

② 参见杜小军《珍视传统　重在保护——韩国文化遗产的保护及利用》，收入杨巨平主编《世界文化遗产的保护与管理》，世界知识出版社2005年版，第14～21页。

中国有着悠久的保护与利用文化遗产的传统。1906年，清政府民政部颁布了《保存古物推广办法》。1930年，国民政府颁布了《古物保存法》。中华人民共和国成立后，政府更为重视文化遗产的保护。1950年，中央人民政府政务院颁布了《禁止珍贵文物图书出口暂行办法》。此后，政务院及后来的国务院又颁布了一些专门保护文物的法规。1961年，国务院正式颁布了新中国第一部综合性的文物保护行政法规——《文物保护管理暂行条例》。但是，在新中国成立后的前30年，由于“左”倾思潮的影响和“文革”的劫难，许多宝贵文化遗产都被视为封建主义糟粕而毁弃。“文革”结束后，国家的各项工作走上了正轨，法制建设的力度不断加大。文化遗产的保护也越来越受到重视而得以加强，并且在文化工作中首先纳入了法规化管理，从而取得了辉煌的成就。1982年第五届全国人民代表大会常务委员会第二十五次会议通过了《中华人民共和国文物保护法》(简称《文物法》)。1985年，中国加入《世遗公约》而成为其缔约国之一。在1991年第八届公约缔约国大会上，中国当选为世界遗产委员会委员。在1992年、1993年的第16届、17届世界遗产委员会会议(简称世界遗产大会或世遗大会)上，中国连续当选为委员会副主席。到20世纪末，自新中国成立时颁布的一系列文物法规和设置从中央到地方各级文化管理部门及保护、研究机构开始，中国已经逐步形成了以《文物法》为主，各地方和各部门制定的行政法规、部门规章为辅的文化遗产保护法规体系，逐步建立起从中央到地方各级文化主管部门领导，各级文博、考古、艺术、群艺及相关院校等机构具体实施的文化遗产保护和研究机制。20世纪80年代中期以来，中国不仅将本国的文化遗产事业与世界接轨，而且积极参与世界范围内的文化遗产保护工作并作出了应有的贡献。

进入21世纪，随着中国社会发展整体步入小康阶段，中国政府对文化遗产的保护予以高度重视并且大力加强了这一工作。2002年，根据社会经济文化的发展变化和进一步加强文化遗产保护的需要，历时6年修订的新版《文物法》终于完成并于当年颁行。2003年，文化部、财政部联合国家民委、中国文联共同启动和实施中国民族民间文化保护工程。2004年2月，国务院办公厅转发了文化部、建设部、国家文物局等九部门《关于加强我国世界文化遗产保护管理工作的意见》。这是首部由国务院办公厅转发的政府关于文化遗产管理的文件，是国家加强文化遗产管理的具体举措。2004年6月，世界遗产委员会第28届大会在苏州召开。国家主席胡锦涛致贺词说，保护世界文化遗产是实现人类文明延续和可持续发展的必然要求，是造福人类社会的千秋功业，中国政府将高度重视保护文化和自然遗产，认真履行《世遗公约》，进一步促进人与自然的和谐发展。2004年8月，中国正式加入《非遗公约》。2005年初，国务院办公厅印发了《关于加强我国非物质文化遗产保护工作的意见》(简称《意见》)。同年底，国务院下发了《关于加强文化遗产保护的通知》(简称《通知》)。《通知》深刻阐述了保护文化遗产的重要性和紧迫性，首次将保护文化遗产的重要性提到了民族生存、发展之基础和国家文化安全之保障的高度；阐明了文化遗产保护的指导思想、基本方针和总体目标；指出了文化遗产保护面临的突出问题；作出了积极推进文化遗产保护工作的全面部署；强调为了确保文化遗产保护的各项工作顺利进行，必须在组织建设、立法工作、人才培养、加强宣传等方面采取得力措施；要求各级政府及相关部门加强领导，落实责任；要求充分发挥有关学术机构、大专院校、企事业单位、社会团体等各方面的作用；决定从2006年起，每年6月的第二个星期六为“文化遗产日”。《通知》是当前中国文化遗产保护的纲领性文件，具有重要的现实意义和深远的影响。它所体现的思想深刻性、措施强力性、部署周密性、计划科学性等，在当今世界各国的文化遗产保护文件中恐怕是独领风骚的。2011年2月25日，第十一届全国人大常委会第十九次会议通过了《中华人民共和国非物质文化遗产法》(简称《非遗法》，同年6月1日起实施)。《非遗法》是继《文物法》之后颁行的中国文化领域的又一部重要法律，可谓中国文化遗产事业大发展的又一座里程碑，对全面保护与合理利用中国文化遗产起到积极而巨大的作用。2011年11月18日，中共十七届六中全会通过了《中共中央关于深化文化体制改革推动社会主义文化大发展大繁荣若干重大问题的决定》(简称《决定》)。《决定》明确提出：“加强国家重大文化和自然遗产地、重点文物保护单位、历史文化名城名镇名村保护建设，抓好非物质文化遗产保护传承。”这个在当前和今后一个时期指导推进中国文化改革和发展的历史性《决定》的通过和公布，标志着包括中国文化遗产事业在内的中国文化发展进入了一个新阶段。

世界遗产委员会第28届大会。图片来源：中国网(china.com.cn)。

2000—2013年，国家主管部门相继公布了三批全国重点文物保护单位、三批国家级非物质文化遗产、五批中国历史文化名镇名村、两批中国传统村落、四批国家珍贵古籍的名录。进入新世纪，中国加强文化遗产保护与利用的力度明显加大，中国文化遗产保护与利用工作已跨入世界前列。

截至2012年，中国已经初步建立起较为完备的文化遗产保护法规制度体系，加入有关国际公约4项，签署双边协定15项。

中国及世界各国高度重视和大力加强文化遗产保护的社会形势和广泛实践，联合国教科文组织主导而在世界范围内形成的文化遗产保护热潮，世界各国日益增长的利用文化遗产资源发展社会经济文化的极大需求，急切地催生着能为文化遗产保护与利用提供理论支撑的学科。加之世界各国文化遗产研究的长期学术积累、与文化遗产研究相关学科的发展和成熟，以及近年世界各国专家为保护文化遗产进行研究所形成的大量成果，尤其是以文化遗产为研究对象而与文化遗产学密切相关的学科的成熟理论、方法和研究成果，为文化遗产的全面保护、科学管理与充分利用、合理开发作理论阐发的学科形成提供了条件。于是，综合性、体系化的文化遗产学具备了其诞生的必然性和现实性，也就应运而生了。

2003年以来，越来越多的中国学者大力呼吁和积极探讨创建文化遗产学，专题研讨会几乎年年举行，相关研究成果也不断问世①。2009年，国家质量监督检验检疫总局和国家标准化管理委员会颁行了新修订的《学科分类与代码》，首次将"文化遗产学"(代码8507030)确定为国家标准中的一个学科并纳入中国的学科体系②。这表明文化遗产学在中国正式得到承认，表明文化遗产的学科建设和人才培养在中国开始了全国性的推进。

---

① 相关文章有傅兵《文化遗产学：试说一门新兴学科的雏形》(载《中国文物报》2003年5月30日)，杨志刚《文化遗产研究与文化遗产学》(载《中国文物报》2003年9月12日)，苑利《文化遗产与文化遗产学解读》(载《江西社会科学》2005年第3期)，贺云翱《文化遗产学初论》(载《南京大学学报》2007年第3期)，李志超《文化遗产学的基本概念及大学责任》(载《教育与现代化》2007年第3期)，贺云翱、毛颖《走进"文化遗产学"：问题与对策》(载《东南文化》2011年第5期)，王运良《中国"文化遗产学"研究文献综述》(载《东南文化》2011年第5期)等，相关著作有王文章《非物质文化遗产概论》(文化艺术出版社2006年版)，孙克勤《世界遗产学》(旅游教育出版社2008年版)，于海广、王巨山《中国文化遗产保护概论》(山东大学出版社2008年版)，徐新建主编《文化遗产备忘录——2008中国高校文化遗产学论坛纪实》(四川大学出版社2009年版)，苑利、顾军《非物质文化遗产学》(高等教育出版社2010年版)等。

② 新版《学科分类与代码》于2009年5月6日发布，同年11月1日开始实施。令人困惑的是，新版《学科分类与代码》将文化遗产学归属于"民族学与文化学"(代码850)和"文化学"(代码85070)之下的三级学科，显然是由于文化遗产学的学科知识体系尚在构建之中，其编制者对文化遗产学的研究对象和任务尚无明确的认识，还难以作出准确的学科归类。

第二节 文化遗产学研究的对象和任务

一个学科能否建立，主要的标志在于它是否有相对独立的研究对象和相当明确的研究任务。研究对象是学科赖以建立的基础，研究任务是学科得以发展的依据。研究对象为研究任务所规定，研究任务受研究对象的制约。

一、文化遗产学研究的对象

顾名思义，文化遗产学研究的对象，应该就是文化遗产。换言之，文化遗产学应当是以文化遗产为研究对象的学科。实际上，文化遗产学的研究对象并不限于文化遗产本身。

湖北武当武术。图片来源：优程网(7676u.com)。

文化遗产的内容极其丰富，既有物质形态的，又有非物质形态的；既有可移动的，又有不可移动的；既有单体的，又有群体的；既有金石的，又有草木的……况且，以不同类型的文化遗产为研究对象或借助文化遗产作不同目的的研究，从古到今已经形成了多门学科。因此，倘若主要以各种各类文化遗产为具体研究对象，则文化遗产学的研究不仅包罗万象，而且要包容与文化遗产研究相关的诸多学科，这就难免使人感到困惑了：研究内容极其庞杂且多与古今形成的诸多学科重合的文化遗产学，究竟如何开展研究呢？究竟与相关学科是一种什么样的关系呢？究竟如何形成其学科知识体系呢？究竟凭借什么而成为独立的学科呢？

具体说来，文化遗产学与诸多相关学科的研究内容颇有不同而具有独立性。

其一，文化遗产学不像现今的相关学科那样，主要以某一种或某一类文化遗产为研究对象，而是着重以整体的文化遗产为研究对象。考古学的研究对象，主要是考古发现的人类实物遗存。博物馆学研究收藏与管理的对象以及文物鉴赏学、古建筑学等学科研究的对象，也主要是物质形态的文化遗产。而民俗学、民族学和文化人类学涉及的文化遗产研究，则主要是不同种类的非物质文化遗产。相对而言，文化遗产学研究的对象，既不限于不同形态的物质或非物质的文化遗产，也不限于不同种类如金、石、竹、木、说、唱、做等文化遗产，而是现存所有的文化遗产。

其二，文化遗产学主要研究不同地域、不同时期的不同形态、不同种类的文化遗产的总体构成和相互关系，而不是有如现今相关学科那样，主要是针对某一形态或种类的文化遗产作具体揭示或细微观照的研究。考古学以类型学为其理论支柱之一，它对器物类型的分析，可谓对不同种类物质文化遗产的详明揭示和细微观照。文物鉴赏学、古建筑学、民俗学等相关学科，也偏重于对不同形态、种类的文化遗产作具体揭示和细致考察。文化遗产学则偏重于在相关学科对不同形态、种类的文化遗产作有具体揭示和细致考察的基础上，进一步揭示文化遗产的总体构成，考察不同形态、种类文化遗产的相互关系，从而形成对不同地域、不同时期文化遗产的全面认识。

印度拉姆里拉——《罗摩衍那》的传统表演。图片来源：中国非物质文化遗产网(ihchina.cn)。

其三，文化遗产学主要研究不同形态、不同种类文化遗产的综合价值和现实意义，而不是有如现今相关学科那样，主要研究文化遗产的单一或某些方面的价值，而且多偏重于阐发其历史意义。考古学主要研究不同种类物质文化遗产承载的历史信息所体现的历史价值；博物馆学主要研究不同种类物质文化遗产的历史价值，兼及其审美、科技等价值；古建筑学主要研究古建筑类物质文化遗产的科技价值和审美价值，兼及其历史等价值；民俗学、民族学、文化人类学等学科，均以研究文化遗产的历史发展和历史意义为主。文化遗产学的研究则不然，如研究一件古老青铜器，就需要通过其形制、工艺、纹饰、风格等全面揭示其历史的、审美的、科技的、观念的、经济的等各方面的价值，同时阐明其观赏、科学、教育、经济(如果可以用于收藏投资和市场交易的话)等方面的现实意义。例如，研究一幢古建筑，就不仅需要通过建筑的样式、结构、装饰、材质等说明其科技的、审美的和历史的价值，也需要通过其风格、雕绘、陈设、环境等揭示其思想观念、传统文化等多方面价值，还需要通过其功能、居者发掘蕴含其中的建筑特征或家族故事等所具有的多方面价值，从而在明确其综合价值的基础上阐发其可以充分利用的现实意义。

其四，文化遗产学主要研究文化遗产保护与利用的指导思想、一般原则、合理机制、基本方式、主要措施等。一些相关学科的研究，也涉及文化遗产的保护与利用，如博物馆学、旅游学等，但其研究各有偏重和相对具体。博物馆学的研究，主要是如何通过展示所收藏的物质文化遗产来发挥文化遗产的教育、科研作用。旅游学的研究，主要是如何利用文化遗产而实现经济效益。而文化遗产学的研究，则具有全面性、概括性、原则性和典型性，既研究文化遗产的认定和保护，也研究文化遗产的利用和开发；既研究个案所体现的典型意义，也研究总体所遵循的一般原则。

其五，文化遗产学主要研究文化遗产的保护、利用与社会政治、经济和文化发展的关系以及相辅相成的发展规律。这一研究内容，是相关学科较少涉及或不予涉及的，突出地反映了文化遗产学的宏观性和现实性。

二、文化遗产学研究的任务

文化遗产学的研究对象，是为其研究任务所决定的。文化遗产学的研究对象之所以具有独立性，正在于文化遗产学的研究任务大不同于相关学科的研究任务。

文化遗产学既然以文化遗产为研究对象，那么运用不同的理论和方法，可以达到不同的研究目的，实现多种研究任务。诚然，运用不同的理论和方法研究文化遗产以完成不同的研究任务，已经形成了许多相关学科。但是，这些相关学科大都是对文化遗产作专门化的研究，而不是作整体性的研究。这些相关学科之间总是存在研究的空白点或盲点，尤其是文化遗产学研究的主要任务——构建文化遗产保护与利用的知识体系，阐发全面保护与合理利用文化遗产的理论和方法，则是这些相关学科基本不涉及的。时代和社会对文化遗产研究提出了为保护与利用文化遗产的实践提供理论支撑的要求，顺应这一要求而形成了文化遗产学。

文化遗产学的主要研究任务，决定文化遗产学的研究对象必然是所有的文化遗产，并且主要是对其进行整体的、系统的和综合的研究，又尤为需要清楚了解其总体构成、相互关系、综合价值以及保护与利用的指导思想、一般原则、合理机制、基本方式、主要措施等，进而阐明文化遗产保护与利用的意义，揭示文化遗产的保护、利用与社会政治、经济和文化发展的关系以及相辅相成的发展规律。

第三节　文化遗产学的性质和特征

学科的性质，取决于研究对象的性质及其主要涉及的研究领域。学科的特征，则由其研究任务决定，由其研究对象体现。

一、文化遗产学的性质

文化遗产是人类文化创造的历史产物，故文化遗产性质的基点就是人文。

文化遗产学研究涉及的领域相当广泛，既涉及历史、哲学、美学、文学、艺术、语言、文字、民俗、民族、管理等诸多社会科学领域，又涉及科技、地理、地质乃至生物、化学、物理等自然科学领域，但与其相关的主要还是人文社会科学的诸多学科。

文化遗产学研究的主要目的，是通过实现对文化遗产的严格保护、科学管理与合理利用、适度开发以促进社会经济、文化等的全面发展，保证人类的可持续发展。

因此，文化遗产学的学科性质，理应属于人文社会科学。

二、文化遗产学的特征

上述文化遗产学研究的对象和任务，已经论及学科特征。概而言之，它的特征突出地体现为整体性、系统性、综合性、概括性、典型性、原则性、交叉性和应用性。

(1)整体性。文化遗产保护的一个基本原则就是整体性，故文化遗产学研究的对象也是文化遗产的整体。既不偏重于研究某一文化遗产的某些部分，也不仅仅局限于研究某一形态或种类的文化遗产。在具体的研究过程中，当然是从部分到整体。但是，部分或个体的研究更多的是借鉴相关学科的研究成果，而且是为整体的研究服务的。整体的观照和考察，应是文化遗产学研究的主要着眼点。

北京故宫太和殿。图片来源：导游中国网(iuchina.cn)。

(2)系统性。系统性与整体性直接关联，整体性的研究也必然是系统性的研究，只不过整体性研究主要是外在的观照，而系统性研究主要是内在的辨析。一件古器物是一个系统，如青铜鼎由耳、腹、足等部分组成。一幢古建筑是一个系统，如故宫太和殿由台基、柱架、墙壁、屋顶、门窗等构成。一项古代工程是一个系统，如都江堰由鱼嘴分水堤、飞沙堰溢洪道、宝瓶口引水口等主体工程构成相互依存、功能互补、协调运行的系统工程。一座民居院落或帝王陵寝，一种表演艺术或节庆活动，无不是或小或大的系统。而文化遗产的总体构成，更是一个大系统。文化遗产学的研究，既重在研究不同形态、种类的文化遗产各要素的相互关系及其系统构成方式，又重在研究不同地域、时期文化遗产各要素的相互关系及其系统构成方式，还重在研究在现实社会这一巨大系统中文化遗产所处地位以及与政治、经济、文化等要素的相互关系，如此等等。

(3)综合性。系统是一整体，也是一综合体。综合性的研究也就是全面地考察和完整地论述。对文化遗产价值的分析和评估，不仅要分析其突出价值和主要价值，而且要通过分析其所具有的各方面价值，以作出综合价值的评估。对文化遗产保护与利用现状的调研，不仅要考察对文化遗产本体的保护、修复或传承情况，还要考察管理的机构、规章和队伍，保护的条件、措施和方法，环境的自然生态和人文生态，利用的方式和效益，开发的程度和步骤等各方面的相关因素，从而在综合考察的基础上作出客观准确的评价，提出切实合理的意见。系统的完善、整体的维护需要综合治理，而综合治理的成效建立在综合性研究的基础上。文化遗产的保护与利用就是综合治理，也有赖于对文化遗产的综合性研究。

(4)概括性。文化遗产学的研究任务，要求文化遗产学的研究是从具体到一般，由个性到共性，也即总结性、归纳性的研究。其研究的结论，应对文化遗产保护与利用的具体实践有着普适性和指导性。这一要求，早在文化遗产保护的实践中就已提出。《关于保护景观和遗址的风貌与特性的建议》的“总则”第一条即强调：“为保护景观和遗址所进行的研究和采取的措施应适用于一国之全部领土范围，并不应局限于某些选定的景观和遗址。”前节所述文化遗产学的主要研究内容，包括文化遗产保护与利用的指导思想、一般原则、合理机制、基本方式、主要措施等，即文化遗产学概括性特征的体现。

(5)典型性。典型性是概括性和代表性的具体表现。作为文化遗产学研究对象的文化遗产，都是具体实在的文物、遗址、建筑群、习俗、礼仪、表演艺术等。文化遗产学的研究，也是从文化遗产的众多个体、群体入手的，但重在由具体的文化遗产发掘其典型意义，揭示其具有代表性的特征和成就，从而可在对其有着深刻认识的基础上作出保护与利用的科学规划，采取保护与利用的有效措施。《世遗公约》及其《操作指南》和《非遗公约》及其《业务指南》所确定的世界文化遗产和人类非物质文化遗产代表作的评审标准，就尤其强调了文化遗产的典型性、代表性。

(6)原则性。高度概括和科学总结的结论，又较广泛地适用于同类型或不同类型文化遗产的保护与利用实践，自然就具有原则性。《世遗公约》及其《操作指南》和《非遗公约》及其《业务指南》中，对文化遗产所下的定义和设定的价值标准，是在世界各国保护文化遗产实践中所得认识的科学总结和高度概括，无疑具有原则性。2005 年国务院下发的《通知》所确定的文化遗产保护的指导思想、基本方针和总体目标，是根据中国国情和发展需要，对保护文化遗产的长期实践中形成的认识和经验的科学总结和高度概括，当然具有原则性。中国在文物保护工作中所依据的文物保护与经济社会发展相协调的原则、就地保护原则、相对集中收藏原则、保持现状原则、限定用途原则，就是对国内外文化遗产保护工作的实践总结和理论概括。

(7)交叉性。文化遗产学的构建，出于对文化遗产作整体性、综合性研究以全面保护、合理利用文化遗产的需要。由于文化遗产承载的信息既有社会科学方面的，又有自然科学方面的，故文化遗产学的研究需要涉及社会科学和自然科学领域里的历史学、艺术学、教育学、军事学、管理学、经济学、哲学、文学、法学、理学、工学、农学、医学等学科门类及其所属的诸多一级和二级学科。不过，由于主要的研究任务不同而研究的理论和方法也不尽相同，文化遗产学并不包容甚至取代相关学科，而是与相关学科互相渗透、交叉，体现出横向性、交叉性特征。实际上，现今科学研究的发展，已经导致上述相关学科都有着不同程度的学科交叉，但文化遗产学较之相关学科又是在更大范围内、更深程度上的学科交叉，其交叉性的学科特征也尤为突出。

中国雕版印刷工艺。图片来源：中华印刷包装网(cpp114.com)。

(8)应用性。文化遗产学所阐发的基本理论和构建的知识体系，主要是为文化遗产的保护与利用实践服务的。文化遗产的保护与利用，是对文化遗产的有目标、有计划的管理，是对文化遗产的现实的、具体的保护与利用。文化遗产学的基本特征之一，就是应用性。当然，文化遗产学并非不涉及基础理论研究，关于文化遗产的概念、形态、种类、构成等认识和阐发，都需要建立在基础理论研究之上。但是其基础理论研究重在为应用理论研究作铺垫，是纳入为文化遗产保护与利用的实践提供理论支撑的学科知识体系之中的。因此，应用性是文化遗产学的一个重要特征。甚至可以说，文化遗产学是一门应用理论学科。

第四节 文化遗产学的基本概念和研究方法

文化遗产学是一门新兴学科。要了解这门新兴学科，首先需要弄清文化遗产学的基本概念；要掌握这门新兴学科，就必须知晓文化遗产学的基本研究方法。

一、文化遗产学的基本概念

前面两节的论述，实际上是在揭示和阐发文化遗产学这一概念的内涵与外延。在明确了文化遗产学研究的对象和任务、性质和特征之后，我们可以为文化遗产学的基本概念作出如下界定：

> 文化遗产学是人文社会科学领域的一门新兴学科，突出地具有整体性、系统性、综合性、概括性、典型性、原则性、交叉性和应用性等特征，主要研究文化遗产的基本概念和总体构成，不同地域或时期、不同形态或种类的文化遗产及其相互关系、综合价值，文化遗产保护和利用的原则、机制、方式，文化遗产保护、利用与社会经济文化发展的关系以及相辅相成的发展规律等。

这一定义，在于揭示文化遗产学的特有属性、基本含义和主要研究内容。

由于文化遗产学是尚在构建中的新兴学科，本书对文化遗产学基本概念的界定也只是初步的。随着文化遗产保护与利用实践的深入，随着文化遗产学学科建设的发展，人们将对文化遗产学的基本概念有更为深刻的认识，并作出更加准确而科学的界定。

二、文化遗产学的研究方法

研究方法是实现研究任务的途径。正确的研究方法，是达到研究目的的基本保证。因而有学者称，研究方法掌握着研究的命运。

研究方法的采用，大体依学科的性质和特征而定，必须适应于研究对象的内涵、根据研究任务的需要。

辩证唯物主义和历史唯物主义是关于自然、社会和思维发展一般规律的科学，是科学的世界观和方法论，是唯物论和辩证法的统一、理论与实践的统一。作为人文社会科学之一的文化遗产学的研究，首先必须以辩证唯物主义和历史唯物主义为指导。

2009年北京地坛春节庙会。图片来源：一元一国学网(yiyuanyi.org)。

文化遗产学性质的归属性，决定了文化遗产学研究方法的一般性；文化遗产学学科的特殊性，决定了文化遗产学研究方法的差异性；文化遗产学研究对象的多样性，决定了文化遗产学研究方法的丰富性；文化遗产学研究任务的目的性，决定了文化遗产学研究方法的具体性。文化遗产学的研究，既需要运用人文社会科学的一般研究方法，又需要借鉴相关学科的特殊研究方法。其研究方法可谓多种多样、不拘一格，可以根据具体的研究目的而选择。

文化遗产学的研究方法诚然丰富多样、难以尽述，但举要言之，有如下几种：

(1)分析与综合。分析是对研究对象的分解、辨析，即把事物的整体分解成各属性、部分、要素、方面或阶段，分别加以考察，是认识研究对象各部分的木质属性、基本特征及其相互联系的一种基本方法。综合是对研究对象各部分认识的综括、合成，即把事物的各属性、部分、要素、方面或阶段组合成为整体加以考察，是认识研究对象的基本性质、一般特征和总体构成的一种基本方法。分析与综合是认识事物过程中不可分割的两个方面，没有分析就没有综合，无须综合也无须分析。任何科学研究，都离不开对研究对象具体而深入的分析和在分析基础上的全面而精到的综合。具体情况具体分析，通过解剖麻雀而认识麻雀，实事求是，是辩证唯物主义和历史唯物主义认识论的精髓。文化遗产学的研究，每一部分、每个环节都伴随着分析与综合，而且是分析中有综合，综合中有分析，两者相辅相成，贯穿于研究的始终。可以根据具体的研究目的，采用不同的分析方法和综合方法，如历史分析法、艺术分析法、经济分析法、逻辑分析法、简要综合法、完全综合法等。文化遗产学的特征，更是要求以分析为手段，以综合为目的。

(2)归纳与演绎。归纳是由对研究对象的具体、个别认识到归结、概括，演绎是由对研究对象的一般、总体认识到推演、解绎。就认识论而言，归纳是从个别性的前提推出一般性结论的方法，演绎是从一般性的前提推出个别性结论的方法，两者也是认识事物过程中不可分割的两个方面和科学研究中广泛采用的基本方法。归纳是演绎的基础，演绎则为归纳确定研究的目的和方向。归纳与演绎相互渗透、相互转化。在科学研究中，归纳是对经验事实的概括，演绎则是对一般性原理的应用，它们的运用有如分析与综合，是辩证统一的运动过程。文化遗产学的整体性、概括性、原则性等特征，要求重在运用归纳法并主要因归纳法的运用而体现；文化遗产学的典型性、应用性等特征，则要求重在运用演绎法并主要因演绎法的运用而体现。

(3)调查。搜集资料、了解现状是科学研究的基础。调查，即搜集研究对象的原始资料、了解研究对象的现实状况的方法，是考古学、博物馆学、民俗学、民族学、文化人类学等相关学科的一种基本研究方法。考古学者从事田野考古，首先需要进行考古调查以了解墓葬、遗址等人类文化遗存的信息。博物馆学者征集文物和了解观众意见，需要进行田野调查或社会调查；民俗学者搜集民俗资料，需要进行田野采风。民族学者研究民族历史文化，需要实地考察。文化人类学者探讨一个人类群体及其文化，需要身临其境观察和体验。文化遗产学的研究对象，多与这些相关学科的研究对象重合，甚至有所包容。文化遗产学的研究任务，又更具实践性和应用性。在文化遗产学的研究中，对文化遗产的形态、种类、资源、价值、保护与利用状况等的了解，都离不开调查。因此，文化遗产学的研究，不仅需要借鉴这些相关学科重在调查的方法，而且需要综合其调查法的优点并大有发展，即如扩大调查范围、优化调查方式、丰富调查手段、增强调查实效等。

2010年屈原故里秭归端午文化节开幕式(作者摄)

(4)比较。有比较才有鉴别，作鉴别方知事物。比较，是通过对同类或相关的事物做多角度、多方面的比较对照而认识事物的本质、特征、异同、优劣并揭示事物发展的一般规律和特殊规律的方法，也是科学研究中普遍采用的一种基本方法。在文化遗产学的研究中，无论是概念的界定、类别的区分、价值的评估，还是保护法规的制定、管理体制的建立、利用方式的选择等，都需要采用比较研究的方法。现行的《文物法》，不仅是通过总结我国文物保护的历史经验、根据文物保护的现状及国家经济文化发展的要求制定的，而且是在“对我国现行的文物保护法律制度与国外立法例以及有关国际公约、国际惯例进行了一系列的比较研究”①的基础上制定的，故具有现实针对性和科学合理性。中国的文化遗产保护工作，根据文化遗产的价值予以法定分级。这种对文化遗产价值的评估和级别的认定，只有结合采用比较研究的方法才会更为客观准确。

(5)信息论。信息论是关于信息的本质和传输规律的理论，是研究信息的计量、发送、传递、交换、接收和储存的学科，是20世纪中叶随着现代通讯技术和计算机技术的发展而产生，并在当今社会迅速发展而广泛渗透到科学研究各个领域的一门新兴学科。正是因其巨大影响和重要地位，人们用信息这一技术特征来指称当今的时代和社会，即所谓信息时代、信息社会。信息概念具有普遍意义，信息研究方法也具有普适性。所谓信息研究方法，就是运用信息观点，把事物看作一个信息流动的系统，通过对信息流程的分析和处理，认识事物复杂运动规律的一种科学方法。文化遗产是信息的载体，文化遗产学的研究在一定意义上也就是对获取、传递、处理、利用信息的方式及信息流程规律的研究。研究文化遗产的管理，更要研究其管理的信息系统。只有及时、准确、完全地获取和传递信息，才能迅速、正确地处理信息，从而利用信息作出科学的决策，实施有效的管理。所以，文化遗产学需要借鉴信息论的研究方法，也需要掌握和运用作为信息论技术支持的现代通信技术和计算机技术。

(6)控制论。控制论是研究各类系统的调节和控制规律的理论，是20世纪中叶适应大机器生产的自动化管理需要而产生的一门新兴学科，并且随着现代社会的生产和管理提高自动化水平的要求日益增强而迅速发展。它以信息论为理论基础，从一门技术科学发展成为广泛运用于科学研究各领域的科学理论。它的基本研究方法，就是从预定目的着眼，将研究对象看作一个控制系统，分析其信息流程、反馈机制和控制原理，从而寻求使系统达到最佳运行状态的规律。文化遗产学的研究，重在探讨文化遗产管理的科学结构体系与合理运行机制，以求通过科学管理而达到对文化遗产做有效保护和合理利用的目的，无疑需要借鉴控制论的研究方法。

(7)系统论。系统论是研究系统的特征、模式、结构、关联和运行规律的理论，是与信息论、控制论同时产生，并在现代社会从一种逻辑、数学理论迅速发展为具有普适性的新兴学科。人们将之与信息论、控制论合称为现代科学的“三论”。现代社会的生产规模日益扩大，组织结构日益复杂，活动方式日益丰富，内外联系日益密切，反映出有待处理的事项也越来越庞杂、纷繁且具有综合性，人们不得不对其做整体、系统的考察和全面、综合的应对，系统论便

① 刘晓霞等：《文物保护法通论》写作说明，中国城市出版社2005年版。

应运而生。系统论的研究方法，要求人们着眼于研究对象的整体性，把研究对象看作一个系统，分析系统的结构和功能，研究系统、要素、环境三者的相互关系和变动规律，从而优化系统的整体功能。系统论的方法，可谓融分析与综合、归纳与演绎、观察与调查、对照与比较等方法于一体，又始终坚持以研究对象的整体性、综合性为出发点和回归点。文化遗产是大大小小的系统组成的大综合系统，文化遗产学的整体性、综合性、系统性特征，要求其研究必须借鉴系统论的研究方法。

第五节 文化遗产学与相关学科的关系

科学的发展，始终伴随着人类社会实践的能力提高和程度加深而发展。人类的社会实践为科学发展提供了条件和动力，科学的发展又对人类的社会实践起着引导和促进作用。学科的产生和演化正是这样，始终与人类的社会实践密切联系在一起。

达·芬奇自画像。图片来源：当代设计网(vi21.cn)。

在科学发展史上，学科分分合合的两种趋向一直存在，但又在不同的社会历史阶段或突出表现为分，或突出表现为合。诞生于人类文明史早期的科学，起初就是自然科学和社会科学的大综合体，因无专门学科严格分野，也成就了“六艺”皆精的孔子和哲学、文学、逻辑学、天文学、气象学、生物学等几乎无所不通的亚里士多德这类文化伟人。至16世纪，科学分化为多种学科的趋向虽然越来越明显，但因人们在漫长的农业社会里的实践能力和程度有限，从科学中分化出来的学科也无确定的界限，故仍然产生了像“万能天才”达·芬奇(1452—1519)以及伽利略(1564—1642)、笛卡儿(1596—1650)这类横跨多门学科且卓有成就的科学巨匠。18—19世纪，英国乃至欧美国家掀起了工业革命浪潮，科学革命与工业革命相伴相随也相辅相成。在这社会转型的历史阶段，人们日益提高着社会实践能力，奋力开拓认识和改造客观世界的广度和深度，学科的分化也尤其突出，形成了许多专门化、精细化的学科。不过，20世纪以来，尽管学科随着人们向认识和改造客观世界的广度和深度进军而仍旧加速分化，却也因人们认识和改造客观世界达到相当程度后，凸显客观世界的整体化、庞杂化、系统化的难度而综合化。与社会的物质生产、生活直接相关的自然科学，首先和不断地出现了综合化的学科，突出地显示了现代社会科学发展的学科偏重综合化的趋向。信息论、控制论、系统论这新兴科学的“三论”，都是学科大交叉、大综合的科学理论。新兴于当今科学研究领域的生命科学、能源科学、海洋科学、材料科学、空间科学、环境科学等，无一不是综合性的知识体系。受自然科学发展的影响，人文社会科学领域内不仅各学科皆突破传统界限而相互交叉、渗透，而且出现了或正在构建的大交叉、大综合学科。

如前所述，文化遗产学就是人文社会科学领域内正在形成、构建中的一门大交叉、大综合的学科，其研究需要与社会科学和自然科学的许多学科发生横向渗透或边缘交叉的联系。尽管文化遗产学与一些关系密切的学科在研究中有相当程度的一致性或重合性，但是，文化遗产学因与它们的主要研究任务不同，研究的范围、理论和方法也不尽相同，却并非可以包容或取代这些相关学科。这里难以逐一说明所有相关学科与文化遗产学的关系，仅举数门与文化遗产学联系密切的学科来说明它们之间的关系①。

一、文化遗产学与考古学

考古学是萌芽于18世纪后期，形成于19世纪中叶的一门学科。考古学研究的基础，在于田野调查发掘。考古学研究的对象，即田野调查发掘到的古代人类社会实践活动的实物遗存。考古学研究的主要任务，就是通过对科学的田野调查发掘而搜集到的系统的、完整的古代人类实物资料的辨析考察，揭示人类历史的发展过程和规律。考古学的研究方法，是以田野调查发掘和实物资料整理(包括一些实验方法的应用)为基础，结合文献资料而研究历史文化。

文化遗产学与考古学在研究的对象、研究的方法上有着一致性，即文化遗产学的研究对象包含了田野调查发掘的人类实物遗存，文化遗产学也以田野调查和发掘为基本研究方法之一。不过，文化遗产学的研究范围远大于考古学的研究范围，时间上不限于古代而包括从古至今，内容上不限于调查发掘的人类实物遗存，而包括传世的文物、传承的文化在内的所有物质的和非物质的文化遗产。文化遗产学与考古学的主要研究任务不同，前者因此而独立并具有应用性，后者因与历史学的研究任务基本一致而具有基础性。

---

① 据国务院学位委员会和教育部2011年3月印发的《学位授予和人才培养学科目录》，学科门类分为13个，即哲学、经济学、法学、教育学、文学、历史学、理学、工学、农学、医学、军事学、管理学、艺术学。每类又分别设有一级学科，一级学科下可设二级学科。不过，外国的学科分类与中国不尽相同。这里不拘学科门类和一级、二级学科，只在于举例简要说明文化遗产学与相关学科的关系。

二、文化遗产学与博物馆学

博物馆学是萌芽于17世纪，成熟于19世纪的一门学科。“博物馆学的研究对象是保存、研究和利用自然标本与人类文化遗存，以进行社会教育的理论和实践，包括博物馆事业发生、发展的历史及其与社会的关系，也包括博物馆社会功能的演进、内部机制的运营和相互作用的规律。”①博物馆学研究的主要任务，“是研究博物馆的性质、特征、社会功能、实现方法、组织管理和博物馆事业发展规律的科学”②。博物馆学的研究方法，主要是科学研究的一般方法。博物馆本来就是人们为了保护和利用社会与自然中价值高的物品而兴建的，博物馆学研究也以保存和利用人类文化遗存为重要内容。

中国国家博物馆。图片来源：广州视窗网(gznet.com)。

显然，文化遗产学的研究，与博物馆学的研究重合面甚大，而且博物馆事业的发展正是文化遗产管理的重要目标。可是，文化遗产学并不能涵盖博物馆学。其一，博物馆有历史博物馆、艺术博物馆、科技博物馆、自然博物馆等多种类型；文化遗产学主要研究人类文化遗存的保护与利用，而不涉及自然标本。其二，博物馆收藏、展示的人类文化遗存大都是物质文化遗产，博物馆学的研究也较少涉及非物质文化遗产；而文化遗产学的研究是对物质的和非物质的文化遗产的综合研究。其三，博物馆学的研究，包括了藏品的征集、保管、

① 《中国大百科全书·文物博物馆》，中国大百科全书出版社1993年版，第50～51页。

② 《中国大百科全书·文物博物馆》，中国大百科全书出版社1993年版，第50～51页。

修复、陈列及博物馆建筑、组织、制度、规划、功能等具体问题的研究；而文化遗产学主要是在宏观上研究博物馆事业的发展状况、博物馆事业的发展与外部环境的关系、博物馆事业在文化遗产管理体系中的作用和地位等。

三、文化遗产学与历史学

历史学是研究人类历史发展的一门学科，萌芽于原始社会的人类童年时代，可谓社会科学领域内最为古老的学科之一。历史学研究的对象极为宽泛，凡是人类历史上的一切人物、事件、现象、过程等，都可作不同的层次、性质、范围和类型的研究，还包括研究历史学的理论和方法、史料及其运用、史学本身的发展等。历史学研究的主要任务，是阐述人类社会发展的具体过程并揭示其发展规律。历史学运用的史料，既包括传世的所有文献，也包括田野调查和考古发掘的所有物质的或非物质的人类遗存。历史学采用的研究方法，包括了科学研究的一般方法，但主要是辩证唯物主义和历史唯物主义指导的历史分析法和历史比较法。因此，历史学原本就是一门大综合的学科。由于世界上任何事物都有发生、发展的历史，研究世界上任何事物都不能不研究其历史，故马克思、恩格斯曾说："我们仅仅知道一门唯一的科学，即历史科学。"①

文化遗产学的研究，在研究的对象、任务和方法上都与历史学的研究有重合，但两者也有区别：两者都以物质的和非物质的人类遗存为研究的基本材料，但着眼点不同。由于两者的主要任务不同，历史学的研究基本不涉及文化遗产的保护与利用；文化遗产学主要是应用理论研究，而历史学主要是基础理论研究；文化遗产学因其应用理论研究的要求，采用的研究方法比历史学的研究方法更为广泛，也更为灵活。

四、文化遗产学与民族学

民族学是专门研究民族的学科，萌芽于17世纪，形成于19世纪中叶的欧洲。它的研究对象，是民族整体的历史文化和发展的现实状况。它的主要任务，是研究民族共同体发生、发展、分化和融合的过程和规律，民族成分、起源、分布及相互关系，各民族文化的异同及其原因，进而探索人类历史文化发展演变的一般规律。它的研究方法，大体与历史学的研究方法相通但有所侧重，而以田野调查为传统的、基本的方法。由于它与也研究民族问题的历史学、人类学的关系尤为密切，历史学者或人类学者往往将它看作历史学或人类

① 马克思、恩格斯：《德意志意识形态》，见《马克思恩格斯选集》第一卷，人民出版社1972年版，第21页。

学的分支，但民族学研究者认为“民族学是社会科学中的一门独立学科”①。

民族学的研究，需要利用民族的所有物质的和非物质的文化遗产，在研究内容和方法上与文化遗产学的研究都有相同之处。两者的明显不同，首先在于两者的主要研究任务不同；其次，在具体研究中，文化遗产学着眼的一般是地域的或国家(往往是多民族)的整体文化遗产，而民族学着眼的一般是某个民族的整体文化遗产且偏重活态的非物质文化遗产；再次，由于主要研究任务不同和着眼点不同，两者的研究方法也颇有不同。

五、文化遗产学与民俗学

民俗学是专门研究民间习俗的学科，初步形成于19世纪中叶的欧洲。它的研究对象，大凡为民族或国家的传承于民间生产和生活中的信仰、礼仪、风俗、文学、艺术等。它的主要任务是研究民间习俗的内涵、特征、性质、影响、流变过程和传承规律。它的研究方法是采用科学研究的一般方法而以田野调查为传统的、基本的方法。由于它与民族学、人类学和社会学关系密切，被认为是从民族学和人类学中独立出来的学科。在中国，当今一般将它归属为社会学或民族学的二级学科。民俗学于20世纪初传入中国，由对民间文学的研究逐步扩大到民间文艺、民间文化乃至今天的民间社会生产与生活中一切文化事象的研究。民俗学的研究对象，基本上属于非物质文化遗产的范畴。

西方复活节习俗。图片来源：香港《文汇报》、中新网(chinanews. com)。

文化遗产学可以在相当程度上涵盖民俗学的研究，但毕竟与它的主要研究任务不同，与它的学科属性也不一样，研究范围更宽，采用的研究方法更为丰富。

六、文化遗产学与人类学

人类学产生于19世纪的欧洲，是一门从生物和文化两个角度来研究人类的学科。它以生物的人和文化的人，或者说以人类的体质和社会文化活动为研究对象，以全面、具体认识人类的体质特征、进化过程和人类文化的起源、演变、类型、特性、结构、功能、发展规律等为主要研究任务，通用科学研究的

① 林耀华主编：《民族学通论》，中央民族学院出版社1990年版，第10页。

一般方法，并以田野调查考古和深入实境参与观察为传统的、基本的研究方法。人类学在发展中，由最初的体质人类学研究扩大到体质和文化两大门类的人类学研究。目前，学术界一般将人类学划为体质人类学、考古人类学、语言人类学和文化人类学(又称社会文化人类学)四大分支学科。人类学也是大综合的学科，研究的领域极广，又与考古学、民族学、民俗学的关系密切，故西方学术界往往将后三者视为属于人类学范畴的二级学科。

文化遗产学与人类学一样，都以田野调查和考古发掘的物质的和非物质的文化遗产为研究对象，也重在采用人类学的基本研究方法，但不仅研究领域不及人类学宽广，而且由于主要研究任务不同，研究视角、研究过程、研究方法也有差异。

七、文化遗产学与社会学

社会学创立于19世纪的欧洲，以人类的社会生活及其发展为研究对象，以揭示人类社会生活各方面的表现、内容、关系、意义及其发展的过程和规律而为社会良性运行提供科学依据为主要任务，以整体性、综合性、广泛性、应用性为特征，以社会调查为基本研究方法并结合采用科学研究的一般研究方法。社会学也是一门大综合的学科，要求从社会整体出发综合研究社会生活及其各方面的关系和变化规律，研究领域十分宽泛，分支学科已逾百个。社会学的研究，更多地关注社会生活中新出现的实际问题、重大问题和热点问题，重在为处理和解决社会生活中的现实问题提供科学依据。

文化遗产的保护与利用，就是社会生活中新出现的实际问题、重大问题和热点问题。文化遗产学，与社会学有着类似的学科特征和研究任务。不言而喻，文化遗产学的研究，需要结合社会学或者说也要从社会学的角度进行研究，方可清楚地认识到文化遗产保护与利用在社会生活中的地位、作用，以及与社会生活其他方面的关系等。相对而言，文化遗产学尽管也是综合性的学科，但不及社会学的研究领域广大。

八、文化遗产学与管理学

管理学形成于20世纪初期的欧美，是由对企业管理的研究发展到对社会各种管理工作的研究的一门学科。它以管理的一般原理和方法为研究对象，以揭示管理过程的基本环节、客观规律为主要任务，以归纳与演绎、试验与实证为基本研究方法，具有综合性、交叉性和应用性特征。由于社会各项工作都离不开管理，故针对不同行业管理的具体研究又形成了许多管理学分支，如工商管理学、公共管理学、企业管理学、行政管理学等。

文化遗产学研究的主要任务——文化遗产的保护与利用，关键就是文化遗产的管理。管理学研究的基本内容如计划、组织、领导、控制等，也是文化遗产学研究的内容，只是文化遗产保护与利用具有特殊性，故文化遗产学的研究需要从管理学的角度、借鉴管理学的原理和方法对文化遗产管理作具体研究。由于世界各国的重要文化遗产都是受国家保护的，世界各国文化遗产的保护与利用也主要是由其国家相关行政机构来负责实施的，故就实施主体而言，文化遗产的保护与利用主要是国家行政组织的管理。因此，文化遗产学也与管理学中的行政管理学的关系尤为密切。

九、文化遗产学与法律学

汉谟拉比法典碑(局部)。图片来源：互动百科网(hudong.com)。

法律学简称法学，是一门历史悠久的社会科学学科，自国家产生后就逐渐形成了。它的研究对象，是古今一切法律及其现象，包括宪法、刑法、民法、诉讼法等各类法律和法制史、法律理论、法律意识、法律关系、法律行为等与法律直接相关的社会现象。它的主要任务，是阐明各类法律的内容、作用和一切法律现象的因果、发展，揭示以法律调整国家内外和社会各方面的关系、维护国家内外和社会各方面秩序的规律。它综合运用科学研究的一般研究方法，现有偏重于借鉴社会学的调查实证方法的趋向。它与政治学关系尤为密切，在阶级社会里具有鲜明的阶级性。

文化遗产学主要研究的文化遗产保护与利用，其实施主体主要是国家行政组织，其实施方式主要是依法进行制度化、规范化的保护与利用。世界各国颁布的文化遗产保护法规和联合国教科文组织大会通过的保护世界文化遗产公约，是各国文化遗产保护与利用的依据和保障。文化遗产保护与利用的法规建设和完善，是文化遗产学研究的重要内容。既然如此，文化遗产学也就与法律学有密切的交叉关系。

十、文化遗产学与环境学

环境学是研究人类生存和发展环境的一门学科，是 20 世纪中叶人们痛感全球工业化造成环境恶化、生态危机而新兴的学科。它的研究对象，由对人类生存和发展的自然环境，扩展到社会(人文)环境。它的主要任务，是阐明人与环境的关系，揭示人与环境和谐相处而实现可持续发展的规律。保护环境、改善生态的迫切需要，促使世界各国都高度重视环境学的研究；现代科学技术的发展，又为环境学的发展提供了必要条件。环境学现已发展成为与地学、生物学、化学、医学、工程学以及社会学、管理学、经济学、教育学、法学等多门学科的交叉，并综合运用理论、技术和方法来研究环境问题，且分支学科众多的大环境科学体系。

文化遗产的存在和延续，有赖于其生态环境。文化遗产的保护与利用，就不能只限于文化遗产本体，而必须扩展至与其唇齿相依的生态环境。文化遗产的管理，也以保护和治理文化遗产所处的生态环境为重要内容。文化遗产学的研究，也就与环境学，包括环境科学中的自然环境学和社会环境学的研究有密切关系，需要以环境学的视角、借鉴环境学的理论和方法来开展研究。

十一、文化遗产学与教育学

人类进行培养人才的教育活动有着悠久的历史，但理论形态的教育学却是在 17 世纪的欧洲形成的。教育学是研究人类教育现象、揭示教育规律的一门学科，即以教育现象(人类各种教育活动的外在表现形式，包括教育的方针、政策、制度、对象、机构、管理、内容、方法、过程等)为研究对象，以揭示教育规律(教育适应社会发展和人的身心发展)为主要任务。教育学的研究方法，除采用科学研究的一般方法外，还较多地运用观察、调查、实验、统计、个案研究、文献研究、行为研究等方法。教育学也具有综合性、交叉性特征，涉及多门相关学科。

文化遗产管理的内容主要是保护与利用两个方面，而文化遗产的利用即以教育为重点。博物馆是文化遗产主要的具体管理单位之一，珍贵的文物和非物质文化遗产的相关实物都可以收藏和保存于一般或专门的博物馆里。社会教育是博物馆三大功能之一和主要任务。文化遗产学的研究，需要从教育学的角度研究文化遗产的利用方法和利用效益等，也与教育学在研究的任务、内容和方法上都有所一致，但不可能与教育学完全重合。

十二、文化遗产学与旅游学

人类的观光旅游活动由来已久，但对旅游活动的科学研究则始于 19 世纪末 20 世纪初。旅游学是以旅游活动及其社会现象为研究对象，以阐明旅游要素(旅游主体、旅游客体和旅游媒体)及其相互关系，揭示旅游现象及其发展规律为主要任务，以观察、调查、统计、分析、比较等为常用研究方法的一门学科。旅游学虽然年轻，但发展非常迅速，因为旅游活动已是当今人们普遍的生活内容，旅游业则成为当今许多国家的国民经济支柱产业。由于旅游活动涉及广泛的社会领域，旅游学也是涉及许多相关学科的综合性学科。

敦煌莫高窟。图片来源：兰州新闻网(lzbs. com. cn)。

文化遗产的管理与旅游密切结合在一起，具有高度价值的文化遗产在古今社会一直都是重要的旅游资源，文化遗产的保护与利用也成为旅游学研究的重要内容。当今社会，旅游是重要的文化活动，甚至是文化引导的活动，所谓“文化需求是旅游的根本动因，旅游过程实际上是文化的体验和享受”①，故文化旅游方兴未艾。文化遗产的保护与利用，对旅游业发展的影响越来越大。文化遗产保护与利用的成效，也越来越直接地、突出地由旅游业发展所体现。文化遗产学与旅游学的研究，尽管在对象、任务上大有不同，但在内容、目的上的共同点则越来越多。

文化遗产学与哲学、美学、文学、语言学、文字学、神话学、宗教学、建筑学、地理学、物理学、艺术史学、科技史学等都有比较密切的关系，在具体研究中都需要根据具体问题不同程度地借鉴其理论和方法。

第六节 文化遗产学的发展前景

文化遗产是人类历史的见证、人类智慧的结晶、人类创造的成果和人类发展的基石，又是不可再生的珍贵资源。在当今世界，文化遗产的政治意

① 刘云山：《文化是旅游的灵魂——在2010博鳌国际旅游论坛上的主旨演讲(2010年3月21日)》，载《光明日报》2010年3月24日第3版。

义、经济意义和文化意义日益凸显，保护与利用文化遗产的必要性、迫切性也越来越为世界上各个国家、民族清楚地认识到，因而也在近数十年里形成了世界范围内持续增温的文化遗产热。文化遗产热是文化遗产学产生的温床，文化遗产热的持续是文化遗产学发展的动力。世界各国对文化遗产保护与利用的高度重视和不断加强，联合国教科文组织对世界遗产事业的大力推进，为文化遗产学的发展提供了强大的社会动力。与文化遗产学相关的学科发展迅速和成果巨大，为文化遗产学的发展提供了优越的科学条件。不言而喻，既然动力强大又条件优越，文化遗产学必然会出现迅猛的发展势头，具有广阔的发展前景。

文化遗产学目前还是初辟草莱的学术园地，还是在构建之中的学科知识体系。文化遗产学的前景当然要随其发展成熟而逐渐明朗与拓展。尽管如此，文化遗产学是关联多门学科的综合性学科，既与相关学科有共性，又有自身的特性，参照相关学科的发展趋向并结合自身的发展要求，还是可以初步预测其发展前景的。

科学研究没有国界，文化遗产学的研究也是世界范围内通行的科学研究。文化遗产学研究的理论和方法，在世界范围内具有普适性。不过，由于世界各国的生态环境不同、历史文化发展的过程不同、现实社会的状况不同，世界各国文化遗产的内容、种类、存量、特征等都有所不同，世界各国的文化遗产管理体系、机制、方式、重点也都不尽相同。文化遗产学在世界范围内的发展，必然会分化为带有各国特色的学科知识体系。

文化遗产学在中国的发展，必须坚持以辩证唯物主义和历史唯物主义为指导，从中国的国情出发，密切结合中国文化遗产保护与利用的实际，同时借鉴相关学科以及外国文化遗产学研究的理论、方法和成果，形成有中国特色的文化遗产学科知识体系。中国是世界上举足轻重的文化遗产大国，文化遗产学在中国理应有更为迅速、更具创造性的发展。中国文化遗产学的发展，也理应对文化遗产学的学科建设作出更大的贡献。

文化遗产学的研究对象丰富而庞杂，文化遗产学的应用性特征表明了其研究偏重于具体的、实证的研究。随着文化遗产学研究的广泛展开和不断深入，文化遗产学会因研究对象的具体化、定向化而分化出不少二级乃至三级分支学科，如物质文化遗产学、非物质文化遗产学，又如器物文化遗产学、建筑文化遗产学、陵寝文化遗产学、园林文化遗产学、遗址文化遗产学、石刻文化遗产学、景观文化遗产学、线路文化遗产学、石窟寺文化遗产学、城市村镇文化遗产学、民间文学文化遗产学、传统美术文化遗产学、传统音乐文化遗产

子龙鼎(商末周初)。图片来源:《广州日报》、九鼎收藏网(9dzg.com)。

学、传统舞蹈文化遗产学、传统戏剧文化遗产学、传统曲艺文化遗产学、传统杂技文化遗产学、传统技艺文化遗产学、传统医药文化遗产学、传统节庆文化遗产学、传统礼俗文化遗产学、传统体育文化遗产学、传统游艺文化遗产学等。

文化遗产学与许多学科相交叉，文化遗产学的研究也是在与相关学科的不断渗透中开展和深入的。随着文化遗产学研究的广泛开展和不断深入，文化遗产学也会像管理学、教育学、旅游学、社会学等综合性学科那样，分化出一些交叉性、渗透性强的边缘学科，如文化遗产管理学、文化遗产教育学、文化遗产旅游学、文化遗产社会学等①。

学科知识体系的构建和完善需要一个过程。文化遗产学的知识体系，还仅仅是初步的构建，需要随着文化遗产保护与利用实践的深入和文化遗产学理论的发展而逐步完善。

文化遗产保护与利用的事业是宏伟的、永恒的，文化遗产学发展的前景也是远大的、光明的。让我们共同期待文化遗产学大发展、大繁荣的明天!

---

① 有学者指出，文化遗产学应该包括基础理论研究和应用性研究；有学者认为，文化遗产学应该是由文化遗产学理论、文化遗产法学、文化遗产美学、文化遗产管理学、文化遗产保护学、文化遗产环境学、文化遗产教育学、文化遗产经济学等构成的框架体系。参见贺云翱《文化遗产学初论》(载《南京大学学报》2007年第3期)、郭桂香《文化遗产保护学科建设进入讨论阶段》(载《中国文物报》2007年4月18日)。

第二章 文化遗产的定义、特征与标志

“文化”一词，中国古已有之，但特指文治教化。西汉刘向《说苑·指武》即云：“圣人之治天下也，先文德而后武力。凡武之兴，为不服也，文化不改，然后加诛。”

作为泛指人类在社会历史实践中的创造性活动及其成果的“文化”(culture)概念，是在近代欧洲形成的。经过19世纪欧美学者的着力阐发，“文化”已成为普遍使用的术语和众多学科研究的对象。近现代使用的“文化”概念，包含了人类创造性活动的一切过程和结果。正因如此，在几乎人人皆从事文化创造，而文化创造活动尤为广泛深入的近现代，“文化”已成为使用普遍和频繁的术语。不同身份、不同职业者，尤其是不同学科的研究者，又对“文化”的概念有着不同的理解和阐释，或以为文化是一个知识系统；或以为文化是包括了知识、信仰、艺术、道德、法律、风俗以及人类在社会生活中所形成的一切能力和习惯；或以为文化是人类创造且不断传播着的信息系统；或以为文化是由各个文化特质共同构成的整合体；或以为文化是人类社会内在结构的体现；或以为文化是人类的行为模式在通过符号运用的传习过程中取得的显著成就；或以为文化是一种动态过程，是人们的生活方式和表达方式的总和；或以为文化是人类创造的实实在在的成果；或以为文化特指社会意识形态以及与之相应的制度和组织结构；或以为文化是人类在社会历史实践过程中所创造的物质财富和精神财富的总和；等等，可谓众说纷纭，莫衷一是。1952年，美国人类学家克罗伯(A. L. Kroeber)和克拉克洪(Clyd Kluckhohn)合著的《文化：概念和定义的批判性回顾》中，就评述了1871—1951年西方学术界出现的160多种关于“文化”的定义。据不完全统计，迄今为止，学者关于“文化”的定义已超过200种①。人们甚至认为，有多少学者研究文化，就会有多少种关于“文化”的定义。

---

① 法国社会心理学家莫尔曾统计，至20世纪70年代，世界文献中关于“文化”的定义已达250多种。

显然，文化涉及人类活动的方方面面，人们着眼于不同文化现象、从不同学科的角度阐释“文化”的含义，应该说大都具有其合理性，但要确定和说明人们均能认同的文化通义，就必须揭示文化的本质特性。由于文化在本质上是人类创造性活动的体现和结果，故人类的本质特性决定了文化的本质特性。人类之所以脱离了动物界，成为“万物之灵长”，就在于人类具有可以思维和善于思维的大脑。因此，人类的活动就不是像动物那样，只是求生存的寻觅食物、躲避风雨、繁育后代的本能活动，而是在社会生活中既求生存更求发展的有意识、有目的的创造性活动。人类的创造性活动既创造物质财富，又创造精神财富，以满足人类自身的生存和发展的需要。人类在社会历史实践中对物质财富和精神财富的一切创造过程和创造成果，都体现为文化。可以说，文化是人类物质性和精神性创造活动及其成果的综合体现，是人类在社会历史实践中内化与外化、主体与客体、过程与成果的统一展示。

我们对文化遗产的认识，即以这种着眼于文化本质的大文化观为理论基点。

第一节 文化遗产概念的形成

遗产，本义为先人遗留的财产。《后汉书·郭丹传》云：“丹出典州郡，入为三公，而家无遗产，子孙困匮。”英语中源于拉丁语的“遗产”(Heritage)一词，意谓“父亲留下而可为子孙继承的财产”，与古汉语中的“遗产”词义基本相同。

古希腊埃匹多拉斯剧场。图片来源：互动百科网(hudong.com)。

“文化遗产”是个合成词，由“文化”和“遗产”两词组成。前者是限定词，后者是中心词。当今国际社会流行的“文化遗产”一词，本是西方人士指称物质形态的人类文化遗存而率先使用的术语，因联合国教科文组织使用于文件，并在第17届大会上通过了《世遗公约》而为世界各国所接受。与“文化”组合而构成新词的“遗产”之义，则已引申为广义的先人遗留给后代的财产或财富。所谓“文化遗产”，即指先人遗留给后代的具有文化价值的财产或财富。

早在文明时代之初，人类就已经形成珍惜和研究文化遗产的传统。随着文明社会的发展、人类文化创造能力的增强和人类文化创造成果及其价值的增加，世界各地的人们也越来越热衷于保护和研究文化遗产，而且从对各种单体的文化遗产的珍爱和研究发展到对各类综合的文化遗产的保护和研究。不过，“文化遗产”概念的形成并为世界各国的人们所普遍接受，却在20世纪中叶以后。

一、古物、古董、古玩与民间文艺

在中国，先秦时期的人们就已越来越珍爱宝贵器物或艺术作品。君王不仅将具有高度价值的器物视为国宝而收藏在王宫里，而且将具有较高价值的民间文学艺术作品也征集到朝廷中。尤其是许多珍贵器物，被作为权力、地位和身份的象征而赋予了政治、文化的寓意，就更为世人珍重。

民以食为天，鼎为礼器首。本是原始社会末期的陶制食器——鼎，被先民奉为祭祀天地祖先神灵的首位礼器。至夏代，鼎更是被帝王铸造为国家和王权的象征性器物。相传夏禹治平洪水，安定天下，即“收九牧之金，铸九鼎，象九州”①。从此，九鼎就成了国家和王权的象征、夏商周三代王朝的第一重器且最为宝贵的文化遗产。殷人灭夏，即“鼎迁于商”，以定鼎商都作为夏亡商兴的标志。周人灭商，即“鼎迁于周”，以定鼎周都作为商亡周兴的标志。九鼎也因此成为先秦人心目中最为高贵和渴求一见的宝器。春秋时期，楚庄王率军挺进中原，饮马黄河，观兵周郊，怀着极大的好奇心和非分意，向东周王室派来劳军的使臣“问鼎之大小轻重”，由此形成了历史上著名的“问鼎中原”的典故②。遗憾的是，九鼎在战国时代就已经不知去向，未能作为文化遗产保存至今。不过，商周贵族铸造的鼎及簋、鬲、尊、盘等青铜礼器却大量遗存至今，而且这些器物上往往铭刻有“子子孙孙(万年)永宝用”的文字，表明当时人们是将其作为珍贵遗产来传承的。当下，以鼎为首的商周青铜礼器不仅是尤为珍贵的文化遗产，而且鼎文化也得到了继承和发扬。铸鼎祈愿、铸鼎志庆、铸鼎记事、铸鼎显胜等活动，风行全国且长盛不衰。走到各地的风景区内、纪念物前，往

① 《汉书·郊祀志》。

② 见《左传·宣公三年》、《史记·楚世家》。

往可见新铸的大鼎。千禧之年的2000年，在南岳衡山建起了中华寿坛，顶部置放了一只高9.9米、重56吨的“中华万寿大鼎”，鼎身铭铸有1万个自中国有史以来各朝代、各民族和当代海内外著名人士书写的不同字体的“寿”字，以象征九九归一、中华统一、56个民族和睦团结、共兴中华，表达海内外炎黄子孙对伟大祖国的深深祝福，祈愿中华统一、国家昌盛、民族团结、家庭幸福。当时，它是世界上最高、最重、最大的鼎。

人以洁为上，玉为君子好。本为山中温润晶莹、细腻坚韧的美石，早在原始社会末期就被先民视为天地万物之结晶的宝玉。先民将其既琢且磨，制成美化自身的配饰和用作祭祀天地鬼神的礼玉。所谓神灵钟情于玉、君子比德于玉，由此形成了中国独具特色的玉文化传统。从古至今，玉雕制品，尤其是玉质优良、雕饰精美的制品，一直为世人珍爱。众所周知的“和氏璧”的故事，最能说明古人对美玉的珍爱。先秦的君王，也致力于搜求天下宝物，而且尤重美玉。战国末年，秦王嬴政欲驱逐客卿，李斯上《谏逐客书》，即在文中写道：“今陛下致昆山之玉，有随、和之宝，垂明月之珠，服太阿之剑，乘纤离之马，建翠凤之旗，树灵鼍之鼓。此数宝者，秦不生一焉，而陛下悦之，何也?”可知，李斯所举秦王最爱的数宝中，以玉为首。

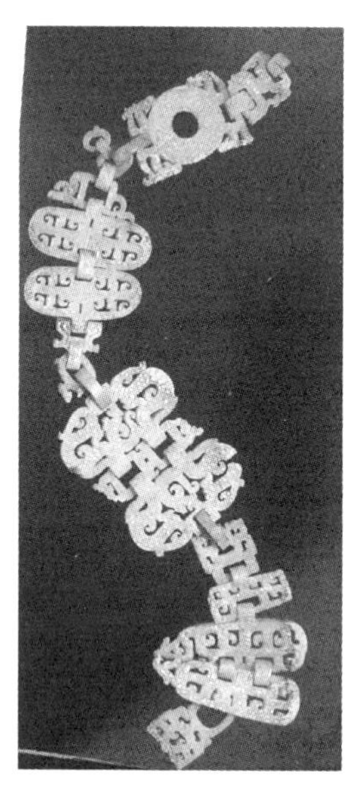

十六节龙凤玉佩（随州曾侯乙墓出土）。图片来源：《湖北出土文物精华》。

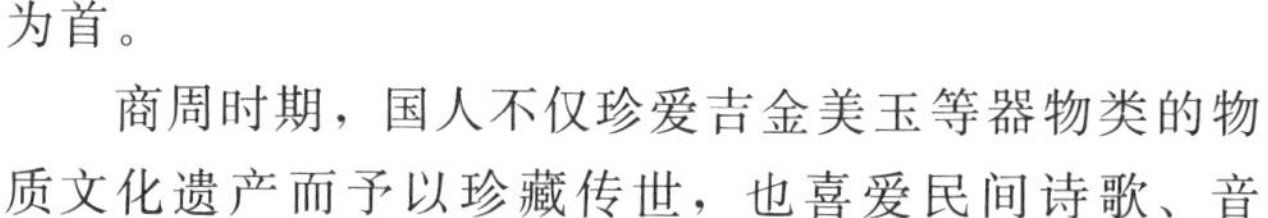

商周时期，国人不仅珍爱吉金美玉等器物类的物质文化遗产而予以珍藏传世，也喜爱民间诗歌、音乐、舞蹈等非物质文化遗产而予以搜集整理和表演传承。中国第一部诗歌总集《诗经》所收的“风”诗160篇，就是周王朝搜集的15个诸侯国域或地区的土风民歌，其中不乏传统的民间歌谣。另外，周王朝以及诸侯国的乐官还荟萃各地的民间传统乐舞以用于宫廷表演。屈原（约公元前340—前277）在《招魂》和《大招》中描写楚国宫廷歌乐舞蹈表演的盛况是：“吴歈蔡讴，奏大吕些”；“代秦郑卫，鸣竽张只”。屈原的《九歌》，即楚地民间祀神乐歌的修改加工之作。虽然丰富的先秦歌谣乐舞等非物质文化遗产大都亡佚，但《国风》和《九歌》却有幸传承至今。秦汉以来历朝历代的民间文艺作品和形式，也都在文献中有所记录，在文物上有所反映。

无论是吉金美玉等器物类，还是歌谣乐舞等文艺类的文化遗产，古人都不以“文化遗产”名之，而是称器物类的文化遗产为“古物”、“古董”（又作“骨董”、

“汩董”)、“古玩”，或与其他类的物质文化遗产一样直称其名，对文艺类及其他非物质文化遗产也是直称其名。

《辞源》“古物”条云：“古代遗物。《南齐书·孔稚圭传》：‘……君性好古，故遗君遗物。’”

《辞海》“骨董”条云：“同‘古董’，指古器物。张萱《疑耀》卷五云：‘骨董’二字，乃方言，初无定字……朱晦庵《语类》乃作‘汩董’，今人作‘古董’字。”称古器物为“骨董”，当是宋人广泛爱好和搜求器物类文化遗产而自宋代流行开来的。宋人吴自牧(生卒年不详)在《梦梁录》卷十三《团行》中记载：“买卖七宝(泛指多种宝贵的古器物)者，谓之骨董行。”后来，俗称“骨董”为“古董”。“董”有“深藏”之义，“古董”实谓值得珍藏的古物。

“古玩”，意即可供赏玩的古器物，大概是自元代流行开来的语词。武汉臣(生卒年不详)的元曲剧本《生金阁·楔子》写道：“若到人家里，见了那好古玩好器皿，琴棋书画……教那伴当们借将来。”明清以来，“古玩”成了较“古董”更为大众化的语词。

显然，“古物”、“古董”、“古玩”之称，仅指器物的古旧特征，而且一般指书画、碑帖以外的可供赏玩珍藏的古器物，与涵盖一切有形和无形的人类文化遗存且含有保护与利用意识的“文化遗产”概念不能相提并论。

旧题晋代索靖《出师颂》。图片来源：互动百科网(hudong.com)。

国人也较早使用了“文化遗产”这一语词或概念，如胡适(1891—1962)于1933年在美国芝加哥大学发表的著名演说《中国的文艺复兴》中，就说到“文化的遗产”。现今中国政府的法规性文件中，也多次使用这一语词。1950年颁布的《禁止珍贵文物图书出口暂行办法》和1982年颁布的《文物法》就使用了“文化遗产”、“历史文化遗产”等语词。不过，其所用语词的概念，与当今世界流行的同一语词的概念不尽相同，并没有具体、明确的外延界定。

在西方，虽然贵族统治者很早就大力搜求器物类的珍宝，甚至建立了专门的收藏和研究机构，但长期都只重视其审美价值而以艺术品名之。托勒密·索特尔于公元前4世纪建造的专门收藏珍奇异宝的建筑，称为缪斯神庙。众所周知，缪斯(Muse)是古希腊神话中的艺术女神。将收藏珍器宝物的地方名为缪斯神庙，不言而喻是将其收藏视为鬼斧神工的艺术品。英国建立的世界第一家文化遗产收藏、展示和研究场所——阿什莫林博物馆，即采用了因缪斯神庙而新造的英语词汇"museum"。其义既指博物馆，也指美术馆。16世纪后期，英国学者开始重视器物类及其他物质文化遗产的历史价值，将有历史价值的物质文化遗产称为"古物"(antigue)，并且成立了保护和研究古物的协会。

西方的"古物"概念，要较中国古代的"古物"、"古董"、"古玩"以及艺术品所指的含义丰富得多，且已包含有保护文化遗产的意识，故在20世纪初传入中国而被国人认同。1930年，国民政府颁布《古物保存法》，不仅采用了"古物"的概念，而且对"古物"作了明确的界定："本法所称古物是指与考古学、历史学、古生物学及其他与文化有关之一切古物而言。"如此定义"古物"的概念，就已较西方本初的"古物"概念有了更为丰富深刻的含义，不仅包括范围十分宽泛，而且强调了其历史价值和文化意义。

二、文物、民间文化与文化遗产

"古物"之称突出的是"物"之"古"，即物体的历史价值，不能直接突出物体的文化价值，故民国以来国人更习惯用"文物"一词称古物。1935年，北平市政府设立了专门负责调查研究和维修保护古代建筑的旧都文物整理委员会，还编辑出版了《旧都文物略》。其所用的"文物"概念，已经包含了可移动和不可移动的一切物质形态的文化遗存。

"文物"一词，本为古汉语中的熟词。《左传·桓公二年》记载："夫德，俭而有度，登降有数，文物以纪之，声明以发之；以临照百官，百官于是乎戒惧而不敢易纪律。"这段话中，"文物"与"声明"(声教文明)对应，指的是礼乐典章制度。历代文献中常用的"文物"一词，也大都因之所指。《后汉书·南匈奴传论》云："制衣裳，备文物。"骆宾王(约640—684)《夕次旧吴》云："文物俄迁谢，英灵有盛衰。"顾炎武(1613—1682)《日知录》云："幽王之亡，宗庙社稷以及典章文物荡然皆尽。"不过，晚唐杜牧(803—853)《题宣州开元寺水阁，阁下宛溪，夹溪居人》诗云："六朝文物草连空，天淡云闲今古同。"诗句中的"文物"一词，显然包含有六朝的遗物遗迹的意思。后世也有相同的用法。明人李梦阳(1473—1530)《繁台秋饯何子》其二云："地古饶文物，时平罢鼓鼙。巡行有佳兴，应遍绝崖题。"清人王士祯(1634—1711)《池北偶谈》引录王象春诗句云："韦曲杜陵文物尽，眼中多少可儿坟。"尽管如此，古人笔下的"文物"，大体上还是指礼乐制度。民国时期，人们用古汉语中既有的"文物"一词取代"古物"一词，以指称物质文化遗产，使之成为与近代考古学和博物馆学理论相关而具有丰富含义和全新意义的词汇。

新中国成立后，沿用"文物"一词指称"人类在历史发展过程中遗留下来的具有文化价值的遗物、遗迹”。政府颁布的关于物质文化遗产保护的法规性文件，至 2005 年一直使用的是“文物”这一词语及其概念，并且在 1982 年颁行的《文物法》中将“文物”一词确定为法律术语。

“文物”的含义，与现今国际通用的“物质文化遗产”一词的含义基本一致。可是，“文物”概念的内涵和外延及其使用意义却不及“文化遗产”的概念。因为其一，“文物”限定为物质形态的文化遗存，只能涵盖物质文化遗产的范围，已经不能满足当今全球化、现代化过程中必须对物质的和非物质的文化遗存进行全面保护与利用的要求，而现今国际通用的“文化遗产”概念已经在适应其要求的实践中扩展为包括物质文化遗产和非物质文化遗产的大概念；其二，“文物”毕竟是专业术语和学术概念，适宜于学界和文物管理部门使用，却不够大众化、普世化，不如“文化遗产”一词那样易为广大民众认知；其三，“文物”的概念不太适应与国际文化遗产保护理念接轨和世界文化遗产事业的发展。中国的文物事业已经融入世界文化遗产事业中，中国特色的“文物”概念也必然要适应国际语境而变化。

当代的文化遗产保护与利用，不仅关系到民族的生存，而且关系到人类的前途，已经是全人类的共同事业，故需要用大众化、普世化且易为民众认知的概念来广泛宣传其重要性，引导民众积极参与。国际语境中的“文化遗产”概念，首先在重视文化遗产保护与利用的西方发达国家形成，继而因联合国教科文组织用之于文件并随其发起世界遗产保护运动，很快为世界各国普遍接受。

法国沙特尔大教堂。图片来源：筑龙网(zhulong. com)。

本来，世界各国对文化遗产(主要是物质文化遗产)没有统一的称谓，或称“古物”，或称“历史文化财产”，或称“历史遗产”，或称“文化财产”等。1954 年出台的《海牙公约》就使用了“文化遗产”这一术语，而且首次在对“文化财产”下的国际性定义中界定了文化遗产的类别。其定义主要反映了西方国家，主要是欧美国家人士对文化遗产的理解。此后，“文化遗产”一词逐渐在世界上流行开来。随着西方发达国家对文化遗产保护的重视和加强，这个词的含义也在不断丰富，国际社会还从对文化遗产的保护拓展到对自然遗产的保护。1970 年，美国相继颁布了《国家环境政策法》和《人类环境行动计划》，不仅在国内大力实施环境保护计划，而且在国际上积极倡导通过国际合作保护世界的文化和自然遗产。美国及一些国家的具有前瞻性的建议和理念，获得了国际社会的赞同。联合国教科文组织公布的国际性文件，在70年代以前多以"文化财产"(Cultural Property)涵盖或指代"文化遗产"。联合国教科文组织委托国际古迹遗址理事会草拟保护世界文化遗产公约时，采用了"文化遗产"的概念，并于1972年通过了以保护人类自然环境与人文环境为宗旨的《世遗公约》，同时还公布了《关于在国家一级保护文化和自然遗产的建议》。这两份文件的公布，以及随之在联合国教科文组织主导下的世界遗产保护运动的蓬勃兴起，使得文化遗产(Cultural Heritage)、自然遗产(Natural Heritage)和世界遗产(World Heritage)的概念迅速在全世界普及开来，成为当今社会生活和国际交流中的一个新的语词和重要话题。

国人普遍使用国际通用概念的"文化遗产"这一语词，是自1985年我国加入《世遗公约》以来。

不过，国际社会起初认同的"文化遗产"概念，仅指物质文化遗产。《海牙公约》和《世遗公约》指称的文化财产或文化遗产，就是物质实体。经联合国教科文组织部分成员国建议，随着世界遗产保护实践的深入和对文化遗产认识的深化，国际社会逐渐形成文化遗产既包括物质的又包括非物质的两个方面文化遗产的共识。联合国教科文组织经长达30多年对非物质文化遗产保护的探讨和实践，在2003年的第32届大会上通过了《非遗公约》，从而不仅将"非物质文化遗产"作为国际法律术语确定下来，也使国际通用的"文化遗产"概念更加完善。

据《非遗公约》对"非物质文化遗产"的界定，"非物质文化遗产"大致属于中国习称的"民间传统文化"的范畴。中国政府于2003年在全国启动的中国民族民间文化保护工程，关于民族民间文化的保护内容不仅基本涵盖了《非遗公约》定义的种类，且依据国情而比《非遗公约》的定义范围更为宽泛。

维吾尔族木卡姆艺术。图片来源：人民网(people.com.cn)。

中国政府正式使用国际通用的"文化遗产"概念并首次予以阐明的重要文件，是国务院于2005年下发的《关于加强文化遗产保护的通知》。《通知》对"文化遗产"概念的阐明，既采用了国际通用概念的含义，又依据本国实情沿袭并综合了中国关于"文物"和"民间文化"的传统认识。诚然，《通知》使用并阐明"文化遗产"的概念，是中国的文物事业和民间文化事业向文化遗产事业跨越的标志，是中国文化遗产事业融入世界文化遗产事业的里程碑。

可以说，国际通用的"文化遗产"概念，是随着20世纪世界各国，尤其是西方发达国家越来越重视文化遗产的保护与利用而逐渐形成的，是在联合国教科文组织的主导下推进世界遗产保护运动的过程中逐步确定的。这一概念的形成和普及，具有深广的文化意义和社会意义；这一概念的确定和使用，又不断地丰富和发展着其含义。这一概念的初始含义，仅限于物质性的具有文化价值的古代遗物和遗迹；这一概念的现今含义，已是包括了物质文化和精神文化在内的一切具有文化价值的人类遗存。这一概念的普及，已使"文化遗产"成为许多国家老少习用的时尚名词；这一概念的使用，已使"文化遗产"成为世人皆知必予保护与利用的人类财富。

第二节　物质文化遗产

物质文化遗产(the Physical Cultural Heritage)，又称"有形文化遗产"(the Tangible Cultural Heritage)，指的是物质化、实物类的人类文化遗存，是相对于"非物质文化遗产"(the Non-Physical Cultural Heritage)或"无形文化遗产"(the Intangible Cultural Heritage)而言的。

在欧美国家最初形成的文化遗产概念，本就指物质文化遗产。因此，《海牙公约》语及的"文化财产"暨"文化遗产"全是实物类的人类文化遗存。《世遗公约》也沿用了《海牙公约》的术语和概念。联合国教科文组织的重要文件正式采用与"非物质遗产"相对应的"物质遗产"一词，见于1983年第22届大会通过的《中期规划(1984—1989)》①；正式将与"非物质文化遗产"相对应的"物质文化遗产"一词作为国际法律术语使用，则在《非遗公约》中。

不过，区分不同性质的文化遗产的意识并作"有形"和"无形"的限定性表述，早已在亚洲的日本形成并且使用了。日本于1950年颁布的《文化财产保护法》，就将"文化财产"区分为"有形文化财产"和"无形文化财产"。

一、物质文化遗产的定义

《海牙公约》第一条"文化财产的定义"第一项：

① Medium-Term Outline Plan for 1984—1989[R]. Paris, UNESCO, 1983.

> 对每一民族文化遗产具有重大意义的可移动或不可移动的财产，例如建筑、艺术或历史纪念物而不论其为宗教的或非宗教；考古遗址；作为整体具有历史或艺术价值的建筑群；艺术作品；具有艺术、历史或考古价值的手稿、书籍及其他物品；以及科学收藏品和书籍或档案的重要藏品或者上述财产的复制品。

《世遗公约》的第一部分，就是“文化和自然遗产的定义”，其中第一条规定以下各项为文化遗产：

> 文物　从历史、艺术或科学角度看，具有突出的普遍价值的建筑物、碑雕和碑画，具有考古性质成份或结构、铭文、窟洞以及联合体；
>
> 建筑群　从历史、艺术或科学角度看，在建筑式样、分布均匀或与环境景色结合方面，具有突出的普遍价值的单立或连接的建筑群；
>
> 遗址　从历史、审美、人种学或人类学角度看，具有突出的普遍价值的人类工程或自然与人联合工程以及考古地址等地方。

显然，《海牙公约》和《世遗公约》定义的文化遗产，无论是可移动的还是不可移动的财产，无论是文物、建筑群还是遗址，都是具有文化价值的实物遗存，属于国人习称的“文物”范畴。

《文物法》第二条规定：

> 在中华人民共和国境内，下列文物受国家保护：
>
> (一)具有历史、艺术、科学价值的古文化遗址、古墓葬、古建筑、石窟寺和石刻、壁画；
>
> (二)与重大历史事件、革命运动或者著名人物有关的以及具有重要纪念意义、教育意义或者史料价值的近代现代重要史迹、实物、代表性建筑；
>
> (三)历史上各时代珍贵的艺术品、工艺美术品；
>
> (四)历史上各时代重要的文献资料以及具有历史、艺术、科学价值的手稿和图书资料等；
>
> (五)反映历史上各时代、各民族社会制度、社会生产、社会生活的代表性实物。

宏村。图片来源：途牛旅游网(tuniu.com)。

可见，中国现今使用的“文物”概念，基本包容了《海牙公约》和《世遗公约》定义的文化遗产①。其所指对象也无一不是物质化、有形体的人类遗存的史迹和实物，无一不是借助特定的物质载体而体现一定历史文化价值的物质财产。正因其为物质性的遗迹和遗物，《文物法》根据其存在特点而分为可移动文物和不可移动文物，不可移动文物还包括保存文物丰富的历史文化城市、街区和村镇。

据《海牙公约》、《世遗公约》的定义和《文物法》的规定可知，最初形成并通行世界的“文化遗产”概念，实际上指的是物质文化遗产，大致等同于中国现今使用的“文物”概念。国务院《关于加强文化遗产保护的通知》说明：

> 物质文化遗产是具有历史、艺术和科学价值的文物，包括古遗址、古墓葬、古建筑、石窟寺、石刻、壁画、近代现代重要史迹及代表性建筑等不可移动文物，历史上各时代的重要实物、艺术品、文献、手稿、图书资料等可移动文物；以及在建筑式样、分布均匀或与环境景色结合方面具有突出普遍价值的历史文化名城(街区、村镇)。

这个说明，将中国的“文物”概念与国际通用的“物质文化遗产”概念实现了对接。依据中国的“文物”概念而阐明“物质文化遗产”的涵义，显然要比《世遗公约》关于“文化遗产”的定义全面切实，反映了根据中国实情又与国际接轨的认识丰富化和深刻化。

不过，《海牙公约》和《世遗公约》的定义、《文物法》的规定乃至《通知》的说明，都不能说是对物质文化遗产的严格定义，都是着眼于需要保护的对象而列举物质文化遗产包含类别的列举式定义，实际上只界定了其外延而没有揭示其内涵。

---

① 1978年联合国教科文组织第20届大会通过的《关于保护可移动文化财产的建议》的定义是：“‘可移动文化财产’应被认为指作为人类创造或自然进化的表现和明证并具有考古、历史、艺术、科学或技术价值和意义的一切可移动物品。”此定义列举了11类可移动文化财产，涵盖面很广，甚至包括“动物、植物及地质的标本”。

由上述可知，物质文化遗产的特有属性是物质性的历史遗迹和遗物，是人类创造的具有文化价值的财产的遗存，因此，可以为物质文化遗产下一简明定义：

物质文化遗产是人类在社会历史实践中创造的具有文化价值的物质财富遗存，包括一切体现历史文化内容和价值的物质实体。

在这个定义中，前一句是物质文化遗产的内涵，后一句是物质文化遗产的外延。

二、物质文化遗产的基本特征

一切事物皆有其特征。此事物的特征是与他事物相比较而显现的。物质文化遗产的特征，是与非物质文化遗产相比较而显现的。

乐山大佛。图片来源：走遍中国旅游网(zbzg. com)。

(1)静态性

静态性指静止状态的特征①。具有静态性的事物，表现为静止不动而固定存在的状态。

① 目前，学者多称物质文化遗产最直观、最鲜明的特征为“固态性”。就物质文化遗产的特征而言，其“静态性”与“固态性”的含义相通。不过，“静态”的本义指静止不动的状态，“固态”的本义则指坚实牢固的状态。就物质文化遗产自身不会发生迁移变动的特征而言，称“静态性”要较称“固态性”确切。

物质文化遗产所包含的一切遗迹和遗物，如《海牙公约》和《世遗公约》定义的文化遗产、《文物法》规定的文物，都是静止不动的客观存在。遗址、墓葬、建筑乃至街区、村镇等遗迹，皆静止地存在于形成的原址并附着于土地或其他不可移动的物体，除非自然或人为的作用，自身是不会发生迁移的，故因其特性而为保护其历史文化价值，归为不可移动文物。艺术品、文献、手稿、图书资料等无所依附的遗物，虽然出于使用或保藏的需要而未必存放于最初形成的原处，现今多由单位或个人收藏，但其本身也是除非自然或人为的作用而不会发生变动的，故因其特性而为保护其历史文化价值，归为可移动文物。

物质文化遗产的静态性特征，是由其历史遗存物质的本质特征决定的。物质就是客观的实在，而物质文化遗产则是客观存在的历史遗存物体，是有形而无声，让人可见、可感、可触的历史遗存物体。

(2)原真性

原真性指原本而真实的特征。具有原真性的事物，表现为原本事物真实确切的存在状态。

物质文化遗产所包含的一切遗迹和遗物，都是一定历史时期人类文化创造的成果。每处遗迹或每件遗物，都不同程度地反映其产生的特定历史时期的社会生活与文化面貌，具有鲜明的时代特点。其建筑或制作所用的材料和技艺等，都是当时社会生产力发展水平的客观反映；其所承载的历史、艺术和科学等信息，都是当时政治、经济、思想、风尚等社会生活、文化面貌的综合反映。因此，物质文化遗产的价值，首先体现在其原真性上。若是复建物、复制品甚至仿建物、仿制品，也即俗语所谓假古董、赝品，就不具有原物的价值，也就根本不是文化遗产。

物质文化遗产的原真性，意味着物质文化遗产是不可再生的，即物质文化遗产具有不可再生性。每处遗迹或每件遗物都是独一无二的，一旦被毁损就不复存在。对此，我国和世界的文化遗产保护专家早有共识。新中国成立之初，时任中央人民政府文化部文物局局长的郑振铎(1898—1958)就强调："文物一旦被毁灭，便如人死不可复生一样，永远不会再有原物出现；它们的失去，绝对不能以金钱来估量。"①1964 年出台的《威尼斯宪章》，提出古迹保护与修复的基本原则首要的是原真性，呼吁"将它们(古迹)真实地、完整地传下去是我们的职责"。《世遗公约》关于"文化遗产"的定义，就具有原真性的含义。联合国教科文组织世界遗产委员会颁行的《实施〈保护世界文化和自然遗产公约〉的操作指南》(简称《操作指南》)，则将原真性作为文化遗产的首要标准，明确要

---

① 《郑振铎文集·敌伪的文物哪里去了》，文物出版社 1998 年版。

求缔约国申报的世界文化遗产必须符合原真性标准①。1992 年，在美国圣菲召开的世界遗产委员会第 16 次会议上，围绕着《操作指南》中的原真性进行了深入讨论。1994 年，世界遗产委员会秘书处(即世界遗产中心)又在日本奈良主办了奈良原真性会议，继续深入讨论文化遗产原真性的概念及其应用。会议形成了《奈良原真性文件》，达成了原真性是“评审遗产价值的本质因素”的共识，强调“对原真性的理解，在文化遗产的所有科研中，在保护与修复规划中，也在《世界遗产公约》和其他文化遗产目录所采用的申报程序中，发挥着基础性作用”②。

(3)完整性

完整性指完好而整体的特征。具有完整性的事物，表现为既有的各部分未受损缺的存在状态。

北京故宫全景。图片来源：旅行者网(uutuu. com)。

物质文化遗产所包含的一切遗迹和遗物，只有是完整的遗存，才能最大限度地承载历史文化信息，充分体现其所具有的历史、艺术和科学等价值。古遗

① 文件中的“authenticity”一词，过去多译为“真实性”，现多译为“原真性”。学者认为译为“原真性”更准确，该词有“原作”和“真实”两层含义。2005 年版《操作指南》指出：“依据标准(i)至(vi)申报的遗产须具备原真性。”

② 《奈良原真性文件》(Nara Document on Authenticity)，又译为《关于原真性的奈良文件》，英文文本来自联合国教科文组织遗产委员会网(whc. unesco. org/archive/nara94. htm)，中文译本可见于中国遗产网、华夏遗产网、中国风景名胜网等。

址、古建筑、古墓葬以及古代器物、艺术品、文献、手稿、图书等遗迹遗物，一旦因某种原因被损坏，就在很大程度上失去了其原有的历史文化价值。因此，认定和评估、研究和保护物质文化遗产，必须考虑和依据其完整性。考古工作者在遗址或墓葬里发掘的陶器、铜器等已解体的器物，就有必要将破裂的各部分重新粘接起来以尽可能地修复还原。只有修复还原以最大限度地体现其完整性的遗物，才能较为充分地展现出原物的风貌并体现出遗产的价值。同样，书画、文献、手稿、图书等遗物，若有破损就必须装裱修复，尽可能保持其完整性，对于建筑、陵寝、石窟寺、城镇、村落、街区等遗迹的保护，不仅要考虑和依据其本体原貌原样的完整性，还要考虑和依据其原生环境的完整性，即其与周边环境形成的传统格局和历史风貌的完整性。

国际社会不仅重视文化遗产的完整性，而且提出了完整保护文化遗产的倡议。1962 年联合国教科文组织出台的《关于保护景观和遗址的风貌与特性的建议》，就是基于保护文化遗产完整性的认识。《世遗公约》关于"文化遗产"的定义，也具有完整性的含义。《操作指南》将完整性与原真性并列为世界遗产申报和评审的两项必要标准和条件。《世遗公约》的核心精神，就是保护遗产的原真性和完整性。随着文化遗产保护的广泛深入实践，国际社会也越来越重视文化遗产的完整性特征，各国也越来越重视保护文化遗产的完整性。2005 年，国际古迹遗址理事会第 15 届会议通过的《西安宣言——关于古建筑、古遗址和历史区域周边环境的保护》(简称《西安宣言》)，着重强调对文化遗产本体及其周边环境的完整性保护的必要性。2008 年国务院颁布的《历史文化名城名镇名村保护条例》，确定了对历史文化名城、名镇、名村实行整体保护的原则，规定"历史文化名城、名镇、名村应当整体保护，保持传统格局、历史风貌和空间尺度，不得改变与其相互依存的自然景观和环境"。

(4)观赏性

观赏性指观看而欣赏的特征。具有观赏性的事物，表现为供人观赏而获得审美感知的存在状态。

物质文化遗产的观赏性，来自其本身所具有的艺术价值。人类几乎是在形成初步的意识机能时，就萌发了审美意识。人类在有意识地进行文化创造活动时，也在有意识地美化自己的文化创造成果。因此，物质文化遗产所包含的一切遗迹和

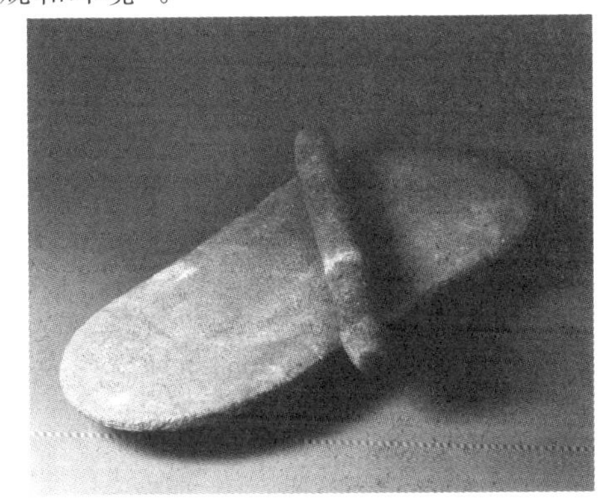

石磨棒、盘(河南新郑裴李岗遗址出土)。图片来源：国家文物局网(sach. gov. cn)。

遗物，都是特定时代的人们按照美的规律创造的文化成果，都具有艺术价值及其体现的观赏性，只是其艺术价值有高有低，观赏性亦有强有弱。旧石器时代先民打制的粗石器，似乎不具有观赏性而只具有实用性，但若从“美就是生活”的角度理解，仍可通过观赏而获得对旧石器时代先民生活的审美感知，只是当时先民的文化创造能力低下而制作石器的艺术价值极低，让今人难以感知罢了。新石器时代先民磨制的细石器，不少已具有明显的艺术价值，有的甚至精巧细致，堪称艺术品，如距今约8000年的裴李岗文化遗址出土的石磨棒、石磨盘。古代的书画、雕塑等艺术品的观赏性自不待言，就是文献、手稿、书籍等遗物，依然会在制作、书写、印刷、装帧等方面体现出观赏性。长城本是军事防御设施，但它犹如巨龙一样蜿蜒匍匐于万里关山，其建筑形式和整体形象具有极大的观赏性，而且成了中国文化的象征。世界遗产委员会评价说：“它在文化艺术上的价值，足以与其在历史和战略上的重要性相媲美。”①

实际上，人们最初保存古器物、古字画，保护古建筑，主要着眼于其观赏性。将文物古迹作为艺术品看待而予以保存和保护，也就成为传统。保存下来的大量物质文化遗产，大都具有较高的艺术价值，体现出较强的观赏性。因此，《威尼斯宪章》阐明的宗旨是：“保护与修复古迹的目的旨在把它们既作为历史见证，又作为艺术品予以保护。”

物质文化遗产的观赏性，既是文化遗产艺术价值的体现，又是文化遗产经济价值的体现，突出地反映出文化遗产的旅游资源作用。

(5)纪念性

纪念性指记事而怀念的特征。具有纪念性的事物，表现为反映史事而致人感怀的存在状态。

物质文化遗产所包含的一切遗迹和遗物都是历史的产物，都不同程度地承载着其产生时代的历史信息，反映着其产生时代的历史面貌。因此，物质文化遗产具有纪念性，尤其是建筑、遗址类的不可移动的文物更具纪念性。观赏任何一件文物，游览任何一处古建筑或古遗址，都可以因其形貌而追思其产生时代的相关史事，触发对与之相关的前人的感怀之情。观赏湖北随州出土的曾侯乙编钟，可因其形制和铭文追思当年的编钟制作和音乐表演，触发对当时具有精妙乐器制作技艺的工匠和具有高超音乐水平的乐师的感怀之情。游览土耳其的特洛伊古城遗址，可因其面貌而追思当年的特洛伊战争，触发对当时大战中的英雄人物的感怀之情。至于与重大历史事件和著名历史人物直接相关的遗迹和遗物，就突出地显示出纪念性，而且往往就被标明为纪念物或纪念地。

---

① 《中国世界遗产年鉴2004》，中华书局2004年版，第127页。

南京总统府。图片来源：新华网(xinhuanet.com)。

国际社会关于文化遗产的保护，就高度重视其纪念性而强调其纪念意义。《海牙公约》关于“文化财产”的定义，实际上指的是文化遗产及文化遗产保护设施。其定义的第三项说明，保存有大量可移动和不可移动文化遗产的单位，“称之为‘纪念物中心’”。《威尼斯宪章》明确指出：“历史古迹的概念不仅包括单个建筑物，而且包括能从中找出一种独特的文明、一种有意义的发展或一个历史事件见证的城市或乡村环境。”其文明的体现、历史的见证，即其具有的纪念性。《世遗公约》关于文化遗产的定义，所认定的三大类遗产，实际上都是不可移动而具有纪念意义的物质文化遗存；所强调的首要价值就是历史价值，包含了文化遗产具有纪念性的意思，因袭了《威尼斯宪章》的观点而认为文化遗产首先是一种历史、文化的见证物(纪念物)。旧版《操作指南》引录《世遗公约》中关于文化遗产的定义，有的中译本将其定义的“文物”译作“纪念碑”，显然符合《世遗公约》制定的本义。《操作指南》对世界遗产设定的价值标准中，即有“在一段时期内或世界某一文化区域内，对建筑、技术、古迹艺术、城镇规划或景观设计的发展产生过重大影响，能为已消逝的文明或文化传统提供独特的或至少是特殊的见证”这样具有纪念意义的标准。1976年在联合国教科文组织第19届大会上通过的《中期规划(1977—1982)》中，语及物质的和有形的遗产即强调“特别是纪念物”①，表明国际社会尤其重视物质文化遗产的纪念性。

物质文化遗产的纪念性，是由其历史性决定的。物质文化遗产所包含的一切遗迹和遗物，若其历史意义愈大，其纪念性也就愈益突出。

纪念性以及静态性、原真性、完整性、观赏性，可谓物质文化遗产的五大基本特征。原真性和完整性是其最为重要的特征，静态性、观赏性和纪念性也是其突出的特征。这五大基本特征是密切关联、相辅相成、互为映照的。

第三节　非物质文化遗产

非物质文化遗产(the Non-Physical Cultural Heritage)，又称“无形文化遗

---

① Medium-Term Outline Plan for 1977—1982[R]. Paris, UNESCO, 1976.

产”(the Intangible Cultural Heritage)，指世代传承的各种传统文化表现形式以及与之相关的实物和场所，是相对“物质文化遗产”(the Physical Cultural Heritage)或“有形文化遗产”(the Tangible Cultural Heritage)而言的。

日本1975年版《文化财产保护法》强调指出：“该法关于文化财产的定义含义极其宽泛。事实上，这一定义不仅包括有形的文化财产，也包括无形的文化财产，诸如技艺和技能以及其他具有历史和艺术价值的文化财产和维持文化遗产的传统工艺等。”这是世界上最早关于“有形文化财产”和“无形文化财产”的概念阐发和术语使用，它们逐步演变为当今国际通用的“物质文化遗产”和“非物质文化遗产”的概念和术语。

1972年，联合国教科文组织在讨论和起草《世遗公约》时，有会员国提出应关注和保护非物质类的文化遗产，但未能引起重视。次年，玻利维亚政府向联合国教科文组织提出了保护民俗的提案，促使该组织开始重视非物质文化遗产。

《世遗公约》颁行以后，随着文化遗产保护的实践日益全面深入，人们也越来越深刻地认识到文化遗产不仅有以静态形式存在的物质遗产，还有以活态形式存在的非物质遗产；认识到非物质文化遗产既是“文化多样性的熔炉，又是可持续发展的保证”①；认识到非物质文化遗产“与物质文化遗产和自然遗产之间的内在相互依存关系”②；认识到非物质文化遗产“面临损坏、消失和破坏的严重威胁，在缺乏保护资源的情况下，这种威胁尤为严重”③；认识到《世遗公约》仅将文化遗产定义为物质类的文化遗产，只重视保护有形的文化遗产和自然遗产的局限性。于是，在国际社会的呼吁下和《世遗公约》的部分缔约国的建议下，联合国教科文组织越来越重视非物质文化遗产的保护。该组织对民间传统文化保护的问题进行了多次论证和讨论，就保护民间传统文化的必要性和操作性有了越来越深刻和明晰的认识，并在此基础上形成了一系列文件草案。

《中期规划(1977—1982)》承认，广义的文化遗产不仅仅是物质的和有形的，还包括表达民族或国家精神的口头传说、音乐的和人类学的遗产、民间文化以及习俗、生活方式等，但目前的文化遗产保护工作没有将其涵盖在内④。

---

① 《保护非物质文化遗产公约》，参见2001年11月联合国教科文组织第31届大会通过的《世界文化多样性宣言》、2002年9月联合国教科文组织第三届文化部长圆桌会议通过的《伊斯坦布尔宣言》。

② 《保护非物质文化遗产公约》。

③ 《保护非物质文化遗产公约》，参见1989年11月联合国教科文组织第25届大会通过的《保护民间创作建议案》。

④ Medium-Term Outline Plan for 1977—1982[R]. Paris，UNESCO，1976.

1982年，联合国教科文组织成立保护民俗专家委员会，并且特设了非物质遗产科(Section for the Non-Physical Heritage)，"非物质遗产"的概念由此逐渐在国际社会流行。1983年，联合国教科文组织第22届大会通过的《中期规划(1984—1989)》明确指出，文化遗产在过去几年中的定义，已经显著地扩大到包括其"物质的"和"非物质的"两个方面，"非物质的"文化遗产包括艺术、文学、语言、口头传说、手工艺、民间传说、神话、信仰、道德准则、习俗、礼仪和游戏等传统文化。这个规划将文化遗产保护扩展为物质文化遗产和非物质文化遗产的保护，并且在文化遗产保护计划内制定了一个"非物质遗产的编目、收集与研究"的分项计划①。这个文件的出台，表明国际社会基本形成了"非物质文化遗产"的概念及其保护意识，联合国教科文组织也使用其术语并且开始从事世界非物质文化遗产的保护工作，但"非物质文化遗产"的术语并未定型。1989年出台的《保护民间创作建议案》(Recommendation on the Safeguarding of Traditional Culture and Folklore，直译应为《保护传统文化和民俗建议书》，中译本又译为《保护民间创作建议书》或《关于保护传统文化与民间传说建议案》)，提出了"传统的民间文化"概念及其保护原则。

古琴艺术。图片来源：文化部网(mcprc.gov.cn)。

1992年，联合国教科文组织将"非物质遗产"管理机构的称谓改为"无形遗产"(Intangible Heritage)。显然，这是受日本使用的"无形文化财产"概念的影响。实际上，英文的"非物质遗产"即日语"无形文化财产"的英译。1993年，联合国教科文组织执行局第142次会议通过决议，建立"人类活财富"(Living Human Treasures)制度。1994年启动该项目的行动计划，专门保护对社会有突出贡献的民间艺人或传承人。1997年11月，联合国教科文组织第29届大会通过了《人类口头和非物质遗产代表作宣言》。1998年10月，联合国教科文组织执行局第155届会议通过了《宣布人类口头和非物质遗产代表作条例》(简称《非遗代表作条例》)，确认了"人类口头和非物质遗产"(Masterpieces of Oral And Intangible Heritage)的概念。

2001年3月，联合国教科文组织第31届大会通过了《2002—2007年中期战略》、《世界文化多样性宣言》等重要文件。大会文件中正式使用了"非物质文

① Medium-Term Outline Plan for 1984—1989[R]. Paris，UNESCO，1983.

化遗产”的术语，并强调非物质文化遗产的界定对文化认定很重要，对保护人类文化多样性和创造性也具有重要意义；强调文化多样性的意义，在于人类生存和发展必不可少；还指出教科文组织自20世纪80年代在非物质文化遗产保护方面所做的一切工作，“都是在为制订一份新的国际准则性文件做准备，这份准则性文件在力图对非物质遗产这一概念作出越来越精确的定义的同时，旨在改进《关于保护传统文化与民间传说建议案》，建立一个新的重视非物质文化遗产的思想与法律基础”①。随着国际社会对非物质文化遗产保护的认识深化和实践深入，国际准则性的法规文件也就应运而生了。

2003年出台的《非遗公约》，说明了保护非物质文化遗产的必要性，界定了非物质文化遗产的范围，规定了非物质文化遗产保护的机构设置、实行措施和方式等。由此，“非物质文化遗产”(“无形文化遗产”)就作为国际法律术语定型了。2005年出台的《文化多样性公约》，对《世遗公约》和《非遗公约》作了必要的补充。2008年11月，联合国教科文组织政府间保护非物质文化遗产委员会在土耳其的伊斯坦布尔举行了第三次常会。会议根据《非遗公约》的规定，正式宣告设立“人类非物质文化遗产代表作名录”和“急需保护的非物质文化遗产名录”。此前联合国教科文组织分别于2001年、2003年、2005年宣布的3批共90项“人类口头和非物质遗产代表作”(包括中国的昆曲、古琴艺术、新疆维吾尔木卡姆艺术和中蒙联合申报的蒙古族长调民歌)，都在本次会议上正式纳入《人类非物质文化遗产代表作名录》(简称《世界非遗名录》)。至此，非物质文化遗产保护的国际准则性文件已经比较完备，联合国教科文组织主导的、各成员国参与的世界非物质文化遗产保护工作迈入了新的阶段。

一、非物质文化遗产的定义

“非物质文化遗产”概念的形成和术语的定型，可以说在国际社会经历了30多年的探讨。联合国教科文组织的文件中指称非物质文化遗产，先后有“民俗”、“民间创作”(传统的民间文化)、“传统文化与民间传说”、“非物质遗产”、“口头和非物质遗产”等语词的变换，反映了国际社会对非物质文化遗产越来越重视，认识越来越深化。

《保护民间创作建议案》对“民间创作”的定义是：

> 民间创作(或传统的民间文化)是指来自某一文化社区的全部创

① 《教科文组织2002—2007年中期战略》，教科文组织2002年印于巴黎。

作，这些创作以传统为依据，由某一群体或一些个体所表达，并被认为是符合社区期望的作为其文化和社会特性的表达形式；准则和价值通过模仿或其他方式口头相传。它的形式包括：语言、文学、音乐、舞蹈、游戏、神话、礼仪、习惯、手工艺、建筑术及其他艺术。

意大利西西里木偶剧。图片来源：中国网(china.com.cn)。

这个阐释与后来出台的《非遗公约》中关于非物质文化遗产的定义大体相合，认定传统的民间文化主要指“种种表现传统民间文化的形式”，反映了20世纪80年代国际社会对非物质文化遗产的基本认识。

联合国教科文组织颁行的申报和评审的可操作性文件《非遗代表作条例》，对“人类口头和非物质遗产”作了界定：

> “口头和非物质遗产”一词的定义是指：“来自某一文化社区的全部创作，这些创作以传统为依据，由某一群体或一些个体所表达，并被认为是符合社区期望的作为其文化和社会特性的表达形式；准则和价值通过模仿或其他方式口头相传。它的形式包括：语言、文学、音乐、舞蹈、游戏、神话、礼仪、习惯、手工艺、建筑术及其他艺术。”除此之外，还将考虑传播与信息的传统形式。

显然，这个定义沿袭了关于“民间创作”的定义，基本内容仍是传统的民间文化，但有所补充，增加了传统民间文化形式之间的关联和信息的体现，也即“文化场所”或“文化空间”(Cultural Spaces)①，反映了国际社会在20世纪90年代对非物质文化遗产认定范围的扩大。

① 《宣布人类口头和非物质遗产代表作条例》的宗旨说明：“宣布的目的在于奖励口头和非物质遗产的优秀代表作品。这一口头和非物质遗产(文化场所或民间和传统表现形式)，将被宣布为人类口头和非物质遗产代表作。”也就是说，联合国教科文组织认定和宣布的人类口头和非物质遗产代表作包括两大类：文化形式和文化场所，故其强调：“被宣布为人类口头和非物质遗产代表作的文化场所或文化形式应有特殊的价值。”

《非遗公约》第二条“定义”：

在本公约中：

（一）“非物质文化遗产”，指被各社区、群体，有时是个人，视为其文化遗产组成部分的各种社会实践、观念表述、表现形式、知识、技能以及相关的工具、实物、手工艺品和文化场所。这种非物质文化遗产世代相传，在各社区和群体适应周围环境以及与自然和历史的互动中，被不断地再创造，为这些社区和群体提供认同感和持续感，从而增强对文化多样性和人类创造力的尊重。在本公约中，只考虑符合现有的国际人权文件，各社区、群体和个人之间相互尊重的需要和顺应可持续发展的非物质文化遗产。

（二）按上述第（一）项的定义，“非物质文化遗产”包括以下方面：1. 口头传统和表现形式，包括作为非物质文化遗产媒介的语言；2. 表演艺术；3. 社会实践、仪式、节庆活动；4. 有关自然界和宇宙的知识和实践；5. 传统手工艺。

西班牙埃尔切神秘剧。图片来源：中国网(china.com.cn)。

与上面两个定义相比，这个定义的文字表述有了较大不同。虽然其定义的基本内容仍然是传统的民间文化及其相关的文化场所，但不仅概括更为全面，表述更为严谨，而且指出了非物质文化遗产的传承、变异、创新特征，以及促进文化多样性和人类创造力的作用及人本主义性质、与人权的关系，反映了国际社会至21世纪初对非物质文化遗产认识的深化。联合国教科文组织通过的国际准则性文件采用此概念、作出此定义，是经过广泛征询专家意见并且反复修正的，可谓联合国教科文组织经过多年探讨和集思广益而作出的“越来越精确的定义”。

就此定义的形成过程和基本内容来看，国际社会对非物质文化遗产的认识，源于对社区的、群体或个体的民间传统文化的认识，故定义列举的五类非物质文化遗产基本上都属民间传统文化。

不过，此定义尽管要比联合国教科文组织文件原用相关术语的定义要精确，但依据学理，还不能说是严格的、科学的定义，而是指明式、列举式的规定。此定义没有揭示其概念所包含对象的本质属性，而且与概念的含义有所抵牾，让人颇觉费解且易生歧义。“非物质文化遗产”的属概念是“文化遗产”，其显示出与同一属概念中的他种概念的差别是相对于物质文化遗产而言的。在哲学范畴和人们的一般观念中，物质是看得见、摸得着、能为人所感知的客观实在，与物质相对应的是人的意识、思维、心理等精神现象。依此，非物质的当然就应是精神的，非物质文化遗产概念的本质属性就应定义为人类的精神财产遗存，这就与上述对文化遗产的定义具有同一性。但若这样理解，此定义中列举的概念包含对象并不完全，也不确切，因为人类精神财产遗存不限于所列举的几个方面，而且“相关的工具、实物、手工艺品和文化场所”都是物质性的客观实在。这个定义的着眼点，是在迫切需要保护的对象及其保护的方式上，突出了保护对象的民间性、活态性、生活性和生态性等特性及保护“相关的工具、实物、工艺品和文化场所”的保护方式的重要性。

《非遗公约》的英文本“非物质文化遗产”一词为“the Intangible Cultural Heritage”，而不是“the Non-Physical Cultural Heritage”，直译为中文应是“无形文化遗产”。联合国教科文组织颁布的中文本《非遗公约》，则对应为“非物质文化遗产”这一术语。这表明国际社会将“无形文化遗产”和“非物质文化遗产”视为同一概念，而对应译为“非物质文化遗产”就更符合国人的表述习惯。若是直译式的对应，也更突出了《非遗公约》对其定义的缺陷。因为“无形”容易使人产生理解上的困惑，且不说《非遗公约》定义所指“相关的工具、实物、手工艺品和文化场所”是有形的，所指五个方面的非物质文化遗产也大都与有形的文化表现形式不可分割。至今，“非物质文化遗产”这一术语不仅广泛见诸媒体报道和政府相关文件，而且广为国人接受而与“文化遗产”一样成为妇孺皆知的时尚名词。

中国政府于 1979 年组织全国民间文艺工作者大规模地搜集、整理民间文艺资料并编纂十部大型民族民间文艺丛书，2003 年 1 月又在全国启动中国民族民间文化保护工程。文化部、财政部于 2004 年 4 月 8 日下发的《中国民族民间文化保护工程实施方案》指出：“我国是一个历史悠久的文明古国，56 个民族在长期的历史发展进程中，不仅创造了大量的有形文化遗产，也创造了丰富的无形文化遗产，包括各种神话、史诗、音乐、舞蹈、戏曲、曲艺、皮影、剪纸、绘画、雕刻、刺绣、印染等艺术和技艺及各种礼仪、节日、民族体育活动等。”《方案》具体说明：“‘保护工程’的保护对象主要是珍贵、濒危的并具有历史价值的民族民间传统文化，包括：传统的口述文学和语言文字；传统的戏剧、曲艺、音乐、舞蹈、美术、杂技等；传统的工艺美术和制作技艺；传统的礼仪、节日、庆典和体育活动等；与上述各项相关的代表性原始资料、实物和场所；其他需要保护的特殊对象等。”

湖北秭归端午龙舟竞渡。图片来源：《羊城晚报》2010年6月13日。

可见，在中国近30多年来习用的术语中，早年使用“民间文艺”一词的涵盖对象，只能说是“非物质文化遗产”的重要组成部分；晚近使用“民间文化”一词的涵盖对象，则基本上等同于“非物质文化遗产”的包容范围，概念上已与国际接轨而基本等同于非物质文化遗产。这显然是直接受到联合国教科文组织相关文件表述，尤其是《非遗公约》的影响而自觉与国际接轨所致，只是起初尚用“非物质文化遗产”一词的英文直译——“无形文化遗产”。

中国政府的重要文件中正式采用“非物质文化遗产”这一术语，是2005年3月国务院办公厅印发的《意见》。《意见》指出：“非物质文化遗产是各族人民世代相承、与群众生活密切相关的各种传统文化表现形式和文化空间。”同年12月国务院下发的《通知》，对“非物质文化遗产”作了明确界定：

> 非物质文化遗产是指各种以非物质形态存在的与群众生活密切相关、世代相承的传统文化表现形式，包括口头传统、传统表演艺术、民俗活动和礼仪与节庆、有关自然界和宇宙的民间传统知识和实践、传统手工艺技能等以及与上述传统文化表现形式相关的文化空间。

值得注意的是，中国政府文件中使用“非物质文化遗产”这一术语，并未完全照搬《非遗公约》的表述。《通知》的界定，既与《非遗公约》定义的内容基本一致，又较《非遗公约》的定义简明确切。

2011年2月颁布的《非遗法》第二条，将非物质文化遗产界定为：

> 本法所称非物质文化遗产，是指各族人民世代相传并视为其文化遗产组成部分的各种传统文化表现形式，以及与传统文化表现形式相关的实物和场所。包括：
>
> （一）传统口头文学以及作为其载体的语言；
>
> （二）传统美术、书法、音乐、舞蹈、戏剧、曲艺和杂技；
>
> （三）传统技艺、医药和历法；
>
> （四）传统礼仪、节庆等民俗；
>
> （五）传统体育和游艺；
>
> （六）其他非物质文化遗产。

显然，《非遗法》的定义与《非遗公约》的定义精神一致且更为全面严谨，根据中国非物质文化遗产的存在状况和保护要求而界定的外延则更为宽泛和明晰。

不过，上述定义也还都是列举式的界定，尚未完全合于名实相符的定义原则。

实际上，"非物质文化遗产"的概念，是从"传统的民间文化"扩大而成的。《非遗公约》的定义和中国政府文件、法律界定的"非物质文化遗产"，基本上就指现实中应予高度重视和加强保护的民间传统文化表现形式及其相关的实物和场所。民间传统文化各种形式的体现虽然离不开相关的物质载体、行为方式和客观场所，但主要体现的是反映了想象力、思维方式、审美情趣、社会观念、文化心理和文化意识等主体因素的精神价值。正如《意见》中指出的："我国非物质文化遗产所蕴含的中华民族特有的精神价值、思维方式、想象力和文化意识，是维护我国文化身份和文化主权的基本依据。"主要体现为精神价值的传统文化表现形式，又不限于民间的文化创造和传承，而应当是历史上全社会成员的文化创造和传承。既然如此，可以考虑将其定义为：

> 非物质文化遗产是人类在社会历史实践中创造的具有文化价值的精神财富遗存，由相关的实物载体、行为方式和文化场所（文化空间）所体现，包括传统文化的各种表现形式，即口头文学及其表述的语言、美术和表演艺术、有关自然界及生产生活的知识与技艺、礼仪节庆等民俗、体育和游艺活动等。

这样定义"非物质文化遗产"，就揭示了概念的本质属性，说明了概念的主要包含对象及其存在和体现的方式。

二、非物质文化遗产的基本特征

如同物质文化遗产的特征是与非物质文化遗产相比较而显现的一样，非物质文化遗产的特征是与物质文化遗产相比较而显现的①。

(1)活态性

朝鲜族农乐舞。图片来源：吉林省人民政府网(jl.gov.cn)。

活态性指鲜活而生动的特征。具有活态性的事物，表现为新鲜而具有活力、运动而持续作为的存在状态。

物质文化遗产由于是历史遗存的客观物体，因此只会是作为固体物质而静态地存在。非物质文化遗产由于主要是传承于民间的口头的、技艺的和行为的文化表现形式，因此主要是依附于活体的人而动态地存在。口头文学离不开人的口说言表，表演艺术离不开人的音表身演，手工技艺离不开人的劳动操作，习俗礼仪离不开人的参与遵行。非物质文化遗产的各种表现形式，大都存在于民间民众的日常生产与生活中，展现的是一个活动着的动态形式，显示的是一个运动着的过程。闻听一次民间故事或乡村歌谣，观赏一次民族歌舞或地方戏曲，参与一次传统节日活动，人们无疑会因口述者、表演者和活动者那声情并茂的讲述、技艺高超的表演，以及故事、歌谣、歌

① 关于非物质文化遗产的特征，学者多有讨论和阐发，从不同角度提出其具有活态性、民间性、生活性、生态性、独特性、传承性、变异性、综合性、创造性、民族性、群体性和地域性等特点或特征，如刘魁立《关于非物质文化遗产保护的若干理论反思》(载《民间文化论坛》2004年第4期)、吴馨平《无形文化遗产概念初探》(载《中国博物馆》2004年第1期)、贺学君《关于非物质文化遗产保护的理论思考》(载《江西社会科学》2005年第2期)、李世涛《试析"非物质文化遗产"的基本特点与性质》(载《新疆艺术学院学报》2007年6月第5卷第2期)、李昕《再论非物质文化遗产的基本特征》(载《民族艺术研究》2008年第3期)等。这些阐发，大都是着眼于非物质文化遗产，尤其是民族民间传统文化本身且各有侧重的理论探讨和概括，既有相同之见，也有不同之识。所阐发的上述特征，也并不都是非物质文化遗产特有的表征。本书的论述借鉴学者们的研究成果，主要着眼于非物质文化遗产的性质及其与物质文化遗产的比较来着重阐明其基本特征，并且阐述了学界较少论及的其原生性、娱乐性两大特征。

舞、戏曲、活动的新奇内容而产生鲜活感。就是重复闻听、观赏和参与，人们也会因为口述者、表演者和活动者不同的表现而依然不失鲜活感。

非物质文化遗产的世代存在，也主要是借助于世世代代人们前授后学、承前启后的动态流传，始终显现为活态的存在形式和动态的传承过程。

借助于人的创造性活动而得以展现的非物质文化遗产，必然是鲜活而生动的。非物质文化遗产在活态的传承过程中，又会因传人的因素、生态(包括自然生态和人文生态)的变化、时代的要求等而有所变异、有所发展，也必然是新鲜而具有活力、运动而持续作为的。倘若失去了活力，不见了活态，就意味着非物质文化遗产的生命终结。

(2)原生性

原生性指原始生成而基因不变的特征。具有原生性的事物，表现为神形相因而继承传统的存在状态。

非物质文化遗产的各种表现形式，都是原生于一定的时代和地区的个人或群体的文化创造，都具有特定的内容和表现。

首批入选《世界非遗名录》的中国昆曲，因发源于江苏昆山、演唱“昆山腔”而得名。演唱“昆山腔”并且形成唱、念、做、打的综合表演和唱腔华丽、念白儒雅、表演细腻、舞蹈飘逸、置景完美的艺术特色，便成为昆曲的原生性特征。尽管昆曲在600多年的传承过程中有了随时序文情之变的不断发展，但原生性特征仍然鲜明地保持着，否则也就不成其为昆曲了。

与昆曲同时入选《世界非遗名录》的玻利维亚奥鲁罗(Oruro)狂欢节，是南美最具特色的礼仪与节庆活动。在一年一度的节庆活动中，玻利维亚人扛着圣母雕像，戴上恶魔、天使与动物面具，身着艳丽的服装，在街上大跳鬼神舞，以特殊的方式狂欢。这个节庆活动源于土著尤鲁人的节日庆典和18世纪奥鲁罗市的市民生活。该市当时盛产银、锡，当地居民多为矿工及其家属。他们面对矿井下随时可能发生的灾难，只能寄情于鬼神信仰之中。为求得天主教圣母保佑，驱散传说中矿井里的邪恶幽灵，他们常头戴狰狞的面具跳鬼神舞，表现光明(圣母)与黑暗(井下魔鬼)之战，象征正义战胜邪恶。今天的节庆活动内容远比当年丰富，狂欢节

奥鲁罗狂欢节。图片来源：新浪旅游(travel.sina.com.cn)。

参与者的服饰远比当年奇丽，但其鬼神舞的基本形式和基本寓意始终未变。

非物质文化遗产也是历史的反映和见证，同物质文化遗产一样是历史文化的“化石”，只是因其具有活态性特征而被称为“活化石”。非物质文化遗产历史价值的体现，也主要在于其具有原生性特征。

(3)传承性

传承性指流传和继承的特征。具有传承性的事物，表现为不断流传和持久继承的存在状态。

神话、史诗、故事、传说、民谣、谜语、谚语、歇后语、口述史及语言等民间口头遗产，都主要是在民间口耳相传、互相交流的状态下存在的，是在上传下承、世代相继的过程中保存的。民间的音乐、舞蹈、戏曲、曲艺、杂技等表演艺术和建筑技艺、烹饪技艺、服饰工艺、手工技艺、医术药方等技术手艺，主要是在民间口授手教、师徒传承的状态下存在的，也是在上传下承、世代相继的过程中保存的，而且往往带有浓厚的地域、个人或家族色彩。中国古代戏曲有汉剧、沪剧、扬剧、晋剧、楚剧、湘剧等，剧种繁多。仅就梆子腔而言，就有河北梆子、河南梆子、山西梆子、山东梆子等。花鼓戏在今湖北一省之内就有应山花鼓戏、天沔花鼓戏、襄阳花鼓戏、随县花鼓戏、远安花鼓戏、郧县花鼓戏等。戏曲流派，往往因著名艺人开创而带有鲜明的个人色彩。京剧的谭派、尚派、余派、杨派、孙派、马派、梅派等著名流派，就分别是由其开创者谭鑫培、尚小云、余叔岩、杨小楼、孙菊仙、马连良、梅兰芳等著名艺人命名的。这些流派在传承过程中坚守师承而始终保持着其开创者独具特色的艺术风格。民间技艺类的非物质文化遗产，多在掌握技艺的家族内传承，一些家族将之视为祖传的手艺或技能而秘不示外人，甚至规定在家族内只传男不传女，因而带有浓厚的家族色彩。第一批入选《国家级非物质文化遗产名录》(简称《国家非遗名录》)的天津“泥人张”，即由清道光年间张明山以家族形式经营泥塑作坊塑古斋创始，后经张玉亭、张景福、张景禧、张景祜、张铭等四代人的传承，成为中国北方泥塑艺术的代表。民族民间节庆、礼仪、行业习俗、游艺竞技等风习礼仪，大都是周期性或经常性的群体活动，因而也在周期性或经常性的群体活动中、在群

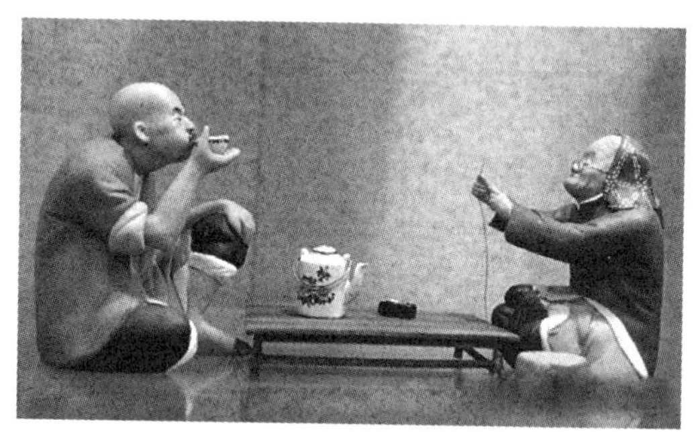
天津“泥人张”彩塑《老夫妻》(王晔彪摄，新华社发资料图片)。图片来源：新华网(xinhuanet.com)。

体自发或自觉的因袭和重复的过程中得以世世流传和代代承继。

非物质文化遗产的传承性特征，体现了非物质文化遗产的价值和作用。若无此特征，一旦中止人们的世代传承，非物质文化也就会消亡而不能成为遗产了。

(4)变异性

变异性指变化而出现差异的特征。具有变异性的事物，表现为在世代遗传过程中产生变化和出现差异的存在状态。

非物质文化遗产的原生形态(即初始的文化创造)，为个人的或为集体的文化创造。历史久远又有多人参与而形成的非物质文化遗产，则多为集体的文化创造。无论是个人的还是集体的文化创造，都是一定时代和环境的产物，在世世代代的传承过程中，也就必然会因传人的改变、时代的变迁和环境的变化等原因而有所变异。天津“泥人张”的四代传人，都对张家传统彩塑艺术不断探索创新而有所丰富发展，方使得“泥人张”彩塑艺术持续180年盛于艺林。端午节本当源于古老的夏至节，原生的习俗都与祈福禳灾相关，但在长期流传过程中演变为以纪念伟大爱国诗人屈原为主要内容，以吃粽子和龙舟竞渡为主要习俗活动的节日。尽管如此，其悬挂艾叶、菖蒲于门上以禳毒驱虫、祛邪驱鬼的古老习俗一直沿袭至今。端午被古人视为人易死的凶日和死者的忌日而需为活人祈福禳灾、为死者祭告悼念，尤其是祭悼民众敬重之人的文化意识，也始终未变①。端午节日习俗流传到中国周边的一些国家，如韩国至今每年都举行大规模的“江陵端午祭”活动，并且将它成功申报为世界非物质文化遗产。其活动虽然因承了中国端午节祈福禳灾的文化蕴意，但活动的内容和形式却大异于中国，已经民族化、地域化了。

人是非物质文化遗产的创造者和传承者，生活于不同时代和环境中的传人有着禀赋、个性、趣味、能力等诸方面的差异。因此，非物质文化遗产在传承过程中不仅会打上个人的烙印而使之有所变异，传人还会有意识地适应时代的变迁和环境的变化而对它有所改造创新。当然，非物质文化遗产在传承过程中的变异，并非是其原生形态和文化意蕴的彻底和根本的改变，而主要是因人、因时、因地而不断丰富发展。

(5)娱乐性

娱乐性指欢娱而快乐的特征。具有娱乐性的事物，表现为可使人感到娱目悦耳、爽心乐身的存在状态。

---

① 参见拙著《楚文化流变史》(湖北人民出版社2001年版)第四章第九节《端午习俗与饮茶风尚》。

民间的文学和艺术，是非物质文化遗产的主要内容。民间文学艺术的创作，本就是审美创造，是供人观赏品味以感到愉悦快乐的。听民间老者谈天说地、述古道今，往往会因其神奇曲折的内容而迷醉；看民间艺人载歌载舞、唱念做打，往往会因其生动形象、惟妙惟肖的表演而陶醉。至于传统的民间礼俗活动，包括一些节日习俗活动，许多都是起源于古时祭神祀鬼，既“娱神”又娱人的活动。

土家族舞蹈“撒叶儿嗬”。图片来源：中国非物质文化遗产网(ihchina.cn)。

第一批入选《国家非遗名录》的湖北长阳土家舞蹈“撒叶儿嗬”(即“跳丧”或“跳丧鼓”)，是湖北清江流域中下游地区土家族的一种祭祀歌舞，源于两千多年前的巴人歌舞。每有老人去世而停灵柩于堂前，亲属邻里纷纷前来吊唁。入夜后，男人“打鼓踏歌”，女人围观助兴，通宵达旦以增热烈气氛，为亡人解寂，慰亲属节哀。虽是祭悼亡灵的风俗舞蹈，但歌舞表现的内容却远远超出祭祀范围，包括有先民图腾、渔猎生活、农事生产、爱情婚姻及历史事件等民族发生发展的历史。激越的鼓乐、低沉的歌声、奔放的舞蹈，既表达了土家人视死若生、贺死庆生的旷达生死观，又表现了土家人爱家爱族的炽烈感情和乐观自信的欢悦情绪。

盛行于欧美地区的狂欢节，起源于非基督徒的节日庆典，如古希腊的酒神节、古罗马的农神节和牧神节以及凯尔特人的宗教仪式等。演变至今，它已经成为盛况空前的非宗教的全民大联欢、大娱乐活动。

就是传统的手工艺技能，也可由艺人的“得之于手而应于心”的神奇技能和高妙技艺表现让人获得快感，由艺人鬼斧神工的作品让人获得美感。有关自然界和宇宙的民间传统知识与实践，则可让人闻见后获得启迪而产生乐趣。置身于非物质文化遗产富集场所的文化空间，更是犹如身处在赏心悦目、怡情爽身的佳境。

可以说，非物质文化遗产大都具有不同程度的娱乐性。甚至可以说，许多非物质文化遗产就是具有娱乐性才得以持久传承，而且在传承过程中不断增强其娱乐性。

活态性、原生性、传承性、变异性和娱乐性，可谓非物质文化遗产的五大特征。原生性和传承性，是其最为重要的特征；活态性、变异性和娱乐性，也都是其突出的特征。不言而喻，这五大基本特征是密切关联、相辅相成、互为映照的。

第四节　物质文化遗产与非物质文化遗产的关系

知晓了“文化遗产”概念的形成过程，明晰了物质文化遗产和非物质文化遗产的定义和特征，也就能洞悉物质文化遗产与非物质文化遗产的关系①。

作为人类的物质性创造活动及其成果遗存的物质文化遗产，与人类的精神性创造活动及其成果遗存的非物质文化遗产的关系，大致体现在如下几个方面：

一、两者是文化遗产不可或缺的组成部分

为满足自身的生存和发展的需要，人类既创造物质财富，又创造精神财富。人类创造的物质财富遗存，便是物质文化遗产；人类创造的精神财富遗存，主要由非物质文化遗产所体现。物质文化遗产和非物质文化遗产的总和，构成文化遗产。

北京天坛。图片来源：七彩旅行网(7clx.com)。

① 关于物质文化遗产与非物质文化遗产的关系，学者也有所探讨，但大都依据我国政府有关文件的阐发而简要论述两者的一致性和依存性，如两者是文化遗产的两大组成部分、两者相互依存和相互作用、两者共同承载着人类文明等，对于两者同中有异的差异性却罕有阐论。参见彭岚嘉《物质文化遗产与非物质文化遗产的关系》(载《西北大学学报》2006年第6期)，郑柳青、陈兴中《物质文化遗产的非物质性与非物质文化遗产的物质性认同》(载《东南文化》2009年第1期)等。本书参考学者的观点，不仅阐论两者的一致性和依存性，而且着重阐论两者同中有异的差异性。

正如联合国教科文组织《中期规划(1984—1989)》阐述的国际共识，文化遗产包括“物质的”和“非物质的”两个方面。国务院下发的《通知》明确指出：“文化遗产包括物质文化遗产和非物质文化遗产。”

无论是物质文化遗产还是非物质文化遗产，都有共同的最基本特性——历史性，因为两者都是人类在社会历史实践中的创造性活动及其成果的遗存。因此，物质文化遗产和非物质文化遗产共同见证了人类历史，共同承载着人类文明，是文化遗产不可或缺也不可忽略的两大组成部分，是文化遗产完整性的综合体现。若有所忽略，也就有损于文化遗产的完整性，不能认识人类历史的完整过程，不能知晓人类文明的所有内容和全部风貌。

二、两者相互依存，不可截然分开

物质文化遗产虽然是物态的体现和静态的存在，但因为是人类在社会历史实践中有意识、有目的创造的文化成果，也凝结了人类的智慧、观念而具有精神价值。如有高度价值的物质文化遗产，大都具有审美(艺术)价值。而物质文化遗产之所以具有审美价值，就在于其造型、装饰、色彩或结构、布局、形制等具有艺术性。其艺术性的来源，就是其创造者的审美意识、艺术情趣。因为它是创造者根据自己的审美理想、遵循美的规律而创造的文化成果。因此，人们观赏中国先秦青铜器佳品，往往会为其诡异奇特的造型、繁缛富丽的雕饰而惊叹；人们游览雅典卫城，难免会为其布局别具匠心、建筑雄伟华美而赞叹。许多物质文化遗产，还蕴含有政治、军事和哲学等思想。商周礼器，体现了当时的礼治思想。世界各国的皇家宫殿、祭坛、陵园等大型建筑，都不同程度地寄寓了当时帝王及统治阶级的政治思想。军事设施类的文化遗产，都体现出一定的军事思想。金字塔、神庙、教堂、私家府第和园林之类的建筑，大都反映了一定的哲学观念或宗教意识。《文物法》列举的文物，包括“历史上各时代珍贵的艺术品、工艺美术品”和“历史上各时代重要的文献资料以及具有历史、艺术、科学价值的手稿和图书资料”。艺术品和工艺美术品，不仅与《非遗公约》规定的保护对象重合，也体现了“传统手工艺”。文献资料、手稿和图书资料，都是以简帛纸张等物质材料为载体、文字为符号的前人知识的记录和思想的表达。因此，物质文化遗产虽然是客观存在的实物，但决不可无视或忽略其蕴含的非物质因素，即其精神的内涵和价值。

非物质文化遗产虽然是活态的表现和动态的存在，但其显现方式和表现过程却多需借助物质载体。昆曲必须借助服饰、道具、布景等，才能完整而充分地展现其表演艺术。古琴艺术必须借助制作精良的乐器，才能充分而细微地表现其演奏技艺、乐曲美感和精神文化价值。手工技艺主要由手工艺品体现出来，礼仪与节庆活动少不了特定的场所、设施和用具。与古琴艺术同为第二批入选《世界非遗名录》的扎菲曼尼里的木雕工艺，就由马达加斯加的扎菲曼尼里人制作的精美木雕制品所体现。与昆曲同为第一批入选《世界非遗名录》的韩国宫廷宗庙祭祀礼乐，其礼仪活动都必须在汉城的朝鲜王朝皇家宗庙举行，穿戴传统礼服，使用传统的祭器和乐器。正因为非物质文化遗产的表现形式离不开“相关的工具、实物、手工艺品和文化场所”，《非遗公约》才将这些本为物质形态的文化载体和场所作为非物质文化遗产保护的对象，并且将其纳入非物质文化遗产的定义范围内。

韩国宫廷宗庙祭祀礼乐。图片来源：韩国旅游发展局网(visitkorea. or. kr)。

《非遗公约》明确指出，非物质文化遗产与物质文化遗产之间有着“内在的相互依存关系”。《非遗法》对非物质文化遗产的界定也包括了“与传统文化表现形式相关的实物和场所”，而且特别说明：“属于非物质文化遗产组成部分的实物和场所，凡属文物的，适用《中华人民共和国文物保护法》的有关规定。”诚然，两者相依相存、相辅相成，共同体现出人类文化是物质文化创造与精神文化创造的统一体的基本特征。

三、两者都是人类在社会历史实践中的创造性活动及其成果的体现，又分别体现为创造性成果和创造性活动

物质文化遗产都是物态的客观存在，都是人类在社会历史实践中的创造性成果的遗存。埃及金字塔是古埃及人为法老建造的陵墓，体现的是古埃及建筑的成果。龙门石窟是从北魏到宋代的佛教石雕造像洞窟，体现的是中国古代石雕的成果。都江堰是战国时代修建的大型水利工程，体现的是中国古代水利建设的成果。尽管各种物质文化遗产的完成是一个创造性活动的过程，甚至是如长城那样经历了两千多年不断修建的过程，但最终是作为文化创造的成果而遗存下来。

瓦努阿图沙画。图片来源：中国非物质文化遗产网(ihchina.cn)。

非物质文化遗产主要是人类文化的"遗艺"或"遗行"①，主要是活态的表现形式，主要是人类在社会历史实践中的创造性活动的传承。昆曲名剧《牡丹亭》、《十五贯》、《桃花扇》、《长生殿》等，自明清以来岁岁年年，甚至季季月月演出不停，每场演出都是表演活动，每场演出又是看似重复实际上并不绝对重复的创造性表演活动，因为每场或每月、每年的演出都会因表演者或时代、环境等主客观因素变化而有所变异。瓦努阿图沙画是太平洋岛国瓦努阿图的民间传统绘画形式，具备仪式、冥想和交流等多种功能，作为传统知识技艺而第二批入选《世界非遗名录》。其画师每次作画的冥想创意不同，表现技法不同，画作的内容和形式就会有所不同。同理，世界各国、各地区、各民族的口头传统、礼仪与节庆活动，也都是因人的活动而传承。其每次、每年的活动也都是创造性的活动，也都会因人因时因事因境的变化而有所变异和发展。

物质文化遗产与非物质文化遗产的共同本质，决定了两者的一致性；物质文化遗产与非物质文化遗产的不同特征，决定了两者的差异性。

四、两者共同反映了人类文化的发展及其成就，又分别主要反映文化表层和文化深层的发展及其成就

学者分析文化的结构或层次，有两大部分或两个层次(物质文化和精神文化)、三大部分或三个层次(物质文化、制度文化和精神文化)、四大部分或四个层次(物态文化、制度文化、行为文化和心态文化)等多种说法。如今，一般习称文化的构成是物质文化与精神文化的总和，以物质文化为表层、精神文化为里层。从事文化研究的学者，多倾向于四分法，认为将文化分为四大部分或四个层次，能够更为准确地区分文化的类型和说明文化的特征。

无论是两分法、三分法还是四分法，物质文化都是文化的重要组成部分和表层结构。作为物质文化遗存的物质文化遗产，反映的当然主要是文化表层的历史发展及其成就。

精神文化不仅是文化的重要组成部分，而且是文化的里层。依据四分法，内在第三层为行为文化，指人类在社会历史实践中主要由习俗活动所体现的行

① 指世代相继而遗传的口头类、技艺类、行为类等非物质文化遗产。

为方式；内在的第四层，也即核心层次为心态文化，如同狭义的精神文化，指人类在社会历史实践中形成的想象力、思维方式、审美情趣、价值观念、社会意识、文化心理等思想成果和心理状态。非物质文化遗产的生动展现，也就是想象力、思维方式、审美情趣、价值观念、社会意识、文化心理等思想成果和心理状态外化的口头表达、行为方式等。所以，非物质文化遗产主要反映的是文化深层的历史发展及其成就。

文化的本质特性和结构方式，决定了物质文化遗产与非物质文化遗产反映人类文化的历史发展及其成就的特殊性。

五、两者都体现了人类文化的多样性，但前者的体现会随历史发展趋于弱化或同化，后者的体现则更为鲜明而持久

世界上的原生文明，如古巴比伦文明、古埃及文明、古印度文明、古中国文明以及美洲文明，所遗存的文物都显示了迥然有别的风貌，鲜明地反映了人类文化的多样性，可谓文化遗产多样性的典型体现。受不同文明影响而形成的次生文明，如古希腊文明、古日本文明，其遗存更是文化遗产多样性的体现。就是大文明区域内，也有着文化多样化的表现。如中国文明区域内的黄河文化与长江文化，其遗存就始终有着多样化的风貌。人类文化多样性的客观事实，至今已是世人的共识。

弗尔克林根铁工厂。图片来源：迷城学吧网(mcxb. com)。

物质文化遗产，主要是生产力的物质体现。在人类社会发展过程中，不同的文明会发生交流互动、传播碰撞，先进的生产力所形成的强势文化就会影响甚至主导广大地域甚至整个世界的文化发展，导致物质文化创造的趋同化。尤其是近代西方工业革命之后，兴起于西方的工业化、城市化浪潮在近200年里汹涌澎湃地冲击到世界的每个角落，导致全世界的建筑、器用等物质文化成果都深受西方文化影响而趋同化，诸如高楼大厦、汽车火车、飞机大炮等。20世纪以来，在全球经济一体化的趋势下，世界各个国家、地区和民族的物质文化创造传统更是越来越弱化。因此，世界近现代的物质文化遗产，明显反映了物质文化遗产所体现的文化多样性随历史发展而趋于弱化或同化的状况。

非物质文化遗产，主要是意识形态外化的文化形式的传承。民族文化心理积淀深厚，民族文化传统也形成牢固，民族和地域的文化特色尤为鲜明，因而

非物质文化遗产最能体现文化的多样性和独特性。尽管在文明的交流互动、传播碰撞过程中，世界各地域、各民族的非物质文化创造也会相互影响，但多是在传承过程中的吸收而不是取代，因为传承者会自觉地甚至坚定地维护体现了民族自我个性和身份的文化传统。近现代的世界，西方文明广泛传播。可是，各地各国很容易甚至很主动接受西方的物质文明，却很不易甚至很抵触全盘接受西方的精神文明。西方的非物质文化遗产虽然也在世界各地传播并且产生影响，诸如情人节、圣诞节等习俗活动，但始终难以取代欧美国家之外的各国民族传统节庆习俗而成为当地全民的活动。因此，世界近现代的非物质文化遗产，相对于同时的物质文化遗产而言，所体现的文化多样性依然鲜明而持久。

巴西巴亥瑞康卡乌的圆圈桑巴舞。图片来源：中国非物质文化遗产网(ihchina.cn)。

正因为非物质文化遗产所体现的文化多样性相对鲜明而持久，故国际社会也着重从文化多样性的表现和保护世界文化多样性对于人类社会可持续发展的意义，来认识保护非物质文化遗产的必要性。《建议案》、《世界文化多样性宣言》、《非遗公约》、《文化多样性公约》等联合国教科文组织的重要文件，都清楚地说明了这一点。

2007年的中国“文化遗产日”，国务院总理温家宝在参观“中国非物质文化遗产专题展”时说：“物质文化与非物质文化是结合在一起的。物质性就是文象，非物质性就是文脉。人之文明，无文象不生，无文脉不传。无文象无体，无文脉无魂。”①此语甚为精要地阐明了物质文化遗产与非物质文化遗产的关系。

第五节　文化遗产的定义与中国文化遗产的标志

文化遗产的定义，也即对文化遗产的概念作出确切的说明。文化遗产的标志，也即指明文化遗产的图像标志。

一、文化遗产的定义

国务院下发的《通知》所阐明的文化遗产概念，显然是依据《世遗公约》和《非

① 资华筠：《关怀与激励——陪同温家宝总理参观“中国非物质文化遗产专题展”》，载《人民政协报》2007年7月19日。

遗公约》关于文化遗产和非物质文化遗产的界定，吸取国际通行的“文化遗产”概念的含义，同时又基于《文物法》及中国文物和民族民间文化保护实践与需要而阐发的，要比国际通行的“文化遗产”概念的含义更丰富、范围更宽泛，也更加符合中国文化遗产保护的国情和语言表达的习惯，具有中国特色，故被认为是“提出了与国际通行‘文化遗产’既有区别又有联系的、具有中国特色的、集大成的文化遗产概念”①。不过，《通知》的阐发，仍然是是对文化遗产作出的列举式界定，只说明了文化遗产包含的类别，并未特意揭示文化遗产的内涵。在理论认识上，文化遗产的定义应该是对其内涵和外延都有着准确清晰的说明。

上面两节界定了物质文化遗产和非物质文化遗产的概念，分析了两类遗产的特征及其关系，文化遗产的内涵和外延就十分明晰了。因此，可以给文化遗产下一个简明定义：

> 文化遗产是人类在社会历史实践中创造的具有文化价值的财富遗存，包括一切物质财富遗存的物质文化遗产和一切精神财富遗存的非物质文化遗产。

在这个定义中，前一句是文化遗产的内涵，揭示的是概念的本质属性；后一句是文化遗产的外延，反映的是概念的包含对象。

需要说明的是，尽管从学理上界定文化遗产的概念必须揭示其内涵与外延，而且上述定义揭示文化遗产这一概念的内涵十分明晰，外延极其宽泛，但在文化遗产保护与利用的现实中，人们对文化遗产的认定仍然主要依据国际文件和政府文件。就国人而言，即主要依据联合国教科文组织和中国政府的相关文件。本书中对文化遗产的列举和论述，皆为联合国教科文组织和中国政府相关文件中界定的文化遗产。

二、中国文化遗产的标志

为了形象而简明地体现保护文化遗产的宗旨和指明文化遗产，有必要设计、制作和使用文化遗产标志。早在 1978 年，世界遗产委员会就宣布了世界遗产标志。2008 年，联合国教科文组织通过举办关于设计《非遗公约》标志的国际竞赛，选定了亦可看作世界非物质文化遗产的标志的《非遗公约》标志。

进入新世纪，随着中国政府越来越重视和加强文化遗产的保护与利用，中

① 刘世锦主编：《中国文化遗产事业发展报告(2008)》，社会科学文献出版社 2008 年版，第 106 页。

国政府于2005年和2006年相继公布了中国文化遗产标志和中国非物质文化遗产标志。

中国文化遗产标志

2005年8月16日，国家文物局宣布采用2001年在成都金沙遗址出土的“太阳神鸟”（又称“四鸟绕日”）金饰的图案作为中国文化遗产标志。这个标志采用的图案，是由著名文物专家联名推荐，经过社会公示以广泛征求意见后确定的。国家文物局对采用这一标志作了四点说明：

（1）太阳神鸟图案寓意深远、构图严谨、线条流畅、极富美感，是古代人民“天人合一”的哲学思想、丰富的想象力、非凡的艺术创造力和精湛的工艺水平的完美结合。其造型精练、简洁，具有较好的徽识特征。

（2）太阳神鸟图案是中华先民崇拜太阳艺术表现形式的杰出代表之作，以此作为中国文化遗产的标志，体现了中华民族传统文化强烈的凝聚力和向心力，表现了中华民族自强不息、昂扬向上的精神风貌。

（3）太阳神鸟金饰2001年出土于成都金沙遗址，是21世纪我国考古的一个重大发现，体现了中国文物保护工作的成果。太阳神鸟图案所表达的追求光明、团结奋进、和谐包容的精神寓意，彰显了中国政府和人民保护祖国文化遗产的强烈责任心和神圣使命感。

太阳神鸟金饰（成都金沙遗址出土）。图片来源：新华网（xinhuanet.com）。

（4）图案中向四周喷射出十二道光芒的太阳，呈现出强烈的动感，象征着光明、生命和永恒。十二道太阳光芒与四鸟的“十二”与“四”是中国文化经常使用的数字，诸如十二个月、十二生肖、四季、四方等等，表达了先民们对自然规律的深刻认识。环绕太阳飞翔的四只神鸟，反映了先民们对美好生活的向往，体现了自由、美好、团结向上的寓意。而整体完美的圆形图案寓意民族团结、和谐包容，圆形的围合也体现了保护的概念。①

① 参见文化部网站（www.mcprc.gov.cn）《国家文物局公示“中国文化遗产标志”》（2005-08-04）；《新闻晨报》2005年8月17日报道：《太阳神鸟金饰图案正式成为中国文化遗产标志》。

2006 年 2 月 6 日，国家文物局发布了《中国文化遗产标志管理办法》。该文件对规范中国文化遗产标志的保护和管理工作、保障中国文化遗产标志权利人（国家文物局）的权益作了具体规定。为了规范中国文化遗产标志的使用，国家质量监督检验检疫总局和国家标准化管理委员会在 2011 年 3 月共同发布了中国文化遗产标志推荐性国家标准，对标志的形式、内容和比例等作出了明确规定，于当年 4 月 1 日正式实施。

2006 年 6 月 8 日，在中国第一个文化遗产日到来前夕，文化部宣布了中国非物质文化遗产标志。这个标志是文化部委托中国非物质文化遗产保护中心向海内外征集，又通过网络征求意见、群众投票和数轮专家评议，最终选定的。2007 年 7 月，文化部发布了《中国非物质文化遗产标识管理办法》。

中国非物质文化遗产标志

鱼纹彩陶盆（西安半坡遗址出土）。图片来源：中国陶艺网（artcn.net）。

根据说明，中国非物质文化遗产标志的外部图形为圆形，象征着循环，永不消失；内部图形为方形，与外圆对应，天圆地方，表明非物质文化遗产存在空间有极大的广阔性；图形中心造型为古陶最早出现的纹样之一的鱼纹，鱼纹隐含一个“文”字，“文”指非物质文化遗产，而鱼生于水，寓意中国非物质文化遗产源远流长，世代相传；图形中心，抽象的双手上下共护“文”字，寓意国民团结、和谐，细心呵护和保护非物质文化遗产，守护精神家园①。

按理说，中国文化遗产标志，就应涵盖和指明物质文化遗产和非物质文化遗产。可是，中国政府在已经确定了文化遗产标志之后不到一年，又确定了非物质文化遗产标志。这表明中国政府高度重视文化遗产的保护，而且尤其重视非物质文化遗产的保护，中国对文化遗产保护的认识和举措都跨入世界的先进行列。

① 参见《人民日报》海外版 2006 年 6 月 9 日报道：《中国非物质文化遗产标识揭晓》；《光明日报》2006 年 6 月 10 日报道：《“中国非物质文化遗产”标识揭晓》。

第三章　文化创造与文化遗产

“有了人，我们就开始有了历史。”①

当“人猿相揖别”之初，当人类从动物界分离出来，开始为生存和发展进行有意识的劳作活动之际，人类便开始了自己的历史文化创造。

地球是生物的家园，大地是人类的母亲。人类自从在地球上形成之后的数百万年里，就已跋山涉水而分布到地球的各大洲繁衍生息。由于各大洲的地域有着不同的地表形貌、自然气候和物产资源，生活在不同地域空间的人类族群也就在长期的生活中形成了不同的种族或民族，创造出富有民族和地域特色的文化。

第一节　自然环境的差异性与文化创造的多元性

人类繁衍生息在地球上，地球就是人类活动的自然环境。具体地说，人类生活在地球的表面，由山川草木、禽兽鱼鳖、大气矿藏等自然物构成的地表及其上下不大范围的生物圈，就是人类进行社会历史实践和文化创造活动的自然环境。

地球是太阳系中的一颗椭圆形行星，沿着固定的轨道围绕太阳旋转。星球运动的力量、地表所处的位置等原因，造成了地表形貌的千姿百态和生物圈内容的丰富多样。因此，不同地区也就有着山川、土地、物种、资源、气候等的巨大差异。生活在不同自然环境中的人类，在社会历史实践过程中，尽管出于人类的共同需要而在文化创造活动中显现出共同性，但主要受自然环境的制约，不仅形成不同的种族或民族，而且显现出民族的、地域的文化创造富有特色的差异性。这种状况在生产力水平低下的原始社会和文明时代早期尤为明显，在世界地理大发现和工业革命发生之前也一直十分明显。人们的生产方

---

① 恩格斯：《自然辩证法·导言》，见《马克思恩格斯选集》第三卷，人民出版社 1972 年版，第 457 页。

式、生活方式乃至风俗习惯、社会心理等诸方面都会受到所处地域自然环境的影响，而且地域愈隔绝、生产力发展水平愈低下，受到自然环境的影响也就愈大。

一、尼罗河下游的自然环境与古埃及文明

发源于非洲中部的尼罗河，由南向北注入地中海。尼罗河下游的埃及境内阿斯旺至开罗段，水流平缓，河面宽阔，成为长约1000千米的平展河谷；出开罗入地中海的一段，又因河水冲积成为地表平坦、河网纵横、沼泽密布的三角洲。尼罗河每年7—10月定期泛滥，泛滥的河水将肥沃的淤泥冲入三角洲地带。因此，尽管尼罗河谷地两侧高山耸立，山外是荒凉的大沙漠，但河谷和三角洲却是草木繁茂、禽兽兴旺的沙漠“绿洲”。早在公元前6000—前5000年，古埃及先民就开始聚集于尼罗河谷地和三角洲。在长期的采集、狩猎生活中，古埃及先民发明了农业，又在长期的农业生产和社会发展中创建了文明古国，创造了辉煌的古埃及文明。

埃及卢克索神庙。图片来源：互动百科网(hudong. com)。

由于河谷地带和三角洲地带的自然环境不同，古埃及在其早期经众多小国的争夺和兼并，形成了上、下两个王国及其各具特色的文化。由遗存的古埃及壁画、石板浮雕可以看出，居于河谷地带的上埃及人与居于三角洲地带的下埃及人的服饰不同。上埃及国王的王冠为白色尖顶的高冠，冠上饰有被上埃及人视为保护神的鹰和作为国徽的百合花。下埃及国王的王冠为红色平顶的矮冠，冠上饰有被下埃及人视为保护神的蛇和作为国徽的蜜蜂。可以想象，河谷地带多见百合花和飞鹰，三角洲地带则常见红花盛开、蜜蜂飞舞、沼泽毗连、蛇蟒出没的景象，上、下埃及人正是长期与不同的动植物密切生活在一起，形成了不同的习俗和信仰。

河谷南面的险滩急流，河谷两侧的高山及山外的大沙漠，还有三角洲北面的海洋，构成了古埃及较为隔绝而安全的地理环境。古埃及只有三角洲两角可通利比亚和巴勒斯坦，因而异族难以进犯。自从约公元前3100年上埃及征服下埃及，建立了统一的古埃及王国后，古埃及文明得以相对稳定而持续发展了约3000年。其间虽有内乱，而且在后期也受到利比亚人、埃塞俄比亚人和亚述人的入侵，但受到侵扰的时间都不长。直至公元前525年被波斯人征服，又

于公元前332年被马其顿的亚历山大大帝征服后，古埃及文明才衰落而变异了。在如此悠久的文明历史里，古埃及人的生活是宁静而快乐的，古埃及文明的创造是丰富多彩、灿烂辉煌的，而且许多方面在当时世界上都是开创性的。列举其遗产，人们熟知的即有以孟菲斯大坝和水库为代表的水利灌溉系统所体现的发达农业，以出土的太阳船为代表的发达造船业，以出土距今约5000年的青铜器和距今3000多年的铁器为代表的发达冶金业，以卡纳克和卢克索等神庙遗迹为代表的发达建筑业，以制作出“千年不朽”的木乃伊为代表的发达医学，以镌刻在阿蒙神庙内方尖碑上的象形文字为代表的世界上最早的文字，还有世界上最早的书写在草纸上的著作，以及见于法老陵墓中大量而精美的浮雕和壁画等。当然，人们最为熟悉，可以视为古埃及最具代表性的文化遗产的，还是被称为“一个地球伟大文明的遗嘱”的金字塔。

胡夫金字塔。图片来源：新华网(xinhuanet. com)。

方底、尖顶的金字塔，是古埃及国王和王后的陵墓。截至2008年，埃及共发现了118座金字塔，主要分布于尼罗河西岸、三角洲南部①。金字塔虽然是石砌的建筑物，却综合性地反映了古埃及的政治、经济和文化面貌，可以说是古埃及物质和精神文化遗产的集中体现。金字塔规模宏大，雄伟壮观。最大的胡夫金字塔，底边长约230米，高约146米，用大约230万块、平均每块重约2.5吨(最重的达约20吨)、经过精心打磨的巨石砌成，石块间不施灰泥却砌缝严密，连薄薄的刀片都插不进去。这反映了古埃及人卓越的建筑能力和高超的建筑水平，令人叹为观止。古希腊旅行家称其为“世界七大奇迹”之首。至今，人们也百思不得其解，当时仅有木、石和青铜工具，连铁滑轮都制造不出来的古埃及人，是如何建成金字塔的！据古埃及传说和古希腊史学家希罗多德(约公元前484—前425)的记载，胡夫金字塔的建成，仅搬运石料就役使10万人，花了10年工夫；修建又役使10万人，用了20年。其耗费的人力、物力和财力，反映了古埃及的富足。胡夫金字塔四面准确地对着东、南、西、北四方，

① 新华网2008年11月12日报道：2008年11月11日，埃及最高文物委员会主席扎西·哈瓦斯在首都开罗南郊的萨卡拉金字塔群召开新闻发布会，现场介绍了最新发现的第118座古埃及金字塔。

北面进入地下宫殿的通道与地平线成30度角，正好遥观北极星。其精确的设计，反映出古埃及人在天文学方面所达到的高度。金字塔建在尼罗河西岸，反映出古埃及人视东方象征新生、西方象征死亡的哲理思考和生命意识。金字塔是王权和国家的象征。金字塔的宏大雄伟，象征着国王地位的至高无上和权力的至大无边；金字塔的稳重坚固，象征着古埃及王国的长治久安。在古埃及人的心目中，国王是最高神祇的化身或受到最高神祇的庇护，是永恒的。国王死后，古埃及人不仅要为他建造宏伟的陵墓，而且要将他的遗体制成千年不朽的木乃伊，以为他的灵魂可由高耸的金字塔尖顶升入天国，他的身体则永垂不朽而终获来世。因此，关于当时的古埃及人满怀热情地建造金字塔的传说，恐怕不是后人编造，否则难以解释古埃及人耗费大量人力、物力和财力建造金字塔的历史竟长达千余年。

不言而喻，没有在尼罗河下游诞生的农业文明，没有在这农业文明基础上建立和长期稳定发展、持续繁荣的社会统一、王权集中的古埃及王国，是不会有金字塔这样的文化遗产的。也就是说，以金字塔为代表的古埃及文化遗产，只能是生活在尼罗河下游且很少受到其他地域文化冲击和影响的古埃及人的文化创造。正如希罗多德所说："埃及是尼罗河的赠礼，埃及文化是尼罗河的恩赐。"

二、两河流域的自然环境与古巴比伦文明

幼发拉底河与底格里斯河同发源于今土耳其境内的亚美尼亚高原，自北向南并肩流入波斯湾。两河的中下游冲积而成美索不达米亚(古希腊语，意谓两河之间的地方)平原，因水源丰富、土地肥沃、宜于农耕，与相距不远的尼罗河下游一同成为世界上最早的文明发祥地。公元前3000年前后，定居在这里的苏美尔人就建立了多个独立的城市国家。

不过，两河却不像尼罗河那样"温和"，虽然泛滥也有周期性，但泛滥的具体时间和洪水量的大小则不可预见，经常给该流域居民造成巨大灾难。美索不达米亚平原东靠西伊朗山脉，西连叙利亚草原和阿拉伯沙漠，北接亚美尼亚高原，三面都无险可守，游牧民族易于从上游侵入，故此地水土虽然肥美却难以让人长久安居。苏美尔人刚刚统一了城邦国家，北方的阿卡德人便南下摧毁了新生的统一王国。阿卡德王国存在仅百余年，东部入侵的库提人又取而代之。又经约400年战乱，入居巴比伦多年的阿摩里特人才建立了巴比伦王朝。巴比伦王朝衰落后，伴随着内部战乱、异族入侵而又有亚述帝国、新巴比伦王国的政权更迭。

公元前4000年前后，两河流域开始形成较为发达的农业文化，农作物以

巴比伦古城遗址。图片来源：中国评论新闻网(chinareviewnews. com)。

大麦、小麦和豆类为主。由于农业生产需要，两河流域先民积累了世界文明时代早期甚为发达的数学和天文学知识。由于地域开放，两河流域先民与居于草原、高原和沙漠中的游牧民族交往频繁，两河流域也形成了较为发达的手工业和商业。由于部族易入，入居者或各自为政，或改朝换代，故"文明的先驱美索不达米亚文明是城市类型的文明"①，而且形成了苏美尔、阿卡德、乌尔、巴比伦王国和苏美尔、巴比伦文明的历史发展阶段。

两河泛滥无常、洪灾频繁，加之外族侵扰时至、掠夺战争残酷，两河流域先民惊恐于自然力的强大、畏惧于家国的败亡，形成了强烈的宗教意识，渴望得到神灵的保佑。又由于社会统一后民族构成复杂、文化多元并存、阶级矛盾突出、国家秩序混乱，巴比伦王国的统治者通过编纂法典、制定法律来调整社会关系，规范民众行为，维护国家稳定。《汉谟拉比法典》体现了古巴比伦文明的辉煌。留存至今、刻有该法典的石柱，是古巴比伦文明的珍贵文化遗产②。

三、印度河、恒河流域的自然环境与古印度文明

喜马拉雅山脉以南的南亚次大陆，是古印度文明的发祥地。青藏高原南侧孕育了印度河、恒河两条大河。印度河流经今克什米尔、巴基斯坦，注入阿拉伯海。恒河流经今印度和孟加拉国，注入孟加拉湾。印度河流经的平原地带，公元前 2500 年前后形成了古印度文明，并且在约千年的发展过程中扩展到恒河流域。

① [美]斯塔夫里阿诺斯：《全球通史》第 7 版，上册，北京大学出版社 2005 年版，第 59 页。

② [美]斯塔夫里阿诺斯《全球通史》认为："美索不达米亚人试图通过编纂完备的法典来减轻笼罩着他们的不安全感，而《汉谟拉比法典》就是其中最杰出的一部。"此说值得商榷，法典的编纂和颁行主要是政治需要。

印度古佛塔——桑奇大塔。图片来源：中国佛网(fowg.cn)。

古印度有较发达的农业和手工业，主要农作物为小麦、大麦、豆类和棉花，手工业多利用当地物产制作出各种生产、生活用具和装饰品。野生棉花多见于气候炎热的印度河流域。古印度人很早就认识到棉花的价值，将其培育成重要的农作物，并且发明了棉织技术。古印度文明的遗址中，出土有纺轮和棉织品残块。棉花的种植和纺织的发明，不啻为古印度文明对人类的一大贡献。

大概主要出于大规模农业灌溉的需要，相应促成了社会组织的完善和国家权力的集中，古印度的中心城市有较大规模。已发现的重要城址，皆有整齐划一的城市布局和有条不紊的建设规划，统治阶级的建筑十分讲究，寺庙建筑尤为突出。

古印度北依喜马拉雅山，三面环海，仅西北有山口可与中亚相通，相对隔绝的地理环境使得古印度文明有着鲜明的地域色彩，又因与中亚相通而有着与西亚古文明的联系。

四、美洲的自然环境与玛雅文明

美洲(包括北美洲和南美洲)是世界上唯一地处西半球，而与东半球的欧、亚、非三大洲不相连接的大陆。美洲大陆地域辽阔、地貌多样、物产丰饶，有着独特的自然生态。隔绝的地理环境和独特的生态环境，致使距今约1万年至6000年陆续从亚洲大陆跨越白令海峡到达美洲的印第安人，在繁衍生息的过程中创造出独具特色的美洲文化，发展成为以玛雅文明、阿兹特克文明和印加文明为代表的美洲文明。印第安人这种独具特色的文明，直到15世纪哥伦布发现美洲大陆，招致欧洲人大举入侵后才中断。

玛雅文明是印第安人创造的美洲三大文明中发祥最早、持续最长、成就最高的文明，主要分布在今墨西哥南部、危地马拉和伯利兹以及洪都拉斯和萨尔瓦多西部。其所分布的地区属于高原山地和热带雨林气候。此地山高林密又有河谷平原，雨量充沛却并不过于湿热，故奇花异草茂盛生长，飞禽走兽群集而居，既是生物理想的生息之地，也是人类适宜的繁衍之域。自约公元前2000年玛雅人在此地开始农耕定居生活与文明创造，至16世纪西班牙人征服墨西哥并彻底摧毁玛雅文明，玛雅文明的发展持续了约3500年。

玛雅文明最具特色的成就，是其农业、宗教以及数学、天文知识。

玛雅人以玉米为主要粮食作物，同时种植马铃薯、西红柿、南瓜、花生、烟草、可可豆等百余种食用植物。这些农作物，全是印第安人选取美洲特有的野生植物培植成功的。玉米本是长于丘陵河谷地带的一种野生杂草，果实大不过人的拇指甲且苦涩难食，印第安人竟将其培育成为果实为棒子状的高产农作物。这些农作物的品种，不仅全然不见于15世纪前的欧、亚、非洲大陆，而且其数量可敌欧、亚、非洲大陆至15世纪所培植的全部农作物。印第安人培植的农作物，惠及全世界。尤其是玉米和马铃薯，成为全世界的重要食物。史家指出，若无印第安人农业文明的贡献，今日世界上的人口就会少得多。

库库尔坎金字塔和羽蛇神头像(张金江摄)。图片来源：人民网(people.com.cn)。

美洲虎是美洲山林之王，玛雅人也崇拜美洲虎。热带雨林中的鹰类猛禽和蟒类巨蛇尤具威力，玛雅人信奉的主神是人头插羽挂蛇或蛇身长有鸟羽的羽蛇神。因自然灾害频繁和部族冲突剧烈，玛雅人渴望得到神灵的保佑，不惜代价地建造了数以万计的神庙和金字塔，用作祭祀神灵(或为希冀接近天国以通达神灵)。其神庙和金字塔皆建于高地之上，运用了玛雅人高深的天文学知识，兼具天文观测的功用。

五、黄河、长江流域的自然环境与中华古文明

中国地域辽阔，中国的大河流域是人类生息的富饶之地，也是人类文化的富集之地。

源出西北、分处南北而并肩穿越中国大地、东入大海的长江、黄河，是中

华民族的摇篮，共同孕育了中华文明。不过，长江流域和黄河流域，尤其是长江中下游和黄河中下游的不同自然环境，影响到南北不同民族、不同色彩的文化的形成和发展。

1. 黄河流域的自然环境与文化创造

发源于青藏高原巴颜喀拉山脉的黄河，上游多高山峡谷，中下游则穿越黄土高原、华北平原而东入渤海，全长约5464千米、流域面积达75万多平方千米。黄河中下游是土质疏松、土壤肥沃、地势开阔的黄土高原和冲积平原。上古时期，黄河流域的气候较现在温暖而湿润①，林木繁茂、禽兽遍野，且平原地带河网交错、湖泊众多②，既宜于农耕，又便于渔猎。中国境内的古人类，很早就在黄河中下游繁衍生息，已知的古人类遗存如距今约180万年的西侯度文化、距今约100万年的"蓝田人"、距今约50万年的"北京人"等。由于黄河中下游的自然环境在当时优于其他大江大河流域，那里的先民在求生存、图发展的过程中，较早地发明了农业、畜牧业，实现了由渔猎经济向农业经济的过渡，生产力发展水平较高，社会进步较快，以至中华文明最先集中形成在黄河中下游，中国最早的文明王朝也建立在黄河中下游。

原始社会早中期，也即考古学所称的旧石器时代，尚为文化发展的蒙昧时代，黄河中下游的先民们生产能力极低，还没有显著特色的文化创造，但自新石器时代以至战国时代，黄河中下游就越来越显著地形成了既丰富多样又特色鲜明的文化。

从距今约9000—7000年的裴李岗文化时期，到距今约7000—5000年的仰韶文化时期，再到距今约5000—4000年的龙山文化时期的黄河中下游诸多遗址中，可见大量农作物和农业生产工具。农作物主要是粟，表明黄河中下游是粟作农业的起源地和流行区，形成了由原始社会到文明社会的粟作农业文化。

---

① 西侯度遗址中发现有剑齿象、平额象、纳玛象等哺乳动物骨骼化石，仰韶文化遗址中发现有獐、竹鼠及貉等亚热带动物的骨骼遗骸，龙山文化遗址中发现有炭化的竹节，殷墟出土的甲骨文中有不少关于捕猎象的记载，先秦文献中也有"商人服象"(《吕氏春秋·古乐》)和"周公相成王，诛纣伐奄"，"驱虎、豹、犀、象而远之"(《孟子·滕文公下》)的记载。竺可桢据考古资料和文献资料推断，黄河中下游当时的平均温度比现在高2℃左右，冬季1月的平均温度比现在高约3℃～5℃。参见竺可桢《中国近五千年来气候变迁的初步研究》(载《考古学报》1972年第1期)、胡厚宣《气候变迁与殷代气候之检讨》(载《中国文化研究汇刊》1944年第4卷第1期)。

② 黄河下游有济、汴、濮、漯等大川和密如蛛网的支流，以及先秦文献中述及的大陆泽、大野泽、菏泽、雷夏泽、孟诸泽、圃田泽、荥泽、海隅薮等许多湖、泽、浸、薮。

粟喜温暖，耐旱，适应性强，本为黄河中下游的野生植物，因适应该地土壤气候而遍地可见。先民在年复一年的采集活动中逐渐了解到它的经济价值和生长规律，进而将它驯育成为主要的农作物。粟的成功栽培和广泛种植，标志着黄河中下游农业的出现和农耕文化的形成。粟作农业则是黄河中下游富有特色的农耕文化。

人面鱼纹彩陶盆(西安半坡遗址出土)。图片来源：看中国网(showchina.org)。

相传“神农耕而作陶”①，陶器的发展与农业的发展相伴随。仰韶文化曾被称作“彩陶文化”，龙山文化曾被称作“黑陶文化”。陶器的质地和形制，既与制陶工艺水平相关，又与地理条件、当地人们的生活习惯和在社会生活中形成的审美风尚相关。当地陶土的成分对陶器的烧结和颜色具有一定的影响，当地人们的生活习惯和审美风尚又决定了陶器的类型和纹饰。民以食为天，陶器也以炊器为主，生活于地势平坦、开阔的黄河中下游先民创制出便于日常生活的鬲、鬶、罐、壶、瓶、盆、碗等各种造型和纹饰富有地域文化特色的陶器，并且最终形成了以鼎、鬲等为典型器物的陶器组合。

蚌塑龙虎(河南濮阳西水坡仰韶文化墓葬出土)。图片来源：互动百科网(hudong.com)。

裴李岗文化、仰韶文化和龙山文化的诸多遗址中，都发现了地穴式或半地穴式的房屋遗迹。至今，黄土高原的农村仍常见窑洞。这表明穴居方式和穴居建筑在黄河流域长期流行，成为富有特色的生活习俗和民居文化。这种习俗和文化，显然是因地制宜的结果。

古史传说中入主中原的远古五帝之首是黄帝。《史记》开篇云：“黄帝者，一名轩辕。”黄帝之得名，相传是因为他发明了车，所谓“黄帝造车，故号轩辕”②。黄帝是否实有其人，车是否发明于传说中的黄帝时代，今天已经无法考证，但黄帝造车的传说表明车是地势开阔的黄河中下游重要的交通工具，早在中国原始社会末期就已被发明和使用了。

① 《太平御览》卷八八三引《周书》佚文。

② 《太平御览》卷七七二引《释名》。

由于车在黄河中下游先民的生活中作用巨大，先民们遂将其发明权附会到中华民族的人文始祖黄帝身上。殷墟甲骨卜辞中就已有“车”字，周代墓坑中已发现了大量的车辆实物。文献资料和考古资料都证实，车是中国古代北方主要的交通工具，而且可能就创制于中原。

黄河中下游在远古时期相对优越的自然环境，引来中原四方各部族相继往中原迁徙以利其生存和发展。在传说中的五帝时代，大概主要迫于自然灾害，四方部族向中原迁徙更为频繁。居住在中原的部族，则自进入农业社会后较快地发展壮大起来。于是，开阔的中原因各部族的聚集而加强了部族间的接触和交流，也因各部族抢占生存空间而发生了部族间的冲突和战争，加上频发的旱涝灾害又迫使各部族联合抗灾，以至于部族在接触、争斗、联盟中融合，文化在交流、竞争、互补中融会，最终形成了当时中国境内成员众多、文化先进的华夏部落集团，也催化出以华夏族为主体的文明国家在黄河中下游的诞生。

经历夏、商、西周三代文明王朝，尤其是在社会大动荡、政治大变革、经济大增长、文化大发展的春秋战国时期，黄河中下游进而形成了更多显著且富有特色的文化形态和文化现象，诸如崇龙、尊黄帝、尚儒学、流行《诗经》形式的四言诗等。

2. 长江流域的自然环境与文化创造

长江发源于青藏高原的唐古拉山脉，上游流经的高山峡谷较黄河流经处更为险峻，中下游进入广阔平坦的平原地区。它全长约6300千米，比黄河长836千米；年径流量约9600亿立方米，相当于黄河的20倍；流域面积有180万平方千米，远大于黄河流域，几近中国国土面积的20%。它的支流有700多条，中下游更是大小湖泊星罗棋布。无论从长度、水量，还是从水系网络和流域面积来看，长江都是中国的第一大河。

地广物丰，有山林、禽兽、鱼鳖之饶的长江流域，很早就是人类的生息之地。据考古发现，中国境内的古人类在长江流域生活的时间似乎比在黄河流域生活的时间更早。

人劳则文。生活在长江流域的先民，也随地取材，因地制宜，创造出丰富多样又特色鲜明的地域文化。由于长江流域面积广大，长江上、中、下游的文化以及生活于长江流域各民族的文化又显现出各自的特色。但相对于黄河中下游文化而言，长江中下游文化在总体上形成了较为统一的风貌。

1993—1995年，在距今约1万年的湖南道县玉蟾岩遗址中，出土了4枚稻谷及石器、骨器、陶器等遗存。考古学界认定，这4枚稻谷是迄今所知世界上最早的人工栽培稻。1995年，在湖南澧县八十垱遗址中发现了距今约8000年的万余粒保存完好的稻谷和稻米(见下页左上图)。1990—2002年，在距今约

碳化稻米（澧县八十垱遗址出土）。图片来源：湖南省博物馆网（hnmuseum. com）。

8000—7000年的浙江萧山跨湖桥遗址中，出土了千余粒人工栽培稻谷。1973—1978年，在距今约7000—5000年的浙江余姚河姆渡遗址中，出土了大量稻谷遗存和成套农具。在长江中下游的新石器时代的大量遗址中，都反映了以稻作农业为主的经济面貌。稻喜温湿，适于生长在亚热带且土壤水分充足的环境中。可想而知，稻本是长江以南泽薮荒野里普遍生长的植物，江南先民在采集生活中发现了它的经济价值并逐渐了解了它的生长规律，经过长期培育而终于将它培植成为长江中下游主要的农作物。至今，稻作物不仅仍是中国南方生产的主要粮食品种，而且早已广泛种植于东亚、东南亚和南亚等世界广大地区。考古发现证实，最早的人工栽培水稻见于中国江南，最先发达的稻作农业见于中国江南，中国江南无疑是世界稻作物和稻作农业的起源地和兴盛地，稻作物和稻作农业也是长江中下游农耕文化形成的标志和特色鲜明的农耕文化。

长江中下游新石器时代文化遗址中出土的陶器，形制和风格多异于同时期黄河中下游文化遗址中出土的陶器。在河姆渡文化遗址和大溪文化遗址中，大量可见陶釜，表明陶釜是那时长江中下游先民的主要炊器。在良渚文化和屈家岭文化、石家河文化的诸遗址中，可见鼎，却少见鬲。浙江余杭良渚遗址出土的薄胎黑陶器及断面呈丁字形足的鼎、竹节形把的豆等，湖北京山屈家岭遗址、天门石家河遗址出土的蛋壳彩陶杯、双腹豆、三足碟、长颈壶、镂空器具、彩陶纺轮及陶塑小动物等，反映了长江中下游新石器时代的制陶工艺水平和陶器文化特色。

彩陶碗（天门谭家岭遗址出土）。图片来源：《荆州重要考古发现》。

河姆渡遗址中还发现了大量埋在地下的木桩以及底架上的横梁和木板，表明当时的民居为榫卯结构的干栏式建筑，即在木（竹）底架上搭建的高出地面的房屋。长江下游新石器时代的马家浜、良渚文化遗址，以及长江中游西周早期的湖北蕲春毛家嘴遗址中，也发现有较大规模的干栏式建筑遗存。这种干栏式建筑，即所谓“构木为巢”的巢居，在长江流域一直流行至今，尤其是雨多林茂的山区和泽广水深的湖区，今日多俗称“吊脚楼”。尽管在文明时代，长江流域的民居建筑也像黄河流域一样，多为直接筑于地面的房屋，但黄河流域民居多以土为墙，而长江流域民居多以木为墙，且从不流行地穴式和半地穴式的建筑。干栏式建筑则是长江流域最有特色的民居样式。它本为防潮湿、避虫蛇而建，适于居住者在湿热的环境中生活，鲜明地反映出与自然环境相调适的长江流域先民的生活习俗和民居文化。

跨湖桥遗址的独木舟遗迹。图片来源：《浙江日报》2009 年 11 月 16 日。

跨湖桥遗址中发现了一条独木舟及相关遗迹，河姆渡遗址中发现了数只木浆，这表明长江流域的先民很早就使用舟楫，以利交通和捕鱼。长江中下游水网密布，沼泽丘陵连绵，易于舟行而难于车驶，且舟船负重远行又大胜于车辆，故舟船在先秦的长江中下游一直是主要的交通工具。春秋时期，长江中游的楚国和长江下游的吴国连年争战，均大力发展舟师，而且大战多借助于舟师。战国时期，楚国的鄂君启享有经商特权，组建了通行陆路和水路的两支商队。由出土的 5 枚鄂君启节(楚王颁发的免税凭证)中车节和舟节上的铭文可知，鄂君启的陆路商队有车 150 乘，载运总量约 150 吨；而水路商队则有船 100 艘，载运总量可达约 1800 吨；且陆路所经城邑为 9 个，水路所经城邑有 11 个。显然，鄂君启的水路商队的规模、行程和贸易量都远超其陆路商队，这也说明当时楚国势力所及的长江中下游以舟船为主要交通工具。先秦如此，后世亦然。近代以前，舟楫文化始终是长江流域文化的鲜明特色。

《易・系辞》云："黄帝垂衣裳而天下治。"衣着服饰鲜明地反映了社会的文明程度和地域、民族的生活习俗。衣裳的原料，在中国古代不外是麻、葛、丝、毛的纺织品及裘皮。河姆渡遗址出土了刻有四条形象逼真的蚕纹的牙雕盅，又出土有纺车和纺机的零部件，表明当时当地的人们已经从事并且似乎已知养蚕、缫丝和织锦。距今约 6000 年的江苏吴县草鞋山遗址，出土了纺成的罗地葛布。距今约 5000 年的浙江吴兴钱山漾遗址，出土了精制的丝织品残片。迄今所见保存完好且完整的先秦丝织刺绣实物，则出土于湖北荆州的战国楚墓中。据考古发现，中国的丝织业和纺织业，首先是在长江中下游发展起来的。尽管考古资料和文献资料证实，黄河中下游自新石器时代晚期到商周时期也一直有着发达的纺织业并且盛行植桑养蚕，但是终究未见其早于长江中下游的资料和优于长江中下游的实物。长江中下游气候温暖，桑茂蚕盛，大概也因此在为纺织以求衣裳的过程中发明了缫丝织锦。随着丝织日精，长江中下游先民又在丝织品上刺花绣物以增其华美，于是丝织刺绣相辅相成，为长江流域文化的一大亮点，至今仍以“苏绣”、“湘绣”、“蜀绣”闻名天下。先秦时期，黄河流域的气温高于后世。在贵族对享乐生活的追求和春秋战国经济大发展的推动下，黄河中下游的丝织刺绣业较为发达也不足为奇。可是，汉代以后，当年以“齐缟”、“鲁纨”闻名天下的齐鲁之地，就逐渐没有《史记·货殖列传》所述的“齐鲁千亩桑麻”了，植桑养蚕、丝织刺绣也逐渐被长江流域人独领风骚。

在中国文化大创造、广奠基的春秋战国时期，长江中下游形成了丰富多样又特色鲜明的文化现象和文化形态，诸如崇凤、尊炎帝、尚道家、流行楚辞形式的骚体诗等。

虎座飞凤（战国楚墓出土）。图片来源：新华网·湖北(hb. xinhuanet. com)。

“广谷大川异制，民生其间者异俗。”①黄河流域与长江流域的自然环境有异，居于其地者创造的文化也有所不同或有所偏重。中国南北两地文化的别异或偏重，难以详言，只略举荦荦大端，即南稻北粟、南釜北鬲、南木北土、南舟北车、南炎北黄、南凤北龙、南道北儒、南骚北诗。这些在先秦时期就已形成的别异或偏重，也就构成了两千多年来中国文化发展的南北互补、二元耦合的格局和态势。

六、文化创造的多元性与文化遗产的多样性

有学者径言：“自然的人化即是文化。”②若此言成立，则生活于一定地域、一定时代的人们，就只能或主要作用于所处地域的自然，而与其他地域自然环境的“异制”，也就造成人化自然的过程和成果——文化具有了地域特色。世界上不同地域历史文化的发展，往往形成民族的、国家的历史文化的发展，从而又形成世界文化的多元性特征和多样化表现。世界文化具有多元性特征和多样化表现，方使世界文化千姿百态而缤纷绮艳，并峙争先而生机勃勃，交流互补而融汇出新。

一方水土养一方人，一方人因一方水土的养育而得以进行创造性的活动，其活动的结果也必然打下地域的印痕、反映地域的特色。人类不能脱离地球而生存，不同的民族基本上是在一定的地域空间里繁衍生息，地理环境的差异性

① 《礼记·王制》。

② 冯天瑜等：《中华文化史》，上海人民出版社1990年版，第26页。

也在相当程度上影响到文化创造的多元性。千姿百态的文化面貌，呈现出人类文化的丰富性和生动性；多元并存的文化格局，反映出人类文化的独创性和互补性。丰富而生动、独创又互补的人类文化，才会永葆青春的朝气，永具生命的活力。

随着现代人类征服自然的能力大大增强，今人已经可以跨越地球上的任何地域空间；随着现代社会生产力水平的大大提高，全球经济已经趋于一体化；随着现代文明的交流互动更加广泛频繁，世界文化的互补融合也不断强化和深化。但是，人类所依托的地球表面不可能形成完全一样的地域环境和自然条件，生活在世界各地的不同民族也不可能否定自己的历史，背弃自己的传统，人类的文化创造也始终是多元的。

藏戏。图片来源：中国西藏旅游网(tibetcm.com)。

人类在社会历史实践中的文化创造是多元的，人类的文化遗产也就必然是多样的。人类文化的多元互补是文明发展的常态和动力，人类文化遗产的丰富多样则是文明发展的源泉和基础。因此，为了人类社会的美好前景，为了人类文化的灿烂未来，人类文化遗产的多样性就必须得到尊重和保护。

人类文化遗产的多样性，是多民族文化特异性的反映。一个民族的认知和个性，一个民族的生命力和创造力，即体现在其文化遗产上。尊重和保护文化遗产的多样性，实际上是尊重和保护民族的生存权和发展权，是尊重和保护人权和主权。

当今，文化创造的多元性和文化遗产的多样性以及予以保护的必要性，已经成为国际共识。1994 年出台的《奈良真实性文件》明确阐述：

> 世界的文化多样性和遗产多样性，是人类精神丰富性和智慧丰富性的不可替代的源泉。对我们世界的文化多样性和遗产多样性的保护和加强，应作为人类发展的一个本质方面加以积极推动。
>
> 文化遗产的多样性存在于时空之中，它要求尊重其他文化及其信仰体系的所有方面。在多种文化价值观表现出处于冲突状态的情况下，对文化多样性的尊重，要求承认各方的文化价值观的合法性。

2001年出台的《世界文化多样性宣言》，前三条就着重强调了文化多样性是人类的共同遗产，文化多样性是与文化多元化相适应的，文化多样性是个人和社会发展的源泉之一和重要条件：

> 文化在不同的时代和不同的地方具有各种不同的表现形式。这种多样性的具体表现是构成人类的各群体和各社会的特性所具有的独特性和多样化。文化多样性是交流、革新和创作的源泉，对人类来讲就像生物多样性对维持生物平衡那样必不可少。从这个意义上讲，文化多样性是人类的共同遗产，应当从当代人和子孙后代的利益考虑予以承认和肯定。
>
> ……文化多元化与民主制度密不可分，它有利于文化交流和能够充实公众生活的创作能力的发挥。
>
> 文化多样性增加了每个人的选择机会；它是发展的源泉之一，它不仅是促进经济增长的因素，而且还是享有令人满意的智力、情感、道德精神生活的手段。

2002年，在土耳其举行的联合国教科文组织第三届文化部长圆桌会议通过的《伊斯坦布尔宣言》，特别强调了非物质文化遗产的多样性特征和保护意义："非物质文化是构成世界各民族特性的重要因素，保护和发展非物质文化遗产，对于促进人类文明的多样性，增强人类社会的凝聚力和推动社会的发展具有重要意义。"

基于这一共识，《非遗公约》以及联合国教科文组织世界遗产委员会近年修订的《操作指南》，都着重说明保护文化遗产，就是为了维护人类文化的多样性，从而保证人类社会的可持续发展。

2005年出台的《文化多样性公约》，明确表达了关于加强保护世界文化和遗产多样性的意义的共识，要求世界各国尊重、保护并且促进文化多样性的存在和传承。

2007年，联合国教科文组织第34届大会通过的《2008—2013年中期战略》强调，"促进文化多样性及对话是本组织当前最迫切的任务之一"，也是本组织确定努力实现的总体目标之一；实现这一总体目标的一个重要措施，就是制订"以可持续的方式保护和促进文化遗产"的战略性计划目标，因为"如今遗产'领域'向人们展示了它的多样性"。

国务院于2005年下发的《通知》也强调："保护(中国)文化遗产……也是维

护世界文化多样性和创造性、促进人类共同发展的前提。”2011年颁行的《非遗法》，正如文化部部长蔡武所指出的：“这是我国全面履行国际公约义务的体现，彰显了我国维护人类文化多样性的决心和努力，是我国为促进世界非物质文化遗产保护、维护人类文化多样性作出的积极贡献。”①

第二节　人类遗存与文化遗产

人类遗存指人类在历史活动中遗留或传承下来而存于今世的一切物质和精神的东西。

“人类遗存”与“文化遗产”这两个概念，既有同一性，又有差异性。前者泛指人类在历史活动中的所有遗留物，后者特指人类在历史活动中创造的具有文化价值的遗留物。前者外延广，后者内涵大。

一、人类遗存及其表现

遗存，即遗留至今的存在。陆机《叹逝赋》：“顾旧要于遗存，得十一于千百。”今日多用作考古术语，指考古发现的前人遗留的存在物。

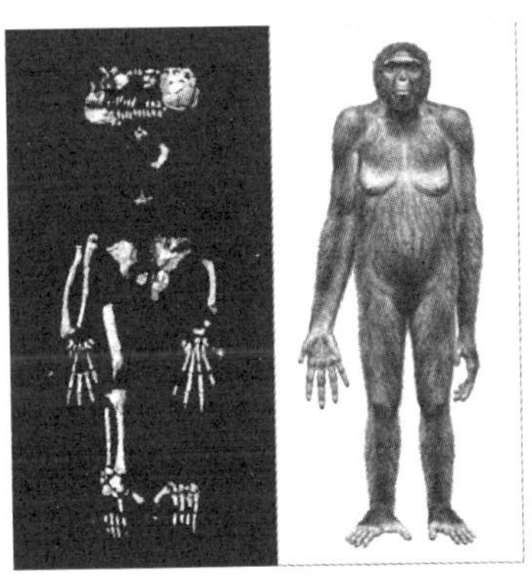

“阿尔迪”猿人骨骼及复原像（埃塞俄比亚阿瓦什河畔地层出土，距今约440万年）。图片来源：中国网(china.com.cn)。

人类学的研究证明，人类是由类人猿进化而来的。大体而言，距今约500万—300万年，人类开始与猿类相揖别，即脱离一般的动物界而进化成为手足有分工，可以直立行走的早期直立人。距今约300万—200万年，人类逐步能够制造和使用简单工具以采集或捕获食物，并且成为在集体生活中可以运用简单语言交流思想感情的晚期直立人。距今约200万—20万年，人类脑量增大得越来越迅速，成为智力越来越高、生产和生活能力越来越强的智人。距今约20万—2万年，人类最终进化为与今人体质基本相同的现代人。人类一旦形成，人类的历史也就开始了。人类在地球上繁衍生息的自然过程中，有着为满足自身衣、食、住、行等物质生活需要所进行的无休止的生产，有着为满足自身认知、信仰、娱乐、审美等精神生活需要所进

① 蔡武：《〈非物质文化遗产法〉具有里程碑意义》，载《人民日报》2011年3月2日。

行的不间断的劳动。就人类自身的发展而言，人类经历了直立人、智人和现代人三大发展阶段。就人类社会而言，人类经历了原始社会和文明社会(阶级社会)两大发展阶段。在长达数百万年的人类历史中，人类自身及生产劳动所形成的一切物质的和精神的东西，如果没有遭到彻底毁弃而遗留至今，则都是人类遗存。

今日所知世界上人类形成之初的重要遗存，在非洲，有在埃塞俄比亚、肯尼亚一带发现的距今约500万—300万年的南猿及猿人化石，有在坦桑尼亚奥杜瓦伊峡谷中发现的距今约200万年的“能人”(谓能干、手巧，可直立行走并制作、使用简单工具的猿人)化石及其遗物；在亚洲，有在中国境内发现的距今约200万—170万年的建始人、巫山人、元谋人化石及其遗物。

1978年，在坦桑尼亚奥杜瓦伊峡谷中发现的多处遗存“能人”化石的地点，都可见石制的砍斫器、刮削器等器物，还发现有石块堆成圆圈的遗迹和许多动物遗骸。

建始人化石发现于湖北建始县高坪镇的一个石灰岩山洞(当地俗称龙骨洞)里。1970—2000年，考古专家在此洞陆续进行了大小9次发掘，除了发现数枚建始人牙齿化石之外，还发现了若干石器、骨器和包括步氏巨猿在内的80多个种属的哺乳动物化石。经科学测定，建始人的生活年代距今约215万—195万年。

巫山人化石是1985年在今重庆市巫山县庙宇镇龙骨坡首次发现的，与其同时发现的还有3件石器和包括巨猿在内的116种哺乳动物化石。至今，古人类学家已在龙骨坡发现了大量有清晰的人工打击痕迹的石器。巫山人化石及石器，经测定距今约200万年。

元谋人化石于1956年在云南省元谋县上那蚌村附近发现，同地发掘出人工打击痕迹清楚的石器7件及29种哺乳动物化石，经测定距今约170万年。

此外，在东非和中国境内，还发现有迄今所知时代同奥杜瓦伊“能人”、建始人、巫山人和元谋人年代相当或稍晚的人类活动遗址，如考古学所称的奥杜韦文化(广泛分布于非洲大陆的旧石器时代早期文化)、西侯度文化(分布于中国华北地区的旧石器时代早期文化)遗址等。西侯度遗址位于今山西省芮城县西侯度村，出土了刮削器、砍斫器和三棱大尖状器等石器32件，还有22种哺乳动物以及鲤、鳖、鸵鸟等动物化石。

随着人类自身进化到现代人，随着人类社会的发展和生产力水平的提高，人类的数量不断增多，人类的活动更为广泛、频繁，人类的创造物也日益丰富。历史的车轮滚滚向前，人类的遗存日积月累，层层叠压。正像人们在人类长期生活的遗址处所见到的那样，遗址分时代而形成不同的文化地层，往往是年代最早的人类遗存被压在最下层，而年代最晚的人类遗存则居最上层，中间则依年代早晚依次叠压。

人类遗存既包括遗存于地面的古老建筑及其遗迹，如古城、古宫殿、古教堂、古寺庙、古民居、古遗址等，也包括遗存于地下的文物，如出土的石器、木器、铜器、铁器、玉器、服饰、绘画和雕塑作品等，也包括遗存于民间而被世代传承着的各种文物、习俗、口头文学、表演艺术、造型艺术、制作技艺等。人类遗存尽管极其繁多而复杂，却大体可以归于物质形态的和非物质形态的两类。

数百万年以来的人类遗存，是无法尽知也无法估算的。虽然历史上由于天灾、人祸、死亡等自然和社会的各种原因致使人类遗存大量地遭到涤荡焚毁、丢弃消失，但人类遗存至今也是不可尽得的，今人可谓随时都在发现人类遗存。

地域辽阔的中国境内，是人类重要的繁衍生息地区。在世界各国中，中国世代渐增的众多人口、一脉相承的悠久历史、丰富多样的灿烂文化无与伦比，中国境内人类遗存分布繁密、积累丰厚、形态多样也无与伦比。

人类遗存，是记录人类历史的年轮，是反映人类发展的实证。

二、文化遗产及其类别

文化遗产与人类遗存，既有一致之同，又有差别之异。一致之同在于人类遗存中包含了历史上人类创造的具有文化价值的遗产，差别之异在于人类遗存中不尽是具有文化价值的遗产。

所谓具有文化价值的遗产，指作为历史上的遗留物是人类创造性活动的成果而具有历史、艺术、科学诸方面价值。无论是《世遗公约》对世界文化遗产的确认标准，还是《非遗公约》对人类非物质文化遗产代表作的确认标准，都强调其必须具有“突出的普遍价值”或“特殊的价值”①。世界各国确认其文化遗产，也无不设定有价值标准。

文化遗产的重要性取决于其文化价值的高低。也就是说，文化价值含量越是丰富深厚的文化遗产，即尤为珍贵的文化遗产。入选《世界遗产名录》和《世界非遗名录》者，当然是世界上文化价值最高的人类遗产。

人类创造性活动的一切成果皆有文化价值，人类遗存因其文化价值的高低又可分为不同等级的文化遗产。文化价值最高的人类遗产，可以列入《世界遗产名录》和《世界非遗名录》；文化价值高或较高的人类遗产，可以列为国家级、地方级或国家一级、二级、三级文化遗产。《文物法》和《非遗法》都明确规定对文物和非物质文化遗产进行分级，以利于保护。

凡是文化遗产，皆为人类遗存。但是，凡是人类遗存，却未必都是文化遗

① 参见联合国教科文组织《宣布人类口头和非物质遗产代表作条例》。

产，因为人类遗存未必都是人类创造性活动的成果。“能人”、建始人、巫山人和元谋人化石，是人类遗骸深藏地下而久经变化的结果，尽管这些化石具有很高的历史、科学价值，也不应视为文化遗产。随同这些古人类化石一起出土的大量古动物化石，尽管是当年人类捕获动物的遗骸变异，也不应视为文化遗产。同理，在古遗址或古墓葬中发现的人类尸骨和未经人工改造的天然物品，尽管是人类自身或人类使用过的遗存并且具有一定的、甚至是多方面的价值，也都不应视为文化遗产。只有经过了人工改造或处理过了的东西，也即“人工化”或“人文化”了的遗存，才应视为文化遗产。古埃及葬于金字塔中的木乃伊，虽然也是人类尸骨，却因经过了古埃及人据其宗教观念、医学知识而作了精心处理(取出脑髓和内脏、洗净浸泡、填塞香料及防腐物质、捆绑定型等)，便成了具有历史、思想、审美、科技价值的文化遗产。周口店“北京人”遗址以文化遗产而入选《世界遗产名录》，并非仅因遗址中发现了丰富的古人类化石及更新世动物化石，更因遗址中发现了大量的石器、骨器、角器等文化遗物及用火遗迹。

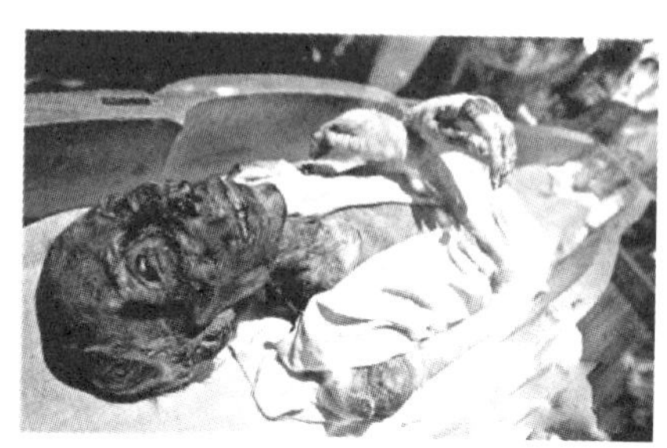

古埃及法老拉美西斯二世的木乃伊。图片来源：京报网(bjd. com. cn)。

不过，尽管古人类和古动物化石不属于文化遗产，但因其具有科学价值，人们依然将其与珍贵的文化遗产同等看待，予以保护。《文物法》第二条明确规定：“具有科学价值的古脊椎动物化石和古人类化石同文物一样受国家保护。”

文化遗产是人类遗存的主体和精华，人类遗存是文化遗产的前提和表现。

人类的文化遗产极其丰富繁杂，但也可以大体分类。

根据国际社会目前的共识，也就是《世遗公约》及其《操作指南》和《非遗公约》及其《业务指南》的定义与阐发，世界文化遗产分为两大类别，两大文化遗产类别又分为若干小类。具体而言，世界文化遗产分为物质文化遗产和非物质文化遗产两类。物质文化遗产分为文物、建筑群、遗址三类。若再细分，文物包括建筑物、碑雕和碑画、考古窟洞及联合体等，建筑群包括历史城镇、历史街区、历史村落等，

周口店“北京人”遗址。图片来源：中国网(china. com. cn)。

遗址包括人类工程(传统运河、工业遗产等)、考古地址、文化景观①和遗产线路(文化线路)等。非物质文化遗产分为传统文化表现形式与相关的工具、实物、手工艺品和文化场所(文化空间)两类。传统文化表现形式又分为口头传统和表现形式(包括作为非物质文化遗产媒介的语言),表演艺术,社会实践、仪式、节庆活动,有关自然界和宇宙的知识和实践,传统手工艺五类。图示如下:

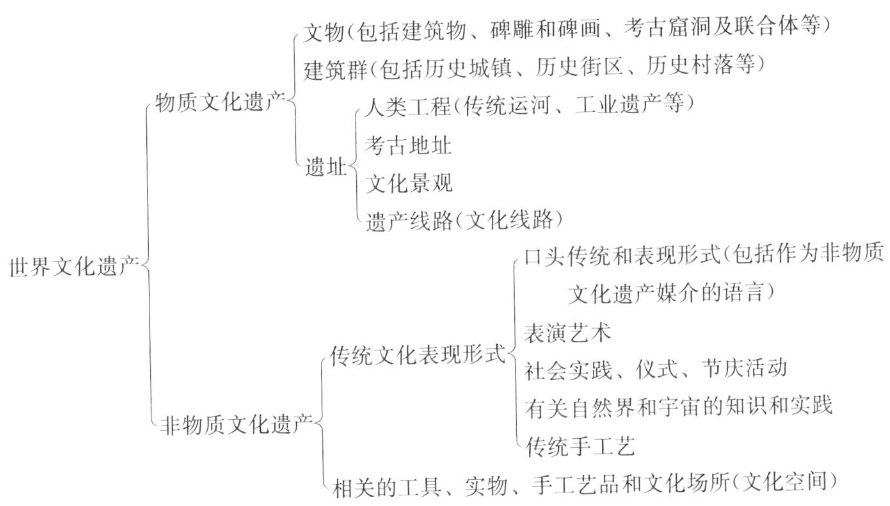

这一世界文化遗产的分类体系,是目前联合国教科文组织立足于保护世界文化遗产的需要而划分建立的,为的是适用于世界各国、各地区和各民族的文化遗产保护,具有普适性和指导性②。不过,一些近年来新认定的文化遗产类型,如历史城镇、文化景观、传统运河、文化线路等,其含义和归属都还不太

① 2005年版《操作指南》第47条:"《公约》第1条就指出文化景观属于文化财产,代表着'自然与人联合的工程'。它们反映了因物质条件的限制和/或自然环境带来的机遇,在一系列社会、经济和文化因素的内外作用下,人类社会和定居地的历史沿革。"《操作指南》还明确界定:"文化景观属于文化遗产。"据此界定,文化景观只是文化遗产的一个亚类。我国一般认为文化景观是与文化遗产、自然遗产和双重遗产并列的遗产类型,以为《世遗公约》所谓世界遗产分为文化遗产、自然遗产、双重遗产和文化景观四大类,与《操作指南》的界定不合。详见本书第六章第三节。

② 尽管《世遗公约》界定的文化遗产实为物质性的不可移动文物,联合国教科文组织并未忽略保护物质性的可移动文物。1954年出台的《海牙公约》,就说明应予保护的文化财产包括"可移动或不可移动的财产"。1978年出台的《关于保护可移动文化财产的建议》在"总则"中说明,可移动文化财产是文化遗产的重要组成部分,建议各会员国采取立法或其他必要措施保证遵循其规定的各项原则而有效保护本国的可移动文化财产。

英国乔治铁桥区。图片来源：联合国教科文组织网(unesco.org)/世界遗产名录。

明确。实际上，在世界遗产的保护实践中，文化遗产的分类将会更加细化。国际社会已经形成工业遗产、二十世纪遗产等文化遗产新类型的概念。2005年版《操作指南》及其附件也对一些文化遗产新类型作了界定，如文化景观、跨境遗产、系列遗产、历史城镇和镇中心、传统运河、遗产线路等。这些新类型大都是包含文物、建筑群和遗址的综合性文化遗产。

世界各国、各地区和各民族的文化遗产的丰富性、多样性大有不同，认识和界定、保护与利用文化遗产的传统和方式并不一致。因此，世界各国、各地区和各民族在文化遗产保护与利用的实践中，有必要根据其实际情况和实践需要，采用原则上依据国际共识又因地制宜的分类方法。

中国文化遗产的丰富性和多样性，在世界上无与伦比。中国文化遗产的分类体系，更需根据国家文化遗产的实情和保护实践的要求来建立。根据国情和要求，中国政府目前对文化遗产的分类及其建立的分类系统，既符合了国际社会的共识，又承袭了本国的传统，也就是现行《文物法》的定义、国务院办公厅印发的《意见》附件的界定、国务院下发的《通知》的说明和《非遗法》的定义。具体而言，文化遗产分为物质文化遗产(文物)和非物质文化遗产两类。物质文化遗产(文物)分为不可移动文物与可移动文物两类。若再细分，不可移动文物分为古文化遗址、古墓葬、古建筑、石窟寺、石刻、壁画，近代现代重要史迹、代表性建筑，历史文化城市、街区、村镇三类；可移动文物分为历史上珍贵的艺术品和工艺美术品，历史上重要的文献、手稿和图书资料，历史上各时代各民族的代表性实物三类。非物质文化遗产分为传统文化表现形式与相关的实物和场所

西递。图片来源：互动百科网(hudong.com)。

(文化空间)两类。传统文化表现形式分为传统口头文学以及作为其载体的语言，传统美术、书法、音乐、舞蹈、戏剧、曲艺和杂技，传统技艺、医药和历法，传统礼仪、节庆等民俗，传统体育和游艺，其他非物质文化遗产六类。图示如下：

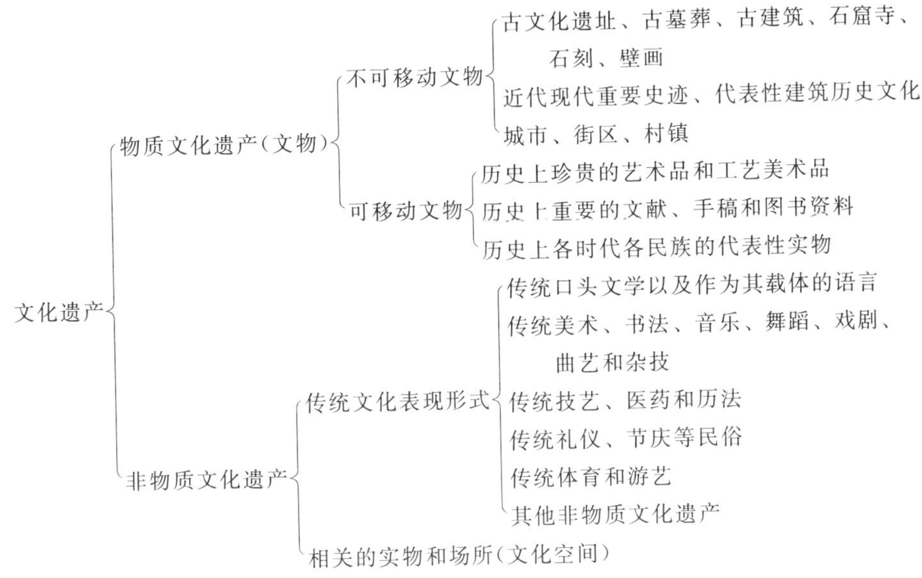

《文物法》中关于文物的定义，其概念已经参照世界上主要国家的相关法律和国际公约、文件而有所丰富。不过，世界遗产委员会定期修订的《操作指南》，不断丰富着文化遗产的类型，反映出国际社会对文化遗产认识的深化。中国政府对文化遗产的认识，也已同世界接轨。如中国政府正在加强对京杭大运河、汉唐丝绸之路的保护，并进行将其申报为世界遗产的工作。

中国非物质文化遗产不仅丰富多样，而且繁博复杂，科学分类并建立合理的分类体系的难度又大于物质文化遗产。参照联合国教科文组织文件所规定的非物质文化遗产的类别，根据非物质文化遗产表现形式的多样性及国际学术界通常的分类法标准，结合我国非物质文化遗产表现形式的特点，在总结中国以往民族民间文化保护经验的基础上，在探索有中国特色的非物质文化遗产分类体系的过程中，中国艺术研究院中国民族民间文化保护工程国家中心集思广益，编制出《非物质文化遗产分类代码表》①。此表中，将非物质文化遗产分为两个层级。第一层级是按学科领域分成的16个基本类别，即：(1)民族语言；(2)民间文学(口头文学)；(3)民间美术；(4)民间音乐；(5)民间舞蹈；(6)戏

① 《中国民族民间文化保护工程普查工作手册》，文化艺术出版社2005年版。

曲；(7)曲艺；(8)民间杂技；(9)民间手工艺；(10)生产商贸习俗；(11)消费习俗；(12)人生礼俗；(13)岁时节令；(14)民间信仰；(15)民间知识；(16)游艺、传统体育与竞技。第一层级中的每个类别又细分为第二层级的若干小类，如民间文学(口头文学)就细分为神话、传说、故事、歌谣、史诗、长诗、谚语、谜语 8 个小类及作为收容类的"其他"。第二层级包括收容类，共有 169 个小类。这个分类代码表所示的分类体系虽然琐细，但具有鲜明的中国特色和较强的可操作性，是给民族民间文化工作者调查、认定丰富多样的非物质文化遗产和整理、研究各类非物质文化遗产资料作具体指导和参考的，具有规范性和统一性。

2006 年、2008 年和 2011 年，国务院先后批准并公布了文化部确定的三批《国家非遗名录》及《国家级非物质文化遗产扩展项目名录》，共计 1219项。三批名录将非物质文化遗产分为十个大类，即民间文学，传统音乐(民间音乐)，传统舞蹈(民间舞蹈)，传统戏剧，曲艺，传统体育、游艺与杂技(杂技与竞技)，传统美术(民间美术)，传统技艺(传统手工技艺)，传统医药，民俗。图示如下：

安塞腰鼓。图片来源：互动百科网(hudong. com)。

非物质文化遗产
- 民间文学
- 传统音乐(民间音乐)
- 传统舞蹈(民间舞蹈)
- 传统戏剧
- 曲艺
- 传统体育、游艺与杂技(杂技与竞技)
- 传统美术(民间美术)
- 传统技艺(传统手工技艺)
- 传统医药
- 民俗

十个大类是根据中国当前保护非物质文化遗产的现实状况、迫切要求和入选《国家非遗名录》的认定标准划分的，是民族民间文化保护工程实践中已涉及的非物质文化遗产的传统文化表现形式，因承《非物质文化遗产分类代码表》的分类而具有鲜明的中国特色，避免了其琐细繁复而更具有概括性和指导性，但也并非是对非物质文化遗产的完整分类。如已被国际社会公认和中国政府确认的作为口头文学载体的语言及文化场所(文化空间),都未作为国家级非物质文化遗产的类别。这并不意味着语言及文化场所(文化空间)在中国非物质文化遗产的保护中不重要,而主要是语言及文化场所(文化空间)的确认、保护的操作难度较大,当前中国的非物质文化遗产保护工作尚未进行到对其做有效保护的地步。随着保护工作的深入,中国非物质文化遗产的分类体系还将逐步修正、完善。

传统杂技节目顶碗(夏菊花表演)。图片来源:湖北网台(hbtv.com.cn)。

尽管三批名录都将入选的非物质文化遗产划分为十大类,但其中一些类别的名称则有变化。如第一批名录中的“民间音乐”、“民间舞蹈”、“杂技与技艺”、“传统手工技艺”,在第二批及第三批名录中的类名即如上面的介绍和图示,只是在类名后以括号注明来对应第一批名录中的类名。所作修正显然是对非物质文化遗产的认识深刻化、界定科学化的结果。将一些类别名称中的“民间”改为“传统”,表明认识到这些类别的非物质文化遗产并不仅限于民间所有,而且民间所有的这些类别的非物质文化遗产的传统性不强,价值也就不高。依据非物质文化遗产的定义,历史上各国、各地区的全社会成员创造的具有文化价值的精神形态成果及其表现形式都是非物质文化遗产,而习惯上所谓“民间”的,指的是社会下层民众之间的。中国已经入选《世界非遗名录》的昆曲、古琴、京剧艺术等,则不仅在古往今来的社会下层传承,而且更流行于古往今来的社会上层。“民间”与“传统”一词的更换,使得这些非物质文化遗产类别的概念更切合非物质文化遗产的本质,也更具概括性和科学性。将“杂技与竞技”、“传统手工技艺”分别修正为“传统体育、游艺与杂技”和“传统技艺”,则扩大了这些类别的涵盖面,突出了这些类别的遗产属性和文化价值。

2011年颁布的《非遗法》,即在非物质文化遗产的定义中对其表现形式的五种类型都冠以“传统”一词。

另外,中国正在积极探索文化空间的有效保护方式,大力建设文化生态保护区。

第四章　自然遗产、双重遗产和世界遗产

国际社会目前的共识是：世界遗产不仅包括文化遗产，而且包括自然遗产、文化与自然双重遗产。因此，《世遗公约》规定应予保护的世界遗产，就包括文化遗产、自然遗产和双重遗产。

第一节　自然遗产

大自然是最伟大的造物主，人类本身也是大自然的造化。

在地球约50亿年的演变历史中，大自然将地球表面雕塑为千姿百态的形貌，赋予了林林总总的物质，化育出丰富多样的生态，组织成复杂奇妙的结构……因此，生活在地球上的人类，为自然界美丽的景观所陶醉，为丰富的物质所欣慰，为多样的生态所庆幸，为奇妙的结构所叹服……大自然新奇绝妙的造化，体现出无尽的审美价值和科学价值，如坦桑尼亚的乞力马扎罗山、美国的科罗拉多大峡谷、澳大利亚的豪勋爵群岛、中国的武陵源等。

“五岳寻仙不辞远，一生好入名山游。”①古往今来，人们热爱奇丽的自然山水，在游历自然山水中愉悦耳目，在投合自然山水中陶冶精神，在观赏自然山水中丰富认知。生活在各地、各国的人们，也都为当地、本国有着蕴天地之灵气、含日月之精华的高山大河、茂林华木、奇花异草、珍禽灵兽而欣喜，并且将其重要的山水或生态区域认定为名胜。

美国科罗拉多大峡谷。图片来源：虎拜词典(goofb.cn)。

---

① 李白：《庐山谣寄卢侍御虚舟》。

一、自然遗产的定义

18世纪英国工业革命以来，尤其是20世纪中叶以来，兴起于西方国家、波及世界各国的工业化浪潮汹涌澎湃，在致使人类物质文明高度发展的同时，也造成日益严重的自然环境的破坏。河流污染、山林伐毁、水土流失、地成沙漠、天降酸雨、温室效应、气候反常……地球自然环境的不断恶化，使得人类的生存受到了威胁。目睹自然环境越来越厉害地遭到人为的改变乃至破坏，人们也越来越强烈地意识到自然环境与人类的生存息息相关，意识到地球是人类赖以生存的家园，必须保护地球的自然环境。当自然环境恶化成为世人广泛关注的全球重大问题时，西方发达国家率先兴起了环境保护运动，有识之士大力呼吁保护环境并且研究环境保护问题，从而形成了新兴的环境科学。国际社会也越来越重视环境保护，联合国在20世纪六七十年代召开了一系列会议，探讨全球的环境保护问题，并于1972年6月在斯德哥尔摩举行了联合国人类环境会议，通过了《人类环境宣言》。宣言强调并申明：

> 保护和改善人类环境是关系到全世界各国人民的幸福和经济发展的重要问题，也是全世界各国人民的迫切希望和各国政府的责任。
>
> 为了这一代和将来的世世代代的利益，地球上的自然资源，其中包括空气、水、土地、植物和动物，特别是自然生态类中具有代表性的标本，必须通过周密计划或适当管理加以保护。

在全球环保问题日益突出和环保意识日益强化的形势下，国际社会也越来越清楚地认识到，原生态的自然环境是地球赐予人类的遗产，人类必须像保护文化遗产一样保护自然遗产。1965年，美国首先提出设立“世界遗产信托基金”建议案，建议通过国际合作，共同保护世界著名的自然风景区和历史遗址。1970年，美国首次将这一认识表述在《国家环境政策法》中。该法案指出：保护自然环境固然重要，但不可忽视作为生活环境重要组成部分的人文环境；国民都应树立起保护人类共同遗产的观念，大家共同保护国家的历史遗产、文化遗产和民族遗产。当联合国教科文组织起草保护世界文化遗产的公约时，美国与世界保护自然联盟(IUCN)合作探讨了自然遗产保护问题，并向联合国建议将保护自然遗产与保护文化遗产的内容都写入这一国际法律文件中。美国的主张得到了国际社会的认同和响应。联合国在斯德哥尔摩举行人类环境会议时，对美国的提议进行了讨论，决定予以采纳。于是，1972年出台的《世遗公约》认定的世界遗产，就包括了世界文化遗产和世界自然遗产两大类。

《世遗公约》对“自然遗产”(Natural Heritage)的定义是：

> 第二条　在本公约中，以下各项为“自然遗产”：
>
> 从审美或科学的角度看具有突出的普遍价值的由物质和生物结构或这类结构群组成的自然面貌；
>
> 从科学或保护的角度看具有突出的普遍价值的地质和自然地理结构以及明确划为受威胁的动物和植物生境区；
>
> 从科学、保护或自然美的角度看具有突出的普遍价值的天然名胜或明确划分的自然区域。

显然，这个定义如同《世遗公约》中对“文化遗产”所下的定义一样，也是着眼于需要保护的对象而列举自然遗产包含类别的列举式定义，强调的是世界自然遗产的价值和类型，实际上只界定了自然遗产的外延而没有揭示其内涵。

循名责实，自然的造化所形成的具有科学或审美等价值的遗貌、遗迹和遗物，就是自然遗产。因此，可以为自然遗产下一简明定义：

> 自然遗产是地球上因自然演变而形成的具有审美或科学等价值的财富遗存，包括地球演变史遗留至今而体现有审美或科学等价值的一切自然遗貌、遗迹和遗物。

在这个定义中，前一句是自然遗产的内涵，揭示的是概念的本质属性；后一句是自然遗产的外延，反映的是概念的包含对象。

四川黄龙景区风光。图片来源：佰程旅行网(byecity.com)。

二、自然遗产的类别

《世遗公约》的定义，已经说明了自然遗产的主要类型。《操作指南》①根据公约对世界自然遗产设定了更为具体的四条价值标准，实际上也对自然遗产的主要类型作了更为清楚的说明。

根据《世遗公约》的定义和《操作指南》的说明，可知国际社会公认的世界自然遗产主要包括地球自然演变而遗存的具有审美或科学等价值的四类，即由物质和生物结构或这类结构群组成的自然面貌、地质和自然地理结构、动植物生态环境区域和天然风景名胜区域。图示如下：

世界自然遗产
- 由物质和生物结构或这类结构群组成的自然面貌
- 地质和自然地理结构
- 动植物生态环境区域
- 天然风景名胜区域

截至 2013 年，入选《世界遗产名录》的自然遗产已有 193 处，其中中国有 10 处，即九寨沟风景名胜区、黄龙风景名胜区、武陵源风景名胜区、云南三江并流保护区、四川大熊猫栖息地、中国南方喀斯特、江西三清山、中国丹霞、澄江化石遗址和新疆天山。

下面即以入选《世界遗产名录》中的自然遗产为例，说明自然遗产的四大类型。

第一类自然遗产，典型的有埃及的鲸鱼峡谷、英国的多赛特和东德文海岸、德国的麦塞尔化石遗址、瑞士的圣乔治山、加拿大的米瓜莎国家公园和中国的澄江化石遗址等。

埃及的鲸鱼峡谷，位于埃及首都开罗西南约 170 千米，为法尤姆省的沙漠深处一条干涸的河谷。此处在远古时期曾是一片汪洋，有成群的鲸鱼出没，遗存有人类所知最后一批珍贵的有腿鲸化石及其他动植物化石，化石的数量、质量和密集程度可谓举世无双。鲸鱼化石反映了鲸进化的重要环节之一——鲸由海洋动物进化到早期的陆地动物。这些化石是世界上最重要的动物进化阶段的实证，生动地展现了鲸鱼转变时期的生命状态。尽管仍然保持头骨和牙齿结构

---

① 世界遗产委员会决定定期对《操作指南》进行修订，“以反映世界遗产委员会的决策”。本书依据的是世界遗产委员会发布的 2005 年修订版《操作指南》。旧版《操作指南》关于这四条标准的先后顺序和文字表述稍有不同。本书对《操作指南》的引述和引录，均出自 2005 年版《操作指南》，下文引此版本处，不另作说明。

埃及鲸鱼峡谷。图片来源：新华网(xinhua.org)。

的原始面貌，但是它们已经显示了现代鲸的最初身体形态，即鲸的后鳍退化了的原始状态。鲸鱼峡谷的其他化石所处的位置，再现了当时的周围环境和生态。鲸鱼峡谷被认为是埃及沙漠中心一处独特的露天博物馆，全球让人琢磨不透的神秘景观之一，诚然为“从审美或科学的角度看具有突出的普遍价值的由物质和生物结构或这类结构群组成的自然面貌”，形象地见证着地球自然演化的历程。2005 年，鲸鱼峡谷入选《世界遗产名录》。

麦塞尔化石遗址位于法兰克福南部，占地面积 70 公顷，南北长约1000米，东西宽约 700 米，包括一个古代湖床沉积遗迹，发现了大量的动植物化石，真切地展现了始新世的自然面貌。1995 年，该遗址被列入《世界遗产名录》。世界遗产委员会评述：“麦塞尔化石遗址是了解距今 5700 万年至 3600 万年间的始新世生活环境极为珍贵的遗址，是哺乳动物早期进化的唯一资料。从完好的骨架到那个时期动物胃里的物质，哺乳动物的化石仍保存完好。”①

第二类自然遗产，典型的有越南的丰芽格邦国家公园、所罗门群岛的东伦内尔岛、南非的弗里德堡陨石坑、芬兰和瑞典的高海岸/瓦尔肯群岛、匈牙利和斯洛伐克的阿格泰列克洞穴和斯洛伐克喀斯特地貌、美国的夏威夷火山国家公园等。

夏威夷火山。图片来源：互动百科网(hudong.com)。

夏威夷火山国家公园位于美国夏威夷州的夏威夷岛上，面积有 929 平方千米，主要包括冒纳罗亚和基拉韦厄两座现代活火山。这里有茂密的热带雨林，还有蝙蝠、夏威夷雁、大鹰、乌鸦、夏威夷白腹水鸟等动物。两座火山爆发时，橘红色岩浆喷涌倾泻，场景极为壮观，而且刹那间改变了周围的地貌。科学家可以通过考察火山活动来探究夏

① 见联合国教科文组织网(www.unesco.org)/世界遗产名录。本书引述世界遗产委员会对世界遗产的评语，多见于此，后面凡引述于此的文字不再一一注明。

威夷诸岛的诞生过程与地貌的变化。这座公园展示了数以十万年计的火山活动、地壳移动与独特的生态演化。早在 1987 年，它就入选《世界遗产名录》。世界遗产委员会评述："世界上最活跃的两个活火山——冒纳罗亚山(海拔4170米)和基拉韦厄火山(海拔 1250 米)，就像两个巨塔俯瞰着太平洋。火山猛烈的喷发不断地改变周围的景观，熔岩流揭示了奇妙的地质构造过程。人类在这里发现了许多稀有鸟类、当地特有物种和大量的巨型蕨类植物。"

1998 年入选《世界遗产名录》的东伦内尔岛，位于所罗门群岛的最南端。地质的构造和面貌表明，在经历长期的沉降后，它目前正处于一个活跃的抬升阶段，被科学家视为地质科学研究的天然实验室。世界遗产委员会评述："东伦内尔岛位于西太平洋所罗门群岛的最南端，它是伦内尔岛南面的第三个岛屿。伦内尔岛长 86 千米，宽 15 千米，是世界上最大的上升珊瑚环礁。该区域占地约 3.7 万公顷，还有 3 海里的海域面积。这个岛最主要的特色就是特加诺湖，它以前是环状珊瑚岛的泻湖。这个面积为 1.55 万公顷的太平洋岛屿中的最大湖泊，是一个咸水湖，包括许多崎岖不平的石灰石岛屿以及当地的特有物种。伦内尔岛大部分被茂密的森林所覆盖，这些森林的平均高度为 20 米。加之这里时常发生飓风，故成为一处真正的科学研究的天然实验室。这个岛屿遵循习惯的岛屿所有制和管理。"

第三类自然遗产，典型的有中国的四川大熊猫栖息地、印度的凯奥拉德奥国家公园、突尼斯的伊其克乌尔国家公园、保加利亚的斯雷伯尔纳自然保护区、俄罗斯的金山-阿尔泰山、阿根廷的瓦尔德斯半岛、墨西哥的埃尔维采诺鲸鱼禁捕区等。

大熊猫栖息地于 2006 年入选《世界遗产名录》。世界遗产委员会的评述："四川大熊猫栖息地面积 9245 平方千米，目前全世界 30%以上的濒危野生大熊猫都生活在那里，包括邛崃山和夹金山的七个自然保护区和九个景区，是全球最大、最完整的大熊猫栖息地，为第三纪原始热带森林遗迹，也是最重要的圈养大熊猫繁殖地。这里也是小熊猫、雪豹及云豹等全球严重濒危动物的栖息地。栖息地还是世界上除热带雨林以外植物种类最丰富的地区之一，生长着属于1000多个属种的 5000～6000 种植

四川大熊猫栖息地。图片来源：华夏遗产网(ccnh.cn)。

物。"现在，这一地区已是保护国际(Conservation International)选定的全球25个生物多样性热点地区之一，世界自然基金会(World Wide Fund for Nature)确定的全球200个生态区之一。

瓦尔德斯半岛。图片来源：361旅游网(361ok.com)。

1999年入选《世界遗产名录》的瓦尔德斯半岛，位于阿根廷丘布特省东北部沿海，濒临大西洋，90%以上都是高原地形，其余为倾斜的海滩和悬崖。其南部的陆地与半岛的突出部交接，形成了一个圆形的平静海湾，为海洋野生动物和海鸟提供了一个天然庇护所。该半岛是典型的冻土草原气候，干燥、荒凉、多风。它处于巴西暖流和马尔维纳斯寒流的交汇处，为大量的浮游生物、海藻和贝类提供了良好的生存环境，也为海洋野生动物提供了充足的食物来源。海洋动物主要有海狮、海象、海豹、座头鲸、海豚和麦哲伦企鹅。野生动物有南美野生羊驼、小美洲鸵、巴塔戈尼亚狐狸、巴塔戈尼亚野兔等，甚至还有长毛犰狳。世界遗产委员会评述："瓦尔德斯半岛是全球海洋哺乳动物资源的重点保护区，也是濒危的南美露脊鲸以及南美海豹和南美海狮的重要繁衍生息地。这个地区的逆戟鲸还具有独特的捕猎技巧，可以适应当地的海洋条件。"

第四类自然遗产，典型的有中国的九寨沟风景名胜区、黄龙风景名胜区、武陵源风景名胜区和尼泊尔的萨加玛塔国家公园、坦桑尼亚的乞力马扎罗国家公园等。

九寨沟风景名胜区位于四川省阿坝藏族羌族自治州九寨沟县(原名南坪县)，古称羊峒，又称翠海，得名于沟内的九个藏族村寨①。全区面积720平方千米，外围保护地带600平方千米，大部分为森林所覆盖。九寨沟主沟呈"Y"字形，由则查洼、日则和树正3条沟组成，总长50余千米。则查洼沟海拔3150米，日则沟海拔2910米，树正沟与西端的湖泊落差达1000米。3条沟中有114个湖泊、17处瀑布群、5处钙华滩流、47眼泉水、11段激流。景区现存大量珍稀和濒临灭绝的动植物物种，是中国西南的一个独特自然资源密集

① 参见国家文物局网(www.sach.gov.cn)/中国的世界遗产。本书对中国的世界遗产介绍，皆参见此。

整合的区域。以雪峰、湖泊群、林莽、瀑布群、钙华滩流为特色，其特有的山水相映、草木繁茂、鸟兽隐现、四时变幻、神秘清幽的景区天然奇观，在中国实属唯一，在世界也属罕见。景区有以高原钙华湖群、钙华瀑群和钙华滩流等水景为主体的奇特风貌，有以清澄秀雅的群湖、奔泻湍急的溪流、飞珠溅玉的瀑群、古穆幽深的林莽、连绵起伏的雪峰等和谐组合的奇丽景色，还有保存完好的第四纪冰川遗迹，加之稀有珍奇的动植物，堪称是原始美与集景色美、形态美、音声美于一体的综合美相统一的童话世界。1992年，九寨沟风景名胜区入选《世界遗产名录》。世界遗产委员会评述："九寨沟位于四川省北部，连绵超过7.2万公顷，曲折狭长的九寨沟山谷海拔4800多米，因而形成了一系列多种森林生态系统。壮丽的景色因一系列狭长的圆锥状喀斯特地貌和壮观的瀑布而更加充满生趣。山谷中现存约140种鸟类，还有许多濒临灭绝的动植物物种，包括大熊猫和四川扭角羚。"

九寨沟。图片来源：四川旅游资讯网(66sc.com)。

乞力马扎罗国家公园位于坦桑尼亚东北部，以"非洲屋脊"乞力马扎罗山为中心，由林木线以上的所有山区和穿过山地森林带的六个森林走廊组成。乞力马扎罗山位于南纬3度，距离赤道仅300多千米，是孤傲耸立于半荒漠地区的休眠火山。主峰之一的基博峰顶，有一个直径2400米、深200米的火山口，口内四壁是晶莹无瑕的巨大冰层，底部耸立着巨大的冰柱，冰雪覆盖，宛如巨大的玉盆，故有"赤道雪峰"之称。山上山下依次生长有寒带、温带和热带的不同植物，栖息着寒带、温带和热带的各种动物，展示了千姿百态的奇丽景观，显现出多种多样的生态面貌。1987年，它入选《世界遗产名录》。世界遗产委员会评述："乞力马扎罗山是非洲的制高点，它

乞力马扎罗山。图片来源：邦本网(bangbenw.com)。

是一个火山丘，有5895米高，矗立在周围的草原之上，它那终年积雪的山顶在大草原上若隐若现。乞力马扎罗山四周都是山林，那里生活着众多的哺乳动物，其中一些还属于濒于灭绝的种类。”

入选《世界遗产名录》中的多数自然遗产，是符合世界自然遗产价值标准两条或两条以上的遗产，为自然遗产的综合类型。其中以四条价值标准全部符合的遗产最具有“突出的普遍价值”，最具有综合性，如中国的云南三江并流保护区和南方喀斯特、澳大利亚的大堡礁和西澳大利亚鲨鱼湾、俄罗斯的贝加尔湖、厄瓜多尔的加拉帕戈斯群岛、哥斯达黎加和巴拿马的塔拉曼卡仰芝—拉阿米斯泰德保护区，以及美国的黄石国家公园、大峡谷国家公园、大烟雾山国家公园等。

世界遗产委员会对2003年入选《世界遗产名录》的云南三江并流保护区的评价是：“三江并流保护区范围由八个地理保护区域组成。在中国云南省西北的多山地中，亚洲三条大江的上游部分，即长江(金沙江)、湄公河(澜沧江)及萨尔温江(怒江)，在这1.7万平方公里的土地上自北向南平行奔流，穿越高差3000米深的险峻峡谷，流经海拔超过6000米的冰峰高山。她不仅是中国生物多样性的中心，也是世界生物多样性最丰富的区域之一。”①诚然，这一区域内高山雪峰横亘，海拔变化呈垂直分布，从760米的怒江干热河谷到6740米的卡瓦格博峰，汇集了高山峡谷、雪峰冰川、高原湿地、森林草甸、淡水湖泊、稀有动物、珍贵植物等奇观异景，其中梅里雪山、白马雪山和哈巴雪山构成了壮观的空中风景轮廓，而明永冰川是尤其引人注目的自然景观，还有冰川岩溶(特别是怒江峡谷上方月亮山风景区内的月亮石)和阿尔卑斯式丹霞风化层“龟甲”等天然美景，故完全符合世界自然遗产遴选标准的第1条。这个区域的岩石类型的多样性，在展现5 000万年前和印度洋板块、欧亚板块碰撞相关联的地质历史方面，以及展现古地中海的闭合以及喜马拉雅山和西藏高原的隆

三江并流。图片来源：互动百科网(hudong.com)。

① 《中国世界遗产年鉴2004》，中华书局2004年版，第226页。

起方面，具有十分突出的价值；而且高山带的喀斯特地形、花岗岩巨型独石以及丹霞砂岩地貌，覆盖了若干世界上最好的山脉类型，可谓世界上蕴藏最丰富的地质地貌博物馆，故完全符合世界自然遗产遴选标准的第 2 条。这个区域是更新世时期的残遗种保护区并位于生物地理的汇聚区(即具有温和的气候和热带要素)，为生物多样性的演变提供了良好的物理基础。除了地形多样性之外(具有 6000 米几乎垂直的陡坡降)，季风气候影响着该区域绝大部分，从而提供了另一个有利的生态促进因素，允许各类温带生物群落良好发展，故完全符合世界自然遗产遴选标准的第 3 条。这个区域包含了横断山脉自然栖息地中的绝大部分，而横断山脉是世界地球生物多样性资源保护区中一个主要的资源保护区，具有突出的地形和气候多样性。它正好处于东亚、东南亚和西藏高原的生物地理区的交界处，是动植物良好的生长地和运动的南北通道(特别是在冰河期)，也是稀有濒危动植物最后残留的广阔栖息地，故完全符合世界自然遗产遴选标准的第 4 条。

1978 年首批入选《世界遗产名录》的黄石国家公园，是世界上建立的第一个国家公园。世界遗产委员会评述："黄石国家公园中广袤的自然森林占地面积约9000平方千米，其中 96％位于怀俄明州，3％位于蒙大拿州，还有 1％位于爱达荷州。黄石国家公园拥有已知地球地热资源种类的一半，共有 1 万多处。国家公园还是世界上间歇泉最集中的地方，共有 300 多处间歇泉，约占地球总数的三分之二。黄石国家公园建于 1872 年，它也因为其生物多样性而闻名于世，其中包括灰熊、狼、野牛和麋鹿等。"公园位于美国西部北落基山和中落基山之间的熔岩高原上，主体部分在怀俄明州的西北部，海拔2134～2438米，分为五大景区，即玛默区、罗斯福区、峡谷区、间歇喷泉区和湖泊区。五大景区虽然各具特色，但都有地热奇观。公园是地热活动的温床，有1 万多个地热风貌特征。落基山脉形成了许多秀丽的山峦、河流、瀑布、峡谷和茂密的森林，石灰岩的结构又为公园增添了美丽多姿的色彩。无数的野生动

美国黄石国家公园喷泉。图片来源：联合国教科文组织网(unesco.org)/世界遗产名录。

物在公园里自然繁衍生息，公园成为北美洲乃至全世界陆地最大、种类最多的哺乳动物栖息地。

近年来，自然遗产的保护越来越为国际社会所重视。2007 年 11 月，在中国四川峨眉山风景区召开了第三届世界自然遗产会议。来自世界遗产中心(UNESCO)、世界保护自然联盟(IUCN)、保护国际(CI)、相关科研机构、国家和地方政府以及世界遗产地的 400 余名代表参加了此次盛会。会议主题为“保护世界遗产，促进人与自然和谐发展”。会议通过了《关于世界遗产保护、管理与可持续发展的峨眉山宣言》，向全世界重申保护世界自然遗产行动的责任和承诺。这个宣言针对当今世界自然遗产及双重遗产的保护与利用问题，提出了 17 条具体建议。会议的召开和宣言的通过，反映出中国政府在世界遗产保护活动中所起的积极作用，也对自然遗产的科学保护和持续利用产生了巨大的推动作用。

第二节　双重遗产

文化与自然双重遗产(Cultural and Natural Heritage)简称“双重遗产”，又称“混合遗产”，《操作指南》的中译本译为“文化和自然混合遗产”。

奇丽的自然景观、特异的地质显现、多样的生态区域，只要是日精月华、天宝地珍的自然佳境，古今多有人心向往之而足游历之，甚至是定时拜访、依傍居住并在其地举行各种文化活动。于是，随着人类历史的发展，这些自然佳境因人类的代代介入并且不断赋予人文因素，也就与人类的历史文化融为一体，成了自然遗产与文化遗产混合的“文化与自然双重遗产”。

一、双重遗产的定义

《世遗公约》中只定义了“文化遗产”和“自然遗产”，并未语及“混合遗产”或“双重遗产”，这表明在制定和通过公约的 20 世纪 70 年代初，国际社会公认的“文化和自然遗产”就只包括“文化遗产”和“自然遗产”两大类。而“混合遗产”或“双重遗产”的概念，是世界遗产委员会在随后实施公约的实践中形成和提出的。

世界遗产委员会成立于 1976 年，依照《世遗公约》的规定于 1978 年公布了首批入选《世界遗产名录》的 12 处遗产。这些遗产中，只有文化遗产和自然遗产，尚无双重遗产。

双重遗产最早被列入《世界遗产名录》，是在 1979 年。当年公布的《世界遗产名录》，仅有危地马拉的蒂卡尔国家公园这一处双重遗产。

危地马拉蒂卡尔国家公园。图片来源：途牛旅游网(tuniu.com)。

蒂卡尔国家公园位于危地马拉北部的热带森林中，有丰富的玛雅古城遗迹，包括玛雅文明最早、也是最大的神殿遗迹。古城建在沼泽环绕的丘陵上，占地面积约130平方千米，中心由九组建筑群和一个巨大的广场组成，以桥梁和堤道相连。广场的礼典区域约有2.5平方千米，矗立着几十块被学者称为“石碑仪仗”的纪念碑。它们排列整齐，记载着当时的自然现象、政治事件和重大的宗教活动。其中最早的一块刻于公元292年，最晚的一块刻于公元869年。广场的东西两侧建有金字塔庙，北面是古希腊式的卫城。距离这些建筑再远些是占地约16平方千米的连片房屋，大约可居住近5万人。遗迹中最大的杰作是5个巨大的金字塔神殿，其中4号神殿高达64米。站在它的顶端，鸟瞰四周的原始森林，让人油然而生苍莽的美感和苍凉的悲感。蒂卡尔既是代表一种人类创造性的杰作、一种已经消失的文明的独特或特殊的见证、一种类型的建筑物或建筑风格的杰出范例，又是代表进化过程中所进行的重要生态及植物和动物群落发展的突出范例，也是在保护生物多样性方面具有重要意义的栖息地。因此，蒂卡尔被认为符合世界文化遗产的6条价值标准中的3条和世界自然遗产的4条价值标准中的2条而入选《世界遗产名录》。世界遗产委员会评述：“在丛林心脏地带的繁茂植被环绕下，坐落着玛雅文明的主要遗址之一。自公元前6世纪到公元10世纪，这里一直有人居住。作为一个举行仪式的场所，这里不但有华丽而庄严的庙宇和宫殿，也有公共的广场，可沿坡道进入。周围的乡村内还零散保留着一些民居的遗迹。”

显然，蒂卡尔国家公园的双重遗产特征十分典型。世界遗产委员会在接受蒂卡尔国家公园的申报并对它进行考察评估后，实事求是地认可该公园同时具有世界文化遗产和世界自然遗产的突出的普遍价值，从而形成双重遗产的概念，并且将双重遗产视为世界遗产的一大类型。

国际社会之所以较晚才形成双重遗产的概念，大概与世界上大多数国家没有或罕有具有突出的普遍价值的双重遗产有关。1978年首批有遗产入选《世界遗产名录》的国家有7个，即加拿大、厄瓜多尔、埃塞俄比亚、德国、波兰、塞内加尔、美国。尽管这些国家迄今已有多处遗产入选《世界遗产名录》，却唯独美国有一处双重遗产入选。截至2013年，有遗产入选《世界遗产名录》的国家已达160个，但入选的双重遗产仅有22个国家的29处(包括中国的泰山、黄山、峨嵋山—乐山大佛和武夷山)，而且中国和澳大利亚是入选双重遗产最多的国家(详见下表)。

《世界遗产名录》中遗产总数居前20位的国家排名表

排序	国家	文化遗产		自然遗产		双重遗产		世界遗产
		数量	与邻国共有	数量	与邻国共有	数量	与邻国共有	总数
1	意大利	45	2	4	1	0		49
2	中国	31		10		4		45
3	西班牙	39	1	3		2	1	44
4	法国	34	1	3		1	1	38
5	德国	35	2	3	1	0		38
6	墨西哥	27		5		0		31
7	印度	24		6		0		30
8	英国	23	1	4		1		28
9	俄罗斯	15	2	9	1	0		24
10	美国	8		12	2	1		21
11	澳大利亚	3		12		4		19
12	巴西	12	1	7		0		19
13	希腊	15		0		2		17
14	日本	13		4		0		17
15	加拿大	8		9	2	0		17
16	伊朗	16		0		0		16
17	瑞典	13	1	1	1	1		15
18	葡萄牙	14	1	1		0		15
19	波兰	13	2	1	1	0		14
20	捷克	12		0		0		12
小计		400	14	94	9	16	2	509

备注：数据源自维基百科(zh. wikipedia. org)，数据统计截至2013年，供参考。

《世遗公约》中没有关于双重遗产的定义，《操作指南》的第二部分“世界遗产的定义”中对“文化和自然混合遗产”的说明是：只有同时部分满足或完全满足《公约》第1条和第2条关于文化和自然遗产定义的财产才能认为是“文化和自然混合遗产”。这当然不是对双重遗产的定义文字，而是对双重遗产的说明文字。若要给双重遗产下一较为全面的定义，则要在说明何谓文化遗产和自然遗产的基础上，界定双重遗产的内涵和外延。因此，可以这样为双重遗产下一简明定义：

文化与自然双重遗产，是人类在社会历史实践中创造的具有文化价值的财富遗存，与地球上因自然演变而形成具有审美或科学等价值的财富遗存的综合体或混合体。它包括一切物质财富遗存的物质文化遗产和一切精神财富遗存的非物质文化遗产，与地球演变史遗留至今而体现有审美或科学等价值的一切自然遗貌、遗迹和遗物的部分或多种合为一体而形成的遗产。

比利牛斯—珀杜山，属法国和西班牙的双重遗产。图片来源：联合国教科文组织网(unesco.org)/世界遗产名录。

在这个定义中，前两句是双重遗产的内涵，揭示的是概念的本质属性；后两句是双重遗产的外延，反映的是概念的包含对象。

从《操作指南》的说明和目前双重遗产认定和保护的实践来看，国际社会和世界各国认定和保护的双重遗产，尚且只着眼于物质文化遗产与自然遗产的综合体或混合体，而没有考虑其非物质文化遗产的因素，显然是不全面的。这一现状当然应予承认，但在理论阐发和概念界定上，却应力求全面科学，不可忽略双重遗产包含的非物质文化遗产因素。

二、双重遗产的类别

目前国际社会认定的双重遗产，是《世遗公约》中界定的文化遗产种类与自然遗产种类的部分或多种的综合体或混合体。那么，两种遗产不同种类的综合或混合，也就形成了不同类型的双重遗产。

根据《世遗公约》及其《操作指南》的界定，世界文化遗产和世界自然遗产分别为上述的3类(文物、建筑群、遗址)和4类(自然面貌、地质和自然地理结构、动植物生态环境区域和天然风景名胜区域)，世界双重遗产也就是3类文化遗产和4类自然遗产的不同结合而形成不同类型的混合遗产。从理论上说，双重遗产可以有文物与自然面貌、文物与地质及自然地理结构、文物与动植物生态环境区域、文物与天然风景名胜区域的类型，可以有建筑群与自然面貌、建筑群与地质及自然地理结构、建筑群与动植物生态环境区域、建筑群与天然风景名胜区域的类型，可以有遗址与自然面貌、遗址与地质及自然地理结构、遗址与动植物生态环境区域、遗址与天然风景名胜区域的类型，可以有文物和建筑群与自然面貌、文物和建筑群与地质及自然地理结构、文物和建筑群与动植物生态环境区域、文物和建筑群与天然风景名胜区域的类型，等等，依此类推，可以组合出约百种类型。

这样组合而细化双重遗产的类型，虽然细致，却甚繁琐，在双重遗产的保护与利用实践中不易操作，也无必要。《操作指南》对双重遗产的说明文字十分简略，实践中也易于操作。据此划分双重遗产的类型，可以简化为文化遗产与自然遗产单一类型的综合体或混合体、文化遗产与自然遗产多种类型的综合体或混合体、文化遗产与自然遗产全部类型的综合体或混合体。图示如下：

世界双重遗产
- 文化遗产与自然遗产单一类型的综合体或混合体
- 文化遗产与自然遗产多种类型的综合体或混合体
- 文化遗产与自然遗产全部类型的综合体或混合体

蒂卡尔国家公园属于双重遗产的第二种类型，即文化遗产与自然遗产多种类型的综合体或混合体，而且接近第三种类型，故为相当典型的双重遗产。

第一种类型的双重遗产，有澳大利亚的威兰德拉湖区、马里的邦贾加拉悬崖(多贡斯土地)。

威兰德拉湖区位于澳大利亚新南威尔士西南部的墨累河盆地，由相互交错的5个大干湖和14个小干湖组成，形成于200万年前的第三纪早期，占地达6000平方千米。湖区的沉淀物为研究数万年前的气候、生态变化和人类活动提供了丰富的资料。因气候干旱少雨，湖区的植被由半干旱植物群落组成，灌木丛稀疏分散、草地和林地零星点缀着沙原和沙丘，树木主要有桉树和灌木以及白柏松和树下长的箭猪草。约有20种哺乳动物生活在湖区，包括红袋鼠、灰袋鼠、针鼹鼠和蝙蝠。湖区有着大量人类文化遗迹，考古发现一处距今约2.6万年的火葬遗址(迄

威兰德拉湖区。图片来源：世纪旅游网(u2000.com)。

今所知世界上最古老的火葬遗址），一处距今约3万年的赭石墓葬遗址，还有1.8万年前用于碾碎野草的磨石和臼。通过数次放射性同位素地质年测定，人类至少在3万年前就繁衍生息在这个地区。1981年，湖区被世界遗产委员会认定既符合世界文化遗产的“能为一种现存的或已经消逝的文化传统或文明提供一种独特的或至少特殊的见证”的标准，又符合世界自然遗产的“代表地球演化史中重要阶段的突出范例”的标准，列入《世界遗产名录》。世界遗产委员会评述：“该湖区有更新世系列湖泊和沙滩构造的化石，考古研究还发现了4.5万年至6万年前人类居住的证据。这对于研究澳洲大陆人类进化史有着里程碑式的意义。湖区还有一些保存完好的大型有袋动物化石。”这处世界遗产可谓遗址与自然面貌的综合体或混合体。

邦贾加拉悬崖景观（周剑生摄）。图片来源：文新传媒网（news365.com）。

邦贾加拉悬崖（多贡斯土地）位于马里中部名城莫普提的东部，是一座断层山脉。陡峭的断崖面向尼日尔河，相对高度约500多米，崖顶的平地和崖下的平原都是多贡族部落的聚居地。悬崖峭壁间，布满了犹如蜂窝般的多贡族的民居。多贡族是一个男权部落，约在14世纪初为躲避被抓为奴隶而来此安营扎寨，后又为了逃避战乱以及抵制伊斯兰教的同化而定居于此。多贡族村落整体布局非常奇特，就像一个“人”字：专供男人集合的场所是人头，南端的两座庙宇是双脚，东西两端各有一间圆屋代表手，供长老们居住的村落中心则代表了胸部。尖顶泥屋的民居也有丰富的象征意味：厨房表示头部，两个用以排气、采光的孔代表眼睛，卧室算是腹部，左右两边的仓库分别代表女人和男人，床表示大地，平屋顶表示天空，装饰着代表祖先和神灵的各种雕刻的大门则位于脚部的位置。在当今旅游观光浪潮冲击下，这个部落仍然保持着固定不变的传统生活方式，还时常举行传统的假面舞会。悬崖和峡谷里的植被郁郁葱葱且种类繁多，主要有榕属、大戟属和风车子属植物，为此地居鸟和迁移来的候鸟提供了得天独厚的生息条件。自然奇观和人文奇观合为一体的邦贾加拉悬崖，可以说是西非极其美丽的地方之一。1989年，邦贾加拉悬崖被世界遗产委员会认定符合世界文化遗产的“代表一种或几种文化的传统人类居住地或使用地的一个突出范例”标准，同时符合世界自然遗产的“具有最显著的自然现象或特殊的自然美景”标准而列入《世界遗产名录》。世界遗产委员会评述：“邦贾加拉的突出地形是悬崖和沙土高原，悬崖上建有大型建筑(房屋、粮仓、圣坛、神殿和集会厅)。这里现在仍然保留着许多悠久的传统(面纱、集会、祭祀仪式等)。正是这些建筑学、考古学和人类学的价值，以及优美的风景，使邦贾加拉高地成为最具西非地质地貌特征的地方之一。”这处世界遗产可谓建筑群与天然名胜风景区域的综合体或混合体。

第二种类型是《世界遗产名录》中数量最多的双重遗产。中国的 4 处世界双重遗产，都是文化遗产与自然遗产多种类型的综合体或混合体。

泰山。图片来源：中国旅游景区网(jingqu123.cn)。

1987 年入选《世界遗产名录》的泰山，位于今山东省中部，主峰海拔 1545 米，景区面积 426 平方千米，形成于 28 亿年前的太古代，地壳运动遗迹和杂岩地层具有世界意义的地质科学研究价值。峰险壑危，溪深谷长，奇石怪崖显现雄壮之美；古木参天，花草遍地，翠峦青嶂，奥景幽区展示秀丽之美，故人称“它一山兼数十百山之形状”，“兼南北风景之长”。其自然条件，足以符合世界自然遗产“具有最显著的自然现象或特殊的自然美景”的标准。泰山周围是中华文明起源地之一，考古发现有从距今 40 万年到近现代的人类遗存。由于泰山处于中国东部(在中国传统观念里，“东方主生”，是生命的象征)又雄伟壮丽，它自上古时期便成为中国先民心目中的神山圣地。“天子祭天下名山大川”，以“五岳”为名山之尊，又以泰山为五岳之尊。传说炎帝、黄帝、尧、舜、禹等远古帝王都曾到泰山祭天祭地(封禅)，史载自秦始皇到清高宗有 12 位皇帝到泰山举行过封禅大典。中国历朝历代的民众，大都盼望入泰山而观其雄姿，受其灵气。古往今来的文人学士，更是无不向往“登泰山而小天下”，领略俯瞰群峰而胸怀天下的气概，感受“人固有一死，或重于泰山”的真谛。中国的佛教和道教，也视泰山为梵天仙境，在泰山建寺筑观、诵经布道近 2000 年。帝王封禅，留下大量歌功颂德的文字；文人登临，留下无数抒情述志的诗文；

宗教活动，留下许多建筑和摩崖遗存。今日泰山，随处可见石刻文字和古代建筑，中国历史上许多文化名人都在泰山留下了诗文或书法作品。泰山积淀了丰厚的历史文化内涵，凝聚了博大的中华民族精神，体现出世界文化遗产的高度价值，完全符合世界文化遗产全部 6 条价值标准。融自然景观、文化景观为一体而具有历史、审美、科学多方面价值的泰山，是中国乃至世界双重遗产中的突出代表。世界遗产委员会给予了高度评价："近两千年来，庄严神圣的泰山一直是帝王朝拜的对象。山中的人文杰作与自然景观完美和谐地融合在一起。泰山一直是中国艺术家和学者的精神源泉，是古代中国文明和信仰的象征。"泰山可谓文物、遗址、建筑群与天然风景名胜区域的综合体或混合体。

武夷山风光。图片来源：51766 旅游网(51766.com)。

1999 年入选《世界遗产名录》的武夷山，位于今福建省的西北部，总面积达 99 975公顷。武夷山的自然风光和生态环境独树一帜，有以"三三秀水清如玉"的九曲溪与"六六奇峰翠插天"的 36 峰、99 岩的绝妙结合而形成的奇秀深幽、精巧绝美的天然山水园林；有崖壁赤红、举世闻名的丹霞地貌；有大量完整无损、多种多样的林带，是中国亚热带森林和南中国雨林最大、最具有代表性的例证，也是世界同纬度带现存最典型、面积最大、保存最完整的亚热带原生性森林生态系统；有大量古老和珍稀的植物物种，其中很多是中国独有的；还生存着大量爬行类、两栖类和昆虫类动物，是世界昆虫种类尤为丰富的地区之一。武夷山的文化遗存丰富，有距今3750余年、目前国内外发现的悬棺葬中年代最早的架壑船棺，有距今约2300年、面积达 22 万平方米的西汉闽越国时期的王城——古汉城遗址，有自宋至清的 426 幅摩崖石刻，有与朱子理学相关的书院遗址，有反映宗教文化的大量寺庙，有俨然如空中楼阁的古崖居遗构，还有悠久的饮茶习俗和大量种植的大红袍茶树。世界遗产委员会认定武夷山既符合世界自然遗产的两条标准，又符合世界文化遗产的两条标准，高度评价说："武夷山脉是中国东南部最负盛名的生物多样性保护区，也是大量古代孑遗植物的避难所，其中许多生物为中国所特有。九曲溪两岸峡谷秀美，寺院庙宇众多，但其中也有不少早已成为废墟。该地区为唐宋理学的发展和传播提供了良好的地理环境，自 11 世纪以来，理教对东亚地区文化产生了相当深刻的影响。公元 1 世纪时，汉朝统治者在程村附近建立了一处较大的行政首府，厚重坚实的围墙环绕四周，极具考古价值。”武夷山可谓文物、遗址与动植物生态环境区域、天然风景名胜区域的综合体或混合体。

截至 2013 年公布的《世界遗产名录》中，尚无第三种类型的双重遗产，只有接近第三种类型的双重遗产，如澳大利亚的塔斯马尼亚荒原（符合世界文化遗产的 3 条标准和世界自然遗产的全部 4 条标准）、瑞典的拉普人区域地区（符合世界文化遗产的 2 条标准和世界自然遗产的 3 条标准）、英国的圣基尔达岛（符合世界文化遗产的 2 条标准和世界自然遗产的 3 条标准）。

澳大利亚塔斯马尼亚荒原。图片来源：互动百科网（hudong. com）。

现已认定的世界双重遗产中，尤以第二种类型为多。究其原因，一是世界遗产的价值标准很高，一般文化与自然遗产单一类型的综合体或混合体难以入选《世界遗产名录》；二是根据世界遗产的高度价值标准，文化与自然遗产全部类型的综合体或混合体几乎没有。至今尚未认定有这类世界双重遗产，将来恐怕也难有认定。

按照上述定义，双重遗产在世界各国是普遍存在的。世界各国可以根据自己的国情并借鉴国际社会的理论认识和实践经验，设立自己国家的文化与自然遗产的价值标准，认定自己国家的文化遗产、自然遗产及双重遗产。

中国历史悠久而文明灿烂，中国文化有着“天人合一”、“物我一体”、“投合自然”、“寄情山水”的传统，中国的帝王必要祭祀天下名山大川，文人喜好游览山水胜景，佛道多择深山老林建寺筑观。因此，中国的名山大川只要人迹可至，大都或多或少地受到了文化的浸染，尤其是佛教、道教的文化浸染。中国的双重遗产，也就最为丰富、最为突出、最有特色。中国在 1986—1987 年首批将泰山等 6 处遗产申报为世界遗产期间，世界遗产中心委派专家来泰山考察时发现，泰山是文化与自然融为一体的地域空间综合体，既符合世界文化遗产的全部价值标准，又符合世界自然遗产的部分价值标准，而且是“把自然与文化独特地结合在一起，并在人与自然的概念上开阔了眼界”①。于是，世界

① 参见刘红婴、王建明《世界遗产概论》，中国旅游出版社 2003 年版。

遗产委员会将泰山审批为“文化和自然混合遗产”。截至2013年，《世界遗产名录》中的双重遗产，也以泰山的文化价值最高。泰山入选《世界遗产名录》的次年，通过世界遗产委员会认定而列入名录的希腊阿索斯山，近于泰山的类型，符合世界文化遗产的5条价值标准和世界自然遗产的“自然美景”价值标准。毋庸置疑，根据国情并借鉴国际社会的理论认识和实践经验，设立本国的文化与自然遗产的价值标准，构建本国的遗产类型体系，将不仅有利于中国遗产的保护与利用，也会对世界遗产的保护与利用作出贡献。

像泰山这样自然遗产和文化遗产价值皆高的名胜地，不仅在中国罕见，在世界上也是少有的。不过，黄山的自然美感和科学价值较泰山则有过之而无不及。

黄山飞来石。图片来源：国家文物局网(sach. gov. cn)/中国的世界遗产。

黄山以奇松、怪石、云海、飞瀑、青溪、温泉著称于世，又以地层构造、冰川遗迹、花岗岩奇峰为人惊叹，被誉为“天下第一奇山”，古今游客有“五岳归来不看山，黄山归来不看岳”之说。1990年，黄山作为中国的第二处双重遗产入选《世界遗产名录》。世界遗产委员会的评价，主要肯定了其自然遗产方面的突出价值：“黄山被誉为‘震旦国中第一奇山’。在中国历史上的鼎盛时期，通过文学和艺术的形式(例如16世纪中叶的‘山’、‘水’风格)受到广泛的赞誉。今天，黄山以其壮丽的景色——生长在花岗岩上的奇松和浮现在云海中的怪石而著称。对于从四面八方来到这个风景胜地的游客、诗人、画家和摄影家而言，黄山具有永恒的魅力。”

峨眉山-乐山大佛风景区则与黄山有别。其更为突出的价值在于源远流长的佛教文化等文化遗产方面。

其他国家的双重遗产，也大体相仿。澳大利亚的乌卢鲁-卡塔曲塔国家公园，即以独特的地质结构及一些珍奇或濒危动植物所体现的高度自然遗产价值为主，而岩画及土著居民生活所反映的文化遗产价值则在其次。又如澳大利亚的卡卡杜国家公园，以稳定的地层构造、完整的生态系统、多样及珍稀的植物种类、丰富而奇丽的自然景观所体现的高度价值为主，其土著居民历史悠久的文化遗存所体现的宝贵价值则在其次。这处在1981年就入选《世界遗产名录》的双重遗产，被认定符合世界自然遗产的3条价值标准、世界文化遗产的2条价值标准。再如土耳其的格雷梅国家公园和卡帕多西亚石窟群，虽然以由死火山熔岩经风化水蚀形成的奇特高原风光闻名于世，却有着人类在此生活长达

1600年的丰富遗存而体现的高度文化价值，故以符合世界文化遗产的3条价值标准和世界自然遗产的1条价值标准，在1985年作为双重遗产被列入《世界遗产名录》。

庐山白鹿洞书院(作者摄)

有的名胜，尽管同具天然美景和人文积淀，但因其自然遗产价值和文化遗产价值相差悬殊或仅一方面的价值突出，相关权威机构在作遗产价值评估时，也往往将之归于体现其突出价值方面的遗产类型。如1994年和1996年先后入选《世界遗产名录》的武当山古建筑群和庐山国家公园，虽然武当山自古就有"山峦清秀，风景幽奇"的美誉，庐山自古就有"匡庐奇秀甲天下"的美誉，尤其是庐山还有100多处重要冰川地质遗迹并且具有生物多样性，但仍被国家主管部门申报和世界遗产委员会认定为文化遗产而非双重遗产，故分别以古建筑群和文化景观被列入《世界遗产名录》。世界遗产委员会对武当山古建筑群的评价强调："这里的宫殿和庙宇构成了这一组世俗和宗教建筑的核心，集中体现了中国元、明、清三代的建筑和艺术成就。古建筑群坐落在沟壑纵横、风景如画的湖北省武当山麓，在明代期间(14至17世纪)逐渐形成规模，其中的道教建筑可以追溯到公元7世纪，这些建筑代表了近千年的中国艺术和建筑的最高水平。"世界遗产委员会对庐山国家公园的评价则强调："江西庐山是中华文明的发祥地之一。这里的佛教和道教庙观，以及儒学的里程碑建筑(最杰出的大师曾在此授课)，完全融汇在美不胜收的自然景观之中，赋予无数艺术家以灵感，而这些艺术家开创了中国文化中对于自然的审美方式。"又如山西五台山，本是作为双重遗产申报的，但2009年的世界遗产委员会第33届大会审议认为，它主要符合世界文化遗产的4条标准，于是将它作为文化景观列入《世界遗产名录》。再如坦桑尼亚的恩戈罗恩戈罗自然保护区，1979年被认定为自然遗产而入选《世界遗产名录》。可是，这一保护区不仅以恩戈罗恩戈罗火山口、奥杜瓦伊峡谷、恩帕卡艾火山口、盖伦活火山和种类繁多、数量惊人的动植物闻名遐迩，还有丰富而珍贵的人类遗存。古往今来，马塞族牧民世世代代居住在火山口地区，创造了悠久丰厚的历史文化。

还应说明的是，文化遗产往往与自然遗产混融在一起，文化遗产又包括物质形态的和非物质形态的两类。截至目前，世界双重遗产都是世界遗产委员会依据《世遗公约》审定的。尽管世界遗产委员会近年已经越来越清楚地意识到物质文化遗产与非物质文化遗产难以分割，而且在修订版《操作指南》里强调了文化遗产的“活传统”价值标准，但它认定的双重遗产一般还是物质文化遗产与自然遗产的综合体或混合体。其实，任何具有高度价值的文物、建筑群和遗址，都蕴含着精神文化而体现有精神财富，如社会意识、宗教观念、审美趣味、制作技艺等，只是有多有少而已。云南的丽江古城，依托三山而建，跨越玉河而筑，西北可望玉龙雪山，东北可至虎跳峡谷，自然风光绮丽，古城布局精巧合理，建筑古朴自然，有800余年持续繁荣的历史积淀，融纳西及汉、白、彝、藏等各民族文化的精华。1997年，它被认定为文化遗产而入选《世界遗产名录》。世界遗产委员会认为它符合世界文化遗产价值标准的第2、4条，强调“古城的建筑历经数个世纪的洗礼，融汇了各个民族的文化特色而声名远扬”。事实上，丽江古城区域是自然遗产和文化遗产的综合体或混合体，既有自然遗产的审美价值，又有文化遗产的历史、艺术和科学价值，只是其文化遗产价值更为丰厚和突出。还不可忽略的是，丽江古城的文化遗产并不仅仅为物质形态的。由于仍是以纳西族为主的少数民族居住的城镇，它包容、汇集了传承800余年的民族、民间丰富多样的精神形态文化，诸如口头文学、表演艺术、礼仪习俗、手工技艺等。

丽江古城。图片来源：国家文物局网(sach.gov.cn)/中国的世界遗产。

数百万年来，人类依托自然而生存、改造自然而发展，自然遗产往往留有人工痕迹，而文化遗产又体现多元的特征和具有丰富的蕴涵。文化遗产与自然遗产的不同类型或因素的综合或混合，就形成了不同类型和特色的双重遗产。

包含文化遗产与自然遗产因素的双重遗产，不啻为最有价值的遗产大类。

第三节 世界遗产

《世遗公约》和《非遗公约》只是对文化遗产(物质的)、自然遗产和非物质文化遗产作了具体的列举式定义，并未就“世界遗产”这一大概念作出说明和界定，尽管其文字已经表述了“世界遗产”的含义。据其表述，可以对世界遗产作更为明晰的阐发和归纳。

一、世界遗产的标准与定义

世界遗产，顾名思义即世界级别的遗产，也就是被认定为世界上等级最高的遗产。而世界级遗产的确定，则根据遗产的高度价值。

意大利威尼斯。图片来源：中国江苏网(jschina.com.cn)。

凡是有价值的人类创造性活动成果与自然造化结果的遗存都是遗产，但遗产的价值却并非等同。正是如此，世界各国都重视保护遗产，不仅进行遗产普查并将具有价值的遗产全部登记建档，且大都既按类型标准分类，又据价值标准定级，以便采取不同的保护与利用措施。

只有符合世界遗产价值标准又通过了联合国教科文组织的相关机构评估审定的遗产，才能进入世界遗产之列。关于世界遗产的价值标准，联合国教科文组织的相关重要文件，即《世遗公约》及其《操作指南》、《非遗代表作条例》等，有着具体而明确的设定①。

关于世界文化遗产(物质文化遗产)的价值标准，《操作指南》设定了6条：

1. 创造精神的代表作；
2. 在一段时期内或世界某一文化区域内，对建筑、技术、古迹

① 《操作指南》中关于世界遗产价值标准的文字表述甚至条文排序，新版与旧版都有所不同。

艺术、城镇规划或景观设计的发展产生过重大影响；

3. 能为已消逝的文明或文化传统提供独特的或至少是特殊的见证；

4. 是一种建筑、建筑整体、技术整体及景观的杰出范例，展现历史上一个(或几个)重要阶段；

5. 是传统人类居住地、土地使用或海洋开发的杰出范例，代表一种(或几种)文化或者人类与环境的相互作用，特别是由于不可逆变化的影响下变得易于损坏；

6. 与具有突出的普遍意义的事件、活传统、观点、信仰、艺术作品或文学作品有直接或实质的联系。(委员会认为本标准最好与其他标准一起使用)

关于世界自然遗产的价值标准，《操作指南》设定了4条：

1. 绝妙的自然现象或具有罕见自然美的地区；

2. 是地球演化史中重要阶段的突出例证，包括生命记载和地貌演变中的地质过程或显著的地质或地貌特征；

3. 突出代表了陆地、淡水、海岸和海洋生物系统及动植物群落演变、发展的生态和生理过程；

4. 是生物多样性原地保护的最重要的自然栖息地，包括从科学和保护角度看，具有突出的普遍价值的濒危物种栖息地。

关于世界非物质文化遗产的价值标准，《非遗代表作条例》规定：

被宣布为人类口头和非物质遗产代表作的文化场所或文化形式应有特殊的价值，应证明：

1. 是具有特殊价值的非物质遗产的高度集中；或

2. 从历史、艺术、人种学、社会学、人类学、语言学或文学角度来看是具有特殊价值的民间和传统文化表现形式。

综观联合国教科文组织相关重要文件中关于世界遗产价值标准的设立和规定，国际社会公认的世界遗产是具有“突出的普遍价值”或“特殊的价值”的遗产。换言之，“突出的普遍价值”或“特殊的价值”是世界遗产价值标准的核心。

世界物质文化遗产与自然遗产的核心价值是“突出的普遍价值”，偏重其价值的突出性和普遍性。《操作指南》专门说明：“突出的普遍价值指文化和/或自然价值是如此罕见，超越了国家界限，对全人类的现在和未来均具有普遍的重要意义。因此，该项遗产的永久性保护对整个国际社会都具有至高的重要性。”人类非物质文化遗产代表作的核心价值是“特殊的价值”，偏重其价值的特殊性和代表性。《非遗公约》特别强调，非物质文化遗产主要是地区、民族的群体或个人的文化创造，是人类创造力的体现，是文化多样性的熔炉。“突出的普遍价值”与“特殊的价值”并不矛盾，只是根据世界遗产不同类别的特征而作出的价值标准表述。“突出的”自然就是“特殊的”，具有特殊价值当然也就有了难以企及的突出价值。有“普遍价值”自然就有“特殊价值”，具有代表性的作品当然也就有了人人尊重的普遍性。世界遗产核心价值的提出和强调，确定了世界遗产的至高地位。

安阳殷墟。图片来源：中国文化遗产网(cchmi.com)。

根据世界遗产价值标准的设定，尤其是世界遗产核心价值的确定，可以为世界遗产下一简明定义：

> 世界遗产是人类在社会历史实践中创造的具有突出的普遍价值或特殊价值的财富遗存，以及地球上因自然演变而形成具有突出的普遍价值的财富遗存。它包括具有突出的普遍价值的物质文化遗产、具有特殊价值的非物质文化遗产，以及地球演变史遗留至今而具有突出的普遍价值的自然遗产。

在这一定义中，前两句是世界遗产的内涵，揭示的是概念的本质属性；后两句是世界遗产的外延，反映的是概念的包含对象。

二、世界遗产的分类与标志

依据《世遗公约》及其《操作指南》、《非遗公约》，世界遗产分为文化遗产、自然遗产和双重遗产三个大类，三个大类又可分为前面论析的若干小类。图示如下：

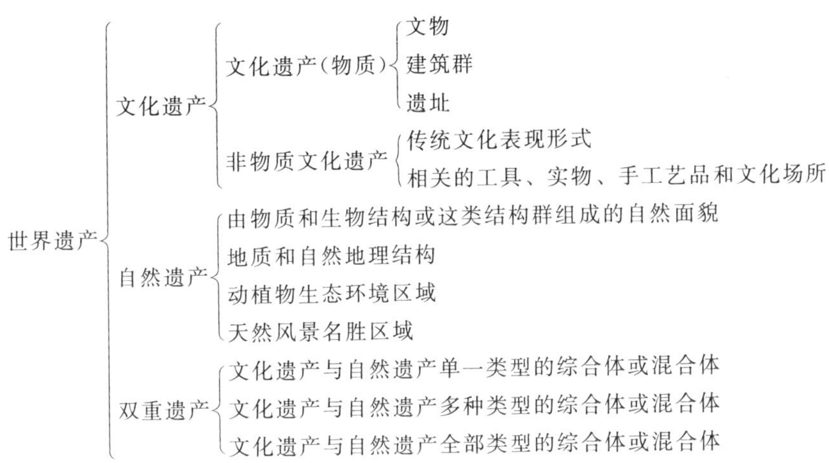

世界遗产的这一分类体系，是 30 多年来在世界遗产保护的实践中逐步丰富完善的，可以说大体完备和科学，具有普适性、指导性和操作性，体现了国际社会的共识和世界遗产保护的要求。随着世界遗产保护的实践深入，这一分类体系还将会进一步丰富完善。

截至 2013 年，入选《世界遗产名录》的遗产有 981 处，其中文化遗产 759 处，自然遗产 193 处，双重遗产 29 处；入选《世界非遗名录》的遗产有 281 项；入选《急需保护的非物质文化遗产名录》(简称《急需保护的世界非遗名录》)的遗产有 35 项。总计 1297 处(项)世界遗产，包括中国的 82 处(项)。

入选《世界遗产名录》的中国遗产已有 45 处。除了上述的 10 处自然遗产和 4 处双重遗产之外，还有 31 处文化遗产，即长城、明清故宫、周口店“北京人”遗址、莫高窟、秦始皇陵及兵马俑坑、承德避暑山庄及其周围寺庙、曲阜孔庙孔林孔府、武当山古建筑群、拉萨布达拉宫和大昭寺、庐山国家公园、平遥古城、丽江古城、苏州古典园林、天坛、颐和园、大足石刻、青城山与都江堰、皖南古村落(西递、宏村)、龙门石窟、明清皇陵(明显陵、清东陵、清西陵)、云冈石窟、高句丽王城王陵及贵族墓葬、澳门历史城区、河南殷墟、开平碉楼与村落、福建土楼、山西五台山、登封“天地之中”历史建筑群、杭州西湖、元上都遗址和哈尼梯田。

入选《世界非遗名录》的中国非物质文化遗产有 30 项，即昆曲、古琴艺术、新疆维吾尔木卡姆艺术、蒙古族长调民歌(与蒙古国联合申报)、蚕桑丝织技艺、福建南音、南京云锦、安徽宣纸、贵州侗族大歌、广东粤剧、《格萨尔》史诗、浙江龙泉青瓷、青海热贡艺术、藏戏、新疆《玛纳斯》、蒙古族呼麦、甘肃花儿、西安鼓乐、朝鲜族农乐舞、书法、篆刻、剪纸、雕版印刷、传统木结构营造技艺、端午节、妈祖信俗、中医针灸、京剧、皮影戏和珠算。

入选《急需保护的世界非遗名录》的中国非物质文化遗产有7项，即羌年、黎族传统纺染织绣技艺、木拱桥传统营造技艺、水密隔舱福船制造技艺、活字印刷术、麦西热甫、赫哲族伊玛堪说唱。

就总数而言，中国已是当今世界上拥有列入联合国教科文组织遗产名录的世界遗产最多的国家。

为了形象而简明地体现《世遗公约》的宗旨和指明列入《世界遗产名录》的遗产，1978年在华盛顿举行的世界遗产委员会第二届大会上，决定采用由米歇尔·奥利芙设计的遗产标志。这个标志，图形简约抽象，寓意却甚为丰富深厚，而且既标志世界文化遗产，又标志世界自然遗产。《操作指南》说明："这个标志表现了文化与自然遗产之间的相互依存关系：代表大自然的圆形与人类创造的形状方形紧密相连。标志是圆形的，代表世界的形状，同时也是保护的象征。标志象征《公约》，代表缔约国将坚守《公约》，同时指明了列入《世界遗产名录》中的遗产。它与大众对《公约》的了解相互关联，是对《公约》可信度和威望的认可。总而言之，它是《公约》所代表的世界价值的集中体现。"《操作指南》要求："一旦遗产列入《世界遗产名录》，该缔约国将尽一切可能附上标牌，来纪念这一事件。这些标牌应向公众介绍该国的情况，并且告知外国参观者该遗产具有特殊的价值且已得到国际社会的认可。换句话说，该遗产无论对该国还是世界来说，都具有非同寻常的意义。除此之外，该标牌还有另外一个作用，就是向公众介绍《世界遗产公约》，或者至少告知世界遗产和《世界遗产名录》的概念。"关于世界遗产标志的使用方式和使用原则，《操作指南》都有详明的规定。

1998年5月25日，联合国教科文组织和国家建设部、国家文物局在北京联合向当时已被列入《世界遗产名录》的中国19处遗产管理单位颁发了世界遗产标志牌。从此，中国入选《世界遗产名录》的遗产都醒目地展示着世界遗产标志。

2007年10月—2008年3月，联合国教科文组织举办了设计《非遗公约》标志的国际竞赛，向全世界征集象征保护非物质文化遗产、体现《非遗公约》宗旨的标志。2008年6月，在巴黎召开的《非遗公约》缔约国第二届大会上，选定了克罗地亚艺术家Dragutin Dado Kovačević设计的标志图案。

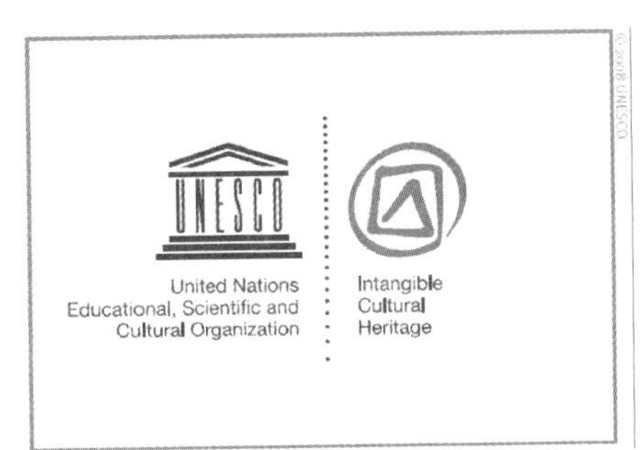

这个标志从来自101个成员国的艺术家或设计师所提交的1297个标志图案中脱颖而出，在评选中最终夺冠。标志的构图极为简约，以连续不断的线条勾画出关联着的三角形、正方形和圆形。图形的组合既象征着非物质文化遗产的多样性和丰富性，图形的连接又象征着非物质文化遗产的历史传承和持续发展。外层的圆形包容内层的正方形和三角形，既体现出《非遗公约》的宗旨，又似英文符号"@"而体现出传统与现代的关系，体现出保护文化多样性是人类可持续发展的保证的意义。因此，这个标志被认为是最能体现《非遗公约》宗旨、非物质文化遗产的活态特征，又极具可读性和现代视觉艺术美感的图案。

2010年6月，《非遗公约》缔约国第三届会议修订了《执行〈保护非物质文化遗产公约〉的业务指南》(简称《业务指南》)，其中说明："《公约》徽标应与教科文组织的标识同时使用，不得单独使用，但是两者的管理各有一套不同的规则，并且其使用授权须遵循其各自的规则。"2008年，联合国教科文组织网站上公布了这一与教科文组织标志相关联的标志图案①。现今联合国教科文组织发布的有关非物质文化遗产的重要文件首页，即印有这一标志。图案下列的英文字样(Intangible Cultural Heritage)即"非物质文化遗产"。这一图案实际上也就是非物质文化遗产的象征性标志。

---

① 见联合国教科文组织2008年出版的《非物质遗产信使》(*Intangible Heritage Messenger*)第10期，联合国教科文组织网(www.unesco.org/culture/ich)。

第五章　文化遗产的价值

文化遗产的价值，主要体现在历史的、艺术(审美)的和科技的三个方面。《世遗公约》对“文化遗产”所下的定义，就强调其“突出的普遍价值”必须“从历史、艺术或科学的角度看”。《非遗代表作条例》中规定非物质文化遗产应证明其特殊价值的几个方面，也是以历史的、艺术的和科技的价值为主。

《文物法》和《非遗法》都明确规定，国家保护的文化遗产主要是“具有历史、艺术、科学价值”的文物和非物质文化遗产。

不过，文化遗产林林总总又形形色色，具体文化遗产所体现的价值不尽相同又多种多样。虽然就其总体而言，基本的或主要的价值确如上述三个方面，但文化遗产还具有其他方面的价值，尤其是其所具有的思想和经济方面的重要价值。现今出版的一些文化遗产论著，在论述文化遗产的价值时也都不限于三大价值，而是力图阐发其多方面的价值。

第一节　文化遗产的历史价值

文化遗产是人类在社会历史实践活动中创造的财富遗存，因而其最基本的特征就是历史性，其首要价值也是反映历史、证实历史、补正历史和传承历史的价值。

一、文化遗产反映历史的价值

文化遗产是人类社会历史实践的产物，不同时代、地域、国家、民族的文化遗产，都或多或少地反映了当时的地域、国家或民族的社会生活及其发展状况。

20世纪以前，人们对于中国史前的历史认识是模糊的，只能依据古史传说而半信半疑。20世纪以来，尤其是近50年来，在中国境内发现了大量新石器时代的遗址，这些遗址构成了以南方的城背溪——大溪——屈家岭——石家河文化与北方的裴李岗、磁山——仰韶——龙山文化这两大系统为代表的多个考古学文化系统。这些文化内涵十分丰富的先民遗产，较为清楚地反映了中国原始社会晚期的社会状况和历史发展进程，即中国原始社会在距今约8000—5500年，进入了母系氏族社会的繁荣期和衰落期；在距今约5500—4600年，由母系氏族社会转入父系氏族社会，并且出现贫富分化，初显向阶级社会发展的趋向，偶现文明的萌芽；在距今约4600—4100年，父系氏族公社逐渐解体并重新组成地缘的农村公社、部落和部落联盟，阶级分化明显，形成部落首领和世袭贵族；文字、城市、冶金、礼仪建筑等文明因素在南北各地都已不同程度地显露，呈现出中国文明多元发生、星光四耀的绚丽景象，中国文明乃在由蕴含文明因素的多元文化碰撞、交流、互补、融汇过程中催化成熟。正是发现了大量中国原始社会晚期的文化遗产，中国古史的探索和中国文明起源问题才成了近20多年来史学界讨论的热点和研究的重大课题。

陶塑(天门邓家湾遗址出土)。图片来源：荆州博物馆网(jzbwg.com)。

1979年入选《世界遗产名录》的底比斯古城及其墓地，真实而直观地反映了古埃及中王国至新王国时期的社会生活与历史发展状况。底比斯作为古埃及中王国和新王国的首都，前后长达约2000年，遗存有大量的神庙建筑群、新王国诸王庙、墓葬群、方尖碑、石头或青铜雕像残片等。位于底比斯东城北部的卡纳克遗址，是古城遗址中最为重要的遗址，著名的阿蒙神庙建筑群和诸王庙建筑及方尖碑、雕像等遗存集中于此。神庙和王庙的塔门、圆柱、墙壁上大都以浮雕、彩画装饰，雕绘的内容包括奇花异草、飞禽走兽、王国战争和祭祀、日常生产和生活场面等，而且往往是图文并茂。大量的方尖碑上，都刻有象形文字和图案。人称卡纳克遗址的建筑和雕绘，是“石头的历史文献”。

埃及底比斯古城遗迹。图片来源：儒博网(ru-bo.com)。

由于地域隔绝，在15世纪哥伦布发现美洲大陆之前，欧亚非大陆的人们对美洲大陆的历史文化一无所知。15世纪以来，随着欧洲殖民者大举入侵美洲并导致美洲在经济文化上被纳入世界历史文化发展的统一进程，美洲印第安人的土著文化也越来越清楚地为全世界所了解。可是，在漫长的历史发展过程中，印第安人虽然发明和使用了文字，却基本上没有记述其历史文化的文献传世。今日人们对印第安人历史文化的了解，也主要是凭借其物质文化遗产。印第安人在美洲创造了玛雅、阿兹特克和印加三大文明，其中玛雅文明历史最悠久、成就最辉煌。然而，创造这一文明的玛雅人似乎突然消失了。今人对于玛雅文明的认识，是通过所发现的玛雅人遗弃在密林中或荒野里的居住遗址、建筑群遗迹和文物遗存等获得的。玛雅人的文化遗产，具有代表性的有洪都拉斯的科潘玛雅古城遗址，墨西哥的帕伦克、奇琴伊察、乌斯马尔、卡拉科姆鲁玛雅古城遗址，危地马拉的蒂卡尔国家公园、基里瓜玛雅文化遗址和考古公园等，都已入选《世界遗产名录》。它们集中反映了玛雅人的生活状况、历史发展和文明成就。包括阿兹特克都城特诺奇蒂特兰遗迹在内的墨西哥城历史中心，以及位于秘鲁的马丘比丘古城遗址和神庙、包含了印加古都科斯科遗存的科斯科城等，这些入选《世界遗产名录》的美洲文化遗产则集中地反映了阿兹特克人和印加人的历史文化。

科潘玛雅古城遗址中的石雕神像。图片来源：互动百科网(hudong. com)。

非物质文化遗产同样具有反映历史的价值。尤其是长篇的传说、故事、史诗及戏曲等，反映历史的价值更为突出。如昆曲名剧《牡丹亭》，就反映了明代的社会状况、家庭关系、婚姻礼俗等。第一批入选《国家非遗名录》的“满族说部”，包括传承于满族民众之口的传说故事和谣谚，是具有独立情节、完整结构而内容丰富的长篇说部艺术，多为对本部族中一定时期里所发生过的重大历史事件的生动描述和评说，具有严格的史实约束性，当然也就具有很高的历史真实性。

二、文化遗产证实历史的价值

人类的历史，主要是由文字记录下来的，故文字被发明并且较普遍地用于记言记事之后，人类才进入了信史时代。可是，由于时代制约、作者局限、记录缺失或文献亡佚等主、客观原因，现有古代文献中记述的人类历史，不仅十分有限，而且多是语焉不详，甚至还真假难辨。文化遗产，尤其是物质文化遗产，则是真实的人类遗存，因而也是确凿的历史资料，既可真切地反映人类历史，亦可确凿地证实人类历史。

“北京人”遗骨化石及其遗址被发现以前，尽管德国的尼安德特人和海德堡人、爪哇的直立人的化石已经被发现，但学术界仍不承认直立人的存在和从猿到人的人类进化史，直到1929年在北京周口店发现了一个完整的“北京人”头盖骨，随后又发现了许多“北京人”遗骨，大量的石器、骨器及用火遗迹等，学术界即以这已知同一阶段人类遗址中最为丰富系统的遗存材料，证实了直立人的历史存在及其创造的文化，为从猿到人的伟大学说和人类形成之初的历史文化提供了有力证据，从而结束了自19世纪“爪哇人”被发现以来学术界关于直立人究竟是猿还是人的长期争论。

司马迁在《史记》中记述的夏、商两代历史，曾因既没有当时文字资料的记录，又不见当时的遗迹遗物的印证而被史学家怀疑，西方史学家甚至不予承认。自1928年殷墟被发掘以后，已见的王陵、祭祀坑、宫殿宗庙、城垣基址等遗迹和出土的大量精美文物，尤其是多达15万片、近5000字的甲骨卜辞，不仅较充分地反映了商代后期的社会状况和文明成就，而且多方面证实了商王朝的历史发展。王国维曾著《殷卜辞中所见先公先王考》和《殷卜辞中所见先公先王续考》，首次证实了《史记·殷本纪》所述商王朝世系的可靠性，仅据卜辞作了个别纠正。

特洛伊古城遗址。图片来源：中国网络电视台（tv.cntv.cn）。

荷马史诗中描述特洛伊王子帕里斯拐走斯巴达王麦尼劳斯之妻海伦，迈锡尼王阿伽门农率领希腊联军远征，围攻特洛伊城长达10年，最终采用木马计攻陷。不过，人们长期认为特洛伊战争是虚构的，特洛伊城并不存在。直到1870年德国考古学家在今土耳其西北的希沙立克开始发掘出特洛伊古城遗址后，特洛伊城的真实性才逐步得到确认。经过多年的考古发掘和研究，人们多已确信荷马史诗描述的特洛伊战争并非全为神话传说和文学虚构。

正由于文化遗产有着证实历史的价值，因此王国维主张历史研究采用“二重证据法”，即将传世的文献资料与出土的实物资料结合起来研究历史。他率先采用这一研究方法研究商代历史，成为开风气之先、发确凿之论的学术大师。学界进而认识到，不仅出土实物有着证实历史的价值，民俗等非物质文化遗产同样有着证实历史的价值，两者在历史研究中都不可忽略。湖北、湖南两省流传有丰富的炎帝神农传说，湖北随州市、神农架林区的炎帝神农传说已于2008年入选第二批《国家非遗名录》，炎陵县的炎帝传说也于2009年入选第二批湖南省《省级非物质文化遗产名录》。与之相应，两湖还有许多历代祭祀或纪念炎帝的遗迹。两湖的炎帝神农传说，虽然不能作为证明古史传说中的炎帝神农氏"生于今湖北，死于今湖南"的可信史料①，却可以印证在远古的炎黄时代，或有炎帝部落的一支曾活动在今两湖部分地区。

有鉴于此，一些学者大力主张历史研究应该采用"三重证据法"，即将文献资料、出土实物资料和民俗(包括民间的一切文化事象)资料结合起来研究历史。

三、文化遗产补正历史的价值

文化遗产反映历史，同时也是补全历史记述的缺失；文化遗产证实历史，同时也可纠正历史认识的错误。由于上述原因，现存史籍或文献对历史的记述既难以全面和详尽，又多有缺失和错误。文化遗产则能以其真实、具体的存在和客观、形象的记录，补全历史记述的缺失，纠正历史认识的错误。

中国的文明王朝诞生在黄河流域，长期以来人们都以为黄河是中华文明的摇篮，认定黄河是中华民族的母亲河。20世纪下半叶至今，中国原始社会晚期至文明社会早期的文化遗产通过考古发掘而大量面世，不仅较全面地反映了这一阶段历史文化发展的状况，而且弥补了史籍和文献对古史传说记述的不足，纠正了人们对这段历史的片面认识。人们于是认识到，中华文明是多元发生、互补促成、耦合演进的。北方的黄河流域是中华文明的重要摇篮，南方的长江流域也是中华文明的重要摇篮。若称黄河为中华民族的母亲河，长江则可称作中华民族的父亲江。

殷墟窖藏甲骨。图片来源：人民网(people.com.cn)。

前述商代历史也是如此。《史记·殷本纪》中记述商朝从契到汤共14代先王，王国维根据出土的甲骨卜辞并结合文献资料考据，证实《史记》记述的可靠性，又补正了《史记》缺载的与第七代王

① 湖北随州传说为炎帝神农氏的出生地，故有"炎帝故里"之称。湖南炎陵传说为炎帝神农氏的崩葬地，故有被称为"中华第一帝陵"的炎帝陵寝遗迹。

亥同为一世的王恒。《史记》中的《殷本纪》和《三代世表》、《汉书·古今人表》记述商朝帝王世系，表中记载不一。王国维也根据甲骨卜辞并结合文献资料考证后指出，《殷本纪》所载商朝共17世31王最接近史实，从而纠正了《三代世表》和《汉书·古今人表》的错误，解除了人们对《殷本纪》所记的怀疑和对商代世系的疑惑。

公元79年，位于今意大利那不勒斯东南维苏威火山东南麓的庞培城，因火山大爆发而被火山灰埋没。此城缺载于史籍，后人也长久不知。到1748年，此城才被发现。又经200多年的考古发掘，此城得现真容，并由所得铭文而知其为庞培古城。由于火山灰的整体掩埋，揭露出来的古城遗存相当完整。它不仅弥补了后人对庞培古城的历史认识，而且因较完整地反映了当时罗马城镇各方面的情况，故也极大地补充了人们对古罗马历史发展和社会生活的认识。

吴哥窟。图片来源：昵图网(nipic.com)。

9世纪至15世纪的高棉王国(今柬埔寨，中国史书称为真腊)相当繁盛，中国元代的周达观造访其国后著有《真腊风土记》一书，着力描绘了其都城吴哥的壮丽繁华。但从1431年暹罗人入侵后，高棉都城竟因废弃而湮没于热带丛林之中，数百年里无人知晓。由于吴哥王朝不多见于文献记载，数百年里人们也似乎忘却了吴哥王朝的历史存在。直到16世纪，吴哥城才被人发现。19世纪，它才引起世人的注意。正是吴哥都城遗址得以发现又引起了注意，人们才由这处遗址而在相当程度上弥补了对吴哥王朝历史文化的认识。1992年，吴哥窟被列入《世界遗产名录》。

音乐史家近年在湖北各地采风，发现了“楚声西移”现象，先秦楚歌中典型的“三声腔”成为今湖北西南部土家族民歌的基本声腔。楚歌是先秦楚人的歌曲，源出于江汉流域。《诗经·国风》之首的“二南”——《周南》和《召南》，大都是江汉流域的先秦民歌①。土家族的祖先，可以追溯到先秦的巴人。巴人生活的地域，在今陕南以及包括长江三峡地带的鄂西和渝东。非物质文化遗产的“楚声西移”，既印证了文献记载和考古证实的先秦楚国势力西进的历史，也丰

① 参见拙著《楚文学史》下编第一章第二节《周代歌谣》，湖北教育出版社1996年版，第221～245页。

富和补充了人们对先秦楚、巴两族历史文化关系的认识。

四、文化遗产传承历史的价值

文化遗产是人类历史的产物，也是人类历史的体现。物质形态的文化遗产，可谓人类历史无言的记录、凝固的承载，以其实体的展现向人们传述历史的本相和变迁。非物质形态的文化遗产，多是人类历史有声的记忆、鲜活的承载，以其形象的表现向人们传述着历史。文化遗产传承历史的作用，或许更胜于历史教科书。

中国国家博物馆及地方博物馆，陈列着中国境内从旧石器时代到现代各个历史时期出土或传世的文物精华。观赏那一件件精美的文物，似乎可以倾听到它们在静静地诉说自己的身世和当时的社会。人们在流连之中、观赏过后，犹如亲身经历了中国历史数百万年的发展过程，对中国历史有了直观的、具体的和较全面系统的了解。

常言道："不到长城非好汉。"实际上，不登长城亦不知中国。上下两千多年、绵延十万余里的长城，虽然是中国历代封建王朝为防御塞外游牧民族侵扰而不断增筑的，是军事战争的产物，可是，它分隔开中国境内两大经济区域和政治板块，反映了中国经济、政治、军事、文化、民族关系、中西交通诸方面的历史状况和发展变化，体现了中华民族的勤劳智慧和坚强不屈的精神。今天，长城的军事功能虽已丧失，但它承载着极其丰厚的历史文化信息，犹如中国历史文化的万里通卷，向世人形象地述说着中国历史文化的悠久和辉煌、曲折和厚重。

自由女神像。图片来源：环球网(huanqiu. com)。

屹立在美国纽约市曼哈顿以西自由岛上的自由女神像，是1984年入选《世界遗产名录》的著名雕塑。她面容端庄，体态丰盈，酷似希腊美女。她头戴光芒四射的冠冕，身着罗马式长袍，右手高举火炬，左手紧握一块刻着美国《独立宣言》发表日期——1776年7月4日的铜板(指代《独立宣言》)，脚上散落着已断裂的锁链，整体为已挣脱枷锁、挺身前进的斗争者形象。这件法国1884年赠予美国以纪念其独立一百周年的礼物，形象地反映了源出于古希腊、复兴于近代欧洲并传播于美洲的西方文明的发展历史，集中地体现了西方文明的本质精神。瞻仰自由女神像，就是感受美国历史和西方文明史，感悟美国文明和西方文明的精神。

物质文化遗产是静态的，其传承历史的价值更多地有赖于今人的感受和体悟。非物质文化遗产则是活态的，其传承历史的价值更多地可为今人接受和学习。

口头文学，主要指在民间长期口耳相传的神话、传说、史诗、叙事诗、故事、歌谣、说唱等传统语言艺术，这些民间文学艺术含有大量的历史内容。《格萨尔王传》是藏族规模巨大、结构宏伟的英雄史诗，叙述了西藏由原始社会过渡到奴隶社会期间部落战争的历史状况。苗族的《古史歌》，描述了苗族自远古到近代的居处地域和地貌、历史发展及其生产、生活各方面的状况，系统地体现了苗族在哲学、宗教、科学、历史、社会诸方面的意识，被称为“是一部形象化的苗族史，也是一部涉及中国南方的古代史”①。不言而喻，民间艺人唱诗、说书、讲故事，也就是在传述历史；今人闻之观之，也就是在了解、学习历史。

传统的表演艺术，如音乐、舞蹈、美术、戏曲、曲艺、杂技等各种民间艺术和传统表现形式，因其传统性也在表演中不同程度地直接传承着历史。昆曲的许多传统剧目，都是根据历史题材创作的。演员表演、观众欣赏昆曲艺术的同时，自然也是展现和感受历史的过程。

生活礼仪、岁时节庆等传统民间生活、生产方面的习俗活动，源远流长，反映了民族、民间的社会生活、生产的状况及其历史演变。这些民俗活动，可谓历史传承活动；参与这些民俗活动，不啻传承了历史。

反映历史、证实历史、补正历史和传承历史的作用，构成了文化遗产的历史价值。历史价值是文化遗产最为突出和普遍的价值，乃为文化遗产的本质特征所决定。

第二节　文化遗产的艺术(审美)价值

艺术是美的创造和表现，艺术价值也就是审美价值，因为艺术价值是在审美活动中被感知和确认的。

人是有意识的灵长，人类的活动是有目的的活动。人类创造生活，同时也是有意识、有目的地美化生活。因此，人类的一切创造性活动及其成果，都不同程度地体现了人类对美的追求。人类的文化遗产，也不同程度地具有审美价值。

文化遗产的审美价值，有着多方面的体现。就其主要方面而言，可以说体现为审美感知、审美体验和审美理想的价值。

① 袁仲由：《中国苗族古歌》前言，天津古籍出版社1991年版，第3页。

一、文化遗产的审美感知价值

审美感知，即人在观赏客观对象时因其形态、色彩、声音、质地等内在和外在各种表现所引起的美的感受和知觉。审美感知是客观对象直接作用于人的五官而形成的，也是客观对象具有审美价值的显性反映。文化遗产的审美价值，首先和显要地反映在其具有审美感知价值上。

原始先民已经有了绘画、雕塑、音乐、舞蹈等艺术创作，遗存至今的原始社会艺术作品，最为实际地体现出人类童年时代文化遗产的审美价值，也最为强烈地给予观赏者以审美感知。以拉斯科岩洞壁画为代表的法国韦泽尔峡谷岩洞壁画，是1万多年前的作品，描绘有牛、马、鹿、熊、鸟和人物等许多图像，勾画准确，着色鲜明，形态逼真，造型生动，场景富于生命活力和奔放气势，令人强烈地感受到艺术的美妙，并由此赞叹先民丰富的审美意识和高超的艺术创造力。正因为有这些壁画及一些岩石浮雕，韦泽尔峡谷洞穴群与史前遗迹在1979年被列入《世界遗产名录》。

法国韦泽尔峡谷岩洞壁画。图片来源：中国网(china.com.cn)。

今天，在世界各地博物馆陈列的文物，都是具有较高或很高审美价值的文化遗产珍品。今人参观博物馆，首先感知到的就是文物的精美、华美、奇美、大美、壮美、优美等诸多美，因而将文物主要作为艺术品来欣赏。

建筑被称为立体的雕塑、凝固的音乐，古往今来，人类都是依据自己的审美意识、按照美的规律来构造居室、宫殿、教堂、寺庙、堡垒、城市等各种建筑及其群落的。因此，著名建筑及其群落不仅有着精巧奇妙的设计，更有着丰富多彩的装饰，甚至还有优美别致的园林，可给人以审美感知的巨大冲击。北京故宫(紫禁城)占地面积达78万平方米，四面环有高10米的城墙和宽52米的护城河，城墙内宫殿总面积达16.7万平方米。建筑布局沿中轴线向东西两侧展开，既有高大雄伟的朝会大殿，又有精巧玲珑的寝居小殿，还有秀雅别致的御花园，前朝后寝，平衡对称；殿宇楼台，间杂错落；红墙黄瓦，金碧辉煌；雕梁画栋，精彩绮丽；龙飞凤舞，栩栩如生；花繁木茂，春意盎然。人们置身其中，感到美不胜收，不觉流连忘返。

中国的布达拉宫、法国的凡尔赛宫及其园林、德国的科隆大教堂、英国的爱丁堡的新镇和老镇等，无一不让人感觉美轮美奂。即使是已成废墟的前人居住遗址，也同样可让人感知到其布局、构造等多方面的美。

奥林匹亚遗址。图片来源：中国网(china.com.cn)。

1989年入选《世界遗产名录》的奥林匹亚考古遗址，是古希腊宗教圣地和奥林匹克运动的发祥地，以宙斯神庙和宙斯之妻赫拉的神庙为中心，周围建有竞技运动场、健身房、角斗学校、宾馆、会议大厅、圣火坛、祭祀住房等与运动会有关的建筑，布局十分合理。主体建筑——宙斯神庙虽然已是残柱断壁，但仍让人感到它的雄伟壮丽，无怪乎人称它是希腊古典建筑艺术的代表作之一。

非物质文化遗产多是民族民间文艺作品，其本身就是追求艺术美的产物，而且其代表作更是在经久的历史传承过程中不断得到艺术加工，故其艺术价值尤为突出。一般而言，人们欣赏传说、故事、音乐、舞蹈、美术、戏曲、杂技等，所获得的审美感知要较观赏物质文化遗产更为直接和强烈。

二、文化遗产的审美体验价值

观赏文化遗产的审美感知过程，实际上也结合着审美体验。不过审美感知主要表现为审美主体接触审美客体后在感官上直接产生的美的感觉和知觉，而审美体验则主要表现为审美主体认识审美客体后，也就是在对其审美感知的基础上，进一步结合自己的审美经验而作的情感体悟和心理验证。从这个意义上说，审美感知是表层的，是审美体验的基础；审美体验是深层的，是审美感知的深化。审美体验价值越高的审美客体，其审美价值自然也越高。文化遗产的审美价值的高低，在相当程度上取决于审美体验价值的

尊盘(战国曾侯乙墓出土)。图片来源：人民网(people.com.cn)。

高低。

人们参观博物馆，往往会在一件件精美的文物前驻足流连，反复观赏，即使不得不离去，仍然心系情牵地回味其美感，体悟其美处，这就是因文物所具有审美体验价值引发的情感上、心理上细致而深入的审美活动。

湖北省博物馆珍藏的一套曾侯乙尊盘，是青铜制作的酒器，口沿有细密繁杂的镂空花纹，器身有透雕、浮雕的龙螭和繁缛富丽的纹饰。乍一见它，无人不因感知到它的精巧奇丽而赞叹。反复观赏体味之后，人们即可认识到它是文明时代早期人类青铜艺术的杰作。

在法国卢浮宫观赏闻名世界的断臂维纳斯雕像，人们无不感知到其高贵端庄、成熟丰润的女性美；经反复欣赏、细致体味之后，人们可从其外在形态美体悟出其内在的生命活力和精神智慧、女性的温柔和母亲的慈爱。正是有了对断臂维纳斯雕像的审美体验，古往今来的不少雕塑家都为雕像双臂断残而深感遗憾，并且曾设计过各种方案试图复原双臂，只是无法达到原作的韵致。

断臂的维纳斯雕像。图片来源：互动百科网(hudong.com)。

登上八达岭，人们看到长城犹似一条巨龙匍匐在蜿蜒绵延的山岭上，高低起伏，弯直曲折，无不立刻感知到它的阳刚雄奇之美；倘若登上烽火台，远眺长城内外大好河山，沉思长城历史的风风雨雨，人们便会体悟到长城象征中华民族勤劳、智慧和坚强不屈的精神美。

文化遗产的审美体验价值，更为明显地体现在非物质文化遗产上。因为物质文化遗产是静态的、凝固的、无声的，其审美体验价值需要审美主体，也就是观赏者能动地体味和验证，有赖于观赏者具备一定的审美意识、文化素养。而非物质文化遗产的表现形式是动态的、活性的，甚至是有声的，在传承过程中有参与性，其审美体验价值可以通过其活动的形象、动作、声音等多种方式，让审美主体获得，甚至可让审美主体参与而使之在直接体验中获得。

昆曲、京剧是熔诗歌、音乐、舞蹈为一炉的高度综合性表演艺术，人们不仅可以通过观赏昆曲、京剧艺术表演家在舞台上念、唱、做、打、舞而直接感知和仔细品味其丰富的艺术美，而且可以在学习、模仿中尽情体验其高超的艺术美，从而获得身体和精神的审美愉悦。古往今来，昆曲、京剧有着无数的戏迷和票友。这些戏迷和票友，就是深深感知并体验到传统戏曲艺术的审美价

比利时班什狂欢节。图片来源：中国非物质文化遗产网(ihchina.cn)。

值者。

民间艺人演唱史诗或讲述故事，观者听众不仅可以因其说唱而逐渐感知并在反复品味中体悟到史诗或故事的形式和内容之美，还可以效法其说唱而直接体验到那难以言传的多方面的美。

节庆、礼仪和社会习俗，是人类追求生活的美好而逐渐形成的，原本就是一个地区、一个民族或一个国家全民认同并参与的活动，如中国的四大传统节日(春节、清明、端午、中秋)、玻利维亚的奥鲁罗狂欢节、比利时的班什狂欢节、哥伦比亚的巴兰基亚狂欢节等节庆活动，其审美价值也突出表现为审美体验价值。人们正是在参与这些活动中，体验到运动身体、品尝美味、消受闲适、尽情娱乐、释放情绪、调整心灵、表达愿望等多方面的愉悦和慰藉。

三、文化遗产的审美理想价值

审美理想一般指作品所体现的作者的艺术趣味和艺术追求。审美理想价值则指审美主体对审美客体的外在形态美和内在本质美进行综合认识和美学探求，从而领悟到的其所具有理想化表现的艺术价值。人人都爱美。人人在其文化创造活动中也都有意无意地寄寓了自己的审美理想，在审美过程中也自觉或不自觉地结合自己的审美情趣以感受审美对象所蕴含的审美理想。不同审美主体所具有和不同审美客体所蕴含的审美理想，既反映了人类本质需求的共同性，又反映了不同的时代、地域、阶层、文化传统影响而形成的差异性。

青铜人面像(三星堆遗址出土)。图片来源：《华西都市报》2008年6月11日。

文化遗产正是人类自觉或不自觉地根据其审美理想，依照美的规律而进行创造的体现和成果，故或多或少、或深或浅、或显或隐地蕴含着创造者的审美理想，具有审美理想价值。

四川广汉三星堆遗址出土的青铜人面像，环眼或纵目、高鼻、宽嘴、直耳，面目奇特，形象诡异，显然不是真人面目的写实表现，而是古蜀先民据其审美理想所作的夸张表现，意在极力表现其为神灵所应有的神奇、粗犷、勇武。湖南长沙子弹库战国楚墓出土的帛画《人物龙凤图》，绘有身着宽袖长袍的妇女和飞舞的凤、升腾的龙。其妇女形象，即当年楚人对女性美的理想化的表现，有如屈原《大招》所歌咏的“丰肉微骨”、“小腰秀颈”，宋玉《神女赋》中所描绘的“貌丰盈以庄姝兮，苞温润之玉颜”、“素质干之醲实兮，志解泰而体闲”。古希腊雕像《掷铁饼者》、《持矛者》是古希腊人对男性美的理想化表现，《米洛斯的维纳斯》(断臂维纳斯)、《尼多斯的阿芙洛狄忒》则是古希腊人对女性美的理想化表现。

古希腊的雅典卫城，建于一座小山丘上，精心布局的建筑群构成了高低起伏、自然和谐的完整统一体，“被认为是希腊民族精神和审美理想的完美体现”。中国的平遥古城，规划精细、布局严谨、建筑多样，集中反映了中国古代北方城市建设的审美理想：方正严谨、主次分明、整齐对称、起伏错落、疏密相间。

古今中外的园林建筑，都力图构造出山水花木、亭台楼阁和谐分布、相互映衬的美景，凝结着创建者的艺术匠心，集中地反映了不同民族、国家和地域的人们乃至设计者个人的审美理想。1998 年入选《世界遗产名录》的颐和园，是一座规模宏大、建筑精美的中国皇家园林。它以自然山水为框架，布局达到了对建筑的功能要求和山水草木的审美要求的统一，同时显示出皇家的庄严气派；造景兼具北方山川恢宏辽阔的气势和江南水乡婉约清秀的韵致，融合了中国绘画、诗歌的意境，同时反映出中华民族追求“天人合一”、“和而不同”、“原天地之美”又“能备于天地之美”的审美理想。1979 年入选《世界遗产名录》的法国凡尔赛宫及其园林，是欧洲宫殿和园林的典范。其园林面积广大，由大小多个园林组成，布局规整而严谨，讲究对称协调，有葱郁的林木、青翠的草

颐和园。图片来源：国家文物局网(sach.gov.cn)/中国的世界遗产。

凡尔赛宫及其园林。图片来源：联合国教科文组织网(unesco.org)/世界遗产名录。

坪、绮艳的花坛，造景为水池、岩洞、喷泉、亭台、雕像等，反映了欧洲人(西方民族)追求平衡对称、和谐统一、伟大崇高的审美理想。1997年入选《世界遗产名录》的苏州古典园林，包括最著名的狮子林、拙政园、留园和网师园4个私家园林。这些园林虽不具有颐和园那样宏大富丽的皇家气派，却因刻意地表现园主投合自然的意趣，更加突出地表现了中华民族的审美理想；又因时代和园主不同，而在布局和造景上显示出审美风格的时代差异和审美情趣的个体差异。

非物质文化遗产中的口头文学和表演艺术，本来就是根据审美理想进行的文艺创作，又在民间长期传承过程中经过了不断的艺术加工，其所具有的审美理想价值是不言而喻的。社会风俗、礼仪、节庆活动的表现形式，源自民众对美好生活的追求，又在民众经常性的活动中被艺术化，因此蕴含着民众的审美理想。例如，按照中国的传统习俗，春节要吃团年饭，要求家人聚得齐全，要求家宴菜肴不少于10种，以寓意“十全十美”，北方地区还要包馅足身圆的饺子，即反映出中国人追求完满齐全的审美理想。

审美理想是审美意识的核心，是审美创造的指导思想，是与审美创造者的世界观、人生观、艺术观等哲学观念密切联系的。审美理想的价值，是审美价值最为重要的部分。文化遗产的审美价值高低，在一定程度上取决于其体现的审美理想的丰富性和深刻性。只是认识和评估文化遗产的审美理想价值，又需要人们在对其有了审美体验的基础上进一步作深入的理论研究，才能清楚和明确。

第三节　文化遗产的科技价值

科技是科学技术的合称，一般指人类在认识和改造自然的过程中形成的理论知识体系及其应用技法系统。

许多重要的文化遗产，或是前人运用其所掌握的科学技术知识创造的成果，或是科学认识和技术经验(包括手工技艺)的世代传承，因而有着科技价值。

具体说来，文化遗产的科技价值又可以从其科学价值和技术价值两个方面来说明。

一、文化遗产的科学价值

广义的科学，指人类正确认识自然、社会及人类自身各方面的知识体系，是人类认识的理论形态。这里所称的科学，特指与技术直接相关联的科学，亦即自然科学。文化遗产的科学价值，主要体现为文化遗产所反映出来的前人在生产与生活实践中形成的科学知识。

古埃及的金字塔，不仅反映了古埃及人的数学知识，而且体现了古埃及人的天文学知识。湖北随州曾侯乙墓中出土的一件漆木箱的箱盖上，书有二十八宿的全部星名并绘有青龙、白虎图像，表明中国古人在长期的天文星象观测实践中，逐步形成了对天体星象的较全面和科学的认识，并在距今约2500年就建立了二十八宿体系。湖南长沙马王堆汉墓中出土的三幅彩色地图，描绘的是汉初长沙国南部的地形，竟与当今绘制的湖南省南部地形图相差无几，表明两千多年前的中国人在地理学及数学等方面已达到相当高的水平，故可以绘制出相当精确的地图。

漆衣箱盖(战国曾侯乙墓出土)。图片来源：《湖北出土文物精华》。

2000年入选《世界遗产名录》的都江堰，是成功运用自然弯道形成的流体引力、自动引水、泄洪、排沙的典范，在构思、设计、选址、管理、使用诸方面都显示出了高度的科学性和创造性，体现出两千多年前中国人在水利工程学和自然生态学等方面的科学知识及其应用独步世界的伟大成就。世界遗产委员会评价说：“(它)是全世界至今为止，年代最久、惟一留存、以无坝引水为特征的宏大水利工程。2200多年来，至今仍发挥巨大效益。”①的确，“都江堰取得这样伟大的科学成就，世界绝无仅有，至今仍是世界水利工程的最佳作品”②。

都江堰。图片来源：中国网(china.com.cn)。

重要的不可移动文物，大都具有一定的科学价值。

非物质文化遗产中，许多也具有科学价值。《非遗公约》界定的五类非物质文化遗产表现形式中，“作为非物质文化遗产媒介的语言”、“表演艺术”都或多或少地具有科学价值，而“有关自然界和宇宙的知识”则直接体现着科学价值。

① 国家文物局网(www.sach.gov.cn)/资料信息/中国的世界遗产/青城山与都江堰。

② 都江堰世界遗产管理办公室：《青城山和都江堰》，见《中国世界遗产年鉴2004》，中华书局2004年版，第175页。

二、文化遗产的技术价值

技术一般是对科学知识的应用，具体指各种工艺操作方法和技能。技术与科学是密切相关的，凡是具有科学价值的文化成果，一般也具有技术价值，而且其技术价值体现得更为明显、更为具体。文化遗产的技术价值，与其科学价值一样，或由物质形态体现出来，或由非物质形态体现出来。

古埃及王墓中发现的青铜器、铁器和描绘冶金流程的壁画，清楚地反映了古埃及人的冶金和金属器物制作的技术水平，这些文物因此具有很高的技术价值。

大冶铜绿山采矿遗址。图片来源：互动百科网（hudong. com）。

东周楚墓和曾侯乙墓中出土的青铜器，不仅反映出当时的中国人掌握了各种复杂的冶铸技术，而且证实时人已发明被称为冶铸绝技的失蜡法熔模铸造工艺。楚墓中出土的黑心和白心铸铁制成的铁器，反映出时人已经掌握了铸铁柔化技术。湖北大冶铜绿山古矿冶遗址所见到的古矿井和冶铜炼炉，直接体现了代表当时世界先进水平的采矿技术和冶炼技术。荆州战国楚墓中出土的丝制品，种类之全、织造之精、染色之艳、刺绣之美令人叹为观止，反映出中国先秦丝织刺绣工艺的辉煌成就。

工程和建筑所体现的技术价值尤为丰富。前述都江堰水利工程的建成和管理，就是人类水利工程技术的杰作和管理技术的典范。世界遗产委员会认定它符合世界遗产标准的第 2 项和第 5 项，强调说："兴建于公元前 2 世纪的都江堰灌溉系统是水资源管理和技术发展史上的一个重要里程碑，现在仍然很好地发挥着功能。都江堰灌溉系统形象地说明了古代中国在科学技术方面所取得的巨大成就。"①

"武当山古建筑群类型多样，用材广泛，各项建筑设计、构造、装饰、陈设，不论木构宫观、铜铸殿堂、石作岩庙以及铜铸、木雕、石雕、泥塑等各类神像都达到了很高技术和艺术成就。"②因此，世界遗产委员会评价其"集中体

① 都江堰世界遗产管理办公室：《青城山和都江堰》，见《中国世界遗产年鉴 2004》，中华书局 2004 年版，第 178 页。

② 武当山旅游经济区文物宗教局：《武当山古建筑群》，见《中国世界遗产年鉴 2004》，中华书局 2004 年版，第 143 页。

现了中国元、明、清三代的建筑和艺术成就”。

非物质文化遗产，几乎无不体现有技术价值。口头传说、表演艺术、社会风俗、礼仪、节庆活动等，都在长期的传承过程中形成了特有的技能和技艺。至于“有关自然界和宇宙的知识和实践”的“实践”和“传统手工艺”，本就与技术密切关联或属于技术范畴，其突出价值也在于技术。

第四节　文化遗产的思想价值

文化遗产大多是前人根据一定的指导思想创造的成果，或为思想感情的艺术性表达、形式化传扬。故物质或非物质的文化遗产，也大多蕴含思想而具有思想价值。当然，文化遗产中蕴含的思想，既有精华又有糟粕。思想精华，无疑价值极高，可为今人汲取和发展；思想糟粕，理应批判和摒弃，但也有可让今人提高辨别良莠的认识能力的价值。

论述文化遗产的历史、审美和科技价值，就已经涉及文化遗产的思想价值。上述三方面的价值，都与其历史观念、审美意识、科学思想的价值联系在一起，只是其思想价值隐含在其价值体系的深层。

文化遗产的思想价值是多方面的，甚至可以说，人类发展至今所形成的各方面的重要思想，都在文化遗产中有所反映或留存线索。除上述涉及文化遗产诸方面的思想价值外，文化遗产的思想价值还较为明显地体现在政治、军事和哲学三方面：

一、文化遗产的政治思想价值

历代统治阶级的大型建筑乃至器用、服饰等，往往或多或少地体现有统治阶级的政治思想。尤其是封建帝王的宫殿、陵园等建筑，明显地体现出帝王的统治意志。通过文物和建筑群等文化遗产，今人可以了解到当时统治阶级的政治思想，领略到文化遗产的政治思想价值。

古罗马大角斗场。图片来源：优博留学网(ubroad.cn)。

青铜鼎的享用及其享用方式，是商周贵族身份、地位的象征和政治制度的要求。在周代贵族墓葬中，鼎往往与簋等青铜礼器组合随葬，或九鼎八簋，或七鼎六簋，或三鼎二簋，其用器的数量、大小、精美程度反映出墓主的身份级别，体现了周代“君君臣臣”尊卑有序、上下有别的等级制度和确定贵族等级身份以稳定社会秩序、巩固王权的政治原则。

著名的古罗马科洛西姆圆形大角斗场，是古罗马帝国的象征。场地中央的椭圆形角斗场，是斗兽、竞技、赛马、歌舞、阅兵和进行模拟战争的场所。四周梯形看台，可容纳 8 万余名观众。它兴建于韦斯帕西安统治时期(69—79年)。此前的四位罗马皇帝都是暴君，实行暴力和恐怖统治。韦斯帕西安即位后，采取了相对宽松的统治政策。他拆毁了前朝皇帝的“金屋”，在原场地兴建了这座大型竞技场。竞技场的兴建和功用，反映了他既崇尚暴力，企图以暴力维持对庞大帝国的统治，又希望借宽松政策使社会安定祥和的政治统治思想。

1987 年入选《世界遗产名录》的秦始皇陵及兵马俑坑的总面积，有 56.25 平方千米。它以秦始皇陵冢为核心，由一条轴线、内中外三个不同层面展开布局，分陵墓区、内城区和外城区，又从内到外分布着陵墓、城垣与门阙，还有各种陪葬坑、礼制性建筑、陪葬墓，各种陵属建筑及陵邑等，布局严谨，规划精心。陵园俨然是秦帝国皇城的再造，显示出吞灭六国、一统天下的秦始皇至高无上的赫赫威势。陵园的方向为坐西朝东，不仅主次极为分明，而且有不少置放陪葬兵马俑的大坑。巨大的兵马俑坑置放的是成千上万陶塑官兵组成的强大军阵，整体面向东方。秦始皇陵的设计和布局，显然反映了秦始皇奉行高度的中央集权，树立皇帝的绝对权威，尚力隆法，试图以强大的武力和严峻的法治确保帝国四境安宁、社会上下有序，使“始皇帝后世以计数，二世、三世至于万世传之无穷”①的政治思想。庞大的秦俑军阵，不仅“反映的是秦始皇生前率领千军万马征战六国、统一天下的壮观场面”②，而且象征着秦始皇对关东地区的征服和统治，体现出秦统治者凭借暴力兼并天下的意志。

秦始皇陵及兵马俑坑。图片来源：启程旅游网(tripc.net)、互动百科网(hudong.com)。

① 《史记·秦始皇本纪》。

② 田静：《秦始皇陵及兵马俑》，见《中国世界遗产年鉴 2004》，中华书局 2004 年版，第 132 页。

中国的皇家宫殿(如北京故宫)、祭坛(如北京天坛)、陵园(如秦始皇陵及历代帝王陵园)等皇家大型建筑设施，在相当程度上都是根据统治阶级的政治意图修建的，寄寓着封建统治阶级的政治思想。

世界各国的一些王公贵族的大型建筑或纪念性建筑、雕塑等，或多或少是根据当时时代和阶级的政治意图修建的。意大利罗马城中现存有数座罗马帝国时代修建的凯旋门，一般是横跨大道砌成门楼状，上刻宣扬统治者战功的文字或浮雕，反映出罗马帝国统治者以暴力维护帝国统治的政治思想。英国的伦敦塔、法国的凯旋门、美国的自由女神像等，也都体现出时代和阶级的政治思想。

古罗马凯旋门。图片来源：中国风景园林网(chla.com.cn)。

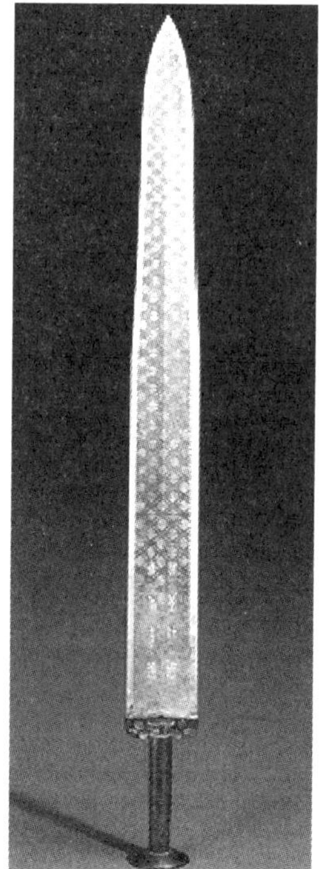
越王勾践剑(荆州战国楚墓出土)。图片来源:中华文苑网(china-culture.com.cn)。

口头文学、表演艺术类的非物质文化遗产大都有具体的思想内容，其思想内容往往包含政治思想。社会风俗和礼仪活动，往往与政治相联系，直接或间接地表达了民众的政治思想。

二、文化遗产的军事思想价值

军事思想，主要体现在前人的军事用品和军事建筑设施上。口头文学和表演艺术这两类非物质文化遗产，涉及战争的内容也表达有军事思想。

古代的墓葬和遗址中，出土有大量的兵器和战争用具。考古发现的不同时代、国家、地区和民族使用的兵器和战争用具的种类、形制、功能和数量，即反映了其时其地其人的军事思想及其变化。

商代西周的兵器，主要是戈、矛、戟、镞和短剑。春秋战国时期的中原诸侯国的兵器，基本上是沿用传统兵器并有所发展。同时期的南方楚、吴、越诸国兵器，则有大量的长剑、弓弩以及其他地域罕见的一柲多头戈和多头戟。这表明，当时北方中原人因所处地域开阔平坦，军事思想沿袭传统而尤重徒兵、车兵的短兵相接；南方人因所处地域多山林水泽，故军事思想不囿于传统，也不拘一格，既重徒兵、车兵的短兵相接，也重适宜于山林格斗和舟师杀敌的远程攻击，结果不仅改造了传统兵器，而且发明了弩这种新式武器。

万里长城是由城墙、敌楼、关城、墩城、营城、卫所、烽火台等多种防御工事组成的一个完整的防御工程体系，体现了有备无患、积极防御、守坚攻速、远近照应、体系完备等丰富的军事思想。

世界各地遗存有许多城堡、要塞和防御工事，如入选《世界遗产名录》的阿尔及利亚贝尼·哈玛德的卡拉城、英国圭内斯郡爱德华国王城堡和城墙、阿曼巴赫莱要塞、法国卡尔卡松历史城墙要塞等，都体现了一定的军事思想。

三、文化遗产的哲学思想价值

哲学在人类生活中可谓无处不有，人类社会实践的创造性活动的成果自然会寓含哲学思想。只是文化遗产所寓含的哲学思想，因其种类、性质、规模、功用等不同而有多少、深浅和显隐之别。前述文化遗产中所寓含的历史观念、审美意识、科学思想乃至政治思想和军事思想，都与哲学相联系，有些甚至就属于哲学的范畴。这里所论文化遗产的哲学思想价值，主要是体现在宇宙观、人生观、宗教观、伦理观方面的思想价值。

文物中一些器具的造型、纹饰或图案，美术作品的形象和内容等，往往明显地反映或表达了哲学思想。

古埃及的金字塔建造和木乃伊制作，都反映了古埃及人的生死观。

人物龙凤帛画(长沙战国楚墓出土)。图片来源：新华网·湖北(hb. xinhuanet. com)。

中国商代后期的主要青铜礼器，器体一般高大厚重而多有牺首装饰，又往往布满以饕餮纹、夔龙纹为主的各种禽兽纹饰，反映出“殷人尊神，率民以事神”，以为鬼神主宰世界而降祀鬼神的神学观。楚帛画《人物龙凤图》，表现的是墓主在祈祷龙凤引导其升入天国的景象，反映了战国楚人以为人死后灵魂可由沟通天人之际的神物——龙凤引导升入天国、永享幸福的观念。战国楚墓中多出土圆形铜镜，而且多见背面有方纽、斜山字和植物纹的“山字镜”。这“山字镜”的造型、纹饰和功用，似乎形象地反映了楚人的宇宙观和人生观，即天圆地方，人则参合天地，而与天地合一乃形神俱

山字镜(荆州战国楚墓出土)。
图片来源:《江陵九店东周墓》。

清，有如其时伟大诗人屈原所谓“秉德无私，参天地兮”①。

建筑和石窟，尤其是神庙、教堂、寺院、宫观等宗教性的建筑及印度的阿旃陀、中国的敦煌和龙门、韩国的庆州等佛教石窟的雕像和绘画，集中而形象地宣扬了宗教思想。

残存于美洲密林荒野中的玛雅文明的重要遗迹，大都是以高大的金字塔及神庙为中心的城邦建筑，其主要的功能就是举行祭神仪式，形象地反映了玛雅人的宗教观念和世界观。

1998 年入选《世界遗产名录》的北京天坛，是明清两代帝王祭天祈谷的皇家祭坛。“天坛从选位、规划、建筑的设计以及祭祀礼仪和祭祀乐舞，无不依据中国古代的阴阳、五行等学说，成功地把古人对‘天’的认识、天人关系以及对上苍的愿望表现得淋漓尽致”，“天坛是物化了的古代哲学思想”②。

1994 年入选《世界遗产名录》的曲阜孔庙、孔林和孔府，是中国历代封建王朝严格按照以孔子学说为核心的儒家思想精心设计、刻意建造的。它的整体布局、环境规划、建筑设计、殿堂居室内外的陈设装饰，无不体现着对儒家思想的形象展示和生动宣扬。

各民族的民间诗歌谣谚、传说故事、戏曲艺术，往往都含有丰富的哲学思想。如彝族史诗《勒俄特依》、纳西族史诗《创世纪》、苗族史诗《古史歌》等，都形象地描述了宇宙生成、人类起源的过程，反映了中国少数民族先民的哲学探索。社会风俗、礼仪、节庆等民俗活动，则更多地、直接地表现和宣扬着伦理道德思想，因为许多礼节、仪式本就是根据民众在长期的社会生活中认同的道德伦理规范和要求而形成的，本就是社会道德伦理思想的外在表现。有关自然界和宇宙的知识，则既是科学认识，又联系着哲学认识。

第五节　文化遗产的经济价值

遗产即前人遗留的财产，称前人的文化遗存为文化遗产，当然也就认定了

① 屈原：《橘颂》。

② 张晶晶：《北京的皇家祭坛——天坛》，见《中国世界遗产年鉴 2004》，中华书局 2004 年版，第 169 页。

其有经济价值。

经济价值来源于社会需求，社会需求又表现在民众的物质生活与精神生活两方面。文化遗产可以丰富人们的精神文化生活，使人们得以提高文化素质，故随着人们对精神文化生活的需求日益增长，文化遗产的经济价值也日益增高。

物以稀有珍奇为贵，物以精巧华美为贵，物以成早历久为贵。文化遗产的各种原物、真迹是存世稀少甚至绝无仅有的，其中许多是匠心独运、鬼斧神工的艺术品，而且有着人类历史数百万年，尤其是人类文明史数千年的各个阶段、各种类型的文化创造遗存，故文化遗产的不同种类和作品，由于其有产出历史的远近、存世数量的多少等因素，或为无价之宝，或者价值连城，或者千金难求，或者百钱可得。

安徽省博物馆老馆(作者摄)

文化遗产中的许多种类可以通过市场交易、资源利用而实现其经济价值，个人和机构因而可以通过交易或利用文化遗产的某些种类而获得经济利益。然而，文化遗产是不可再生的文化财富和文化资源，受到各国政府的精心保护和严格管理。当今世界，各国都有保护和管理文化遗产的系列法规。文化遗产诸种类的搜集保藏、市场交易和资源利用，都只能在国家法规允许范围内进行。

文化遗产的经济价值，可以在市场上直接或间接体现。在国家法规允许范围内可以进行市场交易和直接利用的文化遗产，也就直接体现其经济价值。至于利用文化遗产作为文化产业及其他产业发展的创造素材、创意源泉所间接体现的经济价值，则是难以估量的。

直接体现经济价值的文化遗产，既包括物质文化遗产的实物，又包括非物质文化遗产的作品及民俗活动等。其经济价值大致体现在四个方面，即文物的收藏增值价值、文物的投资交易价值、文化遗产的旅游资源价值和利用文化遗产开发的文化产品和文化服务价值。

利用文化遗产开发文化产品和文化服务以实现经济效益，后面第七章有重点论述，这里简述前三个方面的经济价值。

一、文物的收藏增值价值

文物中的艺术品、工艺美术品、图书等实物，自古为世人所喜爱和珍视，也被世人争相搜集和珍藏。今天，收藏文物已成为社会风气，收藏方式则分民间收藏和国家收藏。

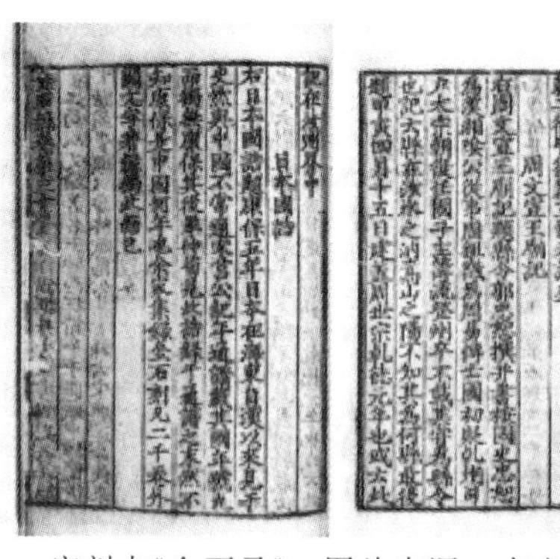

宋刻本《金石录》。图片来源：东方国礼网(dfgl.com)。

珍爱而收藏文物，即如《导言》所述，已经有了数千年的历史。中国自唐宋以来，上至帝王公卿、达官贵人，下及文人士子、商贩平民，喜好收藏古字画、古器物者大有人在。唐太宗喜好王羲之的书法，令人四处搜求而珍藏之。宋代文人赵明诚与著名女词人李清照夫妇皆喜好商周青铜器和汉唐以来的石刻及书画，四处搜求，相与把玩，还据其所闻见的三代以来钟鼎彝器的铭文款识和碑铭墓志等石刻文字，著成《金石录》三十卷。明清故宫藏有文物100多万件，包括三代鼎彝，远古玉器，唐宋元明清书画名作，宋元明清陶瓷、珐琅、漆器、金银器、竹木牙角匏、金铜宗教造像，明清家具等，是元明清三朝帝王们不断搜集和皇家累年制作的遗存，尽管在晚清至民国流失不少，但依然荟萃了唐宋至明清传世文物中的精华。在现当代史上，有许多大收藏家闻名于世，如罗振玉、刘体智(1879—1963)、郑振铎、张伯驹(1898—1982)、王世襄(1914—2009)等。当代收藏家更是难以胜计。据初步统计，2006年中国有大众收藏家6000多万人①。到2009年，这一数字猛增至9000万。

现代文明社会，公共博物馆是各个国家和地区最大、最为集中的文物收藏单位。它是由国家投资、政府兴建的收藏、保护、陈列、研究文化遗产的各种实物的文化教育单位，又分综合性和专门性的博物馆。其中的藏品通过征集、购买、捐献、考古发掘等各种方式获得，多是价值很高的文化遗产精品，集中收藏着一个国家或地区的文化遗产珍宝。

出于研究、教育的需要，许多学校、科研院所也兴建有小型博物馆或文物资料馆、美术馆等。不过，其藏品比较专业化，数量和价值远不及国家的公共博物馆。

大量的文物仍为民间人士所收藏。社会上稍有文物鉴赏兴趣和经济实力的人，大都乐意到文物市场去淘宝。

① 见《故宫博物院古玩鉴定培训》，艺超网(www.cangcn.com)。

随着社会经济的发展和民众生活水平的提高，全社会形成了持久而日盛的文物收藏热。当今中国，各种文物鉴赏与收藏的专刊纷纷出版，各种传媒纷纷开办相关栏目，文博和高校等单位也举办相关培训班、讲座或开设相关课程。媒体报道，当今中国进入了盛况空前的第五个收藏热时代①。

国家的文博机构和公共教育、科研机构收藏文化遗产的各种实物，是为了保护文化遗产，发展文化教育事业，并不以实现其经济价值为目的。私人收藏文物，一方面是因为文物有鉴赏、研究价值，另一方面是因为可以实现经济价值的增值。文化遗产的不可再生性及其具有的历史、艺术(审美)、科技、思想诸方面的价值，决定了其特殊的经济价值。这种特殊的经济价值将随着其产生和收藏的时间日益久远、社会经济发展水平的日益提高、文物收藏者的日益增多，必然会有所增值。

近15年来，中国的许多文保单位、社会机构和民间人士都越来越重视从市场求购文物，在全社会兴起了日益强劲的收藏之风。1995年，故宫博物院在拍卖市场分别以1980万元和500万元，购买了他人收藏的旧题北宋张先(990—1078)的《十咏图》和清代石涛(约1636—1705)的《竹石图》。前者价格创下了当时国画的最高拍卖记录。1996年和2003年，故宫博物院分别以880万元、2200万元，购得明代沈周(1427—1509)的《仿黄公望富春山居图》和旧题晋代索靖(239—303)的书法作品《出师颂》。2000年，北京市文物公司以2094.4750万港元拍得清乾隆款酱地描金粉彩镂空六方套瓶，上海图书馆以450万美元购得翁氏藏书，上海博物馆以990万元人民币购得宋高宗赵构(1107—1187)书写的《嵇康养生论》。

齐白石《松柏高立图・篆书四言联》。图片来源：新华网(news.cn)。

齐白石(1863—1957)的画是拍卖市场的常青树。20世纪70年代末，其一幅画的市价仅100元左右。2011年5月，在北京中国嘉德春季拍卖会上，齐白石的名作《松柏高立图・篆书四言联》竟以4.255亿元人民币的天价成交，大大超过了近两年屡破的全球中国近现代书画拍卖成交纪录。

① 记者张春健：《中国进入第五个收藏热时代》，见《当代生活报》2011年6月29日第28版。

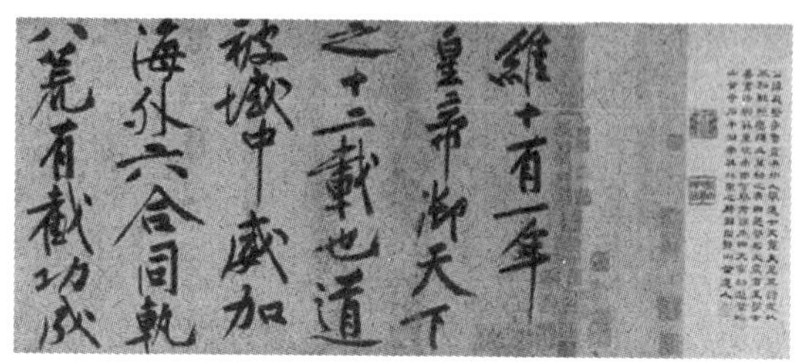

黄庭坚《砥柱铭》手卷(局部)。图片来源：书法家网(shufa.art86.cn)。

2009年11月，北京保利国际拍卖有限公司一场拍卖会上，比利时藏家尤伦斯夫妇送拍的北宋曾巩(1019—1083)《局事帖》①，以1.08亿元人民币成交；送交的明代吴彬(生卒年不详)作品《十八应真图卷》②，以1.6912亿元人民币成交。2010年5月，中国嘉德拍卖的张大千(1899—1983)画作《爱痕湖》，以1.008亿元人民币成交，成为首次突破亿元大关的中国近现代书画作品③。2010年6月，北京保利拍卖的北宋黄庭坚(1045—1105)书法作品《砥柱铭》，总成交价达到了4.368亿元④，再创中国书法作品拍卖成交价的世界纪录！据报道，2009年至2011年5月拍卖成交价过亿元人民币的中国古代书画作品已有12件，近现代书画作品已有4件⑤。2011年秋季及2012年内地的拍卖会上，又有数件书画作品的成交价过亿元。

除书画类文物外，近年来古瓷器的收藏价值也增值惊人。2005年，伦敦佳士得拍卖会上，一件元代的青花鬼谷下山图罐，以1568.8万英镑(约合2.3亿元人民币)的天价成交，创下中国瓷器暨艺术品拍卖成交价的世界纪录。2006年，香港实业家张永珍女士在香港佳士得拍卖会上，以1.5123亿港元的天价拍得一件乾隆御制珐琅彩杏林春燕图碗，大大高于原估价的6000万～8000万港元，打破了原清瓷拍卖成交价的世界纪录。2010年，在香港苏富比

① 《局事帖》是曾巩唯一的传世书法作品，是曾巩任越州通判时书写的尺牍，1996年在国外拍卖市场上曾以50万美元成交，创下当时中国书法作品拍卖成交价的世界纪录，13年后增值近30倍。

② 此画著录于《秘殿珠林续编》，是唯一得到乾隆皇帝御题的绘画作品。

③ 此画又名《爱痕湖一曲》，为巨幅绢本泼彩，宽76.2厘米，长264.2厘米，落款的年代为戊申年(1968年)，与张大千巨构《长江万里图》创作于同年。据报道，1968年巡展后，张大千本人亲自将本作赠予现藏家，并加盖“大风堂”印。现藏家为美国著名东方文化学者，任教于知名学府，在艺术研究领域备受敬重。他决定将此件作品的拍卖所得，用于支持中国相关学院的学术构建。

④ 据报道，《砥柱铭》手卷作于1095年前后，经宋代王厚之、贾似道及明代项元汴等人收藏，长期流传于民间，20世纪上半叶从广东流往日本，为日本有邻馆收藏，数年前为台湾藏家购得，这是首次出现在拍卖场中。

⑤ 见《新京报》2011年5月26日报道：《亿元时代艺术品价格上演“三级跳”》。

乾隆“万寿连延”图瓶。图片来源：新华网(news.cn)。

秋季拍卖会上，乾隆官窑瓷器“万寿连延”图葫芦瓶和珐琅彩“祥云瑞蝠”纸槌瓶，分别以2.5亿港元和1.4亿港元成交。2011年的香港苏富比秋季拍卖会上，一件“明永乐青花如意垂肩折枝花果纹梅瓶”以1.6866亿港元成交，刷新了明代瓷器拍卖的最高纪录。2012年的苏富比春季拍卖会上，一件“北宋汝窑天青釉葵花洗”以2.0786亿港元成交，刷新了宋代瓷器拍卖的世界纪录。

伴随着中国全社会收藏热的急剧升温，媒体的广泛报道，尤其是国家及地方电视台大办《鉴宝》、《收藏》类节目，不仅让国民更清楚地了解到文物的收藏价值，而且大大促进了文化遗产中可予收藏的品种，尤其是艺术品的增值。

常言道：“乱世买黄金，盛世兴收藏。”当今中国的收藏者不仅有政府机构、社会企业、投资商和收藏家，还有越来越多的文物爱好者。收藏之风骤然兴起，不仅是因中国经济快速发展、国民富裕起来而增强了文化消费，也反映出政府对文化遗产保护与利用的日益重视，反映出国民对文化遗产的价值的认识深化及对其经济价值的日益看重。

二、文物的投资交易价值

文化遗产中的可移动文物所具有的经济价值，使其成为可用于市场交易的商品。古今中外，文物都在市场内外进行着交易。在现代社会，更是形成了文物交易的专门市场，出现了大量文物交易的从业人员。在今日中国，几乎每座大中城市里都有古玩店、古字画店等文物商店以及文物交易的专门市场，文物拍卖企业日益增多，文物网络交易活动也越来越频繁，文物交易的从业人员则遍及城乡各地。文物交易已成为当今社会的重要经济活动。

文物可通过交易而实现其经济价值，文物的特殊性又可致其增值，故利益诱使人们去投资收购文物，以期视市场行情和求购对象适宜时再交易出去大赚一笔。文物商人固然善于牟取文物的投资交易价值，许多文物爱好者乃至以其他商品的生产或销售为主业的企业，也都将文物作为投资对象，收购后待价而沽，谋求其投资交易价值的最大化，达到迅速盈利或致富的目的。文物收藏热的急剧升温，正与文物具有投资交易价值分不开。因为文物收藏增值的价值，是在文物交易市场上实现的。文物的投资交易，已经成为当今中国新兴的一种投资盈利方式。

文物的投资交易价值，又因文物的特殊性而决定了其经济价值的特殊性。文物交易不同于一般商品的交易。一般商品的价值量，是由生产商品的社会必要劳动时间决定的。一般商品的交易价格，又主要是受供求关系的影响而围绕着价值上下波动的。文物若用于交易，自然也成了商品，但由于其已不具有重复生产的可能(可以重复生产的只是复制品、仿制品、赝品而不具有等同于原物、真迹的价值)，且其中许多原非为交易而生产的，故有存世数量少甚至绝无仅有的稀缺性，不可能再按原含的社会必要劳动时间进行等价交换，只能是依据供求关系决定其交易价格，尽管一些具体物品会因时代风尚、世人喜好、社会经济的变化而致交易价格有所变化，但总的趋势是其市场价值弥久益增，其交易价格也随之弥久益涨。

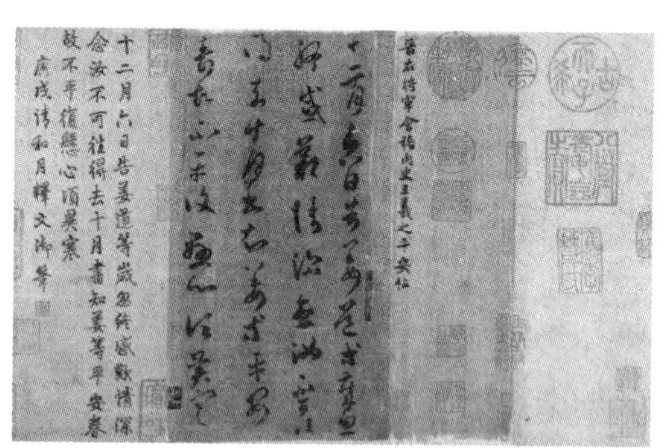
王羲之草书《平安帖》。图片来源：中国文物网(wenwuchina. com)。

爆发于2008年的世界金融危机，虽然影响到文物交易市场，但文物的精品和珍品依然受到市场热捧而交易价格不断升高。2009年下半年以来，国内的文物拍卖市场急剧升温。文化部文化市场司发布的近几年《中国艺术品市场年度报告》指出，2009年中国艺术品拍卖市场比2008年增收29.12亿元，增幅达15.87%；年度成交额为212.50亿元，自2000年以来第二次在年度成交额上突破200亿元的关口，占全球拍卖市场交易份额的17.4%，继2008年之后再次进入世界前三的行列，仅次于美国和英国；2010年中国艺术品市场的整体规模比2009年增长41%，交易总额占全球市场总额的23%，首次超越英国，升至全球第二位，实现了历史性突破，艺术品拍卖市场总成交额达到589亿元，比上年增长了177%；2011年市场交易总额达到2108亿元，名列世界第一，年增长率24%；2012年市场交易总额为1784亿元，比上年下滑15%。艺术品交易以属于文物的古代艺术品为主。

文物的稀缺性决定了其市场价值的不断上涨甚至大幅上涨，故投资交易文物往往可在短期内获得高额利润，社会许多人士及企业都热衷于文物投资，致使文物投资成为社会经济生活中不断升温的热点。

不过，文物投资交易活动是受到国家严格监管的。国家严禁以牟取暴利为目的的非法倒卖、走私文物活动。

三、文化遗产的旅游资源价值

世人皆好探奇揽胜、访古探幽。只要是稍有能力者，皆愿在条件许可的情况下外出旅游以丰富自己的精神文化生活，增长见闻见识。于是，旅游业在今日已成为社会经济的重要产业，又因其能源消耗少、污染公害小、投资回报高而被称为“无烟工业”。世界各国几乎无不重视发展旅游业，许多地区、国家甚至将其作为国民经济发展的支柱产业。

旅游业的发展，有赖于旅游资源，而旅游资源主要就是自然旅游资源和人文旅游资源。凡是具有较高价值的自然景观和文化遗产，都是旅游业的重要资源。入选《世界遗产名录》的自然遗产和文化遗产，大都是世界闻名的旅游胜地。

人类在地球上生存了数百万年，地球上可为人居住之处经人类数百万年的创造性活动，已多少留有人工的痕迹或文化的遗物。正由于自然已在相当程度上被“人化”，所以更多的旅游胜地或胜景是文化遗产或人文景观与自然景观的结合。由《世界遗产名录》可知，文化遗产及双重遗产远远多于自然遗产。世界的旅游资源，主要还是文化遗产。

一般来说，埃及最吸引人的地方，是尼罗河东岸的卢克索古城、西岸的金字塔墓区和历史文化名城开罗；法国最吸引人的地方，是巴黎市内的王宫及庭园、古教堂、古剧场、凯旋门、埃菲尔铁塔、卢浮宫、蓬皮杜美术馆；中国最吸引人的地方，是长城和北京的故宫、天坛、颐和园、中国国家博物馆等。凡有丰富而珍贵文化遗产的地方，皆可利用其文化遗产作为旅游资源而大力发展旅游业、促进本地的经济发展。

据报道，意大利的商会评估了欧洲古迹的旅游价值，法国的埃菲尔铁塔以4340亿欧元(约合3.4亿元人民币，相当于法国国内生产总值的1/5)排名第一，其后5名依次为意大利的古罗马大角斗场(910亿欧元)、西班牙的圣家堂(900亿欧元)、英国的伦敦塔(705亿欧元)、西班牙的马德里普拉多博物馆(590亿欧元)、英国的史前巨石阵考古遗址，欧洲对旅游者富有吸引力的古迹的总价值可达7000亿欧元①。

山西平遥本为经济欠发达的小县，当地政府利用平遥古城旅游资源发展旅游业，带动了地方经济的发展。平遥古城自1997年入选《世界遗产名录》后，四方游客蜂拥而至。据平遥县人民政府网《旅游产业基本情况》和《经济概况》介绍，该县旅游经济效益连年大幅递增。全县接待游客人数、门票收入、综合收

① 见2012年8月22日中国新闻网(www.chinanews.com)/新闻中心/国际新闻《意商会评估欧洲古迹旅游价值 埃菲尔铁塔拔头筹》。

入分别从1997年的5万人次、125万元和1250万元增加到2012年的417万人次、1.5亿元和40亿元，以旅游业为主导的第三产业总产值占GDP的比重从1997年的0.96%增长到2012年的46.2%。

平遥古城(作者摄)

一些古风古貌保存较为完好的古城镇、古村落，如皖南的西递、宏村和苏南的周庄、同里等，也类同平遥。据《光明日报》报道，自申遗成功后，西递、宏村的游客每年以30%以上的速度递增，从而形成了以遗产地文化观光旅游为龙头的支柱产业，大大促进了农村经济又好又快地发展。据黟县人民政府网《黟县简介》，以西递、宏村为核心旅游资源的黟县旅游业，早已成为黟县经济的主导产业。2009年，黟县实现旅游直接收入1.63亿元，旅游商品购物市场营业收入6000多万元，旅游对县财政收入的贡献率超过了20%。2012年，黟县实现旅游总收入75亿元，比上年增长32.5%。

文物、古建筑群和古遗址，都是重要的旅游资源。非物质文化遗产中的表演艺术和礼仪节庆习俗，以及传统手工艺技能等，也都是重要的旅游资源。一个地区、国家的民族、民间文化，因其丰富多样又各具特色，加之富于观赏性和参与性，故尤能吸引游客。现今世界上许多地区和国家都利用其传统节日举办大型民俗活动，吸引四方游客，从而提高知名度，拉动经济的发展。

若是物质文化遗产与非物质文化遗产结合为一体的遗产，其具有的旅游资源价值则会成倍增长。古城丽江既是具有“全球突出普遍价值”的文化遗产，又是以纳西族为主体的多民族世居之地而传承着地域的、多元的、丰富的、特异的、鲜活的民族民间文化，加之还有旖旎的自然风光相映衬，故尤为世人向往。资源丰而游客多，游客多而收入高。

丽江四方街。图片来源：背包客栈网(bbkz.com)。

2003年，丽江古城的门票收入就达近5亿元，而平遥古城的门票收入只有2000万元；丽江的旅游业收入高达20亿，是平遥旅游业收入的10倍。“十一五”时期(2006—2010年)，丽江共接待海内外游客3245.92万人次，年均增长18.10%；实现旅游综合收入363.73亿元人民币，年均增长21.80%。2012年，丽江实现旅游综合收入205亿元，比上年增长35%①。

文化遗产作为旅游资源而产生的经济效益，既有直接的，也有间接的，而且间接的经济效益要远大于直接的经济效益。文物陈列、古建筑群和古遗址开放、民俗文化活动和民间艺术表演等的门票收入，是其直接的经济效益。但这种直接的经济效益是很有限的，因为文化遗产是全民的财富，主要由政府的公益事业机构管理和保护。政府的公益事业单位展出文物、开放古建筑群和古遗址、举办民俗文化活动及民间艺术表演等，主要目的不是赢利，而是展示世界各地、各国、各民族的历史文化，弘扬其历史文化的优秀传统，丰富人们的精神文化生活，增长人们的综合文化知识，促进当代科学研究，促使今人承前启后、鉴古开新，创造人类光明的未来。因此，许多国家、地区的文化遗产展示，甚至是不收门票而免费的。其门票收入，也应该主要用于文化遗产的保护。文化遗产作为旅游资源而产生的间接经济效益，却是难以估量且不断增长的。游客来到文化遗产地的饮食、住宿、游乐、购物等消费，都为其间接的经济效益。

当今社会，文化遗产作为旅游资源有着巨大经济价值已是世人共识。一些地区为发展经济，利用文化遗产大力仿造古建筑。深圳市的“世界之窗”建造了世界各地重要文化遗产的微缩景观，“中国民俗文化村”荟萃了中国多民族的仿造建筑和改编歌舞，“锦绣中华”微缩景区更是微缩仿制的中国文化遗产的集中展现。武汉市的黄鹤楼和楚城，都是参照文化遗产的遗影和遗迹而兴

黄鹤楼。图片来源：昵图网(nipic.com)。

① 中共丽江市委书记罗杰《在中共丽江市委三届三次全体会议上的报告》，见丽江政务网(www.lijiang.gov.cn)。

建的景点，也都取得了很好的经济效益。黄鹤楼自1985年落成开放到2005年的20年里，门票收入累计超过4亿元，是其造价的近50倍。据报道，高速铁路开通以后，2010年黄鹤楼共接待游客达191万人次，门票收入达1.15亿元①。楚城自1992年建成开放后，游客人次和门票收入年年飙升，成为4A级的东湖风景名胜区内人气最旺的景点。就是一些为人诟病的假古董，也十分吸引游客。山西阳城造了不少仿清古建筑，命名为“皇城相府”，不仅成为清史影视剧的拍摄基地，而且招致四方游客纷至沓来②。2011年，皇城相府已经成为年接待游客百万人次，旅游综合收入达2亿元的综合性景区，并被国家旅游局评定为5A级景区。不尊重历史文化而恣意兴建假古董诚然不可取，但刻意仿古的现象也表明文化遗产作为旅游资源的巨大经济价值。

长城。图片来源：河清网(hbqnb.com)。

文化遗产的价值是多元而非单一的，其历史的、艺术(审美)的、科技的价值是其主要价值，但其思想、经济等方面的价值也不可忽略，而且其主要价值与次要价值是密切关联、相辅相成的。因此，对具体文化遗产的认识，既要着眼于三大价值而分析其突出价值，又要兼顾多元价值而评估其综合价值。这样，才能根据文化遗产的价值进行切实有效的保护和充分合理的利用。

① 《高铁带来众多广东湖南客，黄鹤楼去年门票收入破亿元》，见《武汉晚报》2011年1月21日。

② 陈志华：《漂亮却残缺的“农村民居”》，《南方周末》记者采访记，见《南方周末》2004年7月7日。

第六章　文化遗产的保护

人类不能割断历史，人类不能没有文化。人类自身和人类社会的发展，都只能在继承前人创造的历史文化遗产的基础上发展。因此，人类必须珍视和保护既有的珍贵文化遗产。

当今世界，文化遗产的保护已经成为全球治理的重要内容。联合国教科文组织制定了保护世界遗产的严格规范和操作规程，各国也都有保护文化遗产的具体方针、政策和措施。

第一节　保护文化遗产的必要性和紧迫性

保护文化遗产的必要性，也就是文化遗产保护的重大意义。保护文化遗产的紧迫性，也就是文化遗产保护的现实危机。

一、保护文化遗产的必要性

为什么必须保护文化遗产，保护文化遗产有何重大意义，这在联合国教科文组织及世界各国的相关法规性文件里都有阐明。

《海牙公约》开宗明义地指出："考虑到文化遗产的保存对于世界各民族具有重大意义，该遗产获得国际保护至为重要。"《世遗公约》强调："考虑到现有关于文化财产和自然财产的国际公约、建议和决议表明，保护不论属于哪国人民的这类罕见且无法替代的财产，对全世界人民都很重要。"《非遗公约》进而说明，《建议案》、《世界文化多样性宣言》和《伊斯坦布尔宣言》都强调了非物质文化遗产的重要性，对之必须予以保护，以维护文化的多样性，保证可持续发展。

《文物法》第一条即说明：

> 为了加强对文物的保护，继承中华民族优秀的历史文化遗产，促进科学研究工作，进行爱国主义和革命传统教育，建设社会主义精神文明和物质文明，根据宪法，制定本法。

《非遗法》第一条阐明的立法宗旨，与《文物法》基本相同。国务院下发的《通知》第一部分作了全面的阐述和精辟的概括：

> 我国文化遗产蕴含着中华民族特有的精神价值、思维方式、想象力，体现着中华民族的生命力和创造力，是各民族智慧的结晶，也是全人类文明的瑰宝。保护文化遗产，保持民族文化的传承，是连结民族情感纽带、增进民族团结和维护国家统一及社会稳定的重要文化基础，也是维护世界文化多样性和创造性，促进人类共同发展的前提。加强文化遗产保护，是建设社会主义先进文化，贯彻落实科学发展观和构建社会主义和谐社会的必然要求。

归纳起来，保护文化遗产的必要性主要在于：

1. 全面、准确和深刻地认识民族、国家和人类的历史，鉴古知今，放眼未来

高句丽王城、王陵及贵族墓葬。图片来源：国家文物局网（sach. gov. cn）/中国的世界遗产。

文化遗产的首要价值，就是历史价值。人们若要全面、准确和深刻地认识民族乃至人类的历史，就必须借助和利用文化遗产。信史时代之前的人类历史，只能通过原始社会的人类遗存得以了解。历史时期的人类历史，因文献记载的缺失或错误，也需要通过文化遗产来印证或补正。

只有通过读书、考古和采风，也即阅读历史文献、考究物质文化遗产和采察非物质文化遗产，人们才能全面、准确和深刻地认识民族、国家乃至人类的历史，从而清楚地了解其历史发展的完整面貌和盛衰变迁，知悉其历史发展的因果关系，揭示其历史发展的演进规律，总结其历史发展的经验教训，科学地预测其历史发展的前景。人们尊重历史传统，遵循历史规律，树立科学发展观并选择正确的发展路线，方可使社会得以持久地、健康地向前发展。

2. 提高民众文化素质，满足民众文化生活的需要

文化遗产，是人类知识的凝聚和智慧的结晶。利用文化遗产，人们可以开阔眼界，增长见识，从而提高文化素质。

人们对文化遗产的了解，多是在参观、游览、休闲时对文化遗产的观赏、体验过程中获得的。人们的观赏、体验文化遗产的活动，就是文化生活。充分

展示和表现文化遗产，也就能够大大丰富人们的文化生活。

当今社会，人们的文化生活方式，主要是旅游产品和文化产品的消费。文化遗产，则是旅游业和文化产业的重要资源。只有大力发展旅游业和文化产业，才能满足民众文化生活的需要。大力发展旅游业和文化产业，也就必须保护文化遗产。

3. 巩固资源基础，发展国民经济

文化遗产是十分珍贵的资源，具有不可限量的经济价值。中国现阶段即使是对文化遗产经济功能的有限发挥，文化遗产的保护与利用已是经济效益巨大的社会事业。

粤剧《昭君出塞》剧照。图片来源：酷6网(ku6.com)。

国务院发展研究中心文化遗产课题组编写的《中国文化遗产事业发展报告(2008)》蓝皮书，通过规范的福利经济学分析，参照世界旅行旅游理事会关于旅游对经济贡献的测算方法，首次就文物(物质文化遗产)系统对国民经济的贡献做了计量测算。“经计算，‘十五’期间全国文物系统财政拨款仅占同期GDP的0.018%，而同期全国文物系统对国民经济贡献占GDP的0.143%，文物系统对国民经济贡献是同期财政投入的8.1倍，即文物系统财政投入1元给国民经济带来的产出为8.1元。”①“‘十一五’期间，全国文物系统对国民经济全部贡献合计为1082.4亿元，是‘十五’期间662亿元的1.6倍(按可比价格计算为1.3倍)，年均名义增长率为7.6%(实际增长率约1.6%)。”②测算的结果，尚且只考虑了文物系统的部分情况，反映了文物系统对国民经济贡献的下限。即便据此十分保守的计算数据，已可让人清楚地认识到：“文化遗产事业绝不是财政的包袱，而是社会、经济效益兼备和‘投入小、产出大’、‘利在当代、益及后代’且能带动相关产业发展的社会事业。”③因此，有效保护文化遗产，就

① 刘世锦主编：《中国文化遗产事业发展报告(2008)》，社会科学文献出版社2008年版，第33页。

② 刘世锦主编：《中国文化遗产事业发展报告(2010)》，社会科学文献出版社2010年版，第57页。

③ 刘世锦主编：《中国文化遗产事业发展报告(2008)》，社会科学文献出版社2008年版，第11页；2009年和2010年的蓝皮书，就文化遗产关系民生大计、文化遗产事业对经济社会发展的促进作用，作了更具体的分析和翔实的论述。

是巩固国民经济健康持续发展的资源基础。

4．弘扬优秀传统，建设先进文化

文化遗产“是各民族智慧的结晶，也是全人类文明的瑰宝”，只有予以继承和发扬，才能创造民族乃至人类的美好明天。

不过，文化遗产中有精华和糟粕之别。如中国传统的酷刑设施和用具、鼻烟壶和大烟枪、厚葬习俗、缠足习俗、赌博习俗以及文化遗产所反映的颓废意识、低级趣味等，可谓文化遗产中的糟粕。文化遗产中的糟粕，必须予以细致辨析和妥善处理。属于物质文化遗产的，仍可保护展示以反映历史。属于非物质文化遗产的，则可酌情保存以作历史的见证，却不宜传承宣扬，因为它们已被历史证明是腐朽落后而不利于民族乃至人类健康发展的传统文化。

武昌起义军政府旧址。图片来源：中国游游网(86y.com.cn)。

在中国，爱国主义革命传统是特别突出的优秀文化遗产。毛泽东在《中国革命和中国共产党》中指出：“中华民族不但以刻苦耐劳著称于世，同时又是酷爱自由、富于革命传统的民族……中华民族又是一个有光荣的革命传统和优秀的历史遗产的民族。”诚然，中国的许多文化遗产，尤其是近现代的大量物质文化遗产和非物质文化遗产，鲜明突出地体现了爱国主义革命传统。因此，《文物法》列举的第二类文物就是革命文物。已经搜集整理的大量非物质文化遗产作品中，有着大量的革命歌谣、故事和传说等。中华民族因有爱国主义传统而得以生生不息、发展壮大，中华民族的伟大复兴更加需要继承和发扬爱国主义传统。保护与利用文化遗产进行爱国主义革命传统教育，是建设社会主义先进文化的必要条件和手段。

欲使民族乃至人类健康发展，就必须建设合乎民族根本利益和人类本质要求的先进文化，就必须传承优秀的文化遗产。

5．促进科学研究，利于文明发展

在马克思和恩格斯看来，人文社会科学最重要甚至唯一的就是历史学①。

① 马克思和恩格斯在《德意志意识形态》中，称历史学是他们“仅仅知道”的“一门唯一的科学”，见《马克思恩格斯选集》第一卷，人民出版社1972年版，第21页。

文化遗产，可以说全方位地支持和促进着历史学的研究。第五章关于文化遗产反映、证实、补正、传承历史的历史价值的举例说明，也都是通过利用文化遗产作为资料而进行历史研究所得出的认识。当今历史学的研究不可不利用文化遗产，也即不可不利用考古所得的出土物质文化遗产资料和采风所得的非物质文化遗产资料，尤其是信史时代之前和文明时代早期的人类历史。中国学术界近20多年为世界瞩目的两大科研项目——“夏商周断代工程”和“中华文明探源工程”，都主要是利用考古发现的相关遗址、墓葬、器物等物质文化遗产资料，以及收集的相关非物质文化遗产资料（如大量搜集的古史传说资料），集中国内外的学术力量，展开多学科、全方位的协作攻关来进行的。前者已经取得了阶段性成果，后者仍在深入展开。

具有多方面价值的文化遗产，作为人类创造性文化成果的遗存而涉及社会科学和自然科学的各个领域，故文化遗产的充分利用可以不同程度地促进各个学科的科学研究。

科学研究的目的，是解决人类生存和发展中的问题，建设适于人类生存和发展的物质文明和精神文明。文化遗产既是科学研究不可或缺的资料和条件，也是建设物质文明和精神文明的资源和基础。

6. 联结民族感情，增进民族团结

一个国家的文化遗产，主要是这个国家疆域内生活着的民族的文化遗存，具有持久的民族传统和鲜明的民族特色。即使是多民族国家，由于各民族长期共同生活在同一地域空间而有着长期的民族交往和文化交流，其文化遗产也都具有民族文化交融互补的特征。人们观赏本民族或本国的文化遗产，尤其是欣赏非物质文化遗产或参与非物质文化遗产的传承活动，无疑会激发民族情感。

2008年清明节陕西黄陵桥山公祭黄帝大典。图片来源：中评网(zhgpl.com)。

一般而言，华人在中国的博物馆观看通史陈列时，在观赏历朝历代的文物珍品时，会因其展现的悠久历史和灿烂文化而油然生发民族自豪感，也会不自觉地增强民族认同感；在参加中国各地举行的祭拜先祖，尤其是人文始祖如炎帝和黄帝时，会自然而然地强化认祖归宗的民族感情；在游览近现代重要史迹或参与端午节吃粽子、划龙舟活动时，会在胸中涌起爱民族、爱国家的激情……

文化遗产的展示或传承，诚然是联结民族感情的纽带、促进民族认同的熔炉。人们因文化遗产而认识到民族团结和睦、交流互动的历史发展和文化创造时，也就会有更强烈的民族团结的意识和追求。

7. 维护国家主权，保障社会稳定

一个国家及其民族的文化遗产，是其历史发展的见证、文明成就的反映、文化主权的体现和自我形象的展示。保护文化遗产，也就是保卫国家的统一和民族的安全。

一个国家实现了民族大团结，一个国家的人民众志成城，其国家也就有了安全的保证，社会也就有了稳定的基础。一个国家的文化主权得以维护，一个民族的自我形象得以彰显，其国家也就有了安全的条件，社会也就有了稳定的保障。

因此，国务院的《通知》强调，文化遗产是“增进民族团结和维护国家统一及社会稳定的重要文化基础”，要求“从对国家和历史负责的高度，从维护国家文化安全的高度，充分认识保护文化遗产的重要性”。

8. 维护文化多样性，构建和谐社会，增强人类的生命力和创造力

文化遗产的多样性特色，不仅在物质文化遗产方面有着鲜明的体现，而且在非物质文化遗产方面体现得尤其突出。民族习俗有别，国家风尚相异，一个民族的非物质文化遗产，也就是其身份的标志、个性的展现。

历史证明，人类文明的多彩面貌、勃勃生机和辉煌成就，正在于有着多样性的民族、地域文化的争奇斗艳、交流互补和融汇出新。

墨西哥土著亡灵节。图片来源：新浪网(sina.com.cn)。

保护文化遗产，也就是维护既有的世界文化多样性。维护世界文化的多样性，即意味着尊重人权、尊重世界各民族的生存权和发展权。有了这种世界意识的

相互尊重，有了世界各民族及其文化的相互尊重，即意味着民族的平等相待、和睦相处、共同发展。实现了民族的文化尊重与和平发展，世界也就构建出和谐社会。《世界文化多样性宣言》说得好："在日益走向多样化的当今社会中，必须确保属于多元的、不同的和发展的文化特性的个人和群体的和睦关系和共处。"

不言而喻，保护文化遗产以维护世界文化的多样性，就是维护人类的生命力和创造力，也就是为构建和谐世界、促进人类共同发展作贡献。

二、保护文化遗产的紧迫性

保护文化遗产的紧迫性，当今已为国际社会所深刻认识。各国政府正是基于这种共识，积极参与联合国教科文组织主导的世界遗产保护活动，同时大力加强本国的文化遗产保护工作。尤其像中国这样处于经济快速发展的发展中国家，保护文化遗产的紧迫性更为突出，近年来对文化遗产保护的力度也不断加大。

《世遗公约》的制定和通过，就是国际社会"注意到文化遗产和自然遗产越来越受到破坏的威胁，一方面因年久腐变所致，同时变化中的社会和经济条件使情况恶化，造成更加难以对付的损害或破坏现象。考虑到任何文化或自然遗产的坏变或丢失，都有使全世界遗产枯竭的有害影响"①。《非遗公约》的制定和通过，也是国际社会"考虑到非物质文化遗产与物质文化遗产和自然遗产之间的内在相互依存关系……也与不容忍现象一样，使非物质文化遗产面临损坏、消失和破坏的严重威胁，在缺乏保护资源的情况下，这种威胁尤为严重"②。

国务院的《通知》指出：

> 文化遗产是不可再生的珍贵资源。随着经济全球化趋势和现代化进程的加快，我国的文化生态正在发生巨大变化，文化遗产及其生存环境受到严重威胁。不少历史文化名城(街区、村镇)、古建筑、古遗址及风景名胜区整体风貌遭到破坏。文物非法交易、盗窃和盗掘古遗址古墓葬以及走私文物的违法犯罪活动在一些地区还没有得到有效遏制，大量珍贵文物流失境外。由于过度开发和不合理利用，许多重要文化遗产消亡或失传。在文化遗存相对丰富的少数民族聚居地区，由于人们生活环境和条件的变迁，民族或区域文化特色消失加快。

---

① 《保护世界文化和自然遗产公约》。

② 《保护非物质文化遗产公约》。

文化遗产及其生存环境所受到的严重威胁，凸显了保护文化遗产的紧迫性，主要表现在：

1. 经济发展的工业化、全球化趋势导致的文化遗产保护危机

20世纪中叶以来，世界经济发展的工业化、全球化，导致文化发展出现单一化、趋同化倾向，使得工业化强国的文化强势传播而冲击、覆盖发展中国家的文化。广大发展中国家丰富多样的文化遗产，尤其是非物质文化遗产，却因受到忽略、废弃而消失或正在消失。当今世界，各国都追求工业化带来的物质文明，发展中国家也因步西方发达国家的后尘而不同程度地受到西方文化的影响。

圣诞节期间的北京。图片来源：中国网(china.com.cn)。

中国这方面的危机相当严重，而且自国门开放和工业化加速以来尤为严重。中国的文化遗产，大都是农耕/游牧文明的成果和见证。工业化、全球化浪潮的急剧冲刷弱化甚至淹没了农耕/游牧文明，也使得文化遗产丧失了存在的土壤，尤其是主要靠口传手授而传承的非物质文化遗产丧失了生存的条件。中国本土的非物质文化遗产因工业化的冲击而濒于消亡，西方工业化强国的文化却随经济发展的全球化而强势影响中国，以致国民在衣食住行等许多方面都效法西方，甚至一些年轻人已经无视或不知中国的传统节日而热衷于过西方的情人节、圣诞节等“洋节”。

2. 社会发展现代化、城市化趋势导致的文化遗产保护危机

与世界经济发展的工业化、全球化趋势直接关联，人类社会发展也在西方发达国家主导下出现了现代化、城市化趋向。发展中国家纷纷力求以工业强国富民，适应工业化要求而集中人口和资源，大搞城市改造和建设，大力建设交通、能源等基础设施，从而造成严重的文化遗产建设性破坏，拆毁或损毁大量的古建筑、古遗址和古墓葬等文物以及附着的非物质文化遗产。

老北京四合院。图片来源：人民网(people.com.cn)。

新中国成立之初，为建设现代化、国际化的新首都而拆毁了

北京古城，成为中国人民心中永远的遗憾。改革开放以来，中国经济快速发展，中国大地到处是火热的建设工地。然而，城市建设中拆毁古民居、古城墙等建筑类文化遗产，工程建设中损毁古墓葬、古遗址等文化遗产，时常见于媒体报道。具有典型日耳曼风格，可与近代欧洲火车站媲美的济南老火车站，是一座矗立了80多年的济南标志性建筑，却被拆除；贵州遵义会议会址周围的历史建筑，全部被拆；曾是明代抗倭前线、清代鸦片战争的主战场、宁波商帮的发祥地的定海古城，在“旧城改造”的名义下被夷为平地；安阳穿城修路，严重破坏了历史街区；被视为北京民居灵魂的四合院，几乎被拆毁殆尽；被视为福州市名片的明清民居建筑群“三坊七巷”，在旧城改造中被大量拆毁……

非物质文化遗产“在当代现代化发展的狂潮中，面临着‘摧枯拉朽’般的灾难”。有鉴于此，2002年春，中国85位著名人文学者在北京发表了《抢救中国民间文化遗产呼吁书》。至今，非物质文化遗产的保护虽然受到了各国政府的重视，但现代化、城市化的大潮却快速地淹没着其生存发展的土壤。

3. 经济利益驱动导致的文化遗产保护危机

文化遗产有着巨大的经济价值，是当今社会经济发展的重要资源和发财致富的特殊商品。因此，一些社会相关机构甚至地方政府为发展经济而过度开发文化遗产，少数社会不法之徒为牟取私利而盗卖文物。

中国的世界遗产地和风景名胜区普遍开发过度，旅馆、酒店、商场、游乐设施甚至人造景观满目皆是，利用节假日去旅游的游客摩肩接踵、人满为患。武当山有着600年历史的遇真宫主殿，因租给私人开办武术学校而在一场大火中化为灰烬；丽江古城，因民居大量改造或租用为旅馆、商店而导致居民大量流失，被世界遗产专家批评为过度商业化；一些地方大力开发民俗文化资源，不惜借继承创新的名义，胡编乱造或随意篡改民俗文化，使得非物质文化遗产失去原生性而自行毁灭……

由于文物的经济价值越来越为人们所认识，并且随着经济快速发展而越来越高，社会上一些唯利是图的不法分子不惜铤而走险，大肆盗掘、盗窃和盗卖、走私文物，导致大量珍贵文物遭受破坏和流失境外。尽管世界各国都不断加大对此的打击力度并加强予以遏制的国际合作，联合国教科文组织也在促进国际合作以打击文化遗产犯罪活动方面做了大量工作，但仍然难以遏制严重的文化遗产犯罪行为。

4. 自然灾害、战争破坏导致的文化遗产保护危机

全球的自然灾害年年都有，而且防不胜防。加之工业化浪潮带来对自然生态的破坏，自然灾害尤为频发和加剧。2010年1月的海地大地震，造成近30万人死亡，约150万人无家可归，首都太子港几乎成为一片废墟。2011年

3月的日本本州岛海域大地震引发的海啸，造成15 000多人死亡，近1万人失踪，大量建筑被毁，经济损失高达数十万亿日元。人亡房毁，文化遗产焉存？

被震毁的江油云岩寺春台。图片来源：新华每日电讯(mrdx.cn)。

中国地域辽阔，地形复杂，气候带多，又处于亚欧大陆板块与太平洋板块的交界处，是世界上自然灾害最为严重的国家之一。中国的灾害种类多、分布地域广、发生频率高、受灾人口众、造成损失大，仅2008年就有南方大雪灾和汶川大地震。尤其是汶川大地震，造成近9万人死亡，近9000亿元的经济损失①。大地震造成了文化遗产的巨大损失。国家文物局2008年6月通报，截至6月5日，国家文物局共收到四川、甘肃、陕西、重庆、云南、山西、湖北7省(市)文物行政部门关于文物受损情况的报告，共有169处全国重点文物保护单位(其中2处已入选《世界遗产名录》)、250处省级文物保护单位受到不同程度的损害，2766件馆藏文物受损，其中珍贵文物292件。这实际上只是初步统计，况且损失最大的还是非物质文化遗产。大地震震碎了羌族人的家园，给延续3000多年的羌族文化遗存造成了不可复原的损害。如北川县民俗博物馆的上万件文物及搜集整理的羌族传统文化的文字、图片、音像等所有资料，全被埋入废墟。北川文化馆、北川羌族研究所的民间老艺人，其中包括民族舞蹈家、音乐家、民俗研究专家等民族文化传承者，80%都不幸遇难。许多储存在电脑里的资料和研究成果，也被地震毁于一旦②。

人类历史上战争不断，20世纪的两次世界大战给人类带来的惨重苦难和巨大损失让世界人民心有余悸。战争必然会对文化遗产造成严重毁损，现代战争的毁灭性破坏则更为严重。《海牙公约》就是因为第二次世界大战后人们“认识到在最近的武装冲突中文化财产遭受到严重损害，且由于作战技术的发展，

① 2008年9月4日，国务院新闻办举行发布会首次公布了汶川大地震灾害情况，遇难和失踪的人数达8.7万多人，直接经济损失达8451亿元。参见《新京报》2008年9月5日报道。

② 2008年6月6月，在北京举行的文物系统抗震救灾情况新闻通气会上，国家文物局报告了汶川大地震给文化遗产造成的前所未有的破坏情况。参见《文物局：汶川大地震对文化遗产造成前所未有破坏》，中国政府网(www.gov.cn)。

其正处在日益增加的毁灭威胁之中”①，联合国教科文组织及时制定和通过的。半个多世纪以来，虽然由于国际社会的共同努力而没有发生大规模战争，但世界上局部的小规模战争却接连不断。处于武装冲突情况下的地区或国家，其文化遗产也处在毁损及威胁的危机之中。2001 年，有着1500年历史的世界文化遗产巴米扬大佛，被一意孤行的阿富汗塔利班组织炸毁，令国际社会痛心疾首。2003 年，美国攻打伊拉克期间，世界文明发祥地之一的伊拉克约有 1.5 万件珍贵文物失窃，2.5 万多件文物被毁。尽管战后伊拉克政府致力于寻找和追索失窃文物并在国际社会的帮助下颇有成效，但仍有许多文物不知所踪。

炸毁前后的阿富汗巴米扬大佛。图片来源：互动百科网(hudong.com)。

5. 生态环境、生活方式改变导致的文化遗产保护危机

文化遗产尤其是非物质文化遗产，大都是农业社会的产物，而且是在农业社会的生态环境中长期得以保留和传承。如今，在全球工业化浪潮的冲击下，在城市化、现代化生活的普及中，产生并流行于农业社会的文化遗产失去了其自然存在和传承的生态环境，现代生活方式使得许多文化遗产减弱或失去了其实用功能，乃至于许多文化遗产难以保留甚至消亡。

大规模的城市建设，即使有针对性地保护城中具有高度文化价值的民居、楼台、寺院等古建筑，但人们往往是以经济利益为重而仅仅保护其建筑本体，毫不顾及其周边环境和生态氛围，致使古建筑成为林立的高楼大厦中点缀的古迹标本，大大损失了其原有的文化价值。

大规模的工程建设，需要大量移民，甚至整体搬迁古老的城镇和村庄。这

① 《武装冲突情况下保护文化财产公约》。

南京鼓楼。图片来源：互动百科网(hudong.com)。

些古老的城镇和村庄里的物质文化遗产虽然可以异地存放或复建，但不仅可以迁建和复建的物质文化遗产有限，就是保护下来的遗产的文化价值也大受损失；其地的非物质文化遗产，却因人去地失，没有了传承的生态环境而岌岌可危。典型的例子如中国长江三峡水利枢纽工程的建设，建成的三峡水库，淹没陆地面积632平方千米，范围涉及湖北省和重庆市的21个县市，淹没2个城市、11个县城、116个集镇、1711个村庄。2010年，历时18年的移民安置结束，累计搬迁安置移民139.76万人，其中有16万多人离别故乡分赴十几个省市安家①。

现代化的生活方式，致使许多民族、民间传统文艺失去了观众，许多民族、民间传统手工艺产品失去了销路，赖此为生的艺人和匠人锐减或终绝，相关的非物质文化遗产也就难以甚至无法传承了。

第二节 文化遗产保护的指导思想、基本方针和总体目标

世界各国的文化遗产保护，大都有其根据国情确立的指导思想、基本方针和总体目标。这些都反映在其文化遗产保护的法规性文件中，体现在其文化遗产保护的具体实践中。

主导世界遗产保护工作的联合国教科文组织，虽然未对世界文化遗产保护的指导思想、基本方针和总体目标作有概括性的说明，但在其通过的相关公约和颁布的相关文件中有所反映。

一、世界文化遗产保护的指导思想、基本方针和总体目标

《世遗公约》和《非遗公约》集中反映了世界文化遗产保护的指导思想、基本方针和总体目标。

指导思想是：任何文化或自然遗产的坏变或丢失，都有使全世界遗产枯竭

① 见《三峡百万移民全面完成安置 库区迈向致富新征途》，中国政府网(www.gov.cn)/今日中国/中国要闻。

阿杰尔的塔西利岩画。图片来源：互动百科网(hudong.com)。

的有害影响；无论哪个民族或国家的遗产，都属于人类遗产而对全世界人民都很重要；具有突出的普遍价值或特殊价值的遗产，更需要作为全人类世界遗产的一部分加以保护；在遗产保存受到严重威胁的当今社会，国家一级的保护工作不够完善，整个国际社会有责任通过集体性援助参与保护具有突出的普遍价值或特殊价值的世界遗产，从而为全人类的可持续发展作出贡献。

基本方针是：采取公约形式，通过具有国际法效力的规定，为国际性的“集体保护具有突出的普遍价值的文化和自然遗产建立一个根据现代科学方法制定的永久性的有效制度”①。

总体目标是：通过国际协作保护和国家一级保护相结合的方式，使得具有突出的普遍价值或特殊价值的世界遗产得到完善保护，从而得以永久保存人类的珍贵文化资源，维护世界文化的多样性，提高人类的创造力，促进人类和平、可持续地发展。

二、中国文化遗产保护的指导思想、基本方针和总体目标

当今，中国是世界上尤其重视文化遗产保护的国家之一，中国政府也对现阶段文化遗产保护的指导思想、基本方针和总体目标作了精要而明晰的阐发。国务院的《通知》说明：

> 指导思想：坚持以邓小平理论和“三个代表”重要思想为指导，全面贯彻和落实科学发展观，加大文化遗产保护力度，构建科学有效的文化遗产保护体系，提高全社会文化遗产保护意识，充分发挥文化遗产在传承中华文化，提高人民群众思想道德素质和科学文化素质，增强民族凝聚力，促进社会主义先进文化建设和构建社会主义和谐社会中的重要作用。
>
> 基本方针：物质文化遗产保护要贯彻“保护为主、抢救第一、合理利用、加强管理”的方针。非物质文化遗产保护要贯彻“保护为主、抢救第一、合理利用、传承发展”的方针。坚持保护文化遗产的真实

① 《保护世界文化和自然遗产公约》。

性和完整性，坚持依法和科学保护，正确处理经济社会发展与文化遗产保护的关系，统筹规划、分类指导、突出重点、分步实施。

总体目标：通过采取有效措施，文化遗产保护得到全面加强。到2010年，初步建立比较完备的文化遗产保护制度，文化遗产保护状况得到明显改善。到2015年，基本形成较为完善的文化遗产保护体系，具有历史、文化和科学价值的文化遗产得到全面有效保护；保护文化遗产深入人心，成为全社会的自觉行动。

国务院办公厅印发的《意见》，具体提出了中国非物质文化遗产保护工作的目标和原则：

工作目标：通过全社会的努力，逐步建立起比较完备的、有中国特色的非物质文化遗产保护制度，使我国珍贵、濒危并具有历史、文化和科学价值的非物质文化遗产得到有效保护，并得以传承和发扬。

工作原则：政府主导、社会参与，明确职责、形成合力；长远规划、分步实施，点面结合、讲求实效。

沅陵辰州傩戏。图片来源：湖南非物质文化遗产网(hnfwzwhyc. com)。

就工作目标而言，《意见》与《通知》阐明的总体目标是一致的，即要基本建成包括文化遗产保护的理论体系、法规体系、管理体系、安全体系、公共服务体系、人才队伍体系、科技创新体系、宣传普及体系、社会参与体系、传承发展体系等在内的较为完善的综合体系。就工作原则而言，《意见》是基于非物质文化遗产保护的现状和特殊性、复杂性和艰巨性。文化遗产保护的主导者是政府，但非物质文化遗产是以活态形式广泛地存在于民间，故其保护更需要各阶层人士、各相关机构参与，并且明确划分各级各类保护主体，即负有保护职责且从事保护工作的政府机构及社会单位和个人的职责，形成全方位协作的合力，从而实现对其有效保护；非物质文化遗产保护的难度，决定了其保护不可一蹴而就，必须制定科学的长远规划，依据规划分步骤实施，采取点面结合的方法，力求取得实效。

2011年10月，中共十七届六中全会通过的《中共中央关于深化文化体制改革推动社会主义文化大发展大繁荣若干重大问题的决定》，提出了加强文化遗产保护，“建设优秀传统文化传承体系”的目标。实现这一目标，需要转变保护文化遗产的观念和方式，即从过去倾向于以物体和形式为本转向以人为本，将保护文化遗产与改善民生，发展社会经济文化很好地结合起来。近两年，中国领导人还提出了全面推进文化遗产的保护与传承，建设文化遗产强国的战略目标①。

第三节　物质文化遗产的保护

物质文化遗产与非物质文化遗产的基本特征有所不同，两者的管理机构和保护措施也有所不同，故有必要对两者分别阐述。

一、物质文化遗产的调查

物质文化遗产的调查，即国人通常所说的文物调查。保护物质文化遗产，不仅需要进行经常性的文物调查，而且需要根据保护形势的变化进行大规模的文物普查。

1. 文物调查的意义

开展任何工作，采取任何措施，前提和基础都是掌握真实的情况。所谓“没有调查就没有发言权”②。没有调查，不了解实情，也就无法有效地开展工作，正确地采取措施。文物调查，是为了掌握文物，主要是不可移动文物的数量、分布、特征、保存现状、环境状况等基本情况，为准确判断文物保护形势、科学制定文物保护政策和规划提供依据。

文物调查。图片来源：《西安日报》2010 年 3 月 4 日。

文物普查，即为全面掌握文物的基本情况而进行的调查，是一个国家和地区物质文化遗产保护的基础和前提，也是国情国力调查的重要组成部分，是确保国家文化遗产安全

① 见时任中共中央政治局常委李长春《保护发展文化遗产　建设共有精神家园》载(《人民日报》2010 年 6 月 12 日)，文化部长蔡武 2012 年 7 月 10 日在贯彻全国文物工作会议精神座谈会上的讲话，国家文物局网(www.sach.gov.cn)/专题/全国文物工作会议。

② 毛泽东：《农村调查的序言和跋》，见《毛泽东著作选读》下册，人民出版社 1986 年版，第 467 页。

的重要措施。

文物调查及普查的重要意义，具体说来有如下几点：

(1)摸清文物家底，全面掌握物质文化遗产资源

通过文物的调查和普查，全面掌握文物的存在数量、分布情况、本体特征、基本数据等，从而对物质文化遗产资源有清楚的了解。文物尤其是不可移动文物会因各种原因而损坏甚至损毁，保存相当困难，故文物的调查和普查是根据文化遗产保护形势的需要而多次进行的。

心中有数可谓功成事就的前提。全面掌握了物质文化遗产资源，也就为物质文化遗产的保护与利用奠定了良好的基础。

世界各国的文化遗产保护，都是从文物调查和普查开始的。文化遗产事业走在世界前列的国家，也尤为重视全面、细致的文物普查。法国曾经几次进行大规模的文物普查，20 世纪 60 年代又进行了一次前所未有的文物大普查。这次普查，新发现了一大批文化遗产，建立了每处文化遗产详细、明确、系统化和标准化的档案资料和说明，进一步摸清了法国文化遗产资源的基本情况，许多具有重要价值的文化遗产因在普查中被及时发现而免遭损坏，也为法国政府进一步开展有效的文化遗产保护与利用工作奠定了良好的基础。中国自 2007 年开展的第三次全国文物普查，被称为“新中国规模最大的一次摸清文物家底大行动”。

(2)细致了解文物保存的现状、文物周边的自然与人文的环境状况等基本情况，为准确判断文物保护形势、科学制定文物保护政策和规划提供依据

文物的调查和普查，不仅仅是文物存无、种类、数量的查找、统计等方面的技术性工作，而且是文物的分布情况、生存环境、保护现状、存在问题的考察和评估。

湖北郧县徐大章老屋(2009 年文物普查成果)。图片来源：人民网(people.com.cn)。

文物保护处于动态的变化过程中，尤其是不可移动文物的保护与其周边的自然与人文环境的变化关系很大。2005 年出台的《西安宣言》强调：“承认周边环境对古迹遗址重要性和独特性的贡献。”因此，我们不仅需要经常性地考察文物本身的保护状况，还必须同时考察文物生存的相关环境。只有在全面细致的调查和考察的基础上，才能根据实际状况制定科学的保护规划，采取有效

的保护措施。

(3)有利于合理、准确划定文物保护范围，完善文物档案管理，促进文物保护机构建设，提高文物保护管理的整体水平

文物的调查和普查过程，也是文物的认定过程，可以根据文物实际存在的状况和文物保护的形势，合理、准确地划定文物保护范围。以往的文物保护，只重视保护陆地上且距今有相当年限的标本性文物本体。当今随着文化遗产保护认识的深化，已经将工业遗产、乡土建筑、文化景观、文化线路、水下文化遗产、20世纪文化遗产等新的文化遗产类型纳入文物保护范围。

调查所获得的资料，都要建立文物档案。新旧文物资料的汇集和整理，将使文物档案得以完善。同时，文物档案的建立需要随时代的发展而采用先进手段。当今不仅需要用文字、照片等传统方式建档，而且需要采用录像、数字化多媒体等各种方式建档。

划定文物保护范围、完善文物档案管理，需要提高文物保护人员的素质，改善文物管理机构的硬件和软件设施，从而促进文物保护机构的建设，提高文物保护管理的整体水平。

(4)有利于培养锻炼文物保护队伍，增强全民保护文化遗产的意识

文物的调查和普查，往往需要动员和组织许多文物保护工作者参与，而且需要参与的文物保护工作者学习和掌握先进的文化遗产保护理论、方法和科技手段，为此也需要在普查前对参与者进行业务培训，调查和普查过程中也需要参与者不断学习和研讨。可以说，文物的调查和普查过程，实际上也就是文物保护队伍的培养锻炼过程。

大规模的文物普查，涉及中央到地方各级相关部门，涉及城市到农村的各方面人士，需要中央政府领导和组织、地方政府配合、全国各相关部门参与、社会各方面支持和协作才能圆满完成。因此，文物普查工作也是文化遗产保护的宣传活动，可使涉及者参与到文化遗产保护中，可使知悉者了解文化遗产保护的重要性，自然就会增强全民保护文化遗产的意识。

我国第三次全国文物普查中，参与的文物系统工作人员有近5万名之多。国家文物局及地方文物主管部门通过召开专家座谈会、举办培训班、实地检查指导等形式，既提高了文物普查队员的业务水平，又保证了普查质量。同时，各级普查机构联合新闻媒体，通过举办展览、开通热线、散发宣传品等方式，大力宣传文物普查知识，得到了社会各界的广泛支持和积极参与。

(5)有利于发掘、整合文物资源，充分发挥物质文化遗产在社会经济文化建设和促进社会全面、协调、可持续发展中的重要作用

文物既是文化资源，又是经济资源。当今社会经济和文化发展的新兴产

业——旅游业和文化产业，都必须充分利用文化遗产资源。一个国家的旅游业和文化产业发展的状况，在相当程度上反映了这个国家的经济文化发展水平。

通过文物的调查和普查，可以清楚地掌握物质文化遗产的存在数量和保存状况，发现可以利用的新资源，而且可以根据社会经济文化发展的需要合理配置和利用文化遗产资源。政府应将依据调查和普查数据科学制定的文化遗产保护规划纳入国家发展的总体规划之中，从而充分发挥物质文化遗产在社会经济文化建设和促进社会全面、协调、可持续发展中的重要作用。

2. 文物调查的对象和方式

文物调查一般为文物行政部门和文物管理机构的一项经常性的工作。全国性的文物普查则是国家文物行政部门组织的全国范围内的文物调查活动。

中国文物调查与普查的对象，包括《文物法》规定的受国家保护的各类文物，近年则与世界文化遗产保护接轨而有所扩大。在调查实践中，一般将调查对象归纳为古代文物和近代文物，也重视其中的民族文物和民俗文物。

文物调查方式的专业性很强，这里只作简略介绍。

广东开平崇礼楼（2008 年文物普查成果）。图片来源：中国江门网（jmnews.com.cn）。

开展文物调查，需要做好前期准备，主要是根据调查的目的和要求制订计划、准备资料、组织队伍、配齐用具。

根据不同调查目的和要求，目前采用的文物调查形式主要有全面普查、日常调查、专题调查、重点调查、配合工程调查和区域系统调查等。

全面普查，即对某一区域或国域内的不同时代、种类的文物进行的全面调查，是文物调查内容最广、规模最大的一种形式，主要目的在于发现未知文物、复查登记文物、为科学保护与合理利用文物提供系统、翔实的资料。

日常调查，即对本行政区域内文物的经常性调查，以随时了解、跟踪监测本行政区域内文物的分布和保护状况，逐步积累系统的资料。

专题调查，即为解决某一具体问题或围绕学术研究课题而对特定的文物对象进行的调查，一般不受行政区域的限制。

重点调查，一般是对文物调查中新发现的或需要进一步了解的或将要进行考古发掘的遗址、城址所做的详细勘察或前期准备。这种调查往往采用多种调查方法，以求准确、全面、详细地调查文物的各种情况，为科学地保护或发掘提供依据。

配合工程调查，是文物行政部门和文物考古研究机构会同建设部门对拟建工程范围内的文物进行勘察。通过勘察后，双方依据《文物法》及其《实施条例》商定对所发现文物的保护或处理办法。

区域系统调查，是对某一行政区域或自然区域进行的系统文物调查，多为一种以遗址或聚落考古为目的的深入勘察，采用区域覆盖或拉网式方法。自然区域，如江河流域的文物调查，往往跨越多个行政区域而需要相关地区的文物行政部门和管理机构共同参与。

文物调查的方法有多种，目前主要采用的是地面踏勘、传统式钻探、物探与化探、航空勘察、卫星定位与遥感。

地面踏勘，即徒步查寻，是行之有效的基本调查方式。

传统式钻探，即用一种俗称“洛阳铲”的考古钻探工具探寻文物，是一种低成本、高效率的调查方法。

物探与化探，就是运用物理学和化学的原理与方法勘探文物。物探常见的有电阻率探查法、电磁探查法和磁力探查法。化探则是通过检测土壤中与人类活动有关的化学成分含量来勘探地下文化遗存。

航空勘探，即通过航拍的照片辨析文物，可以克服地面踏勘视野狭小的局限性。

卫星定位与遥感是借助卫星定位系统和利用卫星遥感技术调查和监测文物的新方法，近年逐渐被广泛应用。

3. 中国的文物普查

中华人民共和国成立之前，中国从未有过文物普查，只是在民国时期有一些热衷于保护文化遗产的知识分子做过小范围的调查。新中国成立后，先后进行了三次全国文物普查。

(1)第一次全国文物普查

1955年，随着全国农业合作化高潮的兴起，出现了大规模农田基本建设对遍布全国的革命遗迹、古代文化遗址、古墓葬、古建筑、碑碣等文物造成破坏的现象，政务院因而于1956年颁布了《关于在农业生产建设中保护文物的通知》，要求“采取紧急措施，大力宣传，在农业生产建设中开展群众性的文物保护工

云冈石窟。图片来源：中国广播网(cnr.cn)。

作”，并且决定“必须在全国范围内对历史和革命文物遗迹进行普查调查工作”，建立文物保护单位制度。根据这一通知，中国开展了第一次全国文物普查。

第一次全国文物普查认定不可移动文物7000多处，据此编印出各省、自治区、直辖市文物保护单位名录。后经评估申报，各级政府相继公布了一批全国重点文物保护单位及省、市(县)各级文物保护单位。不过，限于当时的人力物力条件，第一次文物普查实际上只能说是一次全国范围内初步的文物调查，规模小、程度低、不规范，甚至没有详细的统计数据。

(2)第二次全国文物普查

鉴于“文革”中文物破坏严重，文物保护问题突出的情况，1981年，国务院批转了文化部文物局《关于开展文物普查工作的通知》。1982年，《文物法》正式颁布实施。在此基础上，全国展开了文物普查工作。大规模的普查至1985年基本完成，但复查又持续数年，参加普查人员达9.4万多人，“普查的规模和成果都远远超过第一次普查，实现了对文物资源的抢救性发现和超常规积聚”①。

第二次文物普查共调查登记不可移动文物近40万处，据此先后公布了4295处全国重点文物保护单位、8000多处省级文物保护单位、6万多处市县级文物保护单位，还编制出版了《中国文物地图集》。

(3)第三次全国文物普查

20世纪80年代的全国文物普查虽然规模很大且成果巨大，但受观念、资金、技术等制约，仍然有漏查和偏废情况。登记的近40万处不可移动文物的数据也只是个约数，每一处文物的状况到底如何并无准确记载。在过去的近30年里，其中不少文物已经由于各种原因不复存在。与此同时，文化遗产保护形势发生了很大的变化，文化遗产保护观念和方法也与世界接轨，一些过去不被认为是文物的东西成了备受瞩目的文化遗产而需要纳入文物保护范围。

基于对文化遗产保护重要性的深刻认识和面临文化遗产保护的新形势，国务院于2007年4月下发《关于开展第三次全国文物普查的通知》，决定从2007年4月开始，到2011年12月结束，分三个阶段进行全国文物大普查。普查的范围是中国境内(不包括港澳台地区)地上、地下、水下的不可移动文物。这次普查以调查、登录新发现的不可移动文物为重点，同时对已登记的近40万处不可移动文物进行复查。为搞好这次普查，国家成立了以国务委员陈至立为组长，国家发改委、民政部、财政部、国土资源部、测绘局、总后勤部基建营房

① 单霁翔：《在河南普查培训班上的讲话》，国家文物局网(www.sach.gov.cn)/政务信息/领导讲话。

部等14个部门负责人为成员的第三次全国文物普查领导小组，负责普查工作的组织和领导，协调解决重大问题。

湖北利川罗家岩穴居(2009年文物普查成果)。图片来源：华夏遗产网(ccnh.cn)。

第三次全国文物普查，是中国历史上领导规格最高、普查范围最广、普查内容最细的文物大普查。正如第三次全国文物普查领导小组副组长兼办公室主任、时任国家文物局局长单霁翔所说，旨在“摸清文物家底”的第三次全国文物普查，将覆盖每一寸国土，将“广泛运用现代科技手段，并充分利用已有的文物调查项目成果，了解不可移动文物本体及环境的基本情况，尤其是对不可移动文物的量化指标、保存与环境现状及其变化情况等进行调查、登录”，将“培养锻炼一大批业务骨干，使我们各级文物部门的文化遗产保护理念和运用现代科技保护手段的能力有一个飞跃式的发展，提升我国文化遗产事业的整体水平，为实现文化遗产保护的科学化、信息化、规范化管理奠定坚实的基础”①。

至2011年12月，历时五年的第三次全国文物普查圆满完成。中央和地方各级财政累计已投入文物普查经费12亿元，参加调查的人数达47 640名。全国2857个县(包括4万多个乡镇)，实地文物调查完成率达100%。全国共调查登记各类不可移动文物766 722处，其中新发现登记不可移动文物536 001处，复查登记不可移动文物230 721处。一大批具有重要历史、艺术、科学价值的工业遗产、乡土建筑、20世纪遗产、文化线路、文化景观等新型文化遗产在普查中得到充分重视。水下文化遗产第一次被列入普查范围，遥感技术第一次被应用于普查中②。

① 单霁翔：《在河南普查培训班上的讲话》，国家文物局网(www.sach.gov.cn)/政务信息/领导讲话。

② 参见《单霁翔：五年文物普查工作价值和意义将日益显现》，中国政府网(www.gov.cn)/今日中国/中国要闻；孙波：《第三次全国文物普查成果正式对外发布》，国家文物局网(www.sach.gov.cn)/第三次全国文物普查/动态资讯。

2012年2月，中共中央办公厅、国务院办公厅发布《国家"十二五"时期文化改革发展规划纲要》，提出近5年内将"健全文物普查、登记、建档、认定制度，开展可移动文物普查，编制国家珍贵文物名录"。2012年10月，国务院下发了《关于开展第一次全国可移动文物普查的通知》，要求自2012年10月到2016年12月，分三个阶段进行，全面普查各类国有单位所收藏保管的国有可移动文物，统计其数量、类型、分布和收藏保管等基本信息。

二、物质文化遗产的认定

物质文化遗产的认定，一般是指对文物真伪、年代、类型、名称和价值等的认定，可以说包括了确认和鉴定文物的全过程。世界各国对物质文化遗产的认定，大都在其物质文化遗产保护的法律及相关法规性文件中有明确规定。但物质文化遗产的确切认定，是十分复杂而困难的，难以用文字清楚说明。

这里阐述的物质文化遗产认定，是文物初步的和基本的认定，具体为近年来国际社会和中国关于物质文化遗产新类型的辨析和区分。这样的认定，是与文物的调查和发现同步的。

随着世界遗产事业的发展，国际社会所认定的文化遗产的类型不断增多，文化遗产保护的范围也不断扩大。因此，根据世界遗产保护的实践需要而不断修订的《操作指南》，就有着对不断丰富着的世界遗产的含义所作的补充说明，而且具体解释了国际社会认定的文化遗产新类型。

澄迈美郎双塔（黄一兵摄）（海南省第三次文物普查成果）。图片来源：大洋网(dayoo.com)。

相对而言，可移动文物认定较简单、保护较容易，不可移动文物认定较复杂、保护较困难。因此，我国的第三次文物普查，就只普查全国的不可移动文物。

为了规范和统一，国家文物局专门制定了《第三次全国文物普查的不可移动文物定名标准》和《第三次全国文物普查的不可移动文物年代标准》。其定名的基本标准是：

> 可分别按古代和近现代不可移动文物的基本分类予以定名。凡属于复查的不可移动文物一般应沿用原定名，如原定名与本标准存在较大出入，可

在文物名录公布前统一进行科学修订。

文物普查中发现的各类不可移动文物的定名应本着简约、准确、易懂、避免重复的原则。

年代标准规定了纪年采用标准、时限划分标准、确定纪年的方法和年代标示规则。

2002年修订版《文物法》，就已将一些国际社会认定的文化遗产类型纳入中国文物保护的范围。第三次全国文物普查进而将国际社会认定以及认定之中的文化遗产类型也纳入普查内容之中，体现出中国文化遗产保护的先进性。新的物质文化遗产类型，主要有下述几类：

1. 历史文化名城名镇名村和历史街区

保存文化遗产特别丰富并且具有重大历史文化价值或者历史纪念意义的城市、城镇、村庄或街道，即历史文化名城、名镇、名村或历史街区。

维也纳历史中心。图片来源：搜狐网(sohu.com)/旅游频道。

1933年，国际现代建筑学会通过的《雅典宪章》首次提出了“历史街区”的概念和予以保护的主张，强调“对有历史价值的建筑和街区，均应妥为保存，不可加以破坏”。1964年出台的《威尼斯宪章》指出：“历史古迹的概念不仅包括单个建筑物，而且包括能从中找出一种独特的文明、一种有意义的发展或一个历史事件见证的城市或乡村环境。”1975年，国际古迹遗址理事会通过了《关于历史性小城镇保护的国际研讨会的决议》。1976年，联合国教科文组织第19届大会通过了《内罗毕建议》。1987年，国际古迹遗址理事会通过了《华盛顿宪章》。随着这一系列关于历史街区、历史城镇的国际文件的出台，国际社会尤其是欧美各国不断加大对历史城镇和历史街区的保护，申报为世界遗产的历史城镇和历史街区也逐渐增加。《操作指南》对历史城镇和城镇中心作了较严格的定义和分类，并制订了将无人居住、尚有人居住和20世纪新建的三类历史城镇列入《世界遗产名录》的操作细则①。

① 见《操作指南》(2005年版)附件3《分类遗产列入〈世界遗产名录〉指南》。

山西省临县碛口镇。图片来源：时代图片(phototime.cn)。

中国对历史文化城镇及街区的保护，始于20世纪80年代。1981年12月，国家基本建设委员会、国家文物事业管理局、国家城市建设总局联合向国务院递交了《关于保护我国历史文化名城的请示》。次年2月，国务院发出批转该请示的通知，公布了第一批24个国家历史文化名城，要求各级政府切实加强对历史文化名城的保护管理工作，从而正式启动了历史文化城镇保护工作。1986年、1994年又相继公布了第二、三批历史文化名城。《文物法》第十四条明确规定：

> 保存文物特别丰富并且具有重大历史价值或者革命纪念意义的城市，由国务院核定公布为历史文化名城。保存文物特别丰富并且具有重大历史价值或者革命纪念意义的城镇、街道、村庄，由省、自治区、直辖市人民政府核定公布为历史文化街区、村镇，并报国务院备案。

2003年，建设部和国家文物局公布了第一批中国历史文化名镇(村)名单。截至2013年，国务院先后核定公布了三批及增补的国家历史文化名城共123个，建设部(现为住房和城乡建设部)和国家文物局先后公布了五批中国历史文化名镇名村共350个(名镇181个、名村169个)。

2012年12月，住建部、文化部和财政部联合印发了《关于加强传统村落保护发展工作的指导意见》，公布了首批列入《中国传统村落名录》的村落名单，共计646个村落。2013年8月，三部门又联合公布了第二批列入该名录的村落名单，共计915个村落。

中国文化报社和中国文物报社联合举办的"中国历史文化名街"年度评选推介活动，自2009年首届评选出10条历史风貌保护较好且具有代表性的街道以来，至2013年已经开展了五届评选活动，共评选出50条名街。

2. 乡土建筑

乡土建筑指乡间村里朴素自然而具有历史文化价值的传统建筑。据其特征，或被称为“本土建筑”、“自发建筑”、“民间建筑”、“传统建筑”等。

《威尼斯宪章》提出历史古迹也包括具有历史文化价值的乡村环境，认为乡村中“随时光的流逝而获得文化意义的过去一些较为朴实的艺术品”也应该予以保护，即表达了保护乡土建筑的主张。1999 年，国际古迹遗址理事会第 12 届大会通过了《关于乡土建筑遗产的宪章》，对《威尼斯宪章》的表述作了补充阐述，说明“乡土建筑是传统和自然的居住方式”，并且确定了乡土建筑的识别标准和保护管理原则。由此，国际社会不断加强了对乡土建筑的保护。

《关于乡土建筑遗产的宪章》确定的识别标准是：①一个群体共享的建筑方式；②一种和环境相呼应的可识别的地方或地区特色；③风格、形式与外观的连贯性，或者对传统建筑类型的使用之间的统一；④通过非正式途径传承的设计与建造传统工艺；⑤因地制宜，对功能和社会的限制所作出的有效反应；⑥对传统建造系统与工艺的有效应用。

近年来，中国也高度重视对乡土建筑的保护。2007 年第二届中国文化遗产保护无锡论坛①即以“乡土建筑保护”为主题，通过了中国首部关于乡土建筑保护的纲领性文件《中国乡土建筑保护——无锡倡议》。文件呼吁重视对乡土建筑和它所体现的地方文化多样性的保护，涉及立法、规划、合理利用、宣传、普查等方面，为中国乡土建筑保护确立了原则与方向。

绍兴咸亨酒店。图片来源：绍兴旅游网（u0575.com）。

第三次全国文物普查的实施方案，就将乡土建筑列入了重要的普查内容。乡土建筑调查保护的范围，也扩大到与生活生产相关的一切具有历史文化价值的民间建筑，如民居、寺庙、祠堂、书院、戏台、酒楼、商铺、作坊、牌坊、小桥等。与保护乡土建筑相关，商务部会同国家文物局、文化部分别于 2006 年、2007 年发布了《关于加强老字号文化遗产保护工作的通知》和《关于加强老

① 中国文化遗产保护无锡论坛，由国家文物局主办、无锡市人民政府和江苏省文物局承办，旨在针对文化遗产保护的热点，探讨保护的先进理念，研究和解决保护所面临的矛盾和问题，营造公众参与保护的良好社会氛围，推动文化遗产保护与社会经济文化的可持续发展。论坛于 2006 年 4 月举行首届。每届确定一个国际性、前瞻性和全局性的主题进行研讨，并在研讨的基础上形成并通过《无锡倡议》或《无锡建议》。

字号非物质文化遗产保护工作的通知》，要求加强对老字号传统建筑、传统产品及其蕴含的非物质文化遗产（如特有品牌、传统工艺和配方等）的保护。

3. 工业遗产

工业遗产，指人类在社会历史实践中从事工业活动遗留的具有文化价值的存在物。广义的工业遗产，包括人类历史上所有工业活动及工程建设中反映人类科技创造的遗存。狭义的工业遗产，则指始于英国工业革命以来以采用钢铁及水泥等新材料、煤炭及石油等新能源、机器生产为主要特点的工业遗存。目前，国际社会实施工业遗产保护的对象，大都是狭义的工业遗产。

英国卡莱纳冯工业区景观。图片来源：联合国教科文组织网(unesco.org)/世界遗产名录。

19世纪末，英国兴起了研究工业革命与工业大发展时期的工业遗迹和遗物的工业考古学，人们开始萌发保护工业遗产的意识。1973年召开的第一届国际工业纪念物大会(FICCIM)，引起了国际社会对工业遗产的关注。1978年，世界上第一个致力于促进工业遗产保护的国际性组织，同时也是国际古迹遗址理事会工业遗产问题的专门咨询机构的国际工业遗产保护协会(TICCIH)宣告成立。这不仅反映了保护工业遗产已经成为国际共识，而且标志着工业遗产的保护进入了新的阶段。2003年7月，在俄罗斯下塔吉尔召开的国际工业遗产保护协会大会上，通过了《关于工业遗产的下塔吉尔宪章》(简称《下塔吉尔宪章》)。该宪章界定了工业遗产的概念，阐述了工业遗产的价值及其认定、记录和研究的重要性，并就工业遗产的立法保护、维修保护、教育培训、宣传展示等方面提出了原则、规范和方法的指导性意见。国际古迹遗址理事会则将2006年4月18日“国际古迹遗址日”的主题，确定为“保护工业遗产”。

《下塔吉尔宪章》对工业遗产作了概念界定和价值阐明：

Ⅰ. 工业遗产的定义

工业遗产是指具有历史、技术、社会、建筑或科学价值的工业文化遗存。这些遗存包括建筑物和机械、车间、作坊、工厂、矿场、提炼加工场、仓库、能源产生转化利用地、运输和所有它的基础设施以及与工业有关的社会活动场所如住房、宗教场所、教育场所等。

工业考古是研究所有在工业生产过程中产生的，关于文字记录、人工产品、地层结构、聚落及自然和城镇景观方面的物质与非物质材料的交叉学科，它以最适合增进理解工业历史和现状的调查为研究手段。

研究的时段主要集中在18世纪后半期工业革命开始至今的时间范围，同时也探索其早期前工业及原始工业的根源。此外它利用技术史进行研究。

Ⅱ. 工业遗产的价值

①工业遗产见证了人类活动对历史和今天所产生的深刻影响。对工业遗产的保护是基于遗产普遍的整体价值，并非各个遗址的独特性。

②工业遗产的社会价值在于它记录了普通人的日常生活，因此具有身份认定的意义。在制造、工程、建筑历史上它具有科学技术价值。并且它可以通过建筑和规划的质量产生巨大的审美价值。

③这些价值是遗产本身具备的，存在于遗址及其构件、内容、机械设备和环境背景中，也存在于工业景观、文献记录以及人们记忆和习俗的无形遗产中。

④在某些特定制作工艺、遗址类型或景观环境中幸存的稀有遗产，具有某种特殊的价值，应对其进行谨慎的评估。早期的或具有开创意义的范例具有特别的价值。

这个定义反映了国际社会关于工业遗产的基本认识。在保护实践中，工业遗产的概念也继续丰富着。近来，保护专家更强调工业景观的保护，认为“整体景观的概念对于理解工业遗产至关重要”。

新世纪里，中国政府也重视对工业遗产的保护。为了配合“国际古迹遗址日”的活动，2006年的首届中国文化遗产保护无锡论坛即以“工业遗产保护”为主题，通过了《中国工业遗产保护——无锡建议》。文件对工业遗产的含义，作了切合中国国情的说明：

钱塘江大桥。图片来源：南京旅游网(njcct. com)。

我们认识到，工业遗产应包括以下内容：

——具有历史学、社会学、建筑学和科技、审美价值的工业文化遗存。包括工厂车间、磨坊、仓库、店铺等工业建筑物，矿山、相关加工冶炼场地、能源生产和传输及使用场所，交通设施、工业生产相关的社会活动场所，相关工业设备，以及工艺流程、数据记录、企业档案等物质和非物质文化遗产。

——鸦片战争以来，中国各阶段的近现代化工业建设都留下了各具特色的工业遗产，构成了中国工业遗产的主体，见证并记录了近现代中国社会的变革与发展。

文件根据中国工业遗产保护的现状，汲取了别国工业遗产保护的先进理念，对中国工业遗产的保护内容、面临威胁、实现途径和责任、目标、前景等有着精辟的阐述；不仅是中国工业遗产保护的第一部纲领性文件，也标志着中国工业遗产保护迈出了实质性步伐，对中国的工业遗产保护产生了积极而深远的影响。

2006 年 5 月国务院公布的第六批全国重点文物保护单位中，就有 9 处工业遗产，即黄崖洞兵工厂旧址、中东铁路建筑群、青岛啤酒厂早期建筑、汉冶萍煤铁厂矿旧址、石龙坝水电站、个旧鸡街火车站、钱塘江大桥、酒泉卫星发射中心导弹卫星发射场遗址和南通大生纱厂。

第三次全国文物普查将工业遗产作为调查的重要内容。时任国家文物局副局长张柏在中国文化遗产保护无锡论坛上表示，文物普查只是工业遗产保护的第一步。此后，国家文物局还将结合文物普查的结果，对工业遗产进行专门的调查和评估，对其进行注册和定级，并在此基础上制定保护规划，根据规划对工业遗产进行相应的保护。

4. 文化景观

文化景观指人类在社会历史实践中于特定环境里进行文化创造活动所形成的文化景象，是人类创造性活动与自然环境变化相互作用的结果，故称为“人类与自然的共同作品”。

“文化景观”本是地理学的概念，是欧美学者在 20 世纪 20 年代就已使用的语词。美国地理学家奥斯卡·苏尔(Oscar Sauer，1889—1975)在 1925 年发表的《景观的形态》一文中，认为文化景观是人类文化作用于自然景观的结果，主张用实际观察地面景色来研究地理特征，通过文化景观来研究文化地理。在 1927 年发表的《文化地理的新近发展》一文中，苏尔把文化景观定义为“附加在自然景观上的人类活动形态”。

1992 年 12 月，在美国圣菲召开的第 16 届世遗大会提出并决定根据《世遗公约》第一条中关于文化遗产的定义，在《世界遗产名录》中列入具有世界意义的文化景观。由此，文化景观也就成为世界遗产一个类别的概念。文化景观遗产类型的提出与确定，是世界遗产认定实践的结果。1990年，世界遗产委员会将本为新西兰的毛利人世代生活地区——汤加里罗国家公园作为体现毛利人文化的文化遗产而入选《世界遗产名录》。可是，有着15个火山口，尤其是包括了被毛利人视为神山的汤加里罗火山等3个著名活火山的国家公园，不仅火山活动景象姿态横生，而且火山自然风光绮丽缤纷，完全符合世界自然遗产的标准而不可忽略。进而，人们又认识到汤加里罗国家公园的自然环境与毛利人文化的对应关系。有识如此，世界遗产委员会决定增加"文化景观"这一新的遗产类型。1993年，汤加里罗国家公园又被认定为文化景观遗产和双重遗产。

新西兰汤加里罗国家公园。图片来源：中国网(china.com.cn)。

《操作指南》附件3《分类遗产列入〈世界遗产名录〉指南》对文化景观作了详明的定义：

> 文化景观属于文化遗产，正如本协定第一条描述的，它们是"人类与大自然的共同杰作"。它们见证了人类社会和居住地在自然限制和/或自然环境的影响下随着时间的推移而产生的进化，它们也见证了外部和内部社会、经济和文化的发展力量。
>
> 选择它们的依据包括它们突出的普遍价值和它们在特定地理文化区域中的代表性，还包括它们体现这些地区一般和特殊文化元素的能力。
>
> "文化景观"一词包含了人类与其所在的自然环境之间的多种互动表现。
>
> 文化景观通常能够反映持续性使用土地的特殊技术，反映了其所处自然环境的局限性和特点，以及与大自然特定的精神关系。保护文化景观有利于将可持续性土地使用技术现代化或增加景观的自然价值。持续性的传统土地使用形式的存在保持了世界大多数地区的生物多样性，因此，对传统文化景观的保护对保持生物多样性同样有效。

人类刻意设计及创造的景观、有机演进的景观和关联性文化景观，是《操作指南》

确认的3种文化景观。其中，有机演进的景观又分为残遗(或化石)景观和持续性景观2种。截至2013年，世界上已经有68处文化景观入选《世界遗产名录》①。

1996年，中国申报的庐山被认定为文化景观而入选《世界遗产名录》。世界遗产委员会的评价是：

江西庐山是中华文明的发祥地之一。这里的佛教和道教庙观、代表理学观念的白鹿洞书院，以其独特的方式融汇在具有突出价值的自然美之中，形成了具有极高美学价值的，与中华民族精神和文化生活紧密联系的文化景观。②

庐山东林寺。图片来源：启程旅游网(tripc.net)。

2009年、2011年和2013年，山西五台山、杭州西湖和云南红河哈尼梯田先后作为文化景观类型成功申报为世界遗产。

目前，中国政府已经从过去只重视单一要素的遗产保护向同时重视由文化要素与自然要素相互作用而形成的“混合遗产”、“文化景观”保护的方向发展，从偏重“静态遗产”保护向重视“动、静共存遗产”保护的方向发展。

2010年举行的第五届中国文化遗产保护无锡论坛，即以文化景观遗产保护为主题。会议通过的《关于文化景观遗产保护的无锡倡议》提出：文化景观遗产的保护需要提高重视程度，提升保护意识；突出保护特色，树立科学理念；完善法规体系，理顺管理机制；深化专项规划，实施科学保护；加强基础研究，鼓励多方合作；加强能力建设，扩大保护队伍。参加会议的中国专家呼吁，要以更加开放的思维、长远的眼光，将具备潜力的文化创造成果培育为未来的文

① 国家文物局网(www.sach.gov.cn)/中国的世界遗产/遗产问答“文化景观及其它”对“文化景观”的解释是：“文化景观这一概念是1992年12月在美国圣菲召开的联合国教科文组织世界遗产委员会第16届会议时提出并纳入《世界遗产名录》中的。这样，世界遗产即分为：自然遗产、文化遗产、自然遗产与文化遗产混合体(即双重遗产，我国的泰山、黄山、峨眉山—乐山大佛属此)和文化景观。”这一解释将文化景观视为与自然遗产、文化遗产和双重遗产并列的遗产类型，明显不合乎《操作指南》的界定。

② 国家文物局网(www.sach.gov.cn)/资料信息/中国的世界遗产/庐山

化景观遗产，创造性地走出有中国特色的文化景观遗产保护实践之路①。

2013年10月，来自中国、韩国、德国、英国等8个国家和地区的代表参加在江西庐山举行的“东亚世界遗产文化景观——庐山论坛”。论坛讨论通过了目前世界遗产领域唯一针对世界文化景观所提出的专项性保护宣言——《世界遗产文化景观——庐山宣言》，由论坛主办方联合国教科文组织驻华代表处于同年12月在北京发布。

5. 文化线路(遗产线路)

文化线路指主要因服务一个特定目的而形成具有明晰界限并且长期存在的水、陆或混合型通道，呈现出相关反映了人类交往和文化交流状况的文化遗产线性分布，是国际社会近年新认定的文化遗产类型。与之相近的概念，有遗产廊道、文化廊道、历史路径、线状遗迹等。

1994年在西班牙首都马德里举行的世界遗产专家会议，讨论了文化线路的概念和提出了将文化线路作为文化遗产一部分的报告，文化线路也由此受到国际社会的关注。1998年，国际古迹遗址理事会在西班牙的特内里弗举行的会议上，成立了国际古迹遗址理事会文化线路科技委员会，并且通过了有关文化线路保护的文件，这标志着文化线路作为一种文化遗产的新类型已经为国际社会所确认。2003年，国际古迹遗址理事会在提交世界遗产委员会的文件《行动指南》(讨论稿)中对“文化线路”的定义是：

> 文化线路是一种陆地道路、水道或者混合类型的通道，其形态特征的定型和形成基于它自身具体的和历史的动态发展和功能演变。它代表了人们的迁徙和流动，代表了一定时间内国家和地区内部或国家和地区之间人们的交往，代表了多维度的商品、思想、知识和价值的互惠和持续不断的交流，并代表了因此产生的文化在时间和空间上的交流与相互滋养。这些滋养长期以来通过物质和非物质遗产不断地得到体现。

当年，世界遗产委员会发布的修订版《操作指南》，增加了文化线路界定和入选《世界遗产名录》条件的内容。2005年版《操作指南》附件3对“遗产线路”的定义是：

---

① 林洁洁：《〈无锡倡议〉呼吁保护文化景观遗产》，载《江南晚报》2010年4月12日。单霁翔认为，从文化景观的空间性和功能性着眼，中国的文化景观主要有城市、乡村、山水、遗址、宗教、民俗、产业、军事八种类型，应从中国文化景观遗产资源特点出发进行创造性实践，探索适合中国国情的保护理论，走出有中国特色的文化景观遗产保护之路，见单霁翔《走进文化景观遗产的世界》，天津大学出版社2009年版。

遗产线路的概念是丰富多彩的，它提供了一种特殊构架，对相互理解、对待历史的多样态度与和平文化都将起到一定作用。

遗产线路由各种切实的要素组成，这些要素的文化意义来自于跨国界和跨地区的交流和多维对话，它们说明了在这条线路上运动在空间和时间上的交互作用。

在2003年第27届世遗大会上，拉美国家报告了其合作进行的文化遗产保护项目——印加文化线路。这个项目涉及的印加文化遗存分布于南美六国，是以印加文明为主线而串联相关的历史文物、遗址、建筑、文化景观等多种文化遗产及自然遗产的大型项目，其内容远超以往认定的任何单一类型的文化遗产类型。由于这类文化线路项目有助于大范围文化遗产与自然遗产的整体保护，有助于多国家和地区协作进行遗产保护事业，有助于多国联合申报而取得世界遗产分布相对平衡，故得到了会议的支持。随后，申报为世界遗产的文化线路就越来越多。

纪伊山地的圣地与参拜道。图片来源：日本旅游网(cn. expore. ne. jp)。

2004年，日本纪伊山地的圣地与参拜道入选《世界遗产名录》。这条文化线路，时间跨越了1200年，内容包括山野森林、三处重要圣迹、朝圣路线及数量可观的其他相关的历史建筑、纪念物等，涉及日本传统的神道教和从中国、朝鲜半岛传入的佛教，还涉及许多非物质文化遗产。

2005年，斯特鲁维地理探测弧线和熏香之路-内盖夫的沙漠城镇入选《世界遗产名录》。前条文化线路，始于挪威，止于黑海，跨越欧洲10个国家，包括34个大地子午线测量站点，长达2800多千米，反映了人类认识自然的科学成就。后条文化线路，是一条从公元前3世纪开始的香料和草药的贸易通道，起于以色列西北部城市哈路扎，止于靠近约旦边界的毛阿，长约2000千米，涉及的内盖夫沙漠占到以色列国土面积的三分之二，涉及的遗产包括4座城市及大量的要塞、驿站、道路等古迹古物，反映了公元前3世纪以色列及周边地区的经济生活与文化交流状况，见证了其历史文化的发展历程。

文化线路，既可以在国家地域里构建出包含多个多种在空间、时间的维度上相互关联的文化遗产保护网络，也可以在世界范围内构建出包含多个多种在空间、时间的维度上相互关联的文化遗产保护系统，故近年深得国际社会重视，被认为是极富创新性的文化遗产保护理念和方法。2005 年 10 月，在西安召开的国际古迹遗址理事会第 15 届大会，即将文化线路作为四个核心议题之一进行了专题讨论，并且形成了《文化线路宪章》草案。2008 年 10 月，在加拿大召开的国际古迹遗址理事会第 16 届大会上，通过了成为国际文化线路保护的基础性文件的《文化线路宪章》(全称《关于文化线路的国际古迹遗址理事会宪章》)。

中国是文化遗产大国，在悠久的历史上形成的文化线路尤多。政府近年来高度重视文化线路的遗产保护，不仅认真调查国内的文化线路并与他国联合保护共有的文化线路，而且有计划地将认定的文化遗产扩展为文化线路予以整体保护。国务院 2006 年 10 月颁布的《长城保护条例》第四条明确规定："国家对长城实行整体保护、分段管理。"2005 年 10 月，中国与哈萨克斯坦、吉尔吉斯斯坦、塔吉克斯坦、乌兹别克斯坦、土库曼斯坦协商确定，将"丝绸之路"作为今后优先开展的保护项目。2006 年 8 月，六国决定将"丝绸之路-沙漠之路"作为文化线路联合申报世界遗产。2013 年 1 月，中国与哈萨克斯坦、吉尔吉斯斯坦三国联合申报的"丝绸之路：起始段和天山廊道的路网"申遗文本正式提交世界遗产中心，申请于 2014 年列入《世界遗产名录》。《第三次全国文物普查实施方案》明确要求，应重视"跨省区的线形遗址和遗迹的调查登录"。学术界和文物界目前热烈探讨的文化线路，有蜀道、茶马古道、佛教之路、明清海防、长征之路等。

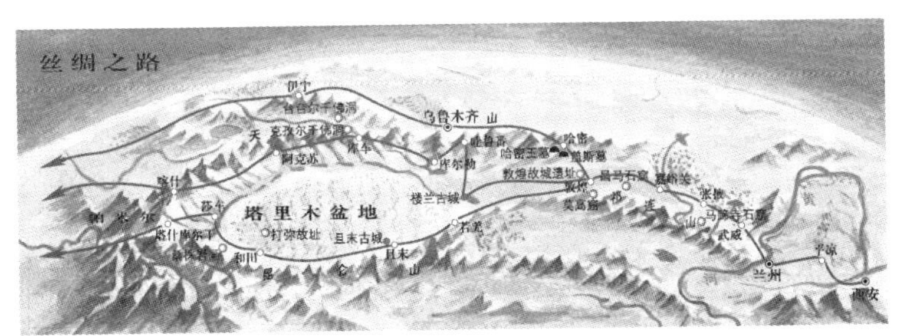

丝绸之路：起始段和天山廊道的路网示意图。图片来源：腾讯科技(tech.qq.com)

2009 年的第四届中国文化遗产保护无锡论坛以"文化线路遗产的科学保护"为主题，通过了《关于文化线路遗产保护的无锡倡议》。文件指出：

> 文化线路遗产包括具有漕运、邮驿、商贸、宗教、迁徙等特定功能的线路主体及其附属设施，以及相关历史环境和景观、可移动文物、非物质文化遗产等。其所体现的重要历史时期中民众、国家、地

区或大陆间进行的多维、持续和互惠的货物、思想、知识以及价值观等方面的交流，不仅加深了世界民族间的了解和沟通，还加强了文化遗产保护的国际间和地域间合作。

文件还强调："保护文化线路遗产，有助于进一步整合文化遗产资源，有利于促进文化遗产事业发展，有利于提升文化遗产价值，有利于增强地域凝聚力，实现地方经济、社会的可持续和谐发展。"文件提出了保护文化线路遗产的多项保护措施，呼吁全社会重视并加强对文化线路遗产的保护。这一关于中国文化线路遗产保护的纲领性文件，对深化文化线路遗产的理论认识和促进中国的文化线路保护都具有重要意义。

6. 传统运河

传统运河指历史上人类开凿的水运河道及其两岸相关的文化遗存，体现着传统文化遗产的线性分布、静态遗存与活态传承。

1994 年，在加拿大举行的世界遗产专家会议，详细讨论了运河的概念及列入《世界遗产名录》的评估方法。其后，传统运河便成为世界遗产的一个类型。《操作指南》附件 3 对传统运河的定义是：

运河是人类兴建的水路。从历史或技术角度看，运河本质上或作为这种文化遗产种类的一个特例都可能具有突出的普遍价值。历史运河可以被看作一个文物古迹，一种线性文化景观的定义特征，或是复杂的文化景观中的一个组成部分。

1996 年，法国的米迪运河入选《世界遗产名录》。世界遗产委员会评述："运河总长 360 公里，各类船只通过运河在地中海和大西洋间穿梭往来，整个航运水系涵盖了船闸、沟渠、桥梁、隧道等 328 个大小不等的人工建筑，创造了世界现代史上最辉煌的土木工程奇迹。运河建于 1667 年至 1694 年之间，为工业革命开辟了道路。运河设计师皮埃尔-保罗·德里凯(Pierre-Paul Riquet)在设计上独具匠心，使运河与周边环境融为了一体，

法国米迪运河。图片来源：互动百科网(hudong.com)。

实现了技术上的突破，堪称建筑佳作。”①

2007年，加拿大丽都运河入选《世界遗产名录》。运河全长202千米，由渥太华延伸至金斯顿，竣工于1832年，包括47个石建水闸和53个水坝，被认为是19世纪工程技术的奇迹之一。运河的绝大部分设施都还保持着170多年前的风貌，至今从未停止使用。

世界上著名的传统运河中，唯有中国的京杭大运河开凿的历史最早，河流的里程最长，流域的范围最广，遗存的文物和传承的文化最丰富，其历史文化意义堪与长城媲美。2005年以来，郑孝燮、罗哲文(1924—2012)等著名文化遗产保护专家大力呼吁运河沿线省市联合申报世界遗产。经过社会各界的努力，2007年9月，中国扬州世界运河名城博览会暨运河名城市长论坛在扬州开幕，开幕式上举行了大运河联合申遗办公室揭牌仪式。目前，申遗工作正在紧张有序地进行，国务院已确定了京杭大运河2014年成功申遗的工作目标。京杭大运河全长1747千米，将海河、黄河、淮河、长江和钱塘江五大水系连成了统一的水运网，是中国历史上用于南粮北运、商旅交通、军资调配、水利灌溉等的生命线，也是贯穿南北流动的血脉，沿岸兴建的城镇及其各类建筑(码头、仓库、船闸，桥梁、堤坝等)组成了一条中国古代文化长廊。据不完全统计，运河沿线六省二市的文物遗存就有654处，包括古建筑类遗迹227处、古墓葬类遗迹229处、近现代遗迹15处、石刻及其他类遗存合计60处。

京杭大运河流经地示意图。图片来源：新华网(xinhuanet.com)。

显然，京杭大运河的文化遗产远比米迪运河、丽都运河丰厚，非《操作指南》关于“传统运河”的定义所能涵盖，故学者多认定它为线性文化遗产，还有学者认为应称其为“系列遗产”。2013年1月，京杭大运河联合申遗文本正式提交世界遗产中心。

2011年举行的第六届中国文化遗产保护无锡论坛，即以“运河遗产保护”为主题，通过了《关于大运河遗产保护的无锡建议》。

7. 20世纪遗产

20世纪遗产，指人类在20世纪的社会历史实践中创造的具有文化价值的物质财富遗存，是现当代的文化遗产。

① 见联合国教科文组织网(www.unesco.org)/世界遗产名录。

西班牙米拉之家(1906 年—1912 年)。
图片来源：互动地图(eemap.org)。

国际社会关注 20 世纪文化遗产并且将之纳入文化遗产保护范围，始于 20 世纪 80 年代。1981 年，第五届世遗大会审议了澳大利亚提交的悉尼歌剧院、悉尼港大桥及周边的悉尼港航道整体申报世界文化遗产的材料。大会认为悉尼歌剧院的竣工时间不足 10 年，建筑设计者也还健在，尚难证明其突出的普遍价值，没有予以通过。但是，其申报则引发了人们对当代文化创造成果予以重视的思考。1984 年，西班牙巴塞罗那建于 20 世纪初的地标性奇异建筑——米拉之家，以“安东尼·高迪的建筑作品”的名称入选《世界遗产名录》，实际上是国际社会保护 20 世纪文化遗产的开端。1986 年，国际古迹遗址理事会正式向世界遗产委员会提交了“当代建筑申报世界遗产”的文件。1995 年，世界遗产中心和国际文物保护与修复研究中心、国际古迹遗址理事会合作举行了 20 世纪遗产会议，讨论了国际环境下的 20 世纪遗产前沿状态、各种评估方式和纳入《世界遗产名录》的方法。欧美一些国家也先后召开了以 20 世纪遗产保护为主题的学术会议，从战略角度强调 20 世纪遗产的保护问题。“20 世纪遗产”的概念，也从建筑类拓展到文化遗产的其他类型。进入 21 世纪，国际古迹遗址理事会更是将 20 世纪遗产保护作为一项全球战略加以推动，各国对 20 世纪文化遗产的保护也越发重视。

近 10 年来，《世界遗产名录》中列入的各种类型 20 世纪遗产已有 30 多处。悉尼歌剧院也于 2007 年入选《世界遗产名录》。

中国保护 20 世纪遗产始于 20 世纪 50 年代。当时，政府已经重视保护革命文物，革命文物中就有 20 世纪遗产。1961 年，国务院公布的第一批全国重点文物保护单位，有“革命遗址及革命纪念建筑物”类共 33 处，其中绝大部分为 20 世纪遗产。1996 年，国务院在公布第四批全国重点文物保护单位时，采用了“近现代重要史迹及代表性建筑”的类别名称，即是实施对 20 世纪遗产的保护。由于 20 世纪遗产数量巨大、种类繁多且历史短暂，人们也往往忽略了其价值而导致其损毁迅速。这种情况在中国又因 20 世纪国力弱而建筑杰作少、近年城市化和现代化建设加速而尤为突出。因此，政府在新世纪高度重视对 20 世纪遗产的全面保护。国务院在 2001 年、2006 年、2013 年先后公布的第五批、第六批、第七批全国重点文物保护单位中，近现代重要史迹及代表性建筑分别为

40处、206处、329处。第三次全国文物普查的重要内容，也有近现代史上的重要遗址、代表性建筑和工业遗产等项目。

2008年举行的第三届中国文化遗产保护无锡论坛，即以“20世纪遗产”为主题。会议明确了20世纪遗产是联合国教科文组织确定的当今世界文化遗产保护、研究的对象，旨在加强对中国近百年(1901—2000年)文化遗产的保护，重点为近代工商业、红色革命、抗日战争、社会转型、解放初期经济复苏、“人民公社”运动、“大跃进”运动、“文化大革命”、改革开放等时期的代表性、典型性的建筑物，通过了中国首个20世纪遗产保护的纲领性文件《关于保护20世纪遗产无锡建议》。文件明确指出：“20世纪遗产是文化遗产的重要组成部分，反映了百年变迁和多元文化，具有丰富的内涵和强烈的感召力。”文件提出的保护纲领是：提高20世纪遗产的保护意识，开展20世纪遗产的科学评估，探索20世纪遗产的保护方法以及实施20世纪遗产的合理利用。文件还强调：“今天的杰作，就是明天的遗产，而保护工作应从其落成之日就要开始。”

建成于1924年的武汉江汉关大楼(作者摄)

2008年4月，国家文物局还下发了《关于加强20世纪遗产保护工作的通知》，要求各地各级文物部门做好20世纪遗产的研究、普查、评估、利用和宣传工作。

8. 大遗址

大遗址指规模宏大、价值重大、影响深远的大型聚落、城址、宫室、陵寝、墓葬等遗址或遗址群，反映了古代历史各个发展阶段涉及政治、宗教、军事、科技、工业、农业、建筑、交通、水利等方面的历史文化信息①。

大遗址的概念是在中国文化遗产保护实践中形成和完善的。20世纪80年代，著名考古学家苏秉琦(1909—1997)就提出了这一概念。90年代，考古学界和文博系统的人士又开过专题研讨会，国务院于1997年下发的《关于加强和改善文物工作的通知》中正式采用了这一概念，国家文物局于1999年向当时的国家计

① 参见国家文物局、财政部《关于印发“十一五”期间大遗址保护总体规划的通知》、《“十一五”期间大遗址保护总体规划》，文物办发〔2006〕43号，2006年11月29日发布。

委报送过“十五”期间大遗址保护专项规划。近年来，快速发展的城乡建设、基础设施建设、农民生产、生活和盗掘文物的犯罪活动以及千百年来自然力的破坏，使许多本已异常脆弱的大遗址本体及其环境风貌受到致命威胁，国家为了加强文化遗产保护而设立大遗址保护专项资金，实施大遗址保护工程。随着大遗址保护的研讨和实践的深入，人们也对大遗址的概念有了较为明晰的认识。

楚国故都纪南城遗址(作者摄)

在已公布的4295处全国重点文物保护单位中，约有500余处是大遗址，占总数的1/8左右，其中一部分已被列入《世界遗产名录》或作为世界文化遗产的重要组成部分。这些大遗址，是承载着中国数千年灿烂文明史的主体遗存和典型代表，具有深厚的科学与文化内涵，同时也是极具特色的文化景观和旅游资源，在建设社会主义政治文明、物质文明和精神文明，向世界展示悠久的中华传统文化，促进大遗址所在地社会经济文化发展等方面，都发挥着重要作用。

2006年11月，国家文物局和财政部印发的《“十一五”期间大遗址保护总体规划》，确定了“十一五”期间保护的重要大遗址100处，并全面启动大遗址保护工作。

“十一五”时期，中央财政计划投入20亿元，用于这100处大遗址的保护。国家文物局与地方政府密切合作，努力构建大遗址保护带动区域经济社会发展的新模式，积极推进国家考古遗址公园的建设，成功实施了高句丽王城王陵及贵族墓葬、安阳殷墟、大明宫、隋唐洛阳城、良渚博物院、金沙博物馆等一批具有示范效应的大遗址保护展示工程，初步建成了以“三线(长城、丝绸之路、大运河)两片(西安、洛阳)”为核心、100处大遗址为重要节点的中国大遗址保护格局。

“十二五”时期(2011—2015年)，国家文物局“将着力推动大遗址保护由部门行为变成国家战略、由专业行为上升为全民行动，继续推进大遗址考古、研究、规划等各项基础工作，以大遗址保护展示工程和考古遗址公园建设为主要内容，加强管理，突出政府在大遗址保护过程中的主导作用”，“基本形成以西安、洛阳、荆州、成都、曲阜、郑州6个大遗址片区，长城、大运河、丝绸之路、茶马古道4条文化线路，环国境线分布的重要大遗址为重点，150处大遗址为支撑的大遗址保护格局”①。

物质文化遗产认定的理论性较强，也相当复杂，实际操作颇有难度。文化部致力于制定出认定标准更明确、操作性更强的管理办法。2009年8月，文化部发布《文物认定管理暂行办法》，共十七条，于当年10月1日施行。《办法》明确了国家对文物实行认定、定级及登录制度，规定由县级以上文物行政部门委托或设置专门机构对认定、定级的文物开展登录工作；顺应了文化遗产多样性的发展趋势，在认定对象中增加了乡土建筑、工业遗产、农业遗产、商业老字号、文化线路、文化景观等特殊类型文物；规定了采用听证会、行政复议等方式，保障公众在文物认定过程中的参与权；适应了在新形势下更为有效地保护中华民族文化遗产的要求，为中国文化遗产的科学化管理奠定了良好的基础。

三、世界遗产与重点文物保护单位、历史文化名城名镇名村的申报

《世遗公约》的缔约国，根据公约的规定将本国评估认定符合世界遗产标准的文化遗产，按照《操作指南》具体规定的申报文本和程序要求申报列入《世界遗产名录》。

中国自20世纪50年代就对不可移动文物实行文物保护单位制度，随着文化遗产保护实践的深入和认识的深化，同时受到国际上整体保护文化遗产、重点保护历史城区和城镇的理念影响，始于80年代实施对历史文化名城的保护，2003年以来扩大到对历史文化名镇名村的保护。关于文物保护单位、历史文化名城名镇名村的申报，国家的相关法规及行政主管部门的专门文件中都有具体规定。

1. 世界遗产的申报

《操作指南》要求，公约缔约国申报本国遗产列入《世界遗产名录》，首先“应向世界遗产委员会递交一份关于本国领土内适于列入《世界遗产名录》的财产清单(称为《预备名录》)”：

福建土楼(作者摄)

《预备名录》是缔约国认为其境内具备世界遗产资格的遗产的详细目录，其中应包括其认为具

① 单霁翔2010年11月在成都举行的大遗址保护工作会议上的讲话：《解放思想，开拓创新，携手共创大遗址保护的美好明天》，国家文物局网(www.sach.gov.cn)/政务信息/领导讲话；《国家文物博物馆事业发展“十二五”规划》，国家文物局2011年6月3日印发。

有突出的普遍价值的文化和/或自然遗产的名字和今后几年内要申报的遗产的名字。

缔约国递交的《预备名录》，一般是依照世界遗产委员会根据《世遗公约》制定的战略目标，在世界遗产中心的指导和协助下完成的，“应包括有关财产的所在地及其意义的文献资料”。世界遗产中心收到《预备名录》并审查合格后，即予登记并转交相关咨询机构，作为纳入计划和进行评估的基础材料。

随后，缔约国即可按照世界遗产委员会确定的审查申报的原则和申报优先顺序①，根据《操作指南》的要求，编写申报文件。2000 年在澳大利亚凯恩斯市召开的第 24 届世遗大会，通过了顾及平衡性的《凯恩斯决定》(Cairns Decision)。该决定限定每年缔约国申报和世界遗产委员会审议的遗产数量，规定每个缔约国每年只能申报一项，但尚未有遗产列入《世界遗产名录》的缔约国可以申报 2～3 项，每年受理的申报项目不超过 30 项，强调控制世界遗产的数量而重视其质量，要求加强对世界遗产的管理与保护。由于这个决定对遗产大国有失公允，既不能有效解决世界遗产战略所期望的代表性和平衡性，也不利于更多世界遗产的保护而颇具争议，中国及一些国家都建议修改。2004 年在中国苏州召开的第 28 届世遗大会，通过了对该决定作出的重大修改：一个国家可以申报两项，但其中有一项必须是自然遗产项目，世界遗产委员会每年审议的遗产总数不超过 45 个。这次会议确定的审查申报原则和申报优先顺序，从 2006 年执行至今。

申报文件的编撰完成，意味着所申报遗产的保护和管理已经达到了世界遗产的基本要求。《操作指南》强调：“申报文件是委员会考虑是否将某项遗产列入《世界遗产名录》的重要基础。所有相关信息都应该包括在申报材料中，且其信息来源须是交叉引用的。”申报文件的具体内容和格式要求，《操作指南》有着详明的规定。

缔约国申报列入《世界遗产名录》的遗产，除了本国境内的单体的文化遗产、自然遗产和双重遗产外，还可以申报整体的系列遗产，以及联合申报系列

---

① 《操作指南》说明的世界遗产委员会的决定是：a. 最多审查缔约国的两项完整申报，其中至少有一项与自然遗产有关。b. 确定委员会每年审查的申报数目不超过 45 个，其中包括往届会议推迟审议的项目、再审项目、扩展项目(遗产限制的细微变动除外)、跨界项目和系列项目。c. 优先顺序如下：(1)名录内尚无遗产列入的缔约国提交的遗产申报；(2)不限国别，但申报须是名录内没有或为数不多的自然或文化遗产类别；(3)其他申报；(4)采用该优先顺序机制时，如果某领域内委员会所确定的申报名额已满，则秘书处收到完整申报材料的日期将被作为第二决定因素来考虑。

遗产或跨境遗产。

系列遗产指包括几个相关组成部分的遗产。相关组成部分属于：a. 同一历史文化群体；b. 具有某地域特征的同一类型的遗产；c. 同一地质、地形构造，同一生物地理亚区，或同类生态系统。世界系列遗产作为一个整体(而不是其中个别部分)，必须具有突出的普遍价值。上述"熏香之路-内盖夫的沙漠城镇"就是系列遗产，而"斯特鲁维地理探测弧线"则是跨境的系列遗产。

英国哈德良长城。图片来源：互动百科网(hudong. com)。

跨境遗产指位于几个接壤的缔约国境内的同类遗产。《操作指南》说明："位于一个缔约国境内的现有世界遗产的扩展部分可以申请成为跨境遗产。"英国与德国共有的世界遗产"罗马帝国的边界"，本是英国于 1987 年申报成功的"哈德良长城"①，1992 年扩展到古罗马人在德国莱茵河与美茵河之间修建的类似长城的防线而改称现名，2008 年又将公元 142 年古罗马人在哈德良长城以北修筑的长达 37 千米的安东尼边墙扩展进来。

缔约国的正式申报文件，必须在每年 2 月 1 日前提交，以便世界遗产中心有足够的时间审查、组织评估，从而将完整材料交付次年 6 月或 7 月举行的世遗大会审核并作出是否列入《世界遗产名录》的决定。

《操作指南》附录有《预备清单提交格式》和《〈世界遗产名录〉遗产申报材料格式》。

概而言之，世界遗产的申报要求，主要在于遗产及其周边环境的原真性、完整性、统一性、突出的普遍价值和申报成功后的保护持久性、规范性，即：(1)遗产必须具有突出普遍价值；(2)遗产必须具有原真性、完整性，而且保护良好，与周边环境和谐统一，其边界和范围能够适应保护的需要；(3)遗产保护体制健全，具有完善的管理体系、管理制度和管理能力。

1986 年，中国首次向世界遗产委员会提交了包括长城在内的 28 项文化遗

---

① 公元 122 年，古罗马皇帝哈德良为防御北部的皮克特人反攻，保卫已控制的英格兰的领土和经济，在今英国北部耗时 6 年修建了长城。长城全长 73 千米，高约 4.6 米，底宽 3 米，顶宽约 2.1 米，上面筑有堡垒、瞭望塔等，是古罗马帝国扩张最北界的标志。

产清单，作为中华人民共和国世界遗产预备名录。1987年，正式申报并编撰、提交了规范的申报文件的长城、泰山、故宫、秦始皇陵、莫高窟、周口店“北京人”遗址，经审核通过被列入《世界遗产名录》。

登封“天地之中”历史古迹。图片来源：联合国教科文组织网(unesco.org)/世界遗产名录。

20世纪80年代以前，世界遗产的申报还较为简单，耗资不多，从前期的论证准备到申报文件完成，仅数万元就够了。但90年代以来，随着申遗热的急剧升温和联合国教科文组织对世界遗产管理越来越严格和科学，申遗成本也不断增加。2004年申遗成功的高句丽王城、王陵及贵族墓葬，从2000年就开始编制保护规划，随后根据规划进行必要的征地、拆迁、发掘、展示、维修和绿化，最终完成申报文件，前后经费投入在数亿元以上。安阳殷墟在2001年启动申遗。为了达到申报文件内容的各项要求，建成了集收藏、保护和展示于一体的殷墟博物馆，并全面整治了殷墟周边环境，到2006年申遗成功，总共耗资2.3亿多元。山西五台山申遗，单是景区整治和搬迁就耗费了8亿元。登封“天地之中”历史古迹于2010年申遗成功，用了8年时间，投入资金多达7.9亿元人民币①。

尽管申遗的成本越来越高，难度越来越大，但各国的申遗热却只升不降。中国在《凯恩斯决定》通过前拟订的文化遗产申遗预备名单有近70项。第28届世遗大会后，根据新的申遗形势和要求，国家文物局重新拟订了《中国世界文化遗产预备名单》，共计35个项目，于2006年12月公布。2012年11月，国家文物局又公布了更新的预备名单，共45项。2013年8月，为了进一步规范世界文化遗产申报工作，国家文物局又发布了《世界文化遗产申报工作规程(试行)》。

世界申遗热形成和升温的原因在于申遗意义重大：

(1)联合国教科文组织对世界遗产及其保护制定了严格的质量标准、科学的管理方式和较完善的操作体系，申遗可以使本国的文化遗产保护与世界遗产保护接轨，提高本国的文化遗产保护水平。

① 刘敏等：《重金申遗：为保护还是为GDP》，载《中国青年报》2010年8月23日；李思磐：《“天地之中”的世界舞台》，载《南方都市报》2010年8月11日。

(2)列入《世界遗产名录》的遗产，可以在遗产保护上获得培训、科技、设备、资金等方面的国际援助。

(3)通过申遗的宣传和实施活动，可以使广大民众了解遗产的历史文化价值，强化保护遗产的意识，自觉参与遗产保护。

(4)申遗成功而列入《世界遗产名录》的遗产数量越多，越能彰显一个国家的历史文化地位。

(5)世界遗产有着极高的美誉度和知名度，可以招徕四方游客，促进各国和各地社会经济文化的发展。

2. 重点文物保护单位的申报

《世遗公约》定义的文化遗产，实际上都是不可移动文物。中国文化遗产保护与世界接轨，也主要在于不可移动文物的保护学习和借鉴联合国教科文组织保护世界遗产、发达国家保护文化遗产的先进理念和有效措施。

国务院于1961年发布的《文物保护管理暂行条例》，首次从法律意义上确定了文物保护单位制度。《文物法》的颁行，进一步确定了这一制度的法律地位。《文物法》第三条规定："古文化遗址、古墓葬、古建筑、石窟寺、石刻、壁画、近代现代重要史迹和代表性建筑等不可移动文物，根据它们的历史、艺术、科学价值，可以分别确定为全国重点文物保护单位，省级文物保护单位，市、县级文物保护单位。"基本程序是：县、市基层文物管理机构对经调查认定的不可移动文物予以登记并公布，同时向上级主管部门逐层申报以请求核定，最后由中央或地方人民政府公布相应级别的文物保护单位。

全国重点文物保护单位(简称"国保单位")，是不可移动文物的最高级别，受到国家的重点保护。国务院先后于1961年、1982年、1988年、1996年、2001年、2006年、2013年公布了七批全国重点文物保护单位，共4295处。其中除少数是国务院直接确定的之外，大多数都是从省级文物保护单位中遴选的。遴选的程序，首先是省级文物行政部门根据国家文物局确定的条件申报。第六批全国重点文物保护单位的遴选评审始于2004年。当年6月，国家文物局下发了《关于推荐第六批全国重点文物保护单位的通知》，要求各省、自治区、直辖市文物局(文化厅、文管会)根据国家文物局确定的推荐范围和推荐标准申报。推荐范围"主要是已经公布的省级文物保护单位，以及目前尚不是省级文物保护单位、但具有特别重要价值的不可移动文物"。推荐标准有两个：一是被推荐单位必须是历史上遗留下来的真实实物，即至少应具备以下条件之一：①有重大学术价值、保存较完好的古文化遗址、古墓葬和古人类及相关的古脊椎动物化石出土地点；②帝王陵寝；③明中期以前的木构建筑；④宋代以前的砖石结构建筑；⑤明清时期的优秀建筑(群)及具有典型特征的古代民居和民族建筑(群);⑥大型石窟及重要石刻;⑦近现代重要史迹及代表性建筑;⑧特殊品类的稀有文物。二是已经完成“四有”(保护范围、保护档案、保护标志和保护机构)工作。推荐材料包括申报文本和拟推荐单位的“四有”档案。

坎儿井地下水利工程。图片来源:互动百科网(hudong.com)。

第六批全国重点文物保护单位的遴选标准和推荐方式、申报要求,立足于中国文物保护的现实,借鉴了世界遗产保护的基本原则和操作方式。

2009年4月,国家文物局下发了《关于开展第七批全国重点文物保护单位申报工作的通知》,并且附录了新制订的申报指导意见、信息采集标准和登记表。《通知》说明:“为规范第七批全国重点文物保护单位的申报工作,我局制订了《第七批全国重点文物保护单位申报指导意见》(附件1)、《第七批全国重点文物保护单位申报信息采集标准》(附件2)和《第七批全国重点文物保护单位申报登记表》(附件3),对申报的范围、标准及申报信息的采集、文本的编制等作出明确规定。请各省级文物行政部门严格按上述文件要求,认真组织开展第七批全国重点文物保护单位申报工作。”所确定的遴选、申报范围是:(1)省级文物保护单位中价值重大的;(2)市、县级文物保护单位、尚未核定为文物保护单位的不可移动文物和第三次全国文物普查新发现的不可移动文物中,具有特别重大历史、艺术、科学价值的。所确定的申报总体标准是:(1)具有重大的历史、艺术、科学价值;(2)具有真实性和完整性。所确定的申报分类为:①古遗址;②古墓葬;③古建筑;④石窟寺及石刻;⑤近现代重要史迹及代表性建筑;⑥其他类别的不可移动文物。所确定的信息采集标准和制订的申报登记表,则对申报内容和文本格式作了严格细致的要求。

第七批全国重点文物保护单位的遴选和申报,在前六批全国重点文物保护单位的遴选和申报工作的基础上,借鉴国际社会保护世界遗产的经验并与世界遗产事业的新进展接轨,结合第三次全国文物普查所了解到的中国实情,确定了更为具体、切实和细致的关于申报范围、申报标准、申报信息、申报文本等要求。申报范围要求重视“内涵丰富的文化线路和文化景观、具有中国传统和地方特色的乡土建筑群”等七类文化遗产,申报标准就“具有重大的历史、艺术、科学价值”设定了七条具体标准,申报分类对前五类又都有细化的分类,申报信息采集标准对文本的内容、格式、填报要求等作了详细而严格的规定。全国重点文物保护单位的申报进一步规范化和科学化，反映出中国文化遗产保护工作的有力加强和重要进展。

至2010年底，各地申报的第七批全国重点文物保护单位达5500多处，其中多有第三次全国文物普查新发现的文物和工业遗产、文化线路、文化景观等新型遗产。2013年3月，国务院核定公布了第七批全国重点文物保护单位(共1943处)以及与现有全国重点文物保护单位合并的项目(共47处)。

省级、市级和县级文物保护单位的申报，一般由各级地方政府文物主管部门参照全国重点文物保护单位的申报和遴选要求组织申报和评选。

3. 历史文化名城名镇名村的申报

国务院于2008年4月颁布的《历史文化名城名镇名村保护条例》第二章《申报与批准》，对历史文化名城名镇名村的申报作了具体而明确的规定。按照规定，申报的城市或村镇首先要具备条件：

> 第七条　具备下列条件的城市、镇、村庄，可以申报历史文化名城、名镇、名村：
>
> (一)保存文物特别丰富；
>
> (二)历史建筑集中成片；
>
> (三)保留着传统格局和历史风貌；
>
> (四)历史上曾经作为政治、经济、文化、交通中心或者军事要地，或者发生过重要历史事件，或者其传统产业、历史上建设的重大工程对本地区的发展产生过重要影响，或者能够集中反映本地区建筑的文化特色、民族特色。
>
> 申报历史文化名城的，在所申报的历史文化名城保护范围内还应当有2个以上的历史文化街区。

其次，要求提供完整的申报资料：

> 第八条　申报历史文化名城、名镇、名村，应当提交所申报的历史文化名城、名镇、名村的下列材料：
>
> (一)历史沿革、地方特色和历史文化价值的说明；
>
> (二)传统格局和历史风貌的现状；
>
> (三)保护范围；
>
> (四)不可移动文物、历史建筑、历史文化街区的清单；

（五）保护工作情况、保护目标和保护要求。

西递村。图片来源：互动百科网(hudong.com)。

申报程序，则如《条例》第九条规定，“申报历史文化名城，由省、自治区、直辖市人民政府提出申请”，“申报历史文化名镇、名村，由所在地县级人民政府提出申请”。《条例》第十条还规定，符合条件却没有申报的城市和村镇，上级人民政府确定的建设或保护主管部门会同同级文物主管部门可以向该城市、村镇所在地的人民政府提出申报建议；仍不申报的，可以直接向其所在地人民政府的上级人民政府提出确定该城市、村镇为历史文化名城或名镇、名村的建议。

根据《条例》规定，对于历史文化名城名镇名村的保护，应当对历史建筑、传统格局、依存环境、原始风貌作整体保护。在城市建设中，应该完整地保护旧城区而另建新城区，通过合理规划而使新旧城区相得益彰，实现传统与现代的对接。

关于历史文化名镇名村的申报，原建设部和国家文物局于2003年共同制定和发布了《中国历史文化名镇(村)评选办法》，对申报材料作了具体、明晰的规定。每批历史文化名镇名村评选之前，住建部(原建设部)和国家文物局在印发的《关于组织申报第×批中国历史文化名镇名村的通知》中，都对评选范围、基本条件、申报程序、评价标准和上报材料有更为具体、明晰的要求。

四、世界遗产的评估与文物的定级、历史文化名城名镇名村的评选

文化遗产的评估，目的是确认文化遗产的价值和级别，以便采取相应的保护措施。

世界遗产是世界上最高级别的遗产，《世遗公约》及其《操作指南》对其评估的标准和程序有详明的规定。

中国现阶段文物保护的重要方式，就是对文物进行评估定级并采取相应的保护措施。关于可移动文物和不可移动文物定级的标准和程序，《文物法》及相关法规文件也有详明的规定。关于历史文化名城名镇名村的评选，国家还制定了专门的法规。

1. 世界遗产的评估

《世遗公约》对世界遗产的定义，就已确定了世界遗产的价值标准。《操作指南》则对这一价值标准作了详细说明：

> 突出的普遍价值指文化和/或自然价值是如此罕见，超越了国家界限，对全人类的现在和未来均具有普遍的重要意义。因此，该项遗产的永久性保护对整个国际社会都具有至高的重要性。世界遗产委员会规定了财产列入《世界遗产名录》的标准。
>
> 该《公约》不是旨在保护所有具有重大意义或价值的遗产，而只是保护那些从国际观点看具有最突出价值的遗产。不应该认为某项具有国家和/或区域重要性的遗产会自动列入《世界遗产名录》。

不仅如此，《操作指南》还对这一价值标准作了如第四章引录的6条具体设定。

评估由世界遗产委员会负责，由世界遗产中心具体操作。世界遗产中心对各缔约国递交的申报文件进行核查、登记后，即向相关咨询机构转交完整的申报文件，由咨询机构进行评估。《操作指南》规定：

> 国际文物保护和修复研究中心和国际古迹遗址理事会评估申请列入《世界遗产名录》的提名财产并向委员会呈递评估报告。
>
> 对文化遗产提名的评估将由国际古迹遗址理事会完成。
>
> 对自然遗产提名的评估将由世界保护自然联盟完成。
>
> 作为"人文景观"类提名的文化遗产，将由国际古迹遗址理事会与世界保护自然联盟磋商之后进行评估。对于混合遗

伊拉克哈特拉古城。图片来源：联合国教科文组织网(unesco.org)/世界遗产名录。

产的评估将由国际古迹遗址理事会与世界保护自然联盟共同完成。

承担评估任务的咨询机构，制作出为世界遗产委员会认可的具体评估程序和形式的标准文本，并作为《操作指南》附件公布。世界遗产委员会还对咨询机构的评估与陈述确立了严格的原则：

> 以下为国际古迹遗址理事会和世界保护自然联盟的评估与陈述所遵循的原则。评估与陈述必须：
>
> a)遵守《世界遗产公约》和相关的操作指南，以及委员会在决定中规定的其他政策；
>
> b)作出客观、严谨和科学的评估；
>
> c)依照一致的专业标准；
>
> d)评估和陈述均必须遵守标准格式，必须与秘书处一致，同时必须注明进行实地考察的评估员的名字；
>
> e)清晰分明地指出提名遗产是否具有突出的普遍价值，是否符合完整性和/或原真性的标准，是否拥有管理规划/系统和立法保护；
>
> f)根据所有相关标准，对每处遗产进行系统的评估，包括其保护状况，并与缔约国境内或境外其他同类遗产的保护状况进行比较；
>
> g)应注明所援引的委员会决定和关于被审议的提名的要求；
>
> h)不考虑或载列缔约国于提名审议当年3月31日后递交的任何信息。同时应通知缔约国，因收到的信息已逾期，所以不被纳入考虑之列。必须严格遵守最后期限；
>
> i)同时提供支持他们论点的参考书目(文献)。

咨询机构的评估陈述报告明确表达的评估意见分三类：①建议无保留列入名录的遗产；②建议不予列入名录的遗产；③建议发还待议或推迟列入名录的遗产。

实际上，各缔约国在准备提交和编制《预备名录》的过程中，就已将列入《预备名录》的遗产，按照《世遗公约》及其《操作指南》的规定进行了评估，而且不仅仅是由本国的专家评估，还会请求世界遗产中心协助和世界遗产委员会的咨询机构参与。《操作指南》也说明：“在编撰、更新和协调《预备名录》方面，缔约国可以请求国际援助。”

依据缔约国的申报文件和咨询机构的评估报告，世界遗产委员会在每年定期举行的大会上审核缔约国申报的遗产，并作出列入或不列入《世界遗产名录》、发还待议或推迟列入的决定。

2. 文物的定级

《文物法》第三条既规定了不可移动文物可以根据价值确定为国家、省、市、县四级文物保护单位，也规定了可移动文物的分级："历史上各时代重要实物、艺术品、文献、手稿、图书资料、代表性实物等可移动文物，分为珍贵文物和一般文物；珍贵文物分为一级文物、二级文物、三级文物。"不可移动文物和可移动文物的级别，都是根据文物的价值，主要是《文物法》强调的历史、艺术和科学这三大价值来评估确定的。

元代青花四爱图梅瓶(湖北省博物馆藏)。图片来源：中国商务在线旅行网(ccots.com.cn)。

文物评估定级，实际上伴随着文物调查和申报、收藏和交易的全过程。国有文物的评估定级，则一般是由各级政府文物管理部门根据文物分级的标准，组织文物专家鉴定而作出的。

国家文物局于1978年颁发了《博物馆藏品保管试行办法》和《博物馆一级藏品鉴选标准》，其"办法"第七条就明确规定："鉴定小组由领导、业务人员和专家组成，负责对入馆文物、标本进行认真鉴选。要求对文物、标本确定真伪、年代、是否入藏并划分等级，做好详细记录。"国有可移动文物中的珍贵文物，需要由国家文物鉴定委员会确认。

国家文物鉴定委员会是国家文物局设立的文物鉴定咨询机构，由国家文物局聘请文博及相关行业的著名专家学者组成。其主要职责是：根据国家文物管理工作需要，对文化遗产的历史、艺术、科学价值和等级进行鉴定和评价，为文物征集、保护、管理和执行有关文物法规提供依据。1986年3月，文化部在北京召开国家文物鉴定委员会成立大会，聘任了54位委员，主任委员为启功(1912—2005)。2005年8月，国家文物鉴定委员会组成新一届委员会，有88名委员，下设书画碑帖、现当代书画、古籍、陶瓷、铜器、玉器、货币、杂项、近现代历史文物共9个专业组，主任委员为傅熹年。2006年1月，国家文物局正式颁布了《国家文物鉴定委员会管理规定》。

1987年，文化部颁行了《文物藏品定级标准》。2001年，文化部又颁行了新修订的《文物藏品定级标准》。文件说明："文物藏品分为珍贵文物和一般文物。珍贵文物分为一、二、三级。具有特别重要历史、艺术、科学价值的代表性文物为一级文物；具有重要历史、艺术、科学价值的为二级文物；具有比较重要历史、艺术、科学价值的为三级文物。具有一定历史、艺术、科学价值的为一般文物。”文件对一、二、三级文物分别规定了十四、十二、十一条定级标准，对一般文物也规定了七条定级标准，还附有供参考的一级文物定级标准举例。

受国家文物局委托，国家文物鉴定委员会依据《文物藏品定级标准》，编撰了一套多达 25 卷，包括 37 大类文物，具有学术性、权威性和实用性的工具丛书《文物藏品定级标准图例》，由文物出版社自 2006 年以来陆续出版。

2003 年，国家文物局颁布了根据《文物法》和《文物藏品定级标准》等法规性文件制定的《近现代一级文物藏品定级标准(试行)》。其标准共 21 条，相当详细、明晰且操作性强。

目前，有关部门还正在起草《民间收藏文物鉴定管理办法》，拟尽快出台以规范民间文物鉴定，保护收藏者的合法权益。

不可移动文物的定级，一般是由县级以上人民政府的文物主管部门，或者是建设(保护)主管部门会同同级文物主管部门组织有关部门、专家评估。《文物法》第十三条规定：“国务院文物行政部门在省级，市、县级文物保护单位中，选择具有重大历史、艺术、科学价值的确定为全国重点文物保护单位，或者直接确定为全国重点文物保护单位，报国务院核定公布。省级文物保护单位，由省、自治区、直辖市人民政府核定公布，并报国务院备案。市级和县级文物保护单位，分别由设区的市、自治州和县级人民政府核定公布，并报省、自治区、直辖市人民政府备案。尚未核定公布为文物保护单位的不可移动文物，由县级人民政府文物行政部门予以登记并公布。”

第六批全国重点文物保护单位的评估审议与核定公布，先是由各省、自治区、直辖市在本辖区进行初评后申报，继而由国家文物局组织来自中宣部、建设部、中央党史研究室、中央文献研究室、中国科学院、中国社会科学院、中国城市规划设计研究院、中国建筑设计研究院、故宫博物院、国家博物馆、中国军事博物馆、北京大学、清华大学、中国人民大学、天津大学、东南大学、北京建筑工程学院、中国文物研究所等单位的 60 多位文物、考古、建筑史、党史、近现代史等方面的权威专家，组

重庆大足石刻。图片来源：国家文物局网(sach.gov.cn)/中国的世界遗产。

成专家评审委员会，对各省、自治区、直辖市推荐的共1641处文物保护单位进行分类评审。在专家评审的基础上，国家文物局提出第六批全国重点文物保护单位初步推荐名单，并分别征询中宣部、外交部、国家发改委、财政部、建设部、宗教局、中央党史研究室、中央文献研究室等有关部门的意见。在充分尊重专家和各有关部门意见的基础上，形成最终的推荐名单，报国务院核定公布。

国家文物局制定的《第七批全国重点文物保护单位申报指导意见》，对认定“具有重大的历史、艺术、科学价值”的全国重点文物保护单位，要求“至少应符合下列标准之一”：①对揭示史前文化具有重要价值的；②对反映古代历史时期社会政治、经济、军事、文化及其交流等方面具有重大价值的；③对反映近现代经济和社会发展，以及与重大事件和重要人物活动有关且具有突出价值的；④对反映中国社会某一历史时期的美学思想、艺术发展等方面具有重要价值的；⑤在建筑艺术、景观艺术、造型艺术等方面具有突出成就的；⑥体现我国科学技术进步、促进社会发展和生活方式变化方面具有典型意义的；⑦反映我国历史某一时期生态保护、灾害防御、聚落及城镇规划、工程设计、材料、工艺等方面突出成就的。

3. 历史文化名城、名镇、名村的评选

历史文化名城、名镇、名村的评选确认，根据《历史文化名城名镇名村保护条例》的规定，名城由国务院建设主管部门会同国务院文物主管部门，根据省、自治区、直辖市人民政府提出的申请，组织有关部门、专家进行评估论证，提出审查意见，报国务院批准公布；名镇、名村由省、自治区、直辖市人民政府确定的保护主管部门会同同级文物主管部门，根据所在地县级人民政府提出的申请，组织有关部门、专家进行评估论证，提出审查意见，报省、自治区、直辖市人民政府批准公布。《条例》还规定：“国务院建设主管部门会同国务院文物主管部门可以在已批准公布的历史文化名镇、名村中，严格按照国家有关评价标准，选择具有重大历史、艺术、科学价值的历史文化名镇、名村，经专家论证，确定为中国历史文化名镇、名村。”

武汉市黄陂区大余湾村。图片来源：武汉建设网(whjs.gov.cn)。

《中国历史文化名镇(村)评选办法》规定：“评选中国历史文化名镇(村)应在省(自治区、直辖市)人民政府公布的历史文化名镇(村)的基础上进行，由省级建设行政主管部门会同文物行政部门组织专家进行审查，符合条件的报建设部和国家文物局。建设部会同国家文物局将组成专家委员会，根据评价标准对各地上报的材料进行评议，从中评选出符合条件的镇(村)，通过实地考察后，对认定的镇(村)提出评议意见，报建设部和国家文物局组成的部际联席会议审定。”为了保证评选质量和便于评选操作，原建设部和国家文物局还制定了《中国历史文化名镇(村)评价指标体系》和《中国历史文化名镇(村)基础数据表》。前者分为价值特色(70 分)、保护措施(30 分)和若干小项，分别标明分值，总计 100 分。

五、物质文化遗产的登记建档

登载记录以建立档案，是保护文化遗产的重要基础性工作。文物的调查和评估结果，都需要登记建档。文化遗产保护的规划制定和措施采用，都直接依据于文化遗产的档案资料。国际博物馆协会第 15 届全体大会于 1986 年 11 月在布宜诺斯艾利斯通过的《国际博物馆协会职业道德准则》规定：“确保博物馆临时或永久接受的一切物品得以恰当地、全面地做出记录，以利于证明出处、鉴定断代、记录状况并进行处理，是一项重要的专业职责。”

《世界遗产名录》就是对世界遗产的登记建档，也就是联合国教科文组织保护世界遗产的对象和依据。

1. 世界遗产的登记建档

《世遗公约》及其《操作指南》，对世界遗产的登记建档有着详明的程序要求和具体规定。世界遗产的登记建档工作，由世界遗产中心负责。世界遗产中心的主要任务之一，就是“接收、登记世界遗产申报文件，检查其完整性、存档并呈递到相关的咨询机构”。

世界遗产中心建立的档案，除《预备名录》和申报文件之外，主要是《世界遗产名录》和《濒危世界遗产名录》及其认定、评估、审议、监测、援助、保护等一切由缔约国提供的和申报后生成的相关资料。

《世界遗产名录》中的每处遗产档案资料，都包含世界遗产委员会决定将其列入名录时通过的《突出的普遍价值声明》。这个声明包括委员会关于该遗产具有突出的普遍价值的决定摘要，明确遗产列入名录所遵循的标准，包括对于完整性或原真性状况及实施保护和管理的要求评估。档案资料中还包含有缔约国执行《世遗公约》、保护世界遗产的定期报告等。

《濒危世界遗产名录》中列入的遗产，要求的条件是：①该遗产已列入《世界遗产名录》；②该遗产面临严重的、特殊的危险；③该遗产的保护需要实施大规模的工程；④已申请依据公约为该遗产提供援助。其遗产的档案，包括世界遗产中心获取的信息及相关缔约国和咨询机构或其他组织的评论、世界遗产委员会审议现有信息并就是否将该遗产列入《濒危世界遗产名录》作出决定和确定的补救方案等资料，以及相关缔约国执行方案和世界遗产委员会定期检查结果、处理决定等资料。

《操作指南》说明：

> 秘书处将确保《预备名录》和世界遗产提名文件副本（包括地图和缔约国提交的相关信息副本）已存入硬拷贝，同时在可能的情况下保存电子版本。秘书处也安排对已列入《世界遗产名录》的遗产的相关信息进行存档，其中包括咨询机构发表的评估和其他文件、任何缔约国提交的信件和报告（包括被动测量和定期报告），以及秘书处和世界遗产委员会发出的信件和材料。

所建立的档案都长期保存，并提供给相关缔约国政府。可予公开的档案资料，如咨询机构对于每一项提名的评估意见和委员会所作的决定等，则在世界遗产委员会网页上发布。

中国政府为了加强对世界文化遗产的保护和管理，专门制定了《世界文化遗产保护管理办法》，2006 年 11 月由文化部公布。《办法》第十二条规定："省级人民政府应当为世界文化遗产建立保护记录档案，并由其文物主管部门报国家文物局备案。国家文物局应当建立全国的世界文化遗产保护记录档案库，并利用高新技术建立世界文化遗产管理动态信息系统和预警系统。"

2. 文物的登记建档

中国的文物保护，高度重视对文物的登记建档。《文物法》明确规定，凡是依法受到保护的国有文物，都要登记建档。由于文物的类型、特性和管理方式不同，文物档案也分馆藏文物档案和不可移动文物档案。

文物档案的建立，有着系统完备的内容要求和严格细致的技术要求，就内容而言，一般分为科学技术资料和行政管理文件；就形式而言，则有文字、绘图、拓片、摹本、影像（照片、幻灯、录像、电影摄制）等多种信息载体。对此，文物管理机构早已形成了严密的制度和工作的规范，文物行政部门也在相关文件中有具体而明晰的要求。

当今，文物档案的建立已经纳入数字化数据库的建设和管理之中。以数字化手段调查和逐步摸清我国文物的家底，建立并运行动态的文物数据库管理系统，可以为各级政府及有关部门及时、准确地掌握文物保护与管理状况提供科学依据和可靠保证。

(1)馆藏文物的登记建档

王子午升鼎(淅川春秋楚墓出土)。图片来源：文化共享网(ndcnc.gov.cn)。

《文物法》第三十六条规定："博物馆、图书馆和其他文物收藏单位对收藏的文物，必须区分文物等级，设置藏品档案，建立严格的管理制度，并报主管的文物行政部门备案。县级以上地方人民政府文物行政部门应当分别建立本行政区域内的馆藏文物档案；国务院文物行政部门应当建立国家一级文物藏品档案和其主管的国有文物收藏单位馆藏文物档案。"关于考古发掘的文物，《文物法》第三十四条规定："考古发掘的文物，应当登记造册，妥善保管，按照国家有关规定移交给由省、自治区、直辖市人民政府文物行政部门或者国务院文物行政部门指定的国有博物馆、图书馆或者其他国有收藏文物的单位收藏。经省、自治区、直辖市人民政府文物行政部门或者国务院文物行政部门批准，从事考古发掘的单位可以保留少量出土文物作为科研标本。"《〈文物法〉实施条例》第二十八条则具体规定："文物收藏单位应当建立馆藏文物的接收、鉴定、登记、编目和档案制度……"

文化部于2005年颁布的《博物馆管理办法》也规定："博物馆应建立藏品总账、分类账及每件藏品的档案，并依法办理备案手续。"

关于馆藏文物登记建档的技术要求，文化部1986年颁布的《博物馆藏品管理办法》中有详细规定。其中第二章就是关于藏品的接收、鉴定、登账、编目和建档的规定。

长期以来，我国博物馆界始终遵守国家法规的要求，把"制度健全、账目清楚、鉴定确切、编目详明、保管妥善、查用方便"作为藏品保管的基本原则，规范地建立了藏品的完整档案。截至2010年，全国共有各类博物馆3020座，文物藏品总量达到2864.22万件(套)①。

2000年以前，馆藏文物的登录建档，基本上都是纸质档案。我国绝大多

① 数据来自国家文物局印发的《国家文物博物馆事业发展"十二五"规划》。据报道，截至2012年，全国博物馆总数达到3589座，其中国有博物馆3054座、民办博物馆535座，全国一级博物馆达到100家。见国家文物局网(www.sach.gov.cn)/专题/2012年全国文物局长会议/《新华网：全国博物馆总数达到3589个》。

数博物馆都建立了相对完整、细致的《藏品总登记账》、《藏品分类账》和《藏品编目卡片》。

21世纪，中国的馆藏文物管理进入了纸质档案与数字化登录并重阶段。2001年，为了进一步摸清家底、提高馆藏文物的管理水平，财政部和国家文物局联合启动了文物调查及数据库管理系统建设项目。该项目由国家文物局数据中心组织实施，全国各地的国有收藏单位参加，建立珍贵藏品的数据库。为了确保藏品登录信息的质量，国家文物局先后颁行了《博物馆藏品信息指标体系规范》、《博物馆藏品二维影像拍摄技术规范》等标准性文件，推行藏品数字登录的标准化。截至2010年8月31日，共登录166万多件/套珍贵藏品数据(其中一级藏品48 006件/套)，拍摄图片近400万张；还登录一般藏品数据137万余条，数据总量近20TB，建立了国家、省、博物馆三级藏品登录信息存储体系，基本实现国家文物局确定的全面完成数据采集及报送工作的目标，进入了以数据整理和应用工作为核心的新阶段①。

(2)不可移动文物的登记建档

不可移动文物的登记建档，迄今主要是文物保护单位的登记建档。其建档的复杂性有过于可移动文物，相关法规对之规定的细致和要求的严格也更甚于馆藏文物。

武当山金顶。图片来源：中国武当网(china wudang.com)。

《文物法》第十五条规定："各级文物保护单位，分别由省、自治区、直辖市人民政府和市、县级人民政府划定必要的保护范围，作出标志说明，建立记录档案，并区别情况分别设置专门机构或者专人负责管理。全国重点文物保护单位的保护范围和记录档案，由省、自治区、直辖市人民政府文物行政部门报国务院文物行政部

① 文物调查及数据库管理系统建设项目工作组：《"文物调查及数据库管理系统建设项目"取得阶段性成果》，国家文物局网(www.sach.gov.cn)/文物调查及数据库管理系统建设项目；游庆桥：《博物馆藏品登记著录的实践与思考》，中国文物信息网(www.ccrnews.com.cn)/文博研究/博物馆周刊。

门备案。”《〈文物法〉实施条例》具体规定：“文物保护单位的记录档案，应当包括文物保护单位本体记录等科学技术资料和有关文献记载、行政管理等内容。文物保护单位的记录档案，应当充分利用文字、音像制品、图画、拓片、摹本、电子文本等形式，有效表现其所载内容。”根据《文物法》及其《实施条例》的规定，文物保护单位的记录档案，要做到科学、准确、翔实。

1991年，为了加强对文物保护单位的保护与管理，国家文物局制定和发布了《全国重点文物保护单位保护范围、标志说明、记录档案和保管机构工作规范(试行)》，其中第四章“建立记录档案”在文件中条文最多、规定最细。2003年，国家文物局又专门为加强文物保护单位记录档案的编制和管理，制定和发布了《全国重点文物保护单位记录档案工作规范(试行)》，共六章三十三条。第一章“总则”要求：记录档案包括对全国重点文物保护单位本身的记录和有关文献，内容分为科学技术资料和行政管理文件，形式有文字、图纸、照片、拓片、摹本、电子文件等。记录档案必须科学、准确、翔实，分为主卷、副卷和备考卷。主卷以保护管理工作记录和科学资料为主，副卷收载有关行政管理文件及日常工作情况，备考卷收载与本处文物保护单位有关、可供参考的论著及资料。与之配套的文件，还有《全国重点文物保护单位记录档案著录说明》和《全国重点文物保护单位记录档案卷盒、卷内表格、专用纸规范》以及《全国重点文物保护单位记录档案著录说明》和《全国重点文物保护单位记录档案卷盒、卷内表格、专用纸规范》。

2003年以来，国家文物局部署了第一至五批1271项全国重点文物保护单位档案的记录、整理、归档保管工作。通过这项工作，进一步全面、系统、科学地制定了全国重点文物保护单位记录档案建档备案的工作原则和技术规范，并且经过培训初步形成了一支具有较高专业素质和技术水平的建档备案工作队伍，从而为中国文物档案工作走向科学化、规范化、制度化打下了坚实的基础。

第六批全国重点文物保护单位的申报评审，特别强调了其记录档案的建立和完善。

《历史文化名城名镇名村保护条例》对城镇、乡村中的历史建筑作了具体的建档规定：

> 第三十二条　城市、县人民政府应当对历史建筑设置保护标志，建立历史建筑档案。
>
> 历史建筑档案应当包括下列内容：
>
> (一)建筑艺术特征、历史特征、建设年代及稀有程度；
>
> (二)建筑的有关技术资料；

（三）建筑的使用现状和权属变化情况；

（四）建筑的修缮、装饰装修过程中形成的文字、图纸、图片、影像等资料；

（五）建筑的测绘信息记录和相关资料。

麦积山。图片来源：走遍中国旅游网（zbzg. com）。

第三次全国文物普查，也以登记、注册、建档、备案为其重要内容。

六、物质文化遗产的维护修复

物质文化遗产的实物，即使本有金石之坚，也难抗千年的风吹雨打、光蚀气化，更何况多为易损的土木、易碎的陶瓷、易破的简帛纸张等物体。加之百世之中，物为人用而难免损坏，物遇战火则惨遭焚毁。因此，遗存下来的物质文化遗产实物，由于自然和人为的各种原因都不同程度地受到了破坏或损伤，必须予以维护修复才能保存。

维护修复，是物质文化遗产保护的必要措施和重要环节。维护修复的及时与否、好坏程度，直接决定了物质文化遗产保护的效果。

人类自从有了珍惜和保存物质文化遗产的意识和行为，就开始了对物质文化遗产的维护修复，如古建筑和石窟寺等的维修、古器物和古字画等的修复。在长达数千年的物质文化遗产保护实践及其维护修复过程中，世界各国都形成了维护修复自己国家物质文化遗产的传统技艺和基本原则。20世纪下半叶以来，随着世界遗产事业的蓬勃发展，各国因为高度重视文化遗产保护而加强了对物质文化遗产的维护修复，在维护修复中不仅继承传统技艺，而且采用现代科技。同时，在物质文化遗产保护的国际交流和协助过程中，也形成了关于维护修复基本原则的国际共识。

1. 维护修复的基本原则

物质文化遗产维护修复的基本原则，由其体现的基本特征和认定的基本标准所决定，即还原其原真性和保持其完整性。

早在1931年，在雅典召开的第一届历史纪念物建筑师及技师国际会议，就在通过的关于历史纪念物修复的《雅典宪章》中，首次提出了关于古代建筑及其相关雕塑、绘画等物质文化遗产保护与修复的原则建议。1964年出台的《威尼斯宪章》，丰富和完善了《雅典宪章》。《威尼斯宪章》第三部分“修复”共有六条规定：

> 第九条　修复过程是一个高度专业性的工作，其目的旨在保存和展示古迹的美学与历史价值，并以尊重原始材料和确凿文献为依据。一旦出现臆测，必须立即予以停止……
>
> 第十条　当传统技术被证明为不适用时，可采用任何经科学数据和经验证明为有效的现代建筑及保护技术来加固古迹。
>
> 第十一条　各个时代为一古迹之建筑物所作的正当贡献必须予以尊重，因为修复的目的不是追求风格的统一……
>
> 第十二条　缺失部分的修补必须与整体保持和谐，但同时须区别于原作，以使修复不歪曲其艺术或历史见证。
>
> 第十三条　任何添加均不允许，除非它们不至于贬低该建筑物的有趣部分、传统环境、布局平衡及其与周围环境的关系。
>
> 第十四条　古迹遗址必须成为专门照管对象，以保护其完整性……

显然，这六条具体规定强调的基本原则就是保护历史古迹的原真性和完整性，而且着重强调的是原真性。正因为强调其原真性，才要求在古迹修复中采用原始材料、依据确凿文献、以传统修复技术为前提、不可依据今日的审美观改造古建筑、不可随意修补缺失部分并须将必要修补的缺失部分与原作区别开来。经过数十年的宣传与实践，《威尼斯宪章》确定的古迹保护与修复原则在国际上得到了公认，联合国教科文组织乃将《威尼斯宪章》视为世界遗产保护具有指导意义的规范性文件。

1972 年，联合国教科文组织第 17 届大会在通过《世遗公约》的同时，还通过了《关于在国家一级保护文化和自然遗产的建议》。其中第五部分“保护措施”的相关建议是：“各成员国应经常对其文化和自然遗产进行精心维护，以避免因其退化而不得不进行的耗资巨大的项目；对文化遗产所进行的任何工程都应旨在保护其传统原貌，并保护它免遭

拉萨大昭寺维修（打阿嘎土）（普布扎西摄）。图片来源：新华网（news.cn）。

可能破坏它与周围环境之间总体或色彩关系的重建或改建。”关于文化遗产维护修复的建议，因循了《威尼斯宪章》确定的准则。

1994 年出台的《奈良原真性文件》，不仅强调《威尼斯宪章》确定的原真性是“评审遗产价值的本质因素”，而且指出：“在文化遗产的所有科研中，在保护与修复规划中，也在《世界遗产公约》和其他文化遗产目录所采用的申报程序中，发挥着基础作用。”

物质文化遗产维护修复的原真性原则和完整性原则是不可分开的，但在 20 世纪下半叶以来的文化遗产保护实践中先期更为重视的是原真性。随着保护实践的深入，人们越来越重视文化遗产的完整性，而且是由重视保护文化遗产本体形貌的完整性，进而重视保护本体及其相关环境的完整性。

1962 年出台的《关于保护景观和遗址的风貌与特性的建议》提出对遗址的修复，是指对遗址本体的修复。1976 年出台的《内罗毕建议》，已经重视了保护与文化遗产本体直接相关的环境，强调“历史地区及其环境应被视为不可替代的世界遗产的组成部分”。1982 年出台的《佛罗伦萨宪章》的定义说明：“历史园林不论是否与某一建筑物相联系——在此情况下它是其不可分割的一部分——它不能隔绝于其本身的特定环境。”在其“维护、保护、修复、重建”部分提出的原则是：“在对历史园林或其中任何一部分的维护、保护、修复和重建工作中，必须同时处理其所有的构成特征。把各种处理孤立开来将会损坏其整体性。”1987 年出台的《华盛顿宪章》，也强调其维护和修复包括与其相关的自然和人工的周围环境，强调“所要保存的特性包括历史城镇和城区的特征以及表明这种特征的一切物质的和精神的组成部分”。

西安古城。图片来源：中国网(china.com.cn)。

2005 年出台的《西安宣言》明确宣告：“有必要承认、保护和延续遗产建筑物或遗址及其周边环境的有意义的存在，以减少上述进程对文化遗产的真实性、意义、价值、整体性和多样性所构成的威胁。”这个宣言，是在以往一系列国际性文件表达的关于文化遗产保护的原真性和完整性原则的认识基础上，具体而系统地确定了不可移动物质文化遗产的原真性和整体性的含义，全面阐发了保护相关环境与保护古迹的同等重要性及其整体保护的科学手段，从而充分地反映了近年来国际社会关于原真性和完整性原则的认识的丰富化和深刻化。

2. 文物古迹的维护修复

中国文物古迹保护的基本目的，与世界各国一致。中国文物古迹的保护及其维护修复所遵循的基本原则，也与国际共识相同。

不过，中国文物古迹不仅数量丰富、种类繁多，而且独具特色，故在其维护修复的具体要求上与他国不尽相同。《文物法》第二十一条规定："对不可移动文物进行修缮、保养、迁移，必须遵守不改变文物原状的原则。"第四十六条规定："修复馆藏文物，不得改变馆藏文物的原状。"不改变原状，就是中国文物古迹维护修复必须遵守的基本原则，这实际上是为了维护文物古迹的原真性和完整性。随着中国文物古迹保护实践的深入，随着中国文化遗产保护与世界的接轨，这项基本原则在近20多年来的相关法规性文件中阐述得越来越明确和具体。

(1)可移动文物的维护修复

自古以来，器物、字画、图书等可移动文物的维护修复，都遵循着不改变原状的基本原则。文物如果改变了原状，也就失去了原有的价值。

国有的可移动文物，主要收藏在国家建立的各级和各类博物馆中，其维护修复也主要由博物馆负责。新中国成立之后，大力发展文博事业，形成了较为严格的博物馆藏品保管制度，其中就有对藏品维护修复的具体要求。1978年，国家文物局根据"文革"后文物保护的紧迫需要，修订并颁发了《博物馆藏品保管试行办法》，其中第四部分"藏品的保护、修复、复制"有5条具体要求。1986年，文化部颁布了更为完善的《博物馆藏品管理办法》。其第五章"藏品的保养、修复、复制"规定：

> 第二十四条　凡采用新的藏品保护、修复技术，应先经过实验，通过主管文物行政管理部门组织有关技术人员和专家评审鉴定后推广运用。未经过实验和评审鉴定证明可确保藏品安全的新技术，博物馆不得随意采用。
>
> 第二十五条　藏品修复时，不得任意改变其形状、色彩、纹饰、铭文等。

之所以这样规定，就是要求不改变原状，也就是维护文物藏品的原真性。具体而言，文物藏品或可移动文物的原状包括文物构成的材料和文物的形式、内容及制作工艺。对文物的维护修复，要求原则上采用原用的材料和工艺，保持原初的形状、色彩、纹饰、铭文等风貌。

可移动文物只有在破损之后才需要修复，如破损器物的修补、破损字画的装裱、破损图书的粘贴等。这种修复，也就是恢复和维持其原状的完整性。

(2)不可移动文物的维护修复

可移动文物的维护修复，人们一般不会去改变其原状，否则就是新造假古董。不可移动文物的维护修复，人们却往往因为现实利益或自以为是等多种缘故而改变其原状。关于不可移动文物维护修复的原则和方法的确定，也困难和复杂得多。

故宫大修(2003—2008 年)(张斌摄)。图片来源：《京华时报》、人民网(people.com.cn)。

当代的不可移动文物保护的观念和方法的形成，始于 20 世纪 30 年代。当时，以梁思成为代表的一批热衷于文物古迹保护的建筑师，主持修复了一些古建筑，也初步形成了中国文物古迹保护的观念和方法。50 年代，尤其是 80 年代以来，随着文物保护的不断加强，中国在长期实践中深入探讨，同时借鉴国际先进理论和方法，逐步形成了较为成熟的、适合国情的文物古迹维护修复指导原则和具体措施。其指导原则和具体措施，即由以《文物法》为核心的相关法规文件及行业标准文件所阐明或规定。

国务院 1961 年发布的《文物保护管理暂行条例》，首次对不可移动文物的管理和维护修复作了具有法律效力的较明细规定：

> 第五条　对于已经公布的文物保护单位，应当分别由省、自治区、直辖市人民委员会和县、市人民委员会划出必要的保护范围，作出标志说明，并且建立科学的纪录档案。全国重点文物保护单位的保护范围的确定，应当报经文化部审核决定。
>
> 第十一条　一切核定为文物保护单位的纪念建筑物，古建筑、石窟寺、石刻、雕塑等(包括建筑物的附属物)，在进行修缮、保养的时候，必须严格遵守恢复原状或者保存现状的原则，在保护范围内不得进行其他的建设工程。

这个《条例》表明并确定了中国对不可移动文物保护的基本原则和主要措施。其原则和措施也都成为《文物法》及其《实施条例》的内容并予以充实，形成了修复

“不改变文物原状”以维持文物古迹的原真性，划定保护范围以维护文物古迹的完整性的基本原则，以及“划定必要保护范围，作出标志说明，建立记录档案，并区别情况分别设置专门机构或者专人负责管理”（习称“四有规范”）的主要措施。

不可移动文物的原状，除了同于可移动文物的原状含义外，还主要包括：①文物的规模（或范围）和布局（或分布）及其相互关系；②建筑的结构、形式、营造法式和基本材料；③文物古迹周围的地形、地貌及自然环境与历史人文环境。

迁址复建的张飞庙。图片来源：美亚旅游网（57023.com）。

另外，《文物法》还规定，文物保护单位的保护要纳入各级人民政府的城乡建设规划，在文物保护单位的保护范围内不得进行其他建设工程或爆破、钻探、挖掘等影响文物安全及环境的活动，对文物保护单位应当尽可能实施原址保护，无法实施原址保护而必须迁移异地保护或者拆除的要经过严格审批。三峡水利枢纽工程建设中的文物保护，就较好地执行了《文物法》的规定。如重庆涪陵区城北的白鹤梁题刻、湖北宜昌杨家老屋清代古建筑等，都是原址维护的成功范例。云阳县的张飞庙、巴东县的秋风亭、秭归县的新滩民居群等，都是迁址复建而不改变原状的典型事例。

根据《文物法》及其相关法规，参照国际社会认同的准则，国际古迹遗址理事会中国国家委员会制定并于2000年通过了《中国文物古迹保护准则》，经国家文物局批准后于2002年向社会公布，2004年经修改后发布了第二版。这个文件是对中国法规中有关规定的专业性阐释，也是对文物古迹保护工作进行指导的行业规则和评价工作成果的主要标准。

(3)历史文化城市街区村镇的维护修复

具有历史文化价值的城市、街区、村镇，在《文物法》中归类于不可移动文物。由于其比一般文物保护单位的规模大得多、遗产丰富得多，其维护修复也就复杂多了。

对历史文化城市、街区、村镇的保护，是随着国际社会日益重视文化遗产保护并在实践中不断深化其认识而开展起来的，不仅强调保护直接和突出显示其历史文化价值的遗产的原真性，而且着重强调保护间接和关联表明其遗产特征的“一切物质的和精神的组成部分”，即遗产的完整性。

1982年颁布的《文物法》，既对文物古迹的周边环境保护有所规定，又对历史文化名城的保护作了规定。近30年来，随着中国城市化、现代化建设快速发展，城镇改造过程中对文化遗产及其整体面貌的破坏日趋严重，国家对历史文化城市、街区和村镇的保护力度也不断加大，并借鉴国际的保护理论和方法采取了许多有效措施，在艰难的探索中逐步走上有效保护的正轨，即从“以旧城为中心发展”到“发展新区，保护旧城”；从“大拆大建式旧城改造”到“历史城区整体保护”；从“大规模危旧房改造”到“循序渐进，有机更新”。洛阳、苏州等名城的城市发展规划和建设都避开历史城区，另拓新的商贸区和工业园区，保留历史城区的原真风貌，将现代化的城市功能转往新区，效果良好。江苏扬州是首批国家历史文化名城之一，又是当前京杭大运河申遗的牵头城市。近年按照“护其貌、美其颜、扬其韵、铸其魂”的古城保护总体思路，扬州编制了老城保护规划纲要和12个街坊控制性详规，经过几年建设和维护的努力，如今已经实现了“历史文化看古城区、生态环境看瘦西湖风景区、现代文明看新城、经济发展看沿江开发区”的格局，对大运河沿岸的城镇文化遗产保护起到了示范作用。上海自2003年以来严格执行《上海市历史文化风貌区和优秀历史建筑保护条例》，将历史建筑的维护纳入历史文化风貌区的整体保护之中，近年卓有成效地恢复了多片历史文化风貌区。两院院士吴良镛曾经针对北京旧城改造提出了“有机更新”的思路：“采用适当规模、合适尺度、依据改造的内容与要求，妥善处理目前与将来的关系——不断提高规划设计质量，使每一片的发展达到相对的完整性，这样集无数相对完整性之和，即能促进北京旧城的整体环境得到改善，达到有机更新的目的。”①近年来，北京市的城市建设依其思路制定规划，渐进运作，取得了维护旧城整体环境和历史风貌的较好效果。

扬州瘦西湖风景(作者摄)

① 吴良镛：《北京旧城与菊儿胡同》，中国建筑工业出版社1994年版，第68页。

《历史文化名城名镇名村保护条例》第三条明确规定："保持和延续其传统格局和历史风貌，维护历史文化遗产的真实性和完整性。"第四章"保护措施"共十六条，其中规定：

> 第二十一条　历史文化名城、名镇、名村应当整体保护，保持传统格局、历史风貌和空间尺度，不得改变与其相互依存的自然景观和环境。
>
> 第二十七条　对历史文化街区、名镇、名村核心保护范围内的建筑物、构筑物，应当区分不同情况，采取相应措施，实行分类保护。
>
> 历史文化街区、名镇、名村核心保护范围内的历史建筑，应当保持原有的高度、体量、外观形象及色彩等。

这些规定将《文物法》确定的"不改变文物原状"的原则予以具体化、丰富化了，也对国际社会确认的文物古迹保护的原真性和完整性原则有着适合国情的创造性和系统化的运用。

文物古迹的维护修复，就是"修旧如旧"、"护古存古"。如旧而见文物的原状，存古方有古迹的原真性和完整性。

(4)文物古迹维护修复的工艺技术

文物种类繁多，不同种类和质地的文物也在制作和维修上形成了专门的传统技艺，如铜器焊接、陶器烧制、瓷器粘补、书画装裱、丝绸刺绣、建筑营造等。这些传统技艺，许多已经成了专门的学问。历史上，文物的维护修复也长期采用传统技艺。

随着近代科学技术的发展，文物维护修复也越来越多地采用了新发明的科学技术。而且，由于现代科技的便利和高效，使得人们更乐意采用现代科技的材料和方法。现代科技也大量被应用于文物的维护修复工作中，取得了良好的效果。如出土古代丝织品的保存、秦始皇陵铜车马的修复、秦俑彩绘的保护、莫高窟内起甲壁画的修复、出土饱水简牍的脱水保存、出土饱水漆木器的脱水加固定型、出土铁器脱盐锈蚀处理、东汉"水银沁"铜境表面处理、古代图书书画破损纸张的修补处理、长效防霉防蛀装裱黏合剂的使用等，都充分显示了现代科技在文物保护中的重要作用。

现今的文物维护修复，都是采用传统技艺和现代科技相结合的方法。不过，是以传统技艺为主还是以现代科技为主，以及如何运用现代科技的材料和方法，却是在文物保护的长期实践中逐步达成共识并且确定为准则的。

依据"不改变文物原状"的原则，文物的维护修复当然宜用传统技艺。因此，

《威尼斯宪章》和《博物馆藏品管理办法》都强调文物修复采用传统技术的必要性，要求不可随意采用现代新技术。坚持以文物的原材料、采用传统技艺维护修复，不仅成为惯例，而且是国际通行的准则。2007 年，在第 31 届世遗大会上，中国的故宫、天坛和颐和园的大修就受到质疑，被认为未做到尽可能使用原材料、维持建筑原本结构和采用传统技术进行修复，有损古建筑的原真性。

颐和园古建筑群修缮（2005—2006 年）。图片来源：东方网（eastday. com）。

《中国文物古迹保护准则》确定的规范，既符合中国国情，也合乎国际通则：

> 第二十一条　保护现存实物原状与历史信息。修复应当以现存的有价值的实物为主要依据，并必须保存重要事件和重要人物遗留的痕迹。一切技术措施应当不妨碍再次对原物进行保护处理；经过处理的部分要和原物或前一次处理的部分既相协调，又可识别。所有修复的部分都应有详细的记录档案和永久的年代标志。
>
> 第二十二条　按照保护要求使用保护技术。独特的传统工艺技术必须保留。所有的新材料和新工艺都必须经过前期试验和研究，证明是最有效的，对文物古迹是无害的，才可以使用。

文物古迹的维护修复，并非不允许使用现代科技，但现代科技，尤其是新材料和新工艺的使用必须以“不改变文物原状”为前提，因此应当慎用。修复文物，要尽可能使用传统工艺技术；而维护文物，如检查、探察、监测、鉴定、护理等，则要更多地使用现代科技。随着文物古迹保护对象的扩大、保护要求和难度的提高，现代科技发挥的作用也越来越大。为了有效地保护文物古迹，还应该鼓励科技发明和创新，鼓励采用经过前期实验和研究而证明确实有效、无害于文物古迹的新材料和新工艺。

无论是传统技术还是现代科技，都是相当专业的知识，涉及自然科学的许多学科和材料、结构、工艺等许多方面的知识，需要较长时间的专业学习并结合实践才能掌握。

中国政府高度重视文化遗产的保护，也高度重视文物保护科技的应用和创新。改革开放以来，国家文物局在文物保护科技的发展规划、机构设置、经费投入、管理制度、创新体系等方面采取了有效措施，文物的保存、保全和修复以及对相关环境的控制与整治等也取得了良好的效果。

七、世界遗产的督查除名与文物保护的监管检查

为了有效、长久地保护人类遗产，《世遗公约》不仅确定了建立《世界遗产名录》，而且确定了建立保护状况出现严重危险的《濒危世界遗产名录》，赋予了世界遗产委员会通过监督、检查、审议、评估而认定将不再符合世界遗产标准的世界遗产列入《濒危世界遗产名录》乃至除名的权利。

世界许多国家的文化遗产保护，都建立了文化遗产评估分级和监督检查制度。

1. 世界遗产的督查除名

《世遗公约》第十一条规定，世界遗产委员会应将《世遗名录》中保护状况出现危险的遗产列入《濒危世界遗产名录》。第二十九条规定，公约的缔约国应在规定的时间、以确定的方式向联合国教科文组织提供关于本国世界遗产保护的详细报告，世界遗产委员会审议这些报告后，再向联合国教科文组织大会的每届常会提交世界遗产保护工作的总报告。

根据其规定，《操作指南》要求："世界遗产的保护与管理须确保其在列入名录时所具有的突出的普遍价值以及完整性和/或原真性在之后得到保持或增强。"为此，世界遗产委员会制定了定期报告和监督检查制度。

《操作指南》要求，缔约国每6年一次，向世界遗产委员会提交关于《世遗公约》执行情况的定期报告，主要包括位于其领土内的世界遗产保护状况。其目的是：①评估缔约国《世遗公约》的执行情况；②评估《世界遗产名录》内遗产的突出的普遍价值是否得到长期的保持；③提供世界遗产的更新信息，记录遗产所处环境的变化以及遗产的保护状况；④就《世遗公约》实施及世界遗产保护事宜，为缔约国提供区域间合作以及信息分享、经验交流的一种机制。收到定期报告后，世界遗产中心与咨询机构合作，会同缔约国的世界遗产主管

耶路撒冷古城和城墙。图片来源：互动百科网(hudong.com)。

部门及当地专家，对缔约国的报告情况实行年度检查，然后进行评估并完成世界遗产区域性报告，提交世界遗产委员会审议。世界遗产委员会将认真审查《定期报告》所述议题，并且就不足之处向相关区域的缔约国提出建议。若发现世界遗产的保护状况出现危险，世界遗产委员会可决定将其遗产列入《濒危世界遗产名录》。

就文化遗产而言，列入《濒危世界遗产名录》的标准是：(1)已确知的危险——该遗产面临着具体的且确知即将来临的危险，例如：①质料严重受损；②结构特征和/或装饰特色严重受损；③建筑和城镇规划的统一性严重受损；④城市或乡村空间，或自然环境严重受损；⑤历史原真性严重受损；⑥文化意义严重受损。(2)潜在的危险——该遗产面临可能会对其固有特性造成损害的威胁。此类威胁包括：①该遗产法律地位的改变而引起保护力度的减弱；②缺乏保护政策；③地区规划项目的威胁；④城镇规划的威胁；⑤武装冲突的爆发或威胁；⑥地质、气候或其他环境因素导致的渐进的变化。

在考虑将某处世界遗产列入《濒危世界遗产名录》时，世界遗产委员会会尽可能与相关缔约国磋商，制订或采纳一套补救方案并提供可能的援助。对于已经列入《濒危世界遗产名录》的遗产，世界遗产委员会每年会对其保护状况进行例行检查。如确认保护状况已有根本改善，世界遗产委员会即将该遗产从《濒危世界遗产名录》中删除。如确认该遗产因严重受损而丧失赖以列入《世界遗产名录》的特征，世界遗产委员会会考虑依据程序将其从《世界遗产名录》和《濒危世界遗产名录》中除名。

截至 2013 年，《濒危世界遗产名录》中列入的遗产有 44 处。

《世遗公约》实施以来，已有两处世界遗产被除名，即在 2007 年第 31 届世遗大会上被除名的阿曼阿拉伯大羚羊保护区和在 2009 年第 33 届世遗大会上被除名的德累斯顿易北河谷。这两处世界遗产的除名，都是由于缔约国或当地政府没有遵守《世遗公约》的规定，履行世界遗产保护的责任，造成了对世界遗产的破坏。

易北河谷的桥梁在建工程。图片来源：网易新闻(news.163.com)。

一个国家或地区的遗产入选《世界遗产名录》，获得世界遗产称号，既是崇高的荣誉，也意味着这个国家或地区的政府承担起了保护世界遗产的重大责任。《世界遗产名录》进退机制的建立，世界遗产督查除名制度的实施，对于强化缔约国的荣誉与责任共担，预防缔约国重申报而轻保护的偏向，促进缔约国不断加强对世界遗产的保护与管理，有着重要作用。

2. 文物保护的监管检查

为了加强对世界遗产的保护和管理，履行《世遗公约》缔约国的责任和义务，文化部于2006年颁行了《世界文化遗产保护管理办法》，其中规定：

第四条　国家文物局主管全国世界文化遗产工作，协调、解决世界文化遗产保护和管理中的重大问题，监督、检查世界文化遗产所在地的世界文化遗产工作。

杭州西湖(作者摄)

第十三条　省级人民政府应当为世界文化遗产确定保护机构。保护机构应当对世界文化遗产进行日常维护和监测，并建立日志。发现世界文化遗产存在安全隐患的，保护机构应当采取控制措施，并及时向县级以上地方人民政府和省级文物主管部门报告。

第十八条　国家对世界文化遗产保护实行监测巡视制度，由国家文物局建立监测巡视机制开展相关工作。

世界文化遗产保护监测巡视工作制度由国家文物局制定并公布。

2006年12月，国家文物局出台了《中国世界文化遗产监测巡视管理办法》。

同年，为了加强对风景名胜区的管理，国务院颁布《风景名胜区条例》，要求对风景名胜区进行有效的监督检查。

《历史文化名城名镇名村保护条例》规定：

第五条　国务院建设主管部门会同国务院文物主管部门负责全国历史文化名城、名镇、名村的保护和监督管理工作。

地方各级人民政府负责本行政区域历史文化名城、名镇、名村的保护和监督管理工作。

第十二条　已批准公布的历史文化名城、名镇、名村，因保护不力使其历史文化价值受到严重影响的，批准机关应当将其列入濒危名单，予以公布，并责成所在地城市、县人民政府限期采取补救措施，防止情况继续恶化，并完善保护制度，加强保护工作。

第二十条　国务院建设主管部门会同国务院文物主管部门应当加强对保护规划实施情况的监督检查。

县级以上地方人民政府应当加强对本行政区域保护规划实施情况的监督检查，并对历史文化名城、名镇、名村保护状况进行评估；对发现的问题，应当及时纠正、处理。

鉴于中国的国情和全面保护文化遗产的需要，中国政府借鉴国际社会保护文化遗产的经验，制定了较为严格完善的监管检查制度，只是尽管对物质文化遗产早已实行了分级管理，却并未实行除名制度。

第四节　非物质文化遗产的保护

非物质文化遗产的保护要比物质文化遗产的保护更为复杂，难度更大。30多年来，经过不断实践、探索和借鉴世界文化及自然遗产保护制度，总结一些国家的有效保护经验，世界非物质文化遗产的保护制度、措施等正在逐步完善。

武强木版年画。图片来源：北京文网(beijingww.com)。

中国的非物质文化遗产保护具有较好的基础并积累了经验，近年来则高度重视并大力加强，已经在非物质文化遗产保护方面走在了世界的前列。

《非遗公约》第二条“定义”中规定：“‘保护’指确保非物质文化遗产生命力的各种措施，包括这种遗产各个方面的确认、立档、研究、保存、保护、宣传、弘扬、传承(特别是通过正规和非正规教育)和振兴。”其保护的着眼点，是世界范围内的非物质文化遗产，故力图详尽指明保护的各个方面。

《非遗法》第三条规定：“国家对非物

质文化遗产采取认定、记录、建档等措施予以保存，对体现中华民族优秀传统文化，具有历史、文学、艺术、科学价值的非物质文化遗产采取传承、传播等措施予以保护。”

依据《非遗公约》和《非遗法》的规定，参照他国保护举措和中国保护方式，非物质文化遗产保护工作的主要内容，是调查认定、记录建档、建立名录体系、完善传承机制和进行空间维护。

非物质文化遗产的民族性、民间性很强，世界各国的非物质文化遗产的差异性也较其物质文化遗产的差异性更显突出，但世界各国对非物质文化遗产的保护原则和基本方式正逐渐接轨。

一、非物质文化遗产的调查认定

只有通过调查认定，才能掌握非物质文化遗产的资源存量、遗产类型、分布状况、生存环境、保护现状及存在的问题等真实情况，获得全面翔实的相关资料和数据，为正确判断非物质文化遗产保护与利用的形势、制定相关的文化政策和切实的保护规划提供科学依据。只有通过调查认定，才能在充分搜集非物质文化遗产资料的基础上完善其记录建档，提高相关工作者的业务能力并促进相关保护机构的建设，增强民众保护非物质文化遗产的意识。

非物质文化遗产的调查尤其是全面普查，还是了解民情民意的重要手段，可以直接观其风俗而知其哀乐。所获资料和数据，可为政府细察国情并据之以制定正确国策提供重要依据。

非物质文化遗产的调查对象和范围，也就是第三章第二节所述非物质文化遗产的各种类型的资源存量、分布状况、生存环境、保护现状及存在问题等。非物质文化遗产的调查过程，即对现存的各种类型非物质文化遗产以及优秀非物质文化遗产传承人的了解认定和登记采录过程。了解认定，伴随着初步的研究和评估。登记采录，包括作品登记、传承人登记、文本记录、音像记录和相关实物采集等。

非物质文化遗产的调查，也可像物质文化遗产的调查那样，根据不同的调查目的和要求，采用全面普查、日常调查、专题调查、重点调查、抽样调查、区域系统调查、个别采访调查、会议集中调查、参与观察调查等方式。由于非物质文化遗产主要遗存于民间，在民众中传承，故无论采用何种调查方式也都主要是深入民间进行实地采风。诸多调查方式中，规模最大、意义最大的调查方式是全面普查。

中国对非物质文化遗产的调查，可谓历史悠久。周代乐官巡游四方以广采天下土风歌谣，堪称中国历史上非物质文化遗产调查之始。对属于非物质文化遗产重要内容的民间文学、民俗文化的科学调查，民国时期的不少学者就已进行了，并且取得了如第一章所述的许多成果。新中国成立后，不断加强对以民族民间文化为重要内容的非物质文化遗产保护，不仅政府管理部门及相关文化单位、研究机构、大专院校一直进行着各种方式的调查，而且国家组织的大规模有关非物质文化遗产的普查已有三次。

川江号子。图片来源：中国水运网(zgsyb.com)。

1955—1962年，中国政府组织了连续数年的大规模全国民族调查，同时对各少数民族的民间文化作了有史以来第一次全面普查，尽可能详尽地采集了各少数民族的民间文化资料，既做了文字记录，也有照片、新闻纪录片等影像记录。

1979—2000年，文化部、国家民委和中国文联联合开展了中国民族民间文艺的普查。这次普查涵盖了戏曲、舞蹈、曲艺、文学5个艺术门类的10个领域，全面采录了20世纪最后20年还“活”在民间的文艺资料，丰富程度前所未有。搜集的资料经研究整理后，陆续以省卷本为单位，编撰出被称为“中华民族文化万里长城”的十部大型民族民间文艺丛书。

2003年，文化部、财政部联合国家民委、中国文联启动了中国民族民间文化保护工程。2004年4月，文化部、财政部联合下发了《关于实施中国民族民间文化保护工程的通知》，并附有《中国民族民间文化保护工程实施方案》。这项工程原计划用17年时间，分三个阶段，有步骤、有重点地循序渐进，逐步实施，至2020年完成，旨在为中国特色非物质文化遗产保护制度奠定基础。三个阶段是：2004—2008年为先行试点、开展普查和抢救濒危阶段，2009—2013年为工作全面展开和重点保护阶段，2014—2020年为补充完善和健全机制阶段。

为落实全面普查的工作要求，中国民族民间文化保护工程国家中心组织有关专家学者编写了《中国民族民间文化保护工程普查工作手册》(简称《手册》)。《手册》借鉴了国际社会保护非物质文化遗产的理论和方法，总结了中国非物质文化遗产保护的经验，根据当前开展普查工作的实际需要而编写，是一部具有实际操作性、专业指导性的工具书。《手册》的概说部分简要阐述了中国非物质文化遗产保护工作的意义、方针、原则、方式，说明了普查的历史、目的、性质、意义、指导原则、步骤与方法等。《手册》还制定了《非物质文化遗产分类代码》和《非物质文化遗产调查提纲》(包括民间文学、民间美术、民间音乐、民间舞蹈、戏曲、曲艺、民间杂技、民间手工艺、生产商贸习俗、消费习俗、人生礼俗、岁时节令、民间信仰、民间知识、游艺和传统体育与竞技共15类非物质文化遗产的调查提纲)。

这次非物质文化遗产普查的目的是:(1)通过普查确定一个地区流传的非物质文化遗产的主要类别和形态、蕴藏情况、流布地域、传承范围、传承脉络、衍变情况以及采集历史(什么时代采集过和采集什么、资料藏于何种机构或何人手中)。(2)通过全面普查,发现承载非物质文化遗产数量较多而又独具天才的讲述者、传承者、表演者,从他们的讲述或表演中记录、采集有代表性的非物质文化遗产作品。(3)通过实地调查,记录或录制流传了千百年、与民众生活有密切关系,甚至影响着民众生活和群体社会的各类民间作品和民间技艺,以及岁时节日、庆典仪式、风俗习惯、民间信仰等民俗事项。

宣纸传统制作技艺。图片来源:中国非物质文化遗产网(ihchina.cn)。

这次普查的范围之广、调查的对象之多是前所未有的。尽管距前次普查的时间相去不久,但前次普查只限于民间文艺作品。这次普查不仅要全面调查前次普查涉及的非物质文化遗产表现形式,对以往曾经调查过的民间文艺形式做拾遗补缺的调查和采录,从而丰富完善相关资料并作先后比较以探讨社会发展中的文化变迁,而且要对以往从未涉及或重视不够的领域和对象如民俗习尚、手工技艺、民间美术、传承人物、文化生态等进行重点、全面、科学的调查。

《手册》指出:“在非物质文化遗产普查中,要充分尊重民众的创造性,以全面性、代表性、真实性为普查的指导原则。”全面性,即调查要全面,采录要翔实,切忌以偏概全、残缺不全。代表性,即调查的重点是具有主导作用或典型意义的非物质文化遗产的表现形式和文化空间,而不是浩如烟海的民间文化中非主流的、次要的各种表现形式和文化场所。真实性,即调查的着眼点是具有原生性的非物质文化遗产,调查结果的采录也必须保持其原本风貌、真实形态,不可自以为是地修饰、窜改民间文化作品。《手册》强调:“只有把全面性、代表性、真实性三者结合起来,统一起来,符合这‘三性原则’的普查和采录成果,才经得起历史的检验。”

普查的工作步骤,一般为三个阶段:准备阶段、实地调查阶段、总结阶段。

普查的工作成果，是资料和实物的采集。采集一般与普查同时进行，而且采集的资料十分繁杂，可采集的主要内容是民间文化作品的记录和民俗文化事项的记述。

国务院办公厅印发的《意见》要求：

> 认真开展非物质文化遗产普查工作。要将普查摸底作为非物质文化遗产保护的基础性工作来抓，统一部署、有序进行。要在充分利用已有工作成果和研究成果的基础上，分地区、分类别制订普查工作方案，组织开展对非物质文化遗产的现状调查，全面了解和掌握各地各民族非物质文化遗产资源的种类、数量、分布状况、生存环境、保护现状及存在问题。

2005年6月，文化部部署了全国非物质文化遗产普查工作。至2009年底，新中国成立以来最大规模，也是首次对非物质文化遗产的全面普查基本结束。据不完全统计，参与这次普查的有76万人次，走访民间艺人115万人次，投入经费8亿元，普查文字记录量达20亿字，录音记录23万小时，拍摄图片477万张，汇编普查资料14万册，搜集珍贵实物和资料29万件，非物质文化遗产资源总量近87万项①。

2011年初颁布的《非遗法》，在总结中国及世界非物质文化遗产保护的有效经验的基础上，将调查规定为非物质文化遗产保护的首要的基本制度。其第二章《非物质文化遗产的调查》，对非物质文化遗产调查的组织者、实施者、对象、内容、方式及资料的保存和使用等作了具体规定。

二、非物质文化遗产的记录建档

记录建档，是非物质文化遗产的基本保护方式。普查采集的非物质文化遗产资料，只有建立完整科学的档案，并且利用现代科技手段，建立相关保护机构，才能有效地保存。

非物质文化遗产的记录建档尤其重要。在全球化、现代化大潮的冲击下，

---

① 参见2011年2月25日文化部副部长王文章在十一届全国人大常委会第十九次会议新闻发布会上的讲话，人民网(www.people.com.cn)报道《全国人大常委会表决通过非物质文化遗产法》；2010年6月2日王文章在国务院新闻发布会上的讲话：《我国非遗已形成科学保护体系》，国新办网(www.scio.gov.cn)；《我国非物质文化遗产普查工作取得显著成果》，文化部网(www.mcprc.gov.cn)/司局子站/非物质文化遗产司/工作动态。

活态的非物质文化遗产不仅大量消失，而且变异甚快，若不将普查采集的资料及时记录建档以予保存，以后就会无法清楚地知晓其原生态的存在形式和历史的传承情况。

文化遗产的登录建档工作，往往是与其调查工作同时进行并在调查结束后尽快将调查资料整理完成的，故与调查工作密切结合在一起。非物质文化遗产的记录建档，则更是如此。

华县皮影戏。图片来源：华县皮影网(hxshadow.com)。

为了普查的规范化、建档的标准化和序列化而利于保存和管理，中国民族民间文化保护工程国家中心专门编制出《非物质文化遗产分类代码表》。代码表“参考了近年中国广泛使用一些国家标准的分类代码编制原则，借鉴了人口、经济、文物等全国性普查的经验和国家社会科学、中国图书分类等有关分类原则，比照国际上通行的编码方法，在充分考虑到计算机检索和数字化管理发展趋势的基础上”编制而成，是采用现代科学方法、利用现代科技手段建档保存的有益尝试和有效工具。

依据《中国民族民间文化保护工程实施方案》的要求，普查确认的非物质文化遗产资料即予“登记、立档”，然后“在真实记录的基础上进行整理、研究、出版，或以博物馆等妥善方式予以展示、保存”。《手册》还说明，记录建档和整理出版的不仅是文本、图像资料，“这次普查中所录制和摄制的录音录像资料，要求编制成各类非物质文化遗产形式的科学资料片，交由国家和省(市、区)文化行政部门指定的或委托的专业机构永久保存，并向社会开放”。

中国设置的非物质文化遗产资料保存和研究的专业机构，主要是各级研究院、研究所、群众艺术馆、文化馆，以及中国文联和各省文联下属的相关协会，还有大专院校的相关研究单位。近年，为了加强非物质文化遗产的保护和研究，国家设立了中国非物质文化遗产保护中心，许多省市也设立了相应的保护机构，一些高等学校则设立了专门的研究机构。

国务院办公厅印发的《意见》明确要求：“要运用文字、录音、录像、数字化多媒体等各种方式，对非物质文化遗产进行真实、系统和全面的记录，建立档案和数据库。”当前，全国众多非物质文化遗产的保护机构和保护工作者正在为此而努力。国家级非物质文化遗产数据库，由国务院文化行政部门组织建立。省市各级非物质文化遗产数据库，由省市各级文化行政部门组织建立。

文化部2006年颁行的《国家级非物质文化遗产保护与管理暂行办法》第八条规定，国家级非物质文化遗产项目保护单位应履行的首要职责，就是“全面收集该项目的实物、资料，并登记、整理、建档”。

《非遗法》规定：文化主管部门和其他有关部门进行非物质文化遗产调查，应当对非物质文化遗产予以认定、记录、建档，建立健全调查信息共享机制。文化主管部门应当全面了解非物质文化遗产有关情况，建立非物质文化遗产档案及相关数据库。除依法应当保密的外，非物质文化遗产档案及相关数据信息应当公开，便于公众查阅。根据《非遗法》的规定，非物质文化遗产的调查认定和记录建档都由文化主管部门负责。记录建档的内容不仅包括文字、图片、音像等资料，还包括与非物质文化遗产相关的实物。

三、非物质文化遗产的名录体系

名录体系，即建立的各级非物质文化遗产代表作或代表性项目等名录所构成的体系。

蒙古族歌唱家哈扎布演唱长调民歌。图片来源：中国非物质文化遗产网(ihchina.cn)。

非物质文化遗产名录体系的建立，借鉴了物质文化遗产保护的成功经验。欧美国家保护物质文化遗产，较早采用了分级登录以采取相应保护措施的方式。较早重视非物质文化遗产保护的日本，借鉴欧美国家的经验，率先对本国的非物质文化遗产分级登录，建立了名录体系，将最珍贵的非物质文化遗产列入国家级名录。韩国效法日本，也在20世纪60年代重视非物质文化遗产保护的实践中，根据其文化价值高低而将非物质文化遗产确定为不同等级，进行分级登录，逐步建立其名录体系。

联合国教科文组织主导的世界遗产保护工作，就是以建立《世界遗产名录》为基础而开展的。其主导进行世界非物质文化遗产保护工作，也借鉴了日、韩等国的经验，因袭了世界遗产保护的基本方式，以建立《世界非遗名录》为基础而开展。除了设立《世界非遗名录》和《急需保护的世界非遗名录》之外，联合国教科文组织还根据《非遗公约》第十八条设立了《最佳非物质文化遗产保护实践项目名册》(即《成功经验汇编》)，旨在作为最能体现《非遗公约》原则和目标的实践项目范例予以配合、宣传和推广。

可以说，建立名录体系是当今世界各国保护文化遗产的重要方式。中国建立的文物保护单位制度，实际上就是物质文化遗产的名录体系管理制度。中国进行的非物质文化遗产保护工作，也以建立名录体系为重要内容。

建立非物质文化遗产名录体系的主要内容是级别的申报和价值的评估。

1. 人类非物质文化遗产代表作和急需保护的非物质文化遗产的申报与评定

自1997年联合国教科文组织宣布颁发"人类口头和非物质遗产代表作"国际荣誉称号，到2001年该组织公布第一批人类口头和非物质遗产代表作，国际一级的非物质文化遗产名录正式建立。2003年和2005年，联合国教科文组织又相继公布了两批人类口头和非物质遗产代表作。2008年，联合国教科文组织政府间保护非物质文化遗产委员会第三次常会，宣告设立"人类非物质文化遗产代表作名录"和"急需保护的非物质文化遗产名录"，并举行了将以往公布的三批人类口头和非物质遗产代表作纳入名录的仪式。至此，《世界非遗名录》的建立基本完善。

《非遗公约》第十六条"人类非物质文化遗产代表作名录"规定：①为了扩大非物质文化遗产的影响，提高对其重要意义的认识和从尊重文化多样性的角度促进对话，委员会应该根据有关缔约国的提名编辑、更新和公布人类非物质文化遗产代表作名录。②委员会拟订有关编辑、更新和公布此代表作名录的标准并提交大会批准。

根据《非遗公约》规定，缔约国应根据本国国情拟定一份或数份申报人类非物质文化遗产代表作的遗产清单。列入名录的遴选、审议、公布、更新等工作，由联合国教科文组织内设立的政府间保护非物质文化遗产委员会负责。该委员会根据缔约国提交的人类非物质文化遗产代表作申请材料，依据其制定的且经联合国教科文组织大会批准的遴选标准进行评估审议后，作出是否列入名录的决定，并将其决定列入名录的名单呈交联合国教科文组织总干事，由总干事每两年在联合国教科文组织总部或其他地点举行的公开仪式上公布。

1998年出台的《非遗代表作条例》规定"每个会员国每两年只能提交一份候选材料(即申报材料)"，但鼓励跨国联合申报同类遗产，涉及若干会员国的口头和非物质遗产的候选材料将在限额之外予以考虑。所申报由联合国教科文组织宣布为人类口头和非物质遗产代表作的文化场所或表现形式的候选材料，应证明具有"特殊的价值"。提交的候选材料还要附上：

Ⅰ. 适合有关文化场所或文化表现形式的行动规划，该规划需说明今后10年为保护、保存、支持和利用有关口头和非物质遗产而打算采取的法律和实际措施。该行动规划需根据传授传统的内源机制的保护必要性，对所提出的措施以及如何实施这些措施进行详细说明；

Ⅱ．关于行动规划与《保护民间创作建议案》中所规定的措施协调一致，以及与教科文组织的宗旨协调一致的说明；

Ⅲ．关于为使有关社区参与保护和利用自己的口头和非物质遗产而应采取之措施的说明；

Ⅳ．有关社区（或）政府中负责保证使提交的候选材料中描述的口头和非物质遗产的状况今后不会改变的机构名单。

在《非遗公约》尚未制定和通过的当时，人类口头和非物质遗产代表作的评审选定工作，是由联合国教科文组织委托一个类同《非遗公约》规定的"政府间保护非物质文化遗产委员会"的评审委员会进行的。评审有严格的程序，并且着重考虑《非遗代表作条例》规定的下述标准：

——是否具有作为人类创作天才代表作的特殊价值；

——是否扎根于有关社区的文化传统或文化史；

——是否能起到证明有关民族和文化群体的特性的作用，是否具有灵感和文化间交流之源泉以及密切不同民族和不同群体之间的关系的重要作用，以及目前对有关社区是否有文化和社会影响；

——是否杰出地运用了专门技能，是否发挥了技术才能；

——是否具有作为一种活的文化传统之唯一见证的价值；

——是否因缺乏抢救和保护手段、或因迅速的变革进程、或因城市化、或因文化适应而有消失的危险。

青海热贡唐卡《文成公主进藏》（局部）。图片来源：人民网(people.com.cn)。

此外，评审还要认真审核候选材料附上的针对申请对象的保护行动规划和实施措施，确认其已经得到有效保护而可以传承后方予以认定其为代表作。

《非遗代表作条例》对联合国教科文组织宣布人类口头和非物质遗产代表作的宗旨作了阐明，对所宣布的代表作的监督和管理等作了具体规定。

《非遗公约》生效后，根据其规定，政府间保护非物质文化遗产委员会制订了《业务指南》，于2008年6月举行的《非遗公约》缔约国第二届会议上通过，又在2010年6月举行的《非遗公约》缔约国第三届会议上修正。从此，人类非物质文化遗产代表作和世界急需保护的非物质文化遗产的申报评估就依据《业务指南》操作。按照规定，一项非物质文化遗产不得同时申报列入《世界非遗名录》和《急需保护的世界非遗名录》，但缔约国可以根据其条件，要求将一项遗产从一个名录转至另一个名录。两个名录列入的都是世界级非物质文化遗产，但列入《世界非遗名录》的遗产，偏重的是给予具有特殊价值又保护较好的非物质文化遗产的荣誉称号；列入《急需保护的世界非遗名录》的遗产，偏重的则是对这项具有特殊价值的遗产的抢救保护。

根据《业务指南》，《世界非遗名录》的列入标准有5条，要求申报国在申报文件中充分证明所申报的项目符合这5条标准：

Ⅰ．该遗产属于《公约》第2条定义的非物质文化遗产。

Ⅱ．将该遗产列入名录，有助于确保扩大该非物质文化遗产的影响，提高对其重要意义的认识，促进对话，从而体现全世界的文化多样性，并有助于见证人类的创造力。

Ⅲ．制订的保护措施对该遗产可起到保护和宣传作用。

Ⅳ．在社区、群体，或适当时有关个人尽可能最广泛的参与下，在其自由事先知情同意下，该遗产得以申报。

Ⅴ．该遗产已按《公约》第11条和第12条的规定，列入申报缔约国境内的非物质文化遗产清单。

《急需保护的世界非遗名录》的列入标准有6条，要求申报国或者在极其紧急情况下的申报者在申报文件中说明确实符合这6条标准：

Ⅰ．该遗产属于《公约》第2条定义的非物质文化遗产。

Ⅱ．(a)尽管社区、群体，或适当时有关个人和缔约国作出了努力，但该遗产的生存能力仍然受到威胁，因此该遗产急需保护；(或)(b)该遗产面临严重威胁，若不立即保护，将难以为继，因此，该遗产特别急需保护。

Ⅲ. 制定保护措施，使社区、群体，或适当时有关个人能够继续演绎和传承该遗产。

Ⅳ. 在社区、群体，或适当时有关个人尽可能最广泛的参与下，在其自由事先知情同意下，该遗产得以申报。

刀郎麦西热甫(麦盖提县)。图片来源：今日新疆网(jrxjnet.com)。

Ⅴ. 该遗产已按《公约》第 11 条和第 12 条的规定，列入申报缔约国境内的非物质文化遗产清单。

Ⅵ. 在极为紧急的情况下，经与有关缔约国正式协商，根据《公约》第 17.3 条，将该遗产列入名录。

申报材料提交联合国教科文组织非物质文化遗产科，由其附属机构或《非遗公约》缔约国大会确定的专业咨询机构进行评审后，再连同评审意见提交政府间保护非物质文化遗产委员会会议审议，最终决定是否列入名录。

2009 年，联合国教科文组织启动了人类非物质文化遗产代表作和急需保护的非物质文化遗产的申报工作新办法，不仅正式建立了两个名录，而且世界级非物质文化遗产申报和评选工作不再受“每两年一次、每个国家每次只限申报一项”的限制。2009 年 9 月，在阿拉伯联合酋长国首都阿布扎比举行的政府间保护非物质文化遗产委员会第四次会议上，中国申报的 22 个项目被列入《世界非遗名录》，3 个项目被列入《急需保护的世界非遗名录》。之后三年里，中国都有项目分别入选这两个名录。

截至 2013 年，已有 281 个项目列入《世界非遗名录》，35 个项目列入《急需保护的世界非遗名录》，另有 10 个项目列入《最佳非物质文化遗产保护实践项目名册》，包括《中国福建木偶戏的后继人才培养计划》。

2. 国家级非物质文化遗产代表性项目的申报与评定

中国非物质文化遗产代表性项目名录体系，是借鉴国际上的成功经验，参照《世界非遗名录》的建立方式，结合国情而于近年建立起来的。2005 年国务院办公厅印发的《意见》第三部分的标题就是“建立名录体系，逐步形成有中国特色的非物质文化遗产保护制度”，其中明确提出：“要通过制定评审标准并经过科学认定，建立国家级和省、市、县级非物质文化遗产代表作名录体系。国家级非物质文化遗产代表作名录由国务院批准公布。省、市、县级非物质文化遗产代表作名录由同级政府批准公布，并报上一级政府备案。”国务院于同年下发的《通知》又强调“建立非物质文化遗产名录体系”。显然，中国政府确定将建立名录体系、实行分级保护作为其保护制度的基本内容。

中国国家级非物质文化遗产名录的建立始于2005年。《意见》的附件，就是文化部制定的《国家级非物质文化遗产代表作申报评定暂行办法》(简称《暂行办法》)。当年6月，文化部发出《关于申报第一批国家级非物质文化遗产代表作的通知》。全国各地有关单位、组织和公民等积极响应、踊跃申报，申报项目达1315个。经过严格评审认定，筛选出518项，次年5月由国务院批准公布。

《暂行办法》规定：“国家级非物质文化遗产代表作的申报评定工作由非物质文化遗产保护工作部际联席会议办公室具体实施。”“公民、企事业单位、社会组织等，可向所在辖区文化行政部门提出非物质文化遗产代表作项目的申请，由受理的文化行政部门逐级上报。申报主体为非申报项目传承人(团体)的，申报主体应获得申报项目传承人(团体)的授权。”“传承于不同地区并为不同社区、群体所共享的同类项目，可联合申报；联合申报的各方须提交同意联合申报的协议书。”申报的项目应该是：具有杰出价值的民间传统文化表现形式或文化空间，或在非物质文化遗产中具有典型意义，或在历史、艺术、民族学、民俗学、社会学、人类学、语言学及文学等方面具有重要价值。

湄洲妈祖祭典。图片来源：湄洲岛网(mzd.gov.cn)。

部际联席会议办公室对申报材料进行审核，并将合格的申报材料提交由国家文化行政部门有关负责同志和相关领域的专家组成的评审委员会评审。评审工作遵循科学、民主、公正的原则进行。《暂行办法》确定的具体评审标准是：(一)具有展现中华民族文化创造力的杰出价值；(二)扎根于相关社区的文化传统，世代相传，具有鲜明的地方特色；(三)具有促进中华民族文化认同、增强社会凝聚力、增进民族团结和社会稳定的作用，是文化交流的重要纽带；(四)出色地运用传统工艺和技能，体现出高超的水平；(五)具有见证中华民族活的文化传统的独特价值；（六）对维系中华民族的文化传承具有重要意义，同时因社会变革或缺乏保护措施而面临消失的危险。

2008年6月，国务院批准并公布了文化部确定的《第二批国家级非物质文化遗产名录》（共计510项）和《第一批国家级非物质文化遗产扩展项目名录》（共计147项）。2011年5月，国务院批准公布了从3136个申报项目中遴选出来的《第三批国家级非物质文化遗产名录》（共计191项）和《国家级非物质文化遗产扩展项目名录》（共计164项）。

至2010年，中国非物质文化遗产的国家、省、市、县四级名录体系已经基本建立。据统计，中国非物质文化遗产现存约87万项，其中列入国家级名录的有1028项，列入省级名录的有7109项，列入市级名录的有18 186项，列入县级名录的有53 776项①。2011年，国家级名录又增加了191项。

较为完善的四级非物质文化遗产名录体系的建立，标志着中国非物质文化遗产的科学保护体系已经形成。中国的非物质文化遗产保护工作，已由以往单项的选择性的项目保护，逐步走向了全国整体性、系统性的全面保护阶段。

《非遗法》将代表性项目名录规定为中国非物质文化遗产保护的第二项基本制度，在第三章《非物质文化遗产代表性项目名录》中具体规定了名录建立的程序规范、保护要求等。这些规定是对中国非物质文化遗产名录体系建立经验的高度总结和概括：

> 第十八条　国务院建立国家级非物质文化遗产代表性项目名录，将体现中华民族优秀传统文化，具有重大历史、文学、艺术、科学价值的非物质文化遗产项目列入名录予以保护。
>
> 第十九条　省、自治区、直辖市人民政府可以从本省、自治区、直辖市非物质文化遗产代表性项目名录中向国务院文化主管部门推荐列入国家级非物质文化遗产代表性项目名录的项目。推荐时应当提交下列材料：
>
> （一）项目介绍，包括项目的名称、历史、现状和价值；
>
> （二）传承情况介绍，包括传承范围、传承谱系、传承人的技艺水平、传承活动的社会影响；
>
> （三）保护要求，包括保护应当达到的目标和应当采取的措施、步骤、管理制度；

① 2010年文化部新闻发布会专题报道：《中国28项目列入“非遗”名录　6项目急需保护》，人民网（www.people.com.cn）/文化频道。

(四)有助于说明项目的视听资料等材料。

侗族大歌。图片来源：新华网(xinhuanet.com)。

根据《非遗法》第二十三条、第二十四条的规定，经专家评审小组和专家评审委员会评定为国家级非物质文化遗产的项目，国务院文化主管部门应当将其予以公示，征求公众意见。公示的时间不得少于20天。国务院文化主管部门根据专家评审委员会的审议意见和公示结果，拟订国家级非物质文化遗产代表性项目名录，报国务院批准、公布。

3. 非物质文化遗产名录项目的监督检查和退出机制

《非遗代表作条例》规定列入名录的非物质文化遗产必须制订有“今后10年为保护、保存、支持和利用有关口头和非物质遗产而打算采取的法律和实际措施的行动规划”，并且要求“获批准者必须为此履行承诺，定期就行动规划的实施情况向教科文组织提交报告”。《非遗公约》及其《业务指南》的制定和实施，都借鉴了《世遗公约》及其《操作指南》，也有对列入名录项目的监督检查措施和退出机制。政府间保护非物质文化遗产委员会于2007年9月举行的第二届常会决定，如果确认一种非物质文化遗产不再满足两个名录(即《世界非遗名录》和《急需保护的世界非遗名录》)所要求标准中至少一项列入标准，则将其从名录中删除。

中国建立了保护非物质文化遗产的监督检查制度。2006年文化部颁行的《国家级非物质文化遗产保护与管理暂行办法》中，即有明确规定。《非遗法》第二十七条规定：“国务院文化主管部门和省、自治区、直辖市人民政府文化主管部门应当对非物质文化遗产代表性项目保护规划的实施情况进行监督检查；发现保护规划未能有效实施的，应当及时纠正、处理。”

根据《非遗法》的规定，文化部于2011年8月发布了《关于加强国家级非物质文化遗产代表性项目保护管理工作的通知》，明确要求加强对国家级代表性项目保护工作的管理，进一步完善其检查、监督、奖励和退出机制，维护国家级代表性项目名录的严肃性、权威性。具体措施是：(1)建立定期自查、报告机制；(2)建立督促检查和社会监督机制；(3)建立表彰奖励机制；(4)建立警告、退出机制。退出机制建立后，“国家级代表性项目因保护不力或保护措施不当，导致项目存续状况恶化或出现严重问题的，一经查实，文化部将对国家级代表性项目申报地区(单位)和项目保护单位提出警告和限期整改要求，并向社会公布。因整改不力，该国家级代表性项目状况仍未得到明显改善的，文化部将取消项目保护单位资格，收回国家级代表性项目标牌，对项目申报地区(单位)进行通报，并向社会公告”。2012 年 9 月，文化部公布了国家级非物质文化遗产代表性项目保护督查工作的调查督查报告，发布了《关于对天津市红桥区回族大刀队等 105 个国家级非物质文化遗产代表性项目保护单位进行调整、撤销的决定》，这标志着国务院文化主管部门对国家级非物质文化遗产代表性项目的动态化管理有了实质性开端。

开展名录项目的申报评定工作，只是保护文化遗产的重要环节和手段，是建立名录体系的基础性工作。但如果申报者只看重入选名录的荣誉而不重视名录项目的保护，就有悖建立名录以更好地保护文化遗产的初衷。建立健全名录项目的监督检查和退出机制，可以有效地防止名录申报者只看重列入名录的荣誉而不切实履行保护文化遗产的职责和义务，可以督查和迫使名录申报者依据相关法规具体落实保护措施，有效保护文化遗产。

四、非物质文化遗产的传承机制

非物质文化遗产的“活态性”特征，决定了对非物质文化遗产的保护主要是通过已掌握其各种表现形式的个人或群体的传习继承来实现。因此，保护非物质文化遗产，必须建立科学有效的非物质文化遗产传承机制。换言之，传承机制是非物质文化遗产保护的必要措施。

世界上最早重视非物质文化遗产保护的日本，较早探索和建立了传承机制。为了实施对“诸如技艺和技能以及其他具有历史和艺术价值的文化财产和维持文化遗产的传统工艺等”无形文化财产的有效保护，日本在《文化财产保护法》中明确规定对无形文化财产的确认不仅是对其作品或表现形式的确认，而且“包括对此种工艺的持有人的确认，也包括对此种工艺的保护组织的确认”。因此，日本在对非物质文化遗产的作品或表现形式进行确认和登记、建档的同时，也对重要的非物质文化遗产的技艺或技能持有者进行确认和登记、建档，并且建立了“人间国宝”的认定和保护制度。政府行政主管部门在全国范围内不定期地选拔认定“人间国宝”，并向其支付特别扶助金，以鼓励他们不断提高技艺和悉心培养后继的传承者。此外，政府还对技能保持者所属团体或技能保持团体培养后继传承者的事业，给予资金补贴。

韩国仿效日本建立了非物质文化遗产传承机制，并且根据国情不断完善。政府对被确认的“重要文化财产保有者”(亦称“活的人类财富”)支付一定的生活补助金，还对从其学习的承传者发放奖学金，但要求接受资助者必须履行文化遗产保护法规所规定的义务，毫无保留地传授技艺。

日、韩两国的非物质文化遗产保护经验和措施，影响到联合国教科文组织主导的非物质文化遗产保护工作。《非遗公约》第二条中指明保护的具体措施包括传承，并且在其后用括号注明“特别是通过正规和非正规教育”。

日、韩两国建立的非物质文化遗产传承机制的核心，就是确定掌握非物质文化遗产的丰富知识和精湛技艺而成为非物质文化遗产的重要承载者和传递者的传承人。日、韩两国建立的非物质文化遗产传承机制的基本内容，就是以制度保障和经济资助等方式，鼓励、支持非物质文化遗产的传承人开展传习活动，并且通过正规和非正规教育而使非物质文化遗产的传承后继有人。

《非遗公约》生效后，联合国教科文组织即根据其第二条，借鉴日、韩等国建立非物质文化遗产传承机制的成功经验，制定了《建立“活的人类财富”国家体系指南》，建议各成员国都建立“活的人类财富”国家体系。这个文件明确指出：实现非物质文化遗产可持续性保护的最有效的方法之一，就是保证非物质文化遗产的传承人进一步发扬这些知识和技能，并将这些知识和技能传给下一代。文件对“活的人类财富”的定义是：

> “活的人类财富”是指在表演和创造非物质文化遗产具体要素时所需的知识和技能方面有着极高造诣的人，是已经被成员国挑选为现存的文化传统之见证，也是生活在该国国土上的群体、团体和个人之创造天赋的见证。

文件中不仅定义了“活的人类财富”，提出了建立国家体系的目标，还具体说明了建立“活的人类财富”国家体系的要素、可持续保护“活的人类财富”的方法以及联合国教科文组织协助建立“活的人类财富”的措施。

中国创建系统的非物质文化遗产保护制度虽然起步甚晚，但有着对非物质文化遗产实施保护的基础，又能广泛借鉴他国的有效经验，因而起点甚高。国务院办公厅印发的《意见》明确提出：

> 建立科学有效的非物质文化遗产传承机制。对列入各级名录的非物质文化遗产，可采取命名、授予称号、表彰奖励、资助扶持等方式，鼓励代表作传承人(团体)进行传习活动。通过社会教育和学校教育，使非物质文化遗产代表作的传承后继有人。

国务院下发的《通知》进一步强调：

> 对列入非物质文化遗产名录的代表性传人，要有计划地提供资助，鼓励和支持其开展传习活动，确保优秀非物质文化遗产的传承。

显然，中国开始建立的非物质文化遗产传承机制，借鉴了日、韩等国的经验并有着适合国情的较为全面、完善的设计。目前，中国正在大力推进建立传承机制的实践和探索。

2008年，藏族“非遗”传承人丹巴绕日获授证书(索朗罗布摄)。图片来源：中新网(chinanews.com)。

中国在启动民族民间文化保护工程后，即实施了中国民间文化杰出传承人调查认定和命名工作。经过两年多在全国范围内的调查、推荐和专家的论证、评定及社会公示，中国文联、中国民间文艺家协会于2007年6月命名了首批166位中国民间文化杰出传承人。他们所传承的文化遗产，主要包括民间文学、民间表演艺术、手工技艺和民俗技能四大类。

《国家级非物质文化遗产保护与管理暂行办法》对国家级非物质文化遗产项目代表性传承人的评选条件、履行义务、经费资助、资格存废等作了明确规定。根据这一文件精神，文化部办公厅于2007年4月发出了《关于推荐国家级非物质文化遗产项目代表性传承人的通知》，在全国开展了第一批传承人的申报和评审工作。在个人申请、当地文化行政部门审核、省级文化行政部门审核评议推荐的基础上，文化部组织有关专家依据评审工作规则和文件要求，对全国31个省、自治区、直辖市及相关部门推荐申报的十大类共1138名国家级非物质文化遗产项目代表性传承人的材料，分门别类逐项进行审议。专家评审会和评审委员会根据其掌握技能情况、代表性、传承能力等，进行了认真评审和科学认定。通过两轮评审，产生了第一批224名国家级非物质文化遗产项目代表性传承人推荐名单。文化部将推荐名单向社会公示后又对其进行了复审，最后确定了第一批226名国家级非物质文化遗产项目(分属民间文学、杂技与竞技、民间美术、传统手工技艺、传统医药五大类)代表性传承人，于当年"文化遗产日"前夕向社会公布。

2008年1月，文化部公布了第二批551名国家级非物质文化遗产项目(分属民间音乐、民间舞蹈、传统戏剧、曲艺、民俗五大类)代表性传承人，并在人民大会堂举行了隆重的颁证仪式。

2008年，国家领导人为第二批国家级非物质文化遗产项目代表性传承人颁发证书(文松辉摄)。图片来源：人民网(people.com.cn)。

为进一步完善传承机制、规范传承人的认定和管理，文化部于2008年5月发布了《国家级非物质文化遗产项目代表性传承人认定与管理暂行办法》。这份文件对传承人的界定、申报条件和材料、认定原则和标准、评审程序和规则、支持和资助方式、权利和义务、管理措施等作了阐明和规定。文化部还准备进一步出台扶持政策，研究制定对学艺者、继承者的助学、奖学等激励措施，逐步建立起长效的传承机制。

2009年5月和2012年12月，文化部公布了经各地申报、专家评审委员会评审、社会公示等程序，最后确定的第三批711名、第四批498名国家级非物质文化遗产项目代表性传承人名单。文化部先后公布的四批名单共计1986人。地方省市也建立了相应的传承人保护与管理制度，开展了省、市、县级非物质文化遗产项目代表性传承人的认定命名工作。

《非遗法》将传承与传播规定为非物质文化遗产保护的第三项基本制度，其第四章《非物质文化遗产的传承与传播》规定：

第二十九条　国务院文化主管部门和省、自治区、直辖市人民政府文化主管部门对本级人民政府批准公布的非物质文化遗产代表性项目，可以认定代表性传承人。

非物质文化遗产代表性项目的代表性传承人应当符合下列条件：

(一)熟练掌握其传承的非物质文化遗产；

(二)在特定领域内具有代表性，并在一定区域内具有较大影响；

（三）积极开展传承活动。

认定非物质文化遗产代表性项目的代表性传承人，应当参照执行本法有关非物质文化遗产代表性项目评审的规定，并将所认定的代表性传承人名单予以公布。

第三十条　县级以上人民政府文化主管部门根据需要，采取下列措施，支持非物质文化遗产代表性项目的代表性传承人开展传承、传播活动：

（一）提供必要的传承场所；

（二）提供必要的经费资助其开展授徒、传艺、交流等活动；

（三）支持其参与社会公益性活动；

（四）支持其开展传承、传播活动的其他措施。

第三十一条　非物质文化遗产代表性项目的代表性传承人应当履行下列义务：

（一）开展传承活动，培养后继人才；

（二）妥善保存相关的实物、资料；

（三）配合文化主管部门和其他有关部门进行非物质文化遗产调查；

（四）参与非物质文化遗产公益性宣传。

非物质文化遗产代表性项目的代表性传承人无正当理由不履行前款规定义务的，文化主管部门可以取消其代表性传承人资格，重新认定该项目的代表性传承人；丧失传承能力的，文化主管部门可以重新认定该项目的代表性传承人。

传承机制由传承人和传承方式构成，而传承人是其主体，故以建立传承人保护制度为基本内容。同时，也要着眼于传承方式而加强对传承人的管理并创造传承条件，既使传承人享有基本的生活保障而不至于人亡艺绝，又使其所掌握的非物质文化遗产表现形式、技艺和知识等，能以传统的传承方式尽可能原形原貌、原汁原味地保存下来。

五、非物质文化遗产的空间维护

非物质文化遗产的空间维护，就是非物质文化遗产的存在场所或生态环境的保护。

非物质文化遗产的各种表现形式，都需要一定的空间或场所展示和传承。特定的非物质文化遗产表现形式，失去了特定的文化空间或文化场所，就会失去其赖以生存的土壤和环境。因此，保护非物质文化遗产的表现形式，就必须维护非物质文化遗产的生存空间和生态环境。非物质文化遗产的生存空间和生态环境的价值，不仅在于其是非物质文化遗产表现形式的集中展示的场所，更在于其是非物质文化遗产经久传承的依托。

大理三月街民族节。图片来源：云南旅游网(ynly.com)。

《非遗公约》高度重视空间维护，在对非物质文化遗产的定义中即将文化场所确定为保护对象。联合国教科文组织公布的《第一批人类口头和非物质遗产代表作名录》共19项，其中就有5项为“文化空间”。

非物质文化遗产集中而又独具特色的文化空间，在中国较早就受到关注并享有美誉，如湖北长阳、云南大理、吉林延边等地被誉为“歌舞之乡”，河北沧州、山东郓城、湖南新化等地被誉为“武术之乡”，湖北蕲春、云南楚雄、河南武陟大封镇等地被誉为“医药之乡”。政府保护民族民间文化，也一直重视对这些享有美誉的文化空间的维护，只是在本世纪以前还没能认作非物质文化遗产的一大类而采取整体性、系统化的保护措施。

中国的非物质文化遗产保护工作，已在保护措施上与《非遗公约》接轨，在实践中积极探索非物质文化遗产文化空间的维护方式。

国务院办公厅印发的《意见》明确提出：“研究探索对传统文化生态保持较完整并具有特殊价值的村落或特定区域，进行动态整体性保护的方式。在传统文化特色鲜明、具有广泛群众基础的社区、乡村，开展创建民间传统文化之乡的活动。”《意见》在第四部分“积极推进非物质文化遗产保护”中，也专门以第五条强调“加强少数民族文化遗产和文化生态区的保护”。

近年来，文化生态保护区的建设正在全国各地逐步展开。《国家“十一五”时期文化发展规划纲要》明确指出，在“十一五”期间，中国要“确定10个国家级民族民间文化生态保护区”，对以非物质文化遗产为主的历史文化积淀丰厚、存续状态良好、文化形态具有重要价值和鲜明特色的区域实施整体性保护。文化生态保护区建设的目的，就是要将民族民间文化遗产原生态地保存在其所属区域及环境中，使之成为能够良好生存的“活文化”而不断传承发展。

2007年6月，文化部命名了第一个国家级文化生态保护区——闽南文化生态保护实验区。实验区包括福建泉州、漳州和厦门，是闽南文化的发祥地和

泉州踢球舞。图片来源：泉州数字文化网(qzcul.com)。

保存地，也是台胞的主要祖籍地。闽南文化源于中原文化与古闽越文化，在发展中又与外来文化相互交融，具有多元文化表现形态，被认为是中华文化优秀的基因库。据统计，闽南三地的文化遗产项目，分别占福建省当时拥有的国家级和省级保护名录项目总数的51%和43%。当时福建省共有26个国家级民间艺术之乡，其中18个聚集于闽南三地。三地还聚集了众多成规模、成建制的民间职业剧团，而民间南音、北管吹奏、吟诵等民间社团有近2000个。据报道，时任文化部副部长周和平在命名仪式上宣布说，闽南地区保存着诸如南音、梨园戏、木版年画等众多原生态的非物质文化遗产和一大批国家重点文物保护单位等物质文化遗产。它们相依相存，与人们的生产生活融为一体，充分展示了闽南文化的多样性、完整性和独特性。福建省编制的《闽南文化生态保护区规划纲要》，确定要致力探索建设一个"非物质文化遗产和物质文化遗产相依存，并与人们的生产生活密切相关，与自然环境、经济环境、社会环境和谐共处协调发展"的保护区①。

为了加强对文化生态保护区建设的规范和指导，文化部在进行认真调查和反复研究的基础上，制定了《关于加强国家级文化生态保护区建设的指导意见》，于2010年2月20日印发。这个文件阐述了国家级文化生态保护区建设的重要意义、方针和原则，并对国家级文化生态保护区设立的条件、程序及其建设的基本措施、工作机制提出了明确的思路和要求。其提出的建设原则有八项：以保护非物质文化遗产为核心；人文环境与自然环境协调；维护文化生态平衡的整体性保护；尊重人民群众的文化主体地位；以人为本，活态传承；文化与经济社会协调发展；保护优先，开发服从保护；政府主导，社会参与。

至2013年，文化部相继命名了15个国家级文化生态保护实验区(详见下页表)。

由于目前仍处于试验性的探索阶段，文化部对各保护区的命名暂定为"文化生态保护实验区"，有待日后条件成熟时正式命名为"文化生态保护区"。

① 参见董瑞亭《闽南文化生态保护实验区成立》，载《晋江经济报》2007年6月10日。

国家级文化生态保护实验区简表

名　称	所在省份	命名时间
闽南文化生态保护实验区	福建	2007年6月
徽州文化生态保护实验区	安徽、江西	2008年1月
热贡文化生态保护实验区	青海	2008年8月
羌族文化生态保护实验区	四川、陕西	2008年11月
客家文化(梅州)生态保护实验区	广东	2010年5月
武陵山区(湘西)土家族苗族文化生态保护实验区	湖南	2010年5月
海洋渔文化(象山)生态保护实验区	浙江	2010年6月
晋中文化生态保护实验区	山西	2010年6月
潍水文化生态保护实验区	山东	2010年11月
迪庆民族文化生态保护实验区	云南	2010年12月
大理文化生态保护实验区	云南	2011年1月
陕北文化生态保护实验区	陕西	2012年5月
黔东南民族文化生态保护实验区	贵州	2013年1月
铜鼓文化(河池)生态保护实验区	广西	2013年1月
客家文化(赣南)生态保护实验区	江西	2013年1月

文化部部长蔡武指出："文化生态保护区建设是非物质文化遗产整体性保护的一个探索。为进一步规范和推进文化生态保护区建设，文化部将制定《国家级文化生态保护区总体规划编制规范》，推进国家级文化生态保护区总体规划的编制、审批和实施，加强对国家级文化生态保护区建设情况的检查和指导，继续开展国家级文化生态保护实验区命名工作。'十二五'期间，拟设立20个国家级文化生态保护实验区，持续推动非物质文化遗产的整体性保护，形成文化生态保护的良好态势。"①

《非遗法》第二十六条突出了非物质文化遗产的整体保护，规定"对非物质文化遗产代表性项目集中、特色鲜明、形式和内涵保持完整的特定区域，当地

① 蔡武2010年12月9日在第四批国家文化产业示范基地命名授牌会议上的讲话：《推动文化产业成为国民经济支柱型产业实现"十二五"时期文化产业又好又快发展》，文化部网(www.mcprc.gov.cn)/信息发布/新闻中心/文化新闻。

文化主管部门可以制定专项保护规划，报经本级人民政府批准后，实行区域性整体保护”。整体保护是文化遗产保护的必然要求和发展趋势。《非遗法》的明确规定，给建立文化生态保护区、加大非物质文化遗产区域性整体保护的力度提供了坚实保障。

徽剧。图片来源：安徽先锋网(ahxf.gov.cn)。

中国积极探索和大力推进文化生态保护区的建设，从一个方面显示出中国文化遗产保护的理论与实践已经后来居上而导其先路，不仅可以有效地保护中国的文化遗产，也必将对世界文化遗产的保护、维护人类文化的多样性并促进其可持续发展作出更大贡献。

第七章 文化遗产的利用

文化遗产必须保护，文化遗产也应该利用。人类所做的一切，都是为了人类的现实需要和未来发展。保护文化遗产的主要目的，就在于使得人类具有永久可资利用的文化资源，而资源只有加以利用才能促进人类发展。

联合国教科文组织通过的保护文化遗产的公约及相关文件，都是考虑利用而强调保护的。世界各国的文化遗产保护法规，也无不着眼于利用而制定诸多条文。加强文化遗产保护的目的在于传承文明、服务社会、促进发展、惠及民生，这已是社会共识。

文化遗产的利用与保护，既具有同一性，又具有矛盾性。其同一性在于，保护是利用的前提，利用是保护的目的。其矛盾性在于，保护过度则不便于利用，不能充分发挥文化遗产的资源效能；利用过度则不利于保护，就会造成文化遗产的破坏和损失。这就需要在实际工作中大力增强其同一性，努力消解其矛盾性，统筹处理其关系，争取实现其平衡。

文化遗产涉及人类在社会历史实践中的方方面面，文化遗产的利用也涉及人类现实社会生产生活的各个领域。在当今社会经济文化建设中，充分合理、持续有效地利用文化遗产，就能大大地促进国家的兴盛、世界的繁荣和人类的发展。

第一节 利用文化遗产的必要性与现实性

阐述利用文化遗产的必要性，亦即说明文化遗产利用的意义。阐述利用文化遗产的现实性，亦即说明文化遗产利用与文化遗产保护的关系。

一、利用文化遗产的必要性

利用文化遗产的必要性，在前面章节、尤其是第六章中已有较多阐述，所述保护文化遗产的意义就主要是由文化遗产可资利用和应予利用来说明的。若要补充说明，则大体有如下几个方面：

1. 文化遗产的价值，只有在利用中得以体现和实现

文化遗产具有多方面的价值，但其价值是在利用中得以体现和实现的。倘若将文化遗产封存起来，虽然可使其得到较好的保护，却无法体现和实现其价值。文化遗产的价值无从体现和实现，文化遗产的保护也就失去了意义。

可移动文物如果都根据其物质特性而存放在具有避光、恒温等良好保护条件的保管室里而不予陈列展示，不可移动文物如果都遮蔽和关闭起来而不让人参观，其保护效果无疑会好得多，可以最大限度地减少自然和人为的损害。但是，这样保护的物质文化遗产，就好像锁在深闺的淑女，人们何以知晓其嘉德美貌呢？文物不予以利用而供人观赏、研究，人们何以知其为历史的见证而具有反映历史、证实历史、补正历史、传承历史的价值？人们又何以知其美在何处而具有审美感知、审美体验和审美理想的价值？文物若不作为旅游资源而利用为旅游业的开发对象，若不作为特殊商品而利用为市场的交易对象，其经济价值也就无从谈起。

1958年毛泽东在安徽省博物馆观赏铸客大鼎。图片来源：新华网·安徽(ah. xinhuanet. com)。

非物质文化遗产的利用，则尤为必要。因为具有活态性的非物质文化遗产的保护，需要在传承、宣传、参与、观赏等利用中进行。倘若仅对非物质文化遗产作文字、音像等记录后登记建档并封存于档案馆或数据库，其价值无从体现不说，其存在也难以长久。因此，非物质文化遗产的保护必须建立传承机制。而传承机制既是保护，又是利用。传承人或传承单位进行非物质文化遗产的传承，不仅需要传授者和传播者，也需要继承者和接受者，否则就传承不下去。有了继承者和接受者，非物质文化遗产就得到了利用。非物质文化遗产的继承者和接受者(包括欣赏者和参与者)越多，非物质文化遗产的价值也就愈加能够得以充分体现和实现。

2. 文化遗产的价值，可以在利用中得到发掘和实现增值

人们对文化遗产价值的认识，是随着研究的深入或宣传的普及而逐步深化的。利用文化遗产作为研究资料，人们在不断深入的研究中也会不断发现其价值。

关于古埃及金字塔，人们很早就从希罗多德的描述中知道它是为埃及法老

哈夫拉金字塔。图片来源：词霸汉语(hanyu.iciba.com)。

修建的陵墓。但在很长时间里，人们对金字塔所蕴含的丰富文化价值缺乏更多的认识。近代以来，学者经过对金字塔的不懈研究，逐步发现并解开了一些金字塔的文化之谜。人们曾一直以为金字塔的建筑形式是古埃及王陵由马斯塔巴式(梯形六面体状的石凳式)到层级式再到阶梯角锥体式的自然演变。1947年，英国古埃及学家爱德华兹经过对古埃及文明遗存的综合研究后，在其《埃及金字塔》一书中指出，金字塔的修建反映了古埃及人相信人死后灵魂会升天的宗教意识，金字塔的层级阶梯象征着国王灵魂上天的天梯。金字塔的修建还反映了古埃及人的太阳崇拜意识，角锥体金字塔的四条棱线就象征着太阳放射的光芒。另外，学者在研究中还认识到，金字塔的修建反映出古埃及人在天文学上达到了很高的水平：金字塔的四面都准确地朝向东南西北四方，显示出天文测量的精度；一些金字塔中的隧道出口，恰好指向天空的某一星座；有些金字塔的排列，与天空中的某一星座有着对应关系。甚至有学者认为，金字塔的构造不仅能够计时、计日、记季，还可以记录世纪。人们对金字塔及其他古埃及文化遗产的研究越来越全面深入，金字塔所蕴含的历史、艺术、科学、思想等诸多文化价值也不断被发掘出来。

再如玛雅文化遗产、殷墟文化遗产等，以及非物质文化遗产中的许多表现形式，都在利用其作为历史文化资料的研究中不断发掘出其蕴含的丰厚文化价值。

文化遗产的增值，明显体现在社会经济活动中。随着社会经济的发展，被利用为经济资源的文化遗产都会有所增值。文物在市场中的交易，其经济价值总的说来是逐年逐代地不断提高。文化遗产富集而价值甚高的文化遗产地，尤其是被列入《世界遗产名录》的世界遗产地，作为旅游胜地所带来的旅游收入总的来说也在不断提高。民族民间文化中的表演艺术、传统手工艺产品等，在旅游业、文化产业和商品交易中加以利用，同样也可实现和提高其经济价值。

3. 民族文化的个性、国家文化的主权、世界文化的多样性、人类的生命力和创造力，都只能在利用文化遗产中得以展示、标举、丰富和增强

文化创造的地域性和多元性，形成了民族文化的鲜明个性、国家文化的主

体形象、世界文化的多样形态。倘若对文化遗产予以封存保护而不充分利用，在全球经济一体化和社会生活现代化的冲击下，民族文化的鲜明个性就会丧失，国家文化的主体形象就会暗淡，世界文化的多样形态就会消失。

日本净琉璃文乐木偶戏。图片来源：北京二外(bisu. edu. cn)/遗产旅游。

试想，中国国家博物馆与巴黎卢浮宫、故宫与凡尔赛宫都不开放，人们何以能够通过参观而更为直观地了解和强烈地感受到中国与法国、东方与西方不同的历史文化及其文化特征?净琉璃文乐木偶戏与西西里木偶剧不再演出，人们何以能够通过观赏而更为直观地了解和强烈地感受到日本与意大利民间传统艺术的不同魅力和风格?世界各国、各民族不再过其传统节日，本国本民族的民众何以能够在参与节日活动中自然地传承自己国家的文化传统，自觉地认同自己民族的身份?

物质文化遗产的开放性利用、非物质文化遗产的传承性利用，可以使世界各民族、各地区的文化得到展示，并且在展示中相互映照而显现其民族文化的特殊性和世界文化的多样性。国家文化的主体形象和自我权益，也能够在利用文化遗产的开放性和传承性的展示中得到标举和维护。

世界各国、各民族的文化遗产，都蕴含着其国民和民族特有的精神价值、思维方式和想象力，体现出国民和民族的生命力和创造力。文化遗产是在利用的过程中继承和发展、延续和增强的。只要世界各国人民和各地民族特有的精神价值、思维方式和想象力得以继承和发展并用于文化创造的实践，世界文化的多样性就会得到丰富。

二、利用文化遗产的现实性

在现实中，文化遗产应该利用，故利用文化遗产有很强的现实性；同时，文化遗产又必须得到保护，必须处理好利用文化遗产与保护文化遗产的关系。利用文化遗产的现实性，也就是现实中文化遗产保护与利用的关系的反映。

大致而言，现实中文化遗产的保护与利用的关系可从以下三个方面说明：

1. 文化遗产的保护与利用有着目的一致的同一性

世界各国、各民族对文化遗产的保护和利用，首先是直接为了本国、本民族的社会经济文化的发展，进而促进人类的共同发展。保护文化遗产与利用文化遗产，两者的根本目的是一致的。

正因为如此，各国政府都既强调保护文化遗产，又重视利用文化遗产，尽力做到保护有助于利用、利用可促进保护。

大明宫国家遗址公园丹凤门(作者摄)

当前中国的大遗址保护，正在积极探索建设国家考古遗址公园的模式。西安在2007年启动、2010年建成开放的唐大明宫遗址保护展示示范区项目，即遵照国家文物局关于大遗址保护的要求，规划建成为既使得大明宫遗址及周边环境得到全面有效的保护，又使得大唐历史文化得到形象生动的展示的大明宫国家遗址公园，从而成为西安市的人文象征和旅游胜地，有力地带动西安市的经济文化发展。单霁翔指出："考古遗址公园……是指基于考古遗址本体及其环境的保护与展示，融合了教育、科研、游览、休闲等多项功能的城市公共文化空间，是对考古类文化遗产资源的一种保护、展示与利用方式。"①

《非遗法》第三十七条明确规定，国家鼓励和支持合理利用非物质文化遗产资源以开发具有地方、民族特色和市场潜力的文化产品和文化服务。2011年3月发布的《中华人民共和国国民经济和社会发展第十二个五年规划纲要》(简称《国家"十二五"规划纲要》)，特别说明要"加强文物、历史文化名城名镇名村、非物质文化遗产和自然遗产保护，拓展文化遗产传承利用途径"。2012年2月中共中央办公厅、国务院办公厅发布的《国家"十二五"时期文化改革发展规划纲要》明确提出："正确处理保护与利用、传承与发展的关系，促进文化遗产资源在与产业和市场的结合中实现传承和可持续发展。"

2. 文化遗产的保护与利用有着相互制约的矛盾性

文化遗产的保护与利用，是一件事情趋向不同的两个方面，因而具有相互制约的矛盾性。在现实中，文化遗产的保护与利用实践突出地体现出两者的矛

① 单霁翔：《让大遗址如公园般美丽》，国家文物局网(www.sach.gov.cn)/政务信息/领导讲话。参见国家文物局2009年12月17日印发的《国家考古遗址公园管理办法(试行)》。

盾性：偏重于保护，就会制约利用而不能充分发挥文化遗产的资源效益；偏重于利用，就会影响保护，甚至对文化遗产造成损害。

30多年来，中国文化遗产保护与利用的实践相当突出地体现了两者的矛盾性。有的地区积聚有丰厚的文化遗产资源，却只是按照保护的要求采取基本的保护措施，而没能充分利用以促进地方社会经济文化全面发展。有些部门过于偏重保护而利用不够，没能很好地发挥文化遗产对社会经济文化发展的作用。典型的例子，如许多图书馆对善本书和珍贵文献的管理过于严格，限制了人们的阅读和研究；一些文物保护单位没有创造条件开放或全部开放，限制了人们的游览和观赏。有些地区则为经济利益驱动，对文化遗产资源开发过度，造成对文化遗产的破坏。比较而言，对文化遗产重开发利用、轻保护管理的现象更为严重。近年来见诸媒体报道的这种现象，可谓层出不穷甚至极为严重。比较突出的现象，就是一些风景名胜区及世界遗产地大力进行旅游开发，在景区内大建宾馆、饭店、商店、道路、索道以及相关的配套设施，以致景区城市化、人工化和商业化的倾向严重。更有甚者，一些地方政府为了发展旅游业，以所谓“所有权与经营权分离”的名义，将文化遗产作为经济资源划归或租赁给旅游企业进行市场化经营；部分旅游企业为了最大限度牟利而过度开发，严重破坏了文化遗产及其存在环境。

3. 文化遗产的保护与利用有着相辅相成的促进性

文化遗产价值的体现，能够让民众明了保护的意义而形成保护的意识。其综合价值的充分体现，更能够激发广大民众保护文化遗产的热情而自觉参与到保护工作中去。文化遗产的全面和有效的保护，需要全民的自觉参与。

保护文化遗产主要是国家的责任，其资金来源也主要是国家的财政投入。然而，国家财政投入毕竟有限。利用文化遗产的经济价值而获得经济效益，不仅可以弥补国家财政投入的不足，甚至可以为国家或地方的经济发展作出贡献。陕西临潼的秦始皇陵、秦兵马俑博物馆和华清池每年的门票及其他综合收入达10多亿元，抵得上数十个中小企业的利润，成为地方财政收入的重要来源，又没有什么资源消耗和

西安华清池。图片来源：莱尔书画艺术网(le111.com)。

环境污染，对地方经济社会发展贡献很大。利用文化遗产而使经济得以发展，获得实惠的民众就会直接认识到文化遗产的价值而提高保护文化遗产的自觉性，由此具有财力的地方政府也可以加大对保护文化遗产的资金投入。

非物质文化遗产的传承，必须有观众欣赏、百姓参与、产品销售，也就必然是在利用中实现保护。因此，非物质文化遗产的保护与利用，最为明显地体现为相辅相成的关系。学者提出，非物质文化遗产的保护应提倡“生产性”保护，实际上也就是通过利用而实现保护。当前，中国政府也大力推进非物质文化遗产的“生产性”保护。2010 年 10 月，文化部着手开展“国家级非物质文化遗产生产性保护示范基地”的建设。2011 年 10 月，文化部公布了评选出的第一批基地名单，涉及 41 个项目企业或单位、39 项国家级名录项目①。2012 年 2 月，文化部出台了《关于加强非物质文化遗产生产性保护的指导意见》，对非物质文化遗产生产性保护的意义、方针、原则、措施及工作机制等作了阐明。

文化遗产的保护，只有融入社会而成为全社会成员自觉参与的行动，才能全面有效地实现；文化遗产的保护，只有惠及民众而为民众广泛了解其意义，才能使得民众自觉参与；文化遗产的保护如要融入社会、惠及民众，又必须通过文化遗产的利用。因此，文化遗产的保护与利用，是管理文化遗产的两个方面，不可偏废。妥善处理两者关系，也就可以充分发挥其相辅相成的作用，取得保护成就利用、利用促进保护的良好效果。

第二节　利用文化遗产的基本原则

利用文化遗产的基本原则，在国际及中国的相关法规性文件中都有所阐明，前面的论述也已涉及。这里再作归纳，大致有四条。

一、保护为主

无论是联合国教科文组织会议通过的，还是世界各国制定的关于文化遗产的法规性文件，大都以保护文化遗产为基点。

《文物法》第四条明确指出，文物工作基本方针的首要内容就是“保护为主，抢救第一”。《非遗法》则特别规定，非物质文化遗产的利用和开发，必须是“在有效保护的基础上”。

如此强调，道理明显。文化遗产的利用，只能以文化遗产的存在为前提。

---

① 见 2011 年 10 月 31 日文化部发布的《关于公布第一批国家级非物质文化遗产生产性保护示范基地的通知》及附件。

文化遗产若遭到毁坏，其利用价值也就减少了；若受损失，其利用也就无从谈起。

“保护为主”，意味着对文化遗产虽然是保护与利用不可偏废，但两者毕竟有主有次、有先有后，不可本末倒置、先后颠倒。遵循“保护为主”的原则，就是要求人们在利用文化遗产时首先做好保护工作，要求人们只能是在对文化遗产的原真性和完整性或原生性和传承性做好有效保护的前提下进行利用。这实际上反映的是国际共识，也是世界各国在文化遗产保护与利用工作中实际遵循的原则。

“抢救第一”，是中国政府针对现阶段文化遗产保护的严峻形势提出的工作方针。提出这一方针，也是对“保护为主”方针的补充，也进一步突出了“保护为主”的重要性。抢救濒危的文化遗产就是保护文化遗产，“第一”就是为首、为主。随着全球化趋势的强化和现代化进程的加快，文化遗产受到的破坏和损失越来越严重。尤其是非物质文化遗产，受到的冲击越来越大。一些依靠口授和行为传承的文化遗产正在不断消失，许多传统技艺濒临消亡，大量珍贵的实物和资料遭到毁弃或流失境外。因此，保护文化遗产，首先必须抢救文化遗产。

“保护为主，抢救第一”方针的提出，是为了使文化遗产这一珍贵资源得到保存以资利用。利用文化遗产，首要在于遵循和贯彻“保护为主”的原则。

二、合理开发

文化遗产的开发，指将文化遗产作为资源而加以利用；文化遗产的利用，是对文化遗产资源效能的开发。开发与利用，语意大体相同，只是在习惯表述上似乎有着程度的高低。中国政府确定的文化遗产保护基本方针，强调了“合理利用”。合理利用，就意味着合理开发。

合理，即合乎事理。文化遗产的合理开发，即谓开发必须符合文化遗产的事理。文化遗产的事理，简言之就是国务院下发的《通知》中指出的：“文化遗产是不可再生的珍贵资源。”符合这一事理的文化遗产开发，应该做到如下基本的三点。

首先，在不损害文化遗产原真性和完整性或原生性和传承性的基础上进行开发，也即在保护好文化遗产的前提下进行开发。开发的对象是文化遗产，开发的方式和过程往往就会直接或间接地触及甚至作用于文化遗产。但由于文化遗产是不可再生的，文化遗产的开发也就绝不允许对其造成损害。当然，倘若是脱离了文化遗产保护地点和生存环境的产业化开发，如将文物仿制为工艺品，将民间文艺改编为表演节目或网游产品等，则不必限于此要求。

其次，根据文化遗产的具体特性和存在环境进行有针对性的开发，充分发挥文化遗产的资源效能。文化遗产是珍贵资源，当然应该充分利用和有效开发。文化遗产包括物质的和非物质的多种形态，充分发挥文化遗产的资源效能，就必须针对具体文化遗产的特性进行适宜的开发。静态的物质文化遗产，尤其是建筑类的文化遗产的开发，应该着重开发其可读性和观赏性；动态的非物质文化遗产，应该着重开发其传承性和娱乐性。尽管两者的开发都在于着重发掘和突出其历史价值和艺术价值，以让人们充分了解其历史文化信息并获得审美愉悦，但开发和利用的方式方法是明显不同的。就是同类或同种的文化遗产，因存在环境不同，也需要采取因地制宜的不同开发方式。

德江傩技——上天刀。图片来源：德江县人民政府门户网(dejiang. gov. cn)。

再次，以追求文化遗产保护与利用的双赢为目标的开发，真正做到保护宜于利用、利用促进保护。文化遗产的资源效能应予开发，但开发的着眼点既要追求经济、社会效益，更要顾及保护效果，基于管理文化遗产两个方面的一致性而寻求保护与利用的平衡点，力争实现保护与利用的双赢。文化遗产的开发，只能是立足保护、服从保护的开发，绝对不可一味追求经济利益的最大化而有损于文化遗产的保护。

当今文化遗产利用的实践，多有对文化遗产的人工化、商业化的过度开发和碎片化、改造化的随意滥用，尤其是对非物质文化遗产的利用有着较严重的商业化、改造化的倾向，甚至为了逐利而全然不顾文化遗产的原真性和完整性或原生性和传承性。因此，必须强调利用文化遗产的合理性，绝不允许过度开发和随意滥用。

三、传承发展

传承发展主要是针对非物质文化遗产而言。国务院下发的《通知》阐明的非物质文化遗产保护的十六字基本方针中，最后四字即“传承发展”。《非遗法》则将“传承与传播”规定为非物质文化遗产保护的一项基本制度。

传承发展意谓通过传授和传播而使非物质文化遗产得以继承和发展，故对非物质文化遗产既是保护，又是开发。

南京云锦及其织造。图片来源：中国艺术视窗网(cnartw.com)、新华网·江苏(js.xinhuanet.com)。

非物质文化遗产的传授者、传播者和继承者、接受者，狭义言之，指非物质文化遗产表现形式的传授者（如民间艺人）和继承者（如民间艺人的子孙或徒弟）；广义言之，也指非物质文化遗产表现形式的所有传播者和接受者。民间文艺如果没有受众，就会自然消失；民俗活动如果没有参与者，也会自然消歇。非物质文化遗产的传承活动不仅直接体现其历史、艺术和科学等综合价值，而且往往直接与经济利益挂钩，正如民间文艺的表演或作品需要受众付酬，民俗活动的践行和参与需要践行者的投入和参与者的消费，因此，非物质文化遗产的传承活动的开展，也就直接或间接地发挥出非物质文化遗产的经济和社会效能。大力开展非物质文化遗产的传承活动，实际上就是大力开发非物质文化遗产的资源效能。

非物质文化遗产的表现形式和文化空间，在历史的传承过程中必然会因世情时序的变化而变异。若不随世情时序而变异，非物质文化遗产就会失去当世沐浴时代新风的受众而成为历史陈迹。因此，非物质文化遗产的传承，实际上也是发展，只是其以往的发展是在传承人自觉或不自觉的传承活动中进行的。迄今遗存的非物质文化，其传承的历史也即发展的历史。入选《世界非遗名录》和中国《国家非遗名录》的非物质文化遗产，更是在历史传承过程中有着重大发展。这样说来，非物质文化遗产的传承需要发展，只有发展才可传承。非物质文化遗产的开发，就需要自觉地、积极地发展非物质文化遗产。非物质文化遗产的资源效能的充分发挥，取决于其发展的状况和程度。

活态的非物质文化遗产，不可能作静止的原生态保护。利用非物质文化遗产，就应该在不损害非物质文化遗产的基本特性的前提下，大力传承，积极发展。

四、永续利用

永续利用，即要求对文化遗产的开发必须确保文化遗产得以永久而持续地利用。

具有深厚底蕴和诸多方面价值的文化遗产，只有在永续利用中才能充分发挥其资源效能。就具体的文化遗产而言，在不同时代因世情时序的变化而会凸显出其蕴含的不同的文化价值。因此，可以根据世情时序的变化而大力发掘文化遗产为当世人们所需要的文化价值。世世代代所做因需制宜的开发，即永久持续的利用，也就能够充分发挥文化遗产的资源效能。

文化遗产是人类发展的根基和保证，并不只属于当世的某一民族或群团，而是属于全人类及其子孙后代。因此，对文化遗产的利用，既出于现实发展的需要，也要着眼于人类的未来。着眼于人类未来而利用文化遗产，就必然要以“永续”为原则。

《威尼斯宪章》指出，人们越来越意识到人类价值的统一性，将作为人类历史见证的古代遗迹看作共同的遗产，“认识到为后代保护这些古迹的共同责任”。《非遗公约》强调，非物质文化遗产是可持续发展的保证。诚如所言，子孙后代的永久享有，人类社会的可持续发展，有赖于完好地保护和可持续地利用文化遗产。

可持续地利用文化遗产，必须在文化遗产的开发中落实科学发展观，坚持以人类利益为本，以可持续发展为追求，制定出文化遗产保护与利用规划，做到全面协调和统筹兼顾，即全面保护与利用文化遗产并在保护与利用中进行各方面、各环节的协调，统筹文化遗产保护与利用的步骤、措施并兼顾物质文化遗产与非物质文化遗产、保护与利用、当前与今后、近期与将来等。如此，才能使文化遗产的开发得以持续不断，使文化遗产的效能得以长久发挥，使人类社会的可持续发展得到切实保证。

第三节　文化遗产利用与科教事业发展

科教事业即科学与教育事业。科学是人类认识世界的结晶和改造世界的第一生产力，教育则是国家富强的根本和民族振兴的基石。国家的繁荣富强，民族的兴旺发达，必须以科教事业的发展为前提和基础。

古今中外的历史证明，凡是重视科教发展的国家和民族，大都成了历史上的先进国家和伟大民族。自汉唐以来，中国在长达千余年里以繁荣昌盛的大国享誉于世，就在于中国的科教、尤其是教育事业持续发展并相对领先于世界许多国家。自欧洲工业革命以来，欧美许多国家相继成为世界发达国家，就在于它们从文艺复兴之后逐步建成为世界上的科教大国或强国。

当代世界的现实显示，人类社会已经从农业经济、工业经济发展到知识经济的时代，科教事业在当代经济社会发展中的作用尤其突出，以发展科教事业带动经济社会发展成为国际社会的共识，各国纷纷制定和实施科教发展战略，并且保障科教事业的优先发展。

曲阜孔庙中的杏坛。图片来源：中国建筑地产网(woodoom.com)。

新中国成立60多年来，尤其是改革开放30多年来取得的伟大成就，是与政府始终重视发展科教事业分不开的。毛泽东时代确定了全民教育、全面发展的教育方针和发出了“向科学进军”的号召，邓小平时代确立把教育放在优先发展的战略地位的国策，提出了“科学技术是第一生产力”的论断。2006年2月，国务院颁布了《国家中长期科学和技术发展规划纲要(2006—2020年)》。2010年7月，中共中央、国务院印发了《国家中长期教育改革和发展规划纲要(2010—2020年)》。《国家“十二五”规划纲要》提出“全面落实国家中长期科技、教育、人才规划纲要，大力提高科技创新能力，加快教育改革发展，发挥人才资源优势，推进创新型国家建设”。

科教的发展，必须利用文化遗产资源。文化遗产，可以说是科教发展不可替代甚至不可或缺的珍贵资源。有学者概括地指出：“结合文化遗产使用价值的体现方式，可以将文化遗产的各种功能特点整合为三大功能：教育、科研、经济。”①这个概括是否恰当，诚然可以见仁见智，但其指出文化遗产的主要功能是关系科教发展的教育和科研，却是不易之论。

一、文化遗产与教育事业

教育是传授知识、培养人才的活动。教育的目的，在于使受教育者的能力得到不断增强、身心得到健康发展以适应社会发展的需要。教育的方式，既有教育者在课堂上、经院里的传道授业解惑，也有受教育者走四方、观天下的游览寻访考察。

“读万卷书，行万里路”，这是中国古人倡导的求知方式，也是历史证明了

① 刘世锦主编：《中国文化遗产事业发展报告(2008)》，社会科学文献出版社2008年版，第22页。

的有效教育方式。潜心于书斋中的苦读，可以开启人的智慧，扩充人的知识；漫行在旅途中的游学，可以丰富人的阅历，增长人的见识。两者相辅相成，不可或缺。可是，许多人认为，读万卷书不如行万里路，因为亲历亲见要比从书籍中获得的印象更明晰，体验更真切，感悟更深刻。游学中亲历亲见的重要内容，就是探访名胜古迹，观赏乡俗民风。名胜古迹、乡俗民风，就是物质的和非物质的文化遗产，就是知识的形象展现，就是教育的宝贵资源。

希罗多德自幼勤奋好学，酷爱读史，尤好史诗。30 岁时，他开始出游四方，北抵黑海北岸，南达埃及南端，东至两河流域下游，西到意大利半岛及西西里岛。每到一地，他便寻访古迹名胜、考察地理环境、了解风土人情，并且将当地人讲述的民间传说和历史故事记录整理后随身携带。出游四方的阅历，大大丰富了他的历史文化知识，深化了他对历史文化的认识。对文化遗产资源的利用，最终使他成为西方的“历史之父”。

司马迁祠。图片来源：韩城之窗网(hancheng. ccoo. cn)。

司马迁 10 岁即可诵读古文，20 岁开始游历全国各地。他自言：“二十而南游江、淮，上会稽，探禹穴，窥九疑，浮于沅、湘；北涉汶、泗，讲业齐、鲁之都，观孔子之遗风，乡射邹、峄；厄困鄱、薛、彭城，过梁、楚以归。”① 可想而知，司马迁的自然地理和历史文化知识，在很大程度上是通过游历获得和丰富的。秦始皇焚书，世间文献大多无存。汉初人士虽然极力搜求和整理文献，但司马迁时代的可读古书想必依然有限。其历史文化知识在游历中的获得和丰富，就在于寻访和解读文化遗产，即所谓“讲业齐、鲁之都，观孔子之遗风，乡射邹、峄”。司马迁正是在读书的同时，通过寻访和解读文化遗产，最终成为中国的“史家宗师”。

教育不仅在于能够使人获取知识、增强技能，更在于能够使人得到身心的健康发展，即通过体育而增强体质，通过德育而塑造人格。尤其是对理想人格的塑造、完美德行的陶冶，最为思想家、教育家所强调，也最为代表人民利益发展国家教育事业的政府所重视。古希腊大哲学家柏拉图(约公元前 427—前

① 《史记·太史公自序》。

347)在《理想国》及《法律篇》中表达的教育思想是：教育不仅能够使人获得知识、提高素质、增强体质，更重要的是能够引导人的灵魂向善。中国教育家孔子育才，主张实施全面教育，也以培养受教育者的仁善德行为主要目的，强调为人为学应该“志于道，据于德，依于仁，游于艺”①，所谓“子以四教：文、行、忠、信”②。

个人的身心发展，民族的素质提高，国家的繁荣富强，都离不开教育。因此古往今来，世界各国都重视教育，将教育作为大力发展的国家事业。

根据人才培养需要，中华人民共和国在成立之初大力发展教育事业，明确提出了新中国的教育方针。毛泽东于1957年在《关于正确处理人民内部矛盾的问题》中提出：“我们的教育方针，应该使受教育者在德育、智育、体育几方面都得到发展，成为有社会主义觉悟的有文化的劳动者。”1995年颁行的《中华人民共和国教育法》(简称《教育法》)第五条规定：“教育必须为社会主义现代化建设服务，必须与生产劳动相结合，培养德、智、体等方面全面发展的社会主义事业的建设者和接班人。”第七条规定：“教育应当继承和弘扬中华民族优秀的历史文化传统，吸收人类文明发展的一切优秀成果。”

中国自古以来的教育目标就是为社会需要培养德、智、体全面发展的人才，中国当今的教育方针更加强调为中国的社会主义建设事业培养德、智、体、美等方面全面发展的人才。中国的教育事业应当弘扬民族文化的优秀传统，汲取人类文明的优秀成果，文化遗产则是当今中国教育事业不可或缺的宝贵资源。国内集中收藏、保护和展示文化遗产的博物馆、纪念馆、文物保护单位等公益性机构，正在逐步纳入国民教育体系。

1. 文化遗产与德育

文明时代各国的教育事业，都是统治阶级为了阶级的利益和国家的需要对受教育者有目的、有计划、有组织地实施影响的活动。统治者为了达到其政治目的，不仅在教育活动中尤为重视思想道德的教育，还通过各种物质性或精神性的文化成果来体现和宣扬思想道德意识。历史上的文化伟人、民族英雄及进步人士，大都是有理想、有道德、有成就者，他们的遗迹或遗物多少体现了其思想道德。人民群众在社会实践和文化创造的过程中，也会将社会认同的传统伦理道德观念融入其文化创造活动及其成果中。因此，文化遗产蕴含了思想道德意识和伦理道德观念，文化遗产的思想价值也在相当程度上体现在其所具有

① 《论语·述而》。艺指六艺，即礼、乐、射、御、书、数，包括了文化知识和军事技能。“游于艺”则可在知识、技能和体能上全面发展。

② 《论语·述而》。

的思想道德意识中。发掘和利用文化遗产所蕴含的进步的、合乎人类本质要求和共同利益的思想道德意识，就能让今人受到很好的思想道德教育。

四节龙凤玉佩(随州曾侯乙墓出土)。图片来源：《湖北出土文物精华》。

早在原始社会，我们的祖先就已初步形成了重德意识和道德礼仪规范，并且创造出体现其伦理道德观念的器物——玉器。从原始社会末期到商周时期，道德礼仪规范发展得越来越周全严密，体现其思想道德意识的礼器也越来越多样复杂，但玉器始终是人们用于祭礼、佩戴、随葬等的重要器物，由此形成了中国源远流长、独具特色的玉文化。在先秦古人看来，温润纯净、晶莹光泽、缜密坚韧的玉石，就是纯洁美好的"德"的象征。人们琢磨玉石制成精美的玉器，不仅怀着虔敬之心用以奉祭神灵，而且抱有珍爱之情佩戴于身以"比德于玉"。先秦思想文化的集大成者荀子(约公元前313—前238)引述孔子的话，谓玉有七德①，《礼记》则载孔子谓玉有十德②。依其之说，玉的美德体现在仁、义、礼、智、信、忠、勇、坚、洁、宽、乐、雅等方面，几乎包括了先秦社会所崇尚的所有美德。从古至今，几千年的玉文化传统，已经使得玉石成了中华道德的物质载体和精神象征。坚守民族气节是"宁为玉碎"，实现团结和睦是"化为玉帛"，无私奉献是"玉润而温"，节操高尚是"玉洁松贞"……今人参观博物馆，观赏琮、璧、璜、玦、环等各种各样的玉器，了解到其实用功能和文化寓意，自然可以获得道德认知。

《教育法》第六条规定："国家在受教育者中进行爱国主义、集体主义、社会主义的教育，进行理想、道德、纪律、法制、国防和民族团结的教育。"

---

① 《荀子·法行》："孔子曰……夫玉者，君子比德焉。温润而泽，仁也；栗而理，知也；坚刚而不屈，义也；廉而不刿，行也；折而不挠，勇也；瑕适并见，情也；扣之，其声清扬而远闻，其止辍然，辞也。故虽有(王民)之雕雕，不若玉之章章。诗曰：'言念君子，温其如玉。'此之谓也。"

② 《礼记·聘义》："夫昔者君子比德于玉焉：温润而泽，仁也；缜密以栗，知也；廉而不刿，义也；垂之如队，礼也；叩之，其声清越以长，其终诎然，乐也；瑕不掩瑜，瑜不掩瑕，忠也；孚尹旁达，信也；气如白虹，天也；精神见于山川，地也；圭璋特达，德也。天下莫不贵者，道也。诗云：'言念君子，温其如玉。'故君子贵之也。"

2001年10月，中共中央颁发的《公民道德建设实施纲要》强调："中华民族的传统美德与体现时代要求的新的道德观念相融合，成为我国公民道德建设发展的主流。"其中明确指出："从我国历史和现实的国情出发，社会主义道德建设要坚持以为人民服务为核心，以集体主义为原则，以爱祖国、爱人民、爱劳动、爱科学、爱社会主义为基本要求，以社会公德、职业道德、家庭美德为着力点。"爱国主义、集体主义、社会主义的观念，为共产主义奋斗的理想，为人民服务的精神，以及知礼诚信、团结友善、勤俭自强、敬业奉献、尊老爱幼、利人和家等，是当代中国社会崇尚的思想道德内涵，无不为文化遗产所蕴含。1994年8月，中共中央颁发了《爱国主义教育实施纲要》，要求搞好爱国主义教育基地的建设，明确指出：

> 各类博物馆、纪念馆、烈士纪念建筑物、革命战争中重要战役、战斗纪念设施、文物保护单位、历史遗迹、风景胜地和展示我国两个文明建设成果的重大建设工程、城乡先进单位是进行爱国主义教育的重要场所。
>
> 各地的自然风光、文物古迹、名胜景点能够激起人们对祖国壮丽河山和悠久历史文化的热爱之情，要注意发挥这方面优势，寓爱国主义教育于游览观光之中。

在当今中国，许多博物馆、纪念馆、名人故居、战争遗址等都被命名为爱国主义教育基地。至2009年，中国已经建成并命名了356处全国爱国主义教育示范基地①。各省、市、县也都有命名的爱国主义教育基地，如河北省已有省级以上爱国主义教育基地65处，云南省有省级以上爱国主义教育基地99处。这些基地，大都既是重要的文化遗产保护场所，又是重要的爱国主义、集体主义和社会主义及社会公德、职业道德和家庭美德的教育场所。尤其是近现代以来重要的革命文物保护场所，诸如革命史迹、英雄纪念馆、烈士陵园等，更是体现了爱国主义、集体主义和社会主义三位一体的丰富精神内涵和高尚纯洁、无私无畏、大智大勇的厚重道德力量。游览其中，也就是接受思想道德的体验教育。

非物质文化遗产中的口头文学、民间文艺等各种文化表现形式，都在长期的传承过程中集中表达了人民大众的思想道德观念。民间习俗则集中体现了人民大众的传统道德意识和行为规范。了解非物质文化遗产，参与传统习俗活

---

① 中共中央宣传部于1997年、2001年、2005年和2009年先后分四批公布了共计356个全国爱国主义教育示范基地。

湖北省博物馆(作者摄)

动，同样也是接受思想道德体验教育。因此，《公民道德建设实施纲要》指出"各种重要节日、纪念日，蕴藏着宝贵的道德教育资源"，要求"利用……民间传统节日和重大历史事件、历史人物纪念日等，举行形式多样的群众性庆祝、纪念活动，使人们在集体聚会、合家团圆的同时，增强对祖国、对家乡、对自然、对生活的热爱，陶冶道德情操"。

2. 文化遗产与智育

智育是开启智力、增长智慧、培养智能的教育。智育的目的，是让受教育者具有丰富的文化知识并且能够创造性地运用所掌握的知识为社会服务。智育的基本方法，是通过文化知识的传授或传播而使受教育者在接受知识的过程中提高观察、记忆、分析、判断、想象、推理等能力，也就是创造性思维的能力。不言而喻，智育是教育的基本内容。

受教育者的智力开启、智慧增长、智能培养的前提和过程，都是文化知识的了解、积累、掌握和运用，故文化知识的载体就是智育不可或缺的教育资源。用文字书写而成的文献典籍，固然是人类文化知识的结晶。除文献典籍之外的一切物质的和非物质的文化遗产，同样也是人类文化知识的凝结。

实物类的物质文化遗产，无不蕴含有历史文化信息。一件器物，一个遗址，通过分析其历史文化价值，也就获得了其所凝结的历史文化知识。观赏商代第一重器——司母戊大方鼎①，可以由对其造型、纹饰、铭文、体量、工艺等的了解，多少获悉商王朝的政治经济发展状况、文化特色和科技水平。游览被称为"一个王国的缩影"的殷墟，则可由其先后发现的众多宫殿宗庙建筑基址、城市遗

① 现藏中国国家博物馆，重新定名为后母戊鼎。

址、王陵大墓、祭祀坑葬、聚落遗迹、家族墓地、手工业作坊遗迹、出土数量惊人的刻文甲骨的窖穴，以及大量的青铜器、玉器、陶器、骨器等，较为全面地获知殷商王朝中兴时的都城风貌及王朝后期的政治、经济、文化诸方面的发展状况。

越剧《梁山伯与祝英台》剧照。图片来源：浙江省文化厅网(zjwh.gov.cn)。

非物质文化遗产凝结的文化知识，比物质文化遗产更为集中、直观。非物质文化遗产的活态传承，实际上就是文化知识的直接传播。聆听艺人的说唱和表演，参与传统习俗活动，也都是耳濡目染、潜移默化地接受文化知识教育的过程。

青少年接受教育的场所主要在学校，青少年学习文化知识主要通过课本和老师根据教材的传授。可是，课本教材的编写内容，大都是对文化遗产蕴含的文化知识的总结和选择。成人教育虽然也需要在学校主要根据教材学习文化知识，但其知识的丰富、智力的提高，更多地是在阅读结合游历及参与社会实践中而获得的。从这个意义上说，文化遗产是智育的基本资源。

“知识就是力量”是世人皆知的名言。在步入知识经济时代的当今社会，人类的发展更加依赖知识的掌握和运用，凝结着人类文化知识的文化遗产也对人类的智育起着越来越大的作用。

3. 文化遗产与体育

体育，顾名思义是使人增强体质、增进健康的教育，也就是使人掌握增强体质、增进健康的知识和技能的教育活动。不过，在现代社会中，体育的概念已经扩大为广义的与人的身心运动相关的有目的的活动，也即指一切相关人的身心锻炼、有益于人的身心健康的活动。因此，广义的体育可根据参与体育活动的对象及其任务而分为社会体育、学校体育和竞技体育。

社会体育，亦称大众体育或群众体育，指全民参与的社会化体育活动。1995年8月颁布的《中华人民共和国体育法》(简称《体育法》)第二章《社会体育》第十条规定：“国家提倡公民参加社会体育活动，增进身心健康。”

体育起源于原始先民在求生存、求发展过程中从事的某些技能性的体力活动。在漫长的历史发展中，世界各民族、各国家都存有丰富的体育文化遗产，而且其社会体育的活动项目主要是对本民族或国家体育文化遗产的继承和发扬，即多开展和普及的是本民族或国家的传统体育项目，如中国的武术、放风筝、舞狮子、划龙舟、围棋、象棋等，英国的足球和板球、美国的篮球与棒球等。开展社会体育，必然需要继承和发展传统体育，也就必须重视利用和开发体育文化遗产。正因为如此，《体育法》第二章第十五条规定："国家鼓励、支持民族、民间传统体育项目的发掘、整理和提高。"1995年6月国务院发布的《全民健身计划纲要》第二十二条更是明确强调："挖掘和整理我国传统体育医疗、保健、康复等方面的文化遗产，发展民族、民间传统体育。"

黄飞鸿狮艺武术馆的舞狮表演(作者摄)

学校体育特指为增强学生体质而由学校组织的体育教学及相关活动，是学校教育的重要内容。学校开展的体育教学和体育活动，当然是以现代体育知识和体育项目为主，但现代的体育知识和流行的体育项目，也大都是传统体育活动的继承和发展。如果能够利用体育文化遗产进行体育教学，会使学生对各项体育活动有着更为深刻的认识，增强其对体育活动的热爱，提高其参与体育活动的自觉性。另外，民族、民间的传统体育活动，多具有简易性和游乐性，如拔河、捉迷藏等。学校有组织地多开展这类活动，可使广大学生饶有兴趣地参与，从而增强学生的体质。

竞技体育即人们常说的竞技运动，是为了取得优异成绩、战胜竞争对手，通过科学、系统的训练，而在比赛中最大限度地发挥个人或集体在体能、智力、心理及运动能力等方面潜能的体育运动。相对社会体育、学校体育而言，由于竞技体育最能表现人的能力和健美，最能激发人奋勇争先的斗志和顽强拼搏的精神，最能增强个人或集体的荣誉感，最能体现一个民族或国家的体育运动水平甚至强弱形象，又最富有观赏性和刺激性，故其自古以来就深受大众喜爱和社会重视，在现代社会更是成了各国政府的一项重要工作。以竞赛为特征、以争胜为目标的竞技体育，也有悠久的历史。遗存至今的大量古代体育用具和相关体育的绘画、雕塑、设施等各种文化遗产，大都体现出以竞赛决胜负的含义。

今日世界最大规模的体育盛事，就是奥林匹克运动会。世界各国的体育工作，也尤为重视奥运会①。有条件的国家，则纷纷争办奥运会。奥运会起源于

① 中国政府在1995年制定和实施了《奥运争光计划》，目的即在于使竞技体育高效、快速、健康发展，在奥运会上夺取更大成绩，赢得更大荣誉。

古希腊的奥林匹亚运动会，是法国教育家、史学家皮埃尔·德·顾拜旦(1863—1937)于1894年根据奥林匹亚运动会倡议恢复的。现代奥运会的规模，当然是两千多年前的奥林匹亚运动会所不能比拟的，但奥林匹亚运动会的一些举行方式和比赛项目，如圣火传递、短跑、长跑、跳远、铁饼、标枪等，一脉相传地传承下来了。更重要的是，奥林匹亚运动会的精神被现代奥运会所继承并发扬光大。四年一届的奥运会，依然在奥林匹亚遗址采集圣火，却在世界各地传递圣火，也就是在全世界宣扬奥运会的历史传统和文化精神。奥运会的举行，则集中展现和弘扬的是"相互了解、友谊、团结和公平竞争"的奥林匹克精神及和平、友好、平等、公正、健康、美丽的人类理想。不言而喻，没有古希腊的奥林匹亚运动会，也就没有现代的奥运会；没有体育文化遗产，也就没有现代竞技体育的发展。奥运会的规模和影响越来越大，文化遗产的利用与开发也越来越重要。

2008年北京奥运会，希腊女祭司采集奥运圣火。图片来源：新浪网(sina.com.cn)。

由于社会对体育的重视，许多国家将体育事业与教育事业并立而各设管理机关。体育与教育不可分割，而且从根本上说，体育是广义教育的重要组成部分。"奥林匹克之父"顾拜旦就是着眼于教育改革而倡导体育并进而倡议恢复奥运会的，认为运动、比赛是对人尤其是对青少年的教育，"古希腊人组织竞赛活动，不仅为了锻炼体格和显示一种廉价的壮观场面，更是为了教育人"。他的名言——"奥运会重要的不是胜利，而是参与；生活的本质不是索取，而是奋斗"，被认为是强调了奥林匹克思想的精髓。《奥林匹克宪章》阐明："奥林匹克运动的宗旨是，通过开展没有任何形式的歧视并按照奥林匹克精神——以互相理解、友谊、团结和公平比赛精神的体育活动来教育青年，从而为建立一个和平而更美好的世界作出贡献。”参与体育运动和体育比赛，实际上就是接受自我完善、全面发展的教育活动。

“发展体育运动，增强人民体质。”这是毛泽东在1952年给中华全国体育总会成立大会的题词，也成了中华人民共和国体育事业的工作方针。国家发展体育事业的根本任务，就是增强人民体质。《体育法》第一章《总则》第二条明确规定：“国家发展体育事业，开展群众性的体育活动，提高全民族身体素质。体育工作坚持以开展全民健身活动为基础，实行普及与提高相结合，促进各类体育协调发展。”

群众性体育活动的广泛开展，就需要利用有助于人民身心健康、体质增强的文化遗产和开展民众便于和乐于参与的民族、民间传统体育活动，使得民众在自觉参与体育活动的过程中也受到自我完善、全面发展的教育。

另外，接触文化遗产，也与人们的身体锻炼相关。人们游览文化遗产地或参与文化遗产传承活动，免不了或走或跑、或蹦或跳。充分利用文化遗产而吸引人们经常性地游览和参与，客观上使得人们的身体得到锻炼、身心得以发展。

4. 文化遗产与美育

美育，即审美教育，是使人增长审美感知力、审美判断力、审美鉴赏力和审美创造力，进而确立美好的情操和理想的教育。

爱美是人类的天性，是人类永恒的追求。人类的历史，就是始终自觉或不自觉地依照美的规律、遵循美的原则来创造生活的历史。石器的打制和磨制、陶器的造型和装饰、不断丰富的绘画和雕刻作品……考古发现清楚地显示出原始先民在追求美、创造美的过程中的文化进步。甲骨文中的“文”字，是文身之人的象形，本义即美化人体的饰纹①。从一定意义上说，人类文化的进步，人类文明的发展，都是人类追求美的结果。

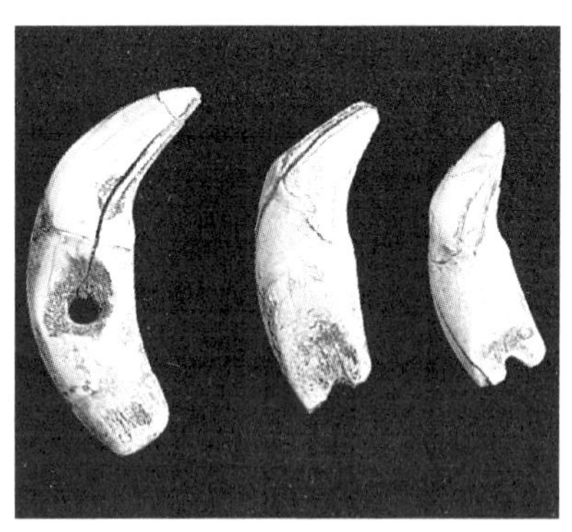

山顶洞人的装饰品(周口店遗址博物馆藏)。图片来源：新华网(xinhuanet. com)。

人类爱美而求美，人类在传授知识而实施教育时，自然也以美育为教育的重要内容。只是古人长期只重视美育的

① 方述鑫等编《甲骨文金文字典》“文”：“甲骨文像正立之人形，胸部有刻画之纹饰，故以文身之纹为文，或省胸部错画之纹饰而径作文。”巴蜀书社1993年版，第650页。

教育实践，而并未在理论上阐明美育的概念、作用和地位。大概古人以为，教育包含美育是无须论理的自然之事，美育本就融入德、智、体的教育之中。18世纪末，德国文学家、美学家席勒(1759—1805)在《美育书简》中明确提出了“美育”的概念并将之与德育、智育、体育并视为教育的四大内容之一，称“有促进健康的教育，有促进认识的教育，有促进道德的教育，还有促进鉴赏力和美的教育”。在现代社会，美育具有提高人的综合素质和生存质量、促进人的身心发展和社会和谐进步的作用，已经成为世人的共识。受西方教育理论的影响，民国时期的教育家蔡元培(1868—1940)等都大力倡导美育。

新中国成立之初，也将美育作为教育方针的重要内容。但自1957年以后，由于极“左”思潮的泛滥及对美育与德育、智育、体育的关系缺乏明晰认识，中国的教育方针在相当长时期里只强调德、智、体。1999年，根据社会主义现代化建设的发展形势对人才培养高要求的需要，中共中央、国务院于6月颁发了《关于深化教育改革全面推进素质教育的决定》，明确提出：“实施素质教育，就是全面贯彻党的教育方针，以提高国民素质为根本宗旨，以培养学生的创新精神和实践能力为重点，造就‘有理想、有道德、有文化、有纪律’的、德智体美等全面发展的社会主义建设者和接班人。”此后，党和政府的重要文件关于教育方针的阐述，都说明是要“培养德智体美全面发展的社会主义建设者和接班人”①。

既然人类始终是依据美的规律、遵循美的原则来创造生活的，作为人类遗存的文化遗产也就无不具有审美价值，这在第五章中已有较详明的阐述。具有审美价值的文化遗产，当然就是美育极好的教育资源。

审美教育离不开美的形象。审美教育又是从培养人的审美感知力、审美判断力和审美鉴赏力起步的。通过形象性的实物或形式实施美育，能够使受教育者形成审美感知力、提高审美判断力和审美鉴赏力。古人最初收藏和保存文化遗产实物，主要就是着眼于其审美价值。传世的物质文化遗产，多是经过历史淘洗之后余存的审

湖南隆回花瑶挑花服饰。图片来源：华声论坛(bbs. voc. com. cn)。

① 参见《国家中长期教育改革和发展规划纲要(2010—2020年)》。

美价值很高的文物。传承的非物质文化遗产，大都是经过历史润饰之后生存的审美价值很高的表现形式。至今一般民众观赏文物、参与民间文艺或习俗活动，首先或者主要就是满足审美需要的。这样说来，文化遗产的利用，无论采用何种方式，都能起到美育的作用。

美育的最高境界，是使受教育者在具有较强的审美感知力、审美判断力和审美鉴赏力的基础上，确立美好的情操和理想，并且在社会实践中能够进行审美创造。这一境界的实现，有赖于美育与德育、智育、体育的结合，有赖于使受教育者在接受德智体美的全面教育过程中形成真善美的统一观，因此也更需要充分利用文化遗产。经过历史淘洗、润饰和检验过的文化遗产，高度凝结和集中体现了人类在其历史发展过程中形成的真善美观念。要达到美育的最高境界，就离不开对文化遗产的研究。

文化遗产的有效利用，都与德智体美的教育相关。人们参观博物馆或纪念馆、游览古迹名胜地、参与民俗活动等，可由文化遗产蕴含的诸方面价值，获得德智体美等多方面的教益。

当今社会的教育，不仅是青少年的学校教育，而且是全民的社会教育和终身教育。《国家中长期教育改革和发展规划纲要(2010—2020 年)》确定的战略目标，就是“到 2020 年，基本实现教育现代化，基本形成学习型社会，进入人力资源强国行列”，包括“构建体系完备的终身教育”等。实现这一战略目标，就必须充分利用文化遗产，将文化遗产作为有效的教育资源，使通过了解文化遗产而提高素质成为国民教育的重要方式。

二、文化遗产与科学事业

科学是人类在社会历史实践中形成的反映客观事实、揭示客观规律的知识体系，包括人类在探索、改造自然与社会过程中形成的理论认识，一般分为自然科学和社会科学。

伴随着人类的社会历史实践，科学的重要性越来越为世人所认识。当今，科学是人类社会进步的突出标志和发展的重要动力已经成为世人的共识，各国都将科学作为大力发展的国家事业。

文化遗产是人类探索和改造自然与社会的物质和精神成果的遗存，因此蕴含前人的科学认识，具有科学价值。发掘和利用文化遗产的科学价值，无疑可以促进当代科学事业的发展。

1. 文化遗产与自然科学

自然科学是通过研究以揭示自然界各种物质和现象及其变化规律的知识体系，包括数学、化学、物理学、天文学、气象学、生物学、地质学等认识自然的基础理论学科和农学、医学、采矿学、冶金学、建筑学、环境学等改造自然的应用技术学科。

文化遗产的三大价值之一，就是科学价值。许多不同类型的重要文化遗产，都不同程度地蕴含有相关的科学知识和科学价值。第五章第三节关于文化遗产的科技价值的阐述，对文化遗产与自然科学的关系已经有所说明。

1983 年末，在湖北省江陵县（今属荆州市荆州区）张家山 247 号汉初墓葬中，出土了一批竹简。其中有一部《算数书》，比中国传世最早的数学著作《周髀算经》和《九章算术》的成书时间还早百年以上，可谓已知中国最早的数学典籍。它不仅在相当程度上反映了中国先秦时期的数学成就和发展状况，而且其算题方式对当今初等数学研究也有所启示。

湖南长沙马王堆三号汉墓出土的大量帛书中，有多种与自然科学相关的书籍，天文学著作有《五星占》、《天文气象杂占》，医学著作有《五十二病方》、《阴阳十一脉灸经》、《养生方》、《导引图》，地图学著作有《驻军图》、《长沙国南部地形图》，建筑学著作有《宅位草图》、《府宅图》等。这些大都是已知中国最为古老的相关自然科学不同领域的著作。

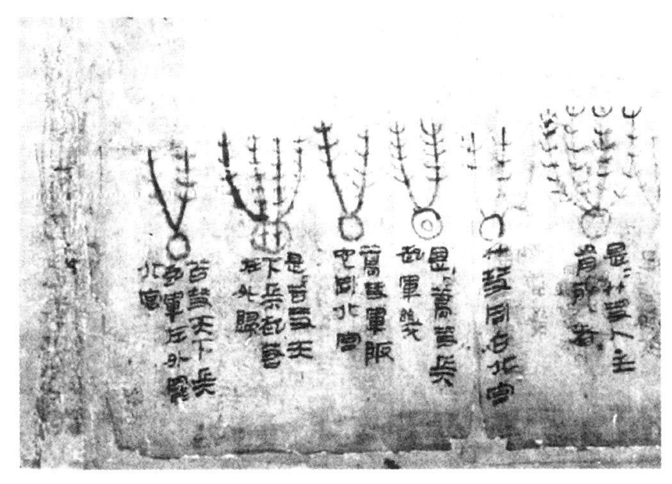

彗星图（局部）（长沙马王堆汉墓出土）。图片来源：湖南省博物馆网（hnmuseum. com）。

湖北大冶铜绿山古矿冶遗址，是历周至汉的大型采矿和冶炼基地。其巷道的设计和构建及提升、通风、排水等技术的采用，显示出 2000 多年前中国古人所掌握的高超的采矿科技水平；其春秋炼炉的设计和构造及装料、排渣、吹氧（鼓风）等技术的采用，显示出 2000 多年前的中国古人所掌握的高超的冶炼科技水平。遗址体现的古代矿冶科技，依然是今日采矿学和冶金学研究的对象。

世界文化遗产科隆大教堂，是德国及欧洲北部最大的教堂，建筑时间长达632年，至今仍然遗存有上万张设计图纸，不仅被视为欧洲哥特式建筑的典范，也被誉为世界建筑史上的杰出成就之一，其设计思想和构造技术一直为现代建筑学家们所借鉴。

诚然，距今年代久远的文化遗产所蕴含的科技价值，已经难以为现代科学技术发展直接借鉴和利用。可是，随着国际社会对文化遗产认识的深化，文化遗产的范围也不断扩大，世界上许多完成不久、具有重大科技价值和历史影响的建筑、工业设施等，也被认定为20世纪遗产或工业遗产。

2007年入选《世界遗产名录》的悉尼歌剧院，动工于1959年，完成于1973年，建造历时达14年。这座耸立在悉尼港湾小半岛上的建筑，既似巨贝翻壳，又像航船张帆，被公认为20世纪的七大建筑奇迹之一和澳大利亚的标志之一。其贝壳形尖屋顶，是用钢缆拉紧拼成的2194块、每块重15.3吨的弯曲形混凝土预制件，外表覆盖着105万块白色或奶油色的瓷砖。面海的玻璃墙用约25万块高硬度的玻璃砌块制成，材料全部从法国进口，有700多种规格。设计施工的技术图纸共绘制了7000多张。悉尼歌剧院充分体现了20世纪建筑科技成就。

鸟巢和水立方。图片来源：中新网(chinanews.com)。

现已世界闻名的“鸟巢”(中国国家体育场)和“水立方”(中国国家游泳中心)，是2008年北京奥运会的主场馆。中国第三次全国文物普查将其视为北京的标志性建筑而予以登记建档，拟作为文化遗产来保护。这两座竣工仅5年多的体育场馆，不仅设计新颖、造型独特，而且结构复杂、建造精密，具有很高的科技含量。它们分别是世界体育设施中最大的钢结构工程和膜结构工程，建造涉及现代科技的许多领域，可谓融多领域的现代高科技于一体而大有创新的综合科技成果，在世界建筑史和工程史上具有开创意义。

非物质文化遗产的各种文化表现形式，都不同程度地蕴含有科技知识。“有关自然界和宇宙的民间传统知识和实践”，可谓古代自然科学知识的凝结和运用，对今天的科学探索仍有启发作用。

文化遗产的科技价值丰富多样，对现代科技发展有着直接或间接的借鉴作用。现代科技是在文化遗产所蕴含的科技知识基础上发展起来的，现代科技的发展仍然需要充分发挥文化遗产的作用。

2. 文化遗产与社会科学

社会科学是研究以揭示各种社会现象及其发展规律的知识体系，包括史学、哲学①、文学、法学、政治学、经济学、军事学、民族学、宗教学、考古学、语言学、艺术学、民俗学、教育学、伦理学、社会学等属于意识形态范畴的学科。

文化遗产的三大价值中的历史、艺术这两大价值，直接体现为有助于社会科学研究的功能。文化遗产的其他方面的价值，也大都直接关系到社会科学研究。第五章关于文化遗产价值的阐述，对文化遗产与社会科学的关系已经有了较多的说明。正因为文化遗产具有多方面的价值，社会科学的研究资料在相当程度上来源于文化遗产。有的学科或学科研究领域，甚至完全以文化遗产为研究资料或研究对象。

史学研究离不开文化遗产，物质的和非物质的文化遗产都是历史研究不可忽略的资料。史学研究必须利用历史资料，历史资料既保存于文献典籍之中，也见于田野调查或考古发现。无论是古籍载录的资料，还是田野调查或考古发现的资料，都是文化遗产。而田野调查或考古发现的资料，对于文献缺载的历史的研究尤其重要。殷墟以及其他商代文化遗存的发现与研究，才使世人对中国公元前16世纪—前11世纪的殷商王朝的历史文化有了较为清楚的认识。玛雅文明遗产的发现与研究，才让世人对公元前3世纪—17世纪玛雅人的历史文化有所了解。只有研究所有物质的和非物质的文化遗产，才能全面、准确、明晰、具体地认识人类的历史。

① 有观点认为，哲学是“自然科学和社会科学的概括和总结”，是人们对自然界、社会和思维的根本看法，即所谓关于世界观的学问，故应视为超越自然科学和社会科学之上的独立科学；在科学研究的实践中，哲学又与社会科学关系更为密切，因而可将二者并称为“哲学社会科学”。新中国成立后，受苏联的这种观点的影响，中国的科学事业管理也长期采用“哲学社会科学”的概念而将哲学与社会科学进行统一管理。实际上，哲学也同社会科学中的各门学科一样属于意识形态范畴，尽管其有着学科上的特殊性，在一般人的意识中和科学研究实践中都归属到了社会科学内。

考古学研究离不开文化遗产，考古学的形成和发展就建立在对人类的遗物和遗迹，也即物质文化遗产的调查、发掘和研究的基础上。世人对人类历史文化方方面面的明晰、具体的认识，都在一定程度上有赖于考古学的研究。尤其是没有文字记载的史前人类历史文化，只能是通过对远古人类的遗物和遗迹的调查、发掘和研究才能了解。正是有了中国新石器时代的大量考古发现，世人才对中国原始社会晚期先民的经济、文化、社会组织等方方面面状况及中国文明的起源和形成过程有了相当程度的了解。正是有了古埃及图坦卡蒙墓的发掘及其数以千计的精美文物出土，世人才对古埃及文明在金字塔、神庙等成就之外的其他方面的惊人成就有了更为清楚的知晓。

语言学研究离不开文化遗产，语言学研究对象中的古代语言、地域方言、民族语言本身就是文化遗产。非物质文化遗产的表现形式，第一类就是“口头传统和表现形式，包括作为非物质文化遗产媒介的语言”。

艺术学研究离不开文化遗产，人类遗存的绘画、书法、雕刻、造像、工艺品、家具、建筑等物质文化遗产，人类传承的各种口头文学、表演艺术和传统技艺等非物质文化遗产，从来都是艺术学的研究对象。

图坦卡蒙黄金面罩。图片来源：新浪网(sina. com. cn)。

民俗学研究离不开文化遗产，民俗学的对象就是非物质文化遗产的重要内容——民间的传统习俗。与考古学的产生和发展相同，民俗学也是直接以文化遗产为研究对象而产生和发展的，只不过两者的主要研究对象分别是物质文化遗产和非物质文化遗产。

哲学研究离不开文化遗产，无论是对自然科学还是对社会科学的概括和总结，都需要利用文化遗产，尤其是具有丰富哲学思想的文化遗产。传世的和出土的学术文献，都是哲学研究的对象。出土的学术佚籍，如湖北荆门郭店一号楚墓、长沙马王堆汉墓等古墓葬中出土的简帛学术文献，更是哲学研究者重视的研究资料。

文学研究离不开文化遗产，古典文学原本就是文化遗产，作为非物质文化遗产重要内容的民间文学从来就是文学研究的一部分。

不用一一说明，社会科学的各门学科都不能完全离开文化遗产进行研究。道理很简单，社会科学的研究对象是人类自身及人类社会，社会科学的各门学科都是对人类自身及人类社会的各个方面或各种现象的专门研究。因此，社会科学又被称为人文社会科学。人类自身及人类社会有着过去、现在和未来，社会科学的各门学科即使研究人类自身及人类社会的某一方面或某种现象的现在和未来，也不能不联系和追溯人类自身及人类社会的过去。若要联系和追溯人类自身及人类社会的过去，就必须利用文化遗产。

三、利用文化遗产发展科教事业的基本措施

文化遗产的利用与科教事业的发展关系极大，文化遗产的充分利用必然大大促进科教事业的快速发展。如何充分利用文化遗产以促进科教事业的发展，则是需要大力探讨并在实践中不断摸索的事情。大体说来，其基本措施有以下几条：

1. 充分展示文化遗产，突出文化遗产利用的公益性

许多国家都将文化遗产作为宝贵的教育资源，将展示文化遗产的博物馆、纪念馆、图书馆等视为国民教育体系的重要组成部分，采取完全免费或象征性收费的方式向社会开放；对成为著名游览区的文化遗产地也采取低门票政策，即使将文化遗产交由社会组织或个人经营也由政府控制门票价格，不允许利用文化遗产牟利。

近年来，中国政府大力推进博物馆、纪念馆等公益性文化遗产及自然遗产展示场所向社会免费开放。2008 年 1 月，中共中央宣传部、财政部、文化部和国家文物局联合下发了《关于全国博物馆、纪念馆免费开放的通知》。其中指出：

> 博物馆、纪念馆是陈列、展示、宣传人类文化和自然遗存的重要场所，是国民教育体系的重要组成部分。博物馆、纪念馆向全社会免费开放是党的十七大关于社会主义文化大发展大繁荣的具体实践，是加强社会主义核心价值体系建设和公民思想道德建设的有效手段，是进一步提高政府为全社会提供公共文化服务水平的重要举措，是实现和保障人民群众基本文化权益的积极行动。博物馆、纪念馆免费开放符合世界文物展示业的发展趋势，有利于完善我国现代国民教育体系和履行教育功能，有利于发挥博物馆和纪念馆作为公益性文化机构的社会价值，有利于加强国际文化交流和中华民族优秀文化的宣传推广。

至 2011 年，全国免费开放博物馆已达 1804 座，年接待观众 5.2 亿人次①。目前，除文物建筑及遗址类博物馆外，全国各级文化部门归口管理的公

① 赵晓霞：《全国博物馆总数达 3415 座》，载《人民日报》海外版 2011 年 12 月 27 日。

共博物馆、纪念馆，全国爱国主义教育示范基地大都已向社会免费开放。在节假日，中国都市里的博物馆、纪念馆往往是馆外等候者队列蜿蜒、人声鼎沸，馆内的参观者熙熙攘攘、摩肩接踵。这是免费开放前从未有过的景象，是博物馆、纪念馆发挥社会教育功能的现实盛况，是文化遗产作为教育资源予以利用的价值体现。2011 年 1 月，文化部、财政部又联合发出了《关于推进全国美术馆公共图书馆文化馆(站)免费开放工作的意见》。2012 年底，全国文化行政部门归口管理的各级国有美术馆、公共图书馆、文化馆(站)按计划实现了全部免费开放。

充分展示文化遗产，突出文化遗产利用的公益性，即可全面普及文化遗产知识，使全社会成员在接触、了解文化遗产和参与文化遗产保护与传承活动过程中，接受教育，提高素质，增强科技创新能力。

首都博物馆(作者摄)

2. 利用文化遗产日大力宣传文化遗产知识，丰富文化遗产日的活动内容，将文化遗产日活动办成全民的优秀传统文化的普及和教育活动

文化遗产日是国家设立的文化主题日，目的是通过主题日前后的全国范围内大规模文化遗产展示和宣传活动，使广大民众了解自己国家和民族的文化遗产，形成对国家和民族传统文化的自豪感和关爱情，增强对文化遗产保护与利用的重要性的认识，自觉关注和参与文化遗产的保护与利用，从而营造出“政府主导、全民参与”的文化遗产保护与利用的良好社会氛围，全面加强文化遗产的保护与利用。

1984 年，法国在世界上首创文化遗产日①。随后，欧洲各国纷纷仿效。至今，欧洲已有 49 个国家在 9 月联袂举办系列文化遗产日活动，而且每年都确定有共同的活动主题。

借鉴国际经验，国务院决定从 2006 年起，每年 6 月的第二个星期六为中

① 法国的“文化遗产日”定为 9 月份的第 3 个周末。在此期间，法国几乎所有的博物馆、教堂、城堡等可以开放的文物古迹都免费向公众开放两天，同时举行数万场相关活动。每年的“文化遗产日”，法国都有 1000 多万人次(占全国人口的 1/6)参与各种活动。

国的“文化遗产日”①。2006年的中国首个文化遗产日，活动主题为“保护文化遗产，守护精神家园”。根据各级政府主管部门的具体部署，北京举办了“文明的守望——中华古籍特藏珍品暨保护成果展”、文化遗产特别展览等活动，国家图书馆、中国社会科学院、中国艺术研究院等单位举办了文化遗产保护的讲座和论坛。全国各地也都举行了大规模的文化遗产展示和宣传活动。中央电视台还制作了大型特别节目《中国记忆——中国文化遗产日》的电视直播节目。2009年，文化部又确定了文化遗产日的非物质文化遗产活动主题，国家文物局则建立了文化遗产日活动主场城市申报机制，杭州经过竞争，在当年成为中国文化遗产日的首个活动主场城市。此后，每年文化遗产日的活动主题都有两个，活动主场城市都有变换，活动的内容和形式更加丰富多彩。历年文化遗产日的活动主题、活动主场城市、主要活动内容见下表：

2006—2013年中国文化遗产日活动简表

年份	活动主题	活动主场城市	主要活动内容
2006	保护文化遗产，守护精神家园		中央电视台《中国记忆》电视直播
2007	保护文化遗产，构建和谐社会		文化部与四川省人民政府主办首届中国成都国际非物质文化遗产节
2008	文化遗产人人保护，保护成果人人共享		文化部、国家文物局和北京市人民政府在北京共同举办中国奥运年系列活动
2009	保护文化遗产，促进科学发展 弘扬民族文化，延续中华文脉	杭州	杭州富有创意地集中展示了具有地方特色的文化遗产及其保护成果
2010	文化遗产，在我身边 非遗保护，人人参与	苏州	文化部在北京主办中国非物质文化遗产百名工艺美术大师技艺大展
2011	文化遗产与美好生活 依法保护，重在传承	济宁	文化部主办的非物质文化遗产主题活动在北京中华世纪坛举行
2012	文化遗产与文化繁荣 活态传承，重在落实	郑州	文化部连续三年与湖北省、浙江省政府主办秭归、嘉兴端午文化节活动
2013	文化遗产与全面小康 人人都是文化遗产的主人	咸阳	举办第五届全国青少年文化遗产保护知识大赛、纪念《非遗公约》颁布10周年等活动

通过文化遗产日活动隆重而持续的举办，文化遗产促进科教事业发展的作用也越来越明显地显示出来。

---

① 见国务院《关于加强文化遗产保护的通知》。

3. 利用传统节日大兴节庆习俗活动，吸引广大民众热情参与，潜移默化地接受传统文化的教育

世界上的各国各民族都有其传统节日。这些传统节日或因时节而成，如中国的春节、清明节、端午节、中秋节，西方国家的元旦等；或因宗教而立，如西方国家的圣诞节、复活节，阿拉伯国家的开斋节、宰牲节(古尔邦节)等；或因纪念而定，如美国的华盛顿诞辰、哥伦布日，加拿大的维多利亚日及一些国家的独立日等。

各国各民族的传统节日的来历虽然不一，但都是国家或民族全体成员共同的节日，在长期的传承过程中形成了丰富的节庆习俗，积淀有深厚的文化内涵。尤其是重大的传统节日习俗及相关活动，更是民族传统文化的高度凝聚和集中展示，也是民族非物质文化遗产的精华荟萃和综合表现。

春节是中国影响最深广的传统节日。春节的起源，可以追溯到先民初创历法的夏代甚至更早。数千年来，辞旧迎新的春节始终是中国最为盛大的传统节日。传统的春节，是从旧年的腊月二十三或二十四(小年)到新年的正月十五(元宵)。一般而言，春节习俗主要有过小年(祭灶)、大扫除、贴春联、剪窗花、挂年画、吃年夜饭、燃放鞭炮、除夕守岁、外出拜年、逛庙会、吃汤圆、观灯会等。这些习俗活动，内容丰富多彩，涉及非物质文化遗产表现形式的各个方面。每项活动都有着深厚的文化蕴义，寄寓了民众的美好生活愿望，体现着传统的伦理道德观念和行为准则。如祭灶在于“上天言好事，下界保平安”，即祈求天神保佑家中灶火常旺、老小无不安康；大扫除既是为了干干净净地过新年，也有除旧布新，扫除秽气、晦气和穷运以求新年有大富大顺的寓意；“千门万户曈曈日，总把新桃换旧符”①的贴春联及剪窗花、挂年画、贴福字等，既是为了装点家室以增添节庆欢喜气氛，又是为了表达驱鬼镇邪、平安幸福的美好祈愿；吃年夜饭的菜肴品种、做法、数量、上桌次序及全家人的座次和吃法等，无不大有讲究，也无不有着象征性的文化寓意，同时也体现出传统的伦理道德和行为规范；“爆竹声中一岁除”的燃放鞭炮，本源于驱逐鬼魅的观念，实已演变为辞旧迎新的方式，寄寓的是对新年生活热热闹闹、红红火火的祈盼等。

年趣。图片来源：昵图网(nipic.com)。

① 王安石：《元日》。

圣诞节本是西方基督教信徒庆祝基督耶稣诞辰的传统节日，现已成为风行世界的盛大世俗节日。圣诞节习俗中的装点圣诞树、扮演圣诞老人、互赠圣诞卡、吃圣诞大餐等，也都有感恩祝福、平安团聚、吉祥如意、仁爱关怀的文化寓意，展示了西方的文化传统，反映了西方的文化精神。

传统节日的习俗活动是传统文化的凝结和展示，在传统节日里大力举办各种民俗活动，民众即可在欢度节日的热情参与之中，潜移默化地受到优秀传统文化的洗礼，也因此而提高文化素质。

月饼包装。图片来源：昵图网(nipic.com)。

2006年9月，中共中央办公厅、国务院办公厅印发的《国家“十一五”时期文化发展规划纲要》明确提出，要“发挥重要节庆和习俗的积极作用……充分发挥春节、元宵节、清明节、端午节、七夕节、中秋节、重阳节等传统民族节庆的作用，增强中华民族凝聚力，促进和谐社会建设”。为了传承中华传统文化，使国民认知传统文化而更好地建设和谐社会与精神家园，近年来中国许多专家学者及社会各界人士不断建议和呼吁增设传统节日为国家法定假日。经国家相关部门广泛调研和深入论证后，国务院于2007年12月公布了《关于修改〈全国年节及纪念日放假办法〉的决定》，决定从2008年开始，在春节已成为国家法定假日的基础上，增设清明、端午、中秋为国家法定假日。由此，中国的四大传统节日都成了国家法定假日。继而，中央精神文明建设委员会指导办公室(简称中央文明办)连续发出通知，要求全国各地在四大传统节日期间组织开展“我们的节日”的主题活动。结合传统节日主题活动的开展，广大民众尤其是青少年可在浓郁的节日气氛中感受民族文化的熏陶，接受优秀传统文化的教育。此后每年，中央文明办都为广泛开展“我们的节日”主题活动下发通知并作出部署。继端午节于2009年成功申报为人类非物质文化遗产代表作后，社会各界人士大力呼吁尽快将春节也申报为世界“非遗”。

传统节日成为国家法定假日，凝聚于节庆习俗中的传统文化的传承和影响就有了优越的条件。在传统节日期间广泛开展“我们的节日”主题活动，荟萃于节庆习俗中的非物质文化遗产就能充分发挥其传播和教育的功能。中国这样的实践，也有力地推动着国家科教事业的发展。

4. 在学校增设文化遗产教学内容，组织学生参观文化遗产和参与文化遗产的保护传承活动，让学生通过了解文化遗产而获得德智体美等全面发展，成为具有科技创造能力的人才

青少年的教育关系到民族、国家和人类的未来。青少年的培养主要在学校。学校教育不仅应使学生获得德智体美等全面发展，而且应以培养社会需要的具有科技创造能力的人才为重要任务。在现代社会，人们的身心健康发展和科技创造能力的基础，都主要是在学校奠定的。因此，学校教育尤其应该充分利用文化遗产资源。

21世纪的国民经济和社会发展，更加需要高素质的劳动者和专业人才。全面提高国民素质，首要的是在学校实施素质教育。发达国家的学校教育，在教学内容和教学方式上，即重视全面提高学生的综合素质。实施素质教育，了解文化遗产就是很好的内容和方式。发达国家的中小学，不仅在历史、社会等课程内容中有相关文化遗产的介绍，而且每年都要至少组织一次学生外出旅游参观活动，有些国家的中小学要组织两次以上。

近年来，国家高度重视素质教育。中共中央、国务院1993年2月发布《中国教育改革和发展纲要》，明确指出"发展教育事业，提高全民族的素质，把沉重的人口负担转化为人力资源优势，这是我国实现社会主义现代化的一条必由之路"，而"中小学要由'应试教育'转向全面提高国民素质的轨道"。1997年10月，国家教委下发《关于当前积极推进中小学实施素质教育的若干意见》，提出要建立符合素质教育要求的课程并优化教学过程。但在实施素质教育的实践中，还未能很好地利用文化遗产。2005年国务院下发的《通知》要求："教育部门要将优秀文化遗产内容和文化遗产保护知识纳入教学计划，编入教材，组织参观学习活动，激发青少年热爱祖国优秀传统文化的热情。"根据政府的要求，目前中国的一些中小学已经将文化遗产内容纳入教学计划。不少大专院校则设置了文化遗产专业，系统地进行文化遗产保护与利用的专业教学和人才培养。文化遗产的教学正在成为学校素质教育的重要内容，文化遗产也正在成为培养高素质的专门人才的重要资源。

5. 加强文化遗产研究，发掘文化遗产的价值，让人们在认识文化遗产价值的过程中感悟其所蕴含的思维方式、想象力，从而形成创新思维和提高创新能力

科学研究离不开文化遗产，科学的发展、科技的进步需要发挥文化遗产的作用。

发挥文化遗产的作用以促进科学发展、科技进步，前提在于通过对文化遗产的全面深入研究而发掘出文化遗产的价值。研究文化遗产既要发掘其历史、

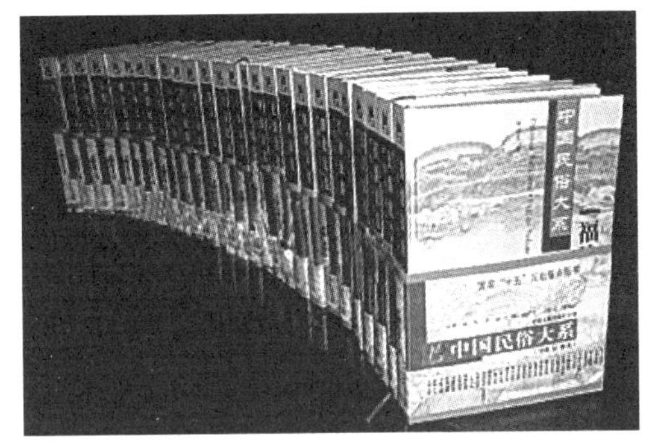

《中国民俗大系》书影。图片来源：中国民族宗教网(mzb.com.cn)。

艺术和科学等价值，更重要的是发掘其精神价值。非物质文化遗产的价值，突出地体现在精神价值上。物质文化遗产虽然是静态的实体遗存，也蕴含有丰富的精神价值。因为任何有价值的文化遗存，都是前人精心创造的成果，体现着前人的想象力和创造力。发掘出文化遗产的精神价值，通过对文化遗产的精神价值的认知和分析，当代人就能体悟到前人的思维方式、想象力和创造力，由此受到启发或对其继承发扬而形成创新思维、提高创新能力。

无论是社会科学还是自然科学，其研究都追求创新，故称“创新是科学研究的灵魂”；其研究目的都是为了民族、国家乃至人类的发展，故称“创新是人类发展的根本动力，是民族生存和发展的根本保证”。创新必须具有创新思维，而创新思维的源泉则是文化遗产。中国人的创新思维，无疑应该首先从中华民族智慧结晶的中国文化遗产中获得，同时也从人类智慧结晶的世界文化遗产中获得。世界各民族的创新思维，无疑也当如此。

第四节　文化遗产利用与旅游产业发展

旅游产业(或称旅游业)是为旅游者提供旅游服务以追求经济利益的产业，是 20 世纪下半期以来快速发展的朝阳产业之一，也是被当今许多国家培育为国民经济支柱产业的经济门类。

旅游业发展的前提或基础，是具有旅游资源。在当今世界上，旅游资源的主体可以说就是文化遗产。因此，旅游业的发展离不开文化遗产的利用。只有合理而充分地利用文化遗产，才能大力发展旅游业。

一、旅游产业及其发展

旅游，顾名思义即旅行游览，本是人类出于求知、审美、休闲、运动、娱乐、朝拜等需要而进行的一项活动。

人类的旅游活动源远流长，可以追溯到文明社会的早期，即伴随着人类在文明社会早期的商贸活动与考察活动而出现。至晚在公元前 5 世纪，就已出现了中国的范蠡(春秋末年的大政治家、大商人，生卒年不详)和古希腊的希罗多德那样专为游览或考察的旅游者。几千年来，游览名山大川、行观古迹胜地、寻访奇风异俗，始终是人们喜爱和向往的乐事。于是，中国有“一生好入名山游”的李白(701—762)，有一生游历30余年的徐霞客(1587—1641)；外国有游历地中海沿岸、北非和西亚而盛赞“世界七大奇迹”的昂蒂帕克(公元前3世纪的腓尼基旅行家，生平不详)，有游历欧亚而痴迷中国的马可·波罗(1254—1324)。现在，旅游已成为人类规模最大、涉及最广的一项活动。联合国下属的世界旅游组织报告说，全球的游客在2005年就突破了8亿①。世界旅行旅游业理事会预测，到2020年，全球游客可望达到16亿之多②。

不过，人类的旅游活动虽然历史悠久，但旅游从人类的一项社会活动发展成为一个社会服务行业或国民经济产业，则是近100多年的事情。19世纪中期，英国商人托马斯·库克(1808—1892)创办世界第一家旅行社——托马斯·库克旅行社(Cook&Co，汉译名通济隆旅行社)③，标志着近代旅游业的诞生。自20世纪中叶，低能耗、低污染、高就业率和高附加值，而且与国民经济各部门都有不同程度的关联性，对国民经济许多行业都有很强带动性的旅游业，得到了蓬勃发展，被认为是最具发展潜力和最有综合效益的朝阳产业。至20世纪末，旅游业已成为世界上运行活力最强、发展速度最快、产业规模最大的新兴产业。世界旅游组织的统计资料显示，1996年，世界旅游业总产值占全球GDP的10.7%。之后10多年来，旅游业发展虽受全球经济形势影响而有波动，但其产值一直占全球GDP的10%左右，其从业人员占全球从业人员的8%左右(若计入间接从业人员，则所占比例更大)。

英国圣基尔达岛。图片来源：新华网(xinhuanet.com)。

中国人的旅游热情由来已久，旅游成为热点则在解决温饱、步入小康的近几十年。改革开放以来的30多年里，中国的旅游业持续、健康、快速甚至迅猛地向前发展，领先于国民经济的其他行业。80年代初，中国只有少量的国

① 世界旅游组织亚太部主任徐京在中国海南省三亚市举行的“2007全球酒店论坛”上的演讲：《世界旅游业发展趋势》，载《新浪财经》2007年6月14日。

② 许强：《全球旅游业发展前景看好》，载《生活时报》2000年3月30日。

③ 20世纪初，该旅行社在香港设立分支机构，据粤语发音汉译“Cook”为“通济隆”。

内公民境内游(主要是政府部门和企事业单位的工作人员的差旅游或公务游)和国外公民的入境游，旅游业尚未形成。1986年，中国政府在《国民经济和社会发展第七个五年计划》中提出“要大力发展旅游业”。1991年，中国政府正式将旅游业定性为经济产业。90年代中期以来，旅游业在中国得到全面而迅猛的发展。从2000年到2008年，我国旅游业总收入年均增长12.5%。不到10年，中国就迈入了世界旅游大国的行列，中国的旅游业总收入也翻了一番①。2012年，中国旅游业增速更快，总收入达2.59万亿元，同比增长15.2%②。

洛阳白马寺。图片来源：新华网(xinhuanet.com)。

中国政府从国民经济发展战略的高度重视发展旅游业。国务院于2009年12月下发了《关于加快发展旅游业的意见》，提出“把旅游业培育成国民经济的战略性支柱产业和人民群众更加满意的现代服务业”，目标是：

> 到2015年，旅游市场规模进一步扩大，国内旅游人数达33亿人次，年均增长10%；入境过夜游客人数达9000万人次，年均增长8%；出境旅游人数达8300万人次，年均增长9%。旅游消费稳步增长，城乡居民年均出游超过2次，旅游消费相当于居民消费总量的10%。经济社会效益更加明显，旅游业总收入年均增长12%以上，旅游业增加值占全国GDP的比重提高到4.5%，占服务业增加值的比重达到12%。每年新增旅游就业50万人。旅游服务质量明显提高，市场秩序明显好转，可持续发展能力明显增强，力争到2020年我国旅游产业规模、质量、效益基本达到世界旅游强国水平。

《国家“十二五”规划纲要》又以专节阐述“积极发展旅游业”。

---

① 国家旅游局：《2008年中国旅游业统计公报》，国家旅游局网(www.cnta.gov.cn)/政务公开/旅游统计。

② 国家旅游局：《2012年中国旅游业统计公报》，国家旅游局网(www.cnta.gov.cn)/政务公开/旅游统计。

2011年4月，国务院批准自当年起，每年5月19日为“中国旅游日”并主办不同的主题活动①。2011年中国旅游日的活动主题为“读万卷书，行万里路”，主题活动的启动仪式在北京天坛举行并揭晓中国旅游日标志。2012年、2013年中国旅游日活动的主题分别为“健康生活，欢乐旅游”和“休闲惠民，美丽中国”。

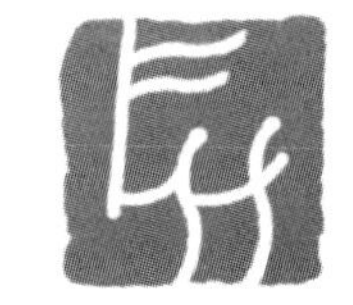

“中国旅游日”标志。图片来源：国家旅游局网(cnta. gov. cn)。

2013年，随着《国民旅游休闲纲要(2013—2020年)》的制定和《旅游法》的实施，中国旅游业进入了一个新的发展阶段。

二、文化遗产与旅游资源

旅游活动的开展，前提是要有可让旅行者心仪的游览对象。旅游业的发展，基础是具有吸引人们前往观赏游玩并产生效益的资源。一个国家或地区旅游业发展的规模和前景，在相当程度上有赖于其旅游资源的丰富程度、价值高低及开发利用状况。因此，旅游资源的确认和选择、利用和开发对于旅游业的发展至关重要。

旅游资源，指对旅游者具有吸引力而可为旅游业利用并产生效益的一切事物。国家旅游局提出、国家质量监督检验检疫总局于2003年2月发布的《旅游规划通则》中对旅游资源的定义是：

> 自然界和人类社会凡能对旅游者产生吸引力，可以为旅游业开发利用，并可产生经济效益、社会效益和环境效益的各种事物和因素，均称为旅游资源。

依此定义，旅游资源包括人类社会的“各种事物和因素”，似乎范围极大、内涵极丰，然而，世界上“能对旅游者产生吸引力”的事物和因素其实并不太多，“可以为旅游业开发利用，并可产生经济效益、社会效益和环境效益”的事物和因素更是有限的。

数千年的旅游历史和百余年的旅游业发展证明，既能吸引旅游者又可以为旅游业开发利用并可产生综合效益的资源，是具有审美、科学或历史等方面价

① 5月19日是明代伟大旅行家、地理学家、文学家徐霞客的名著《徐霞客游记》的开篇日，将此日确定为中国旅游日，在文化上与旅游具有密切的关联性，在时间上对旅游具有广泛的普适性。

值的自然风光和文物古迹、风情习俗、佳作杰构等人文景观。其价值越高，为旅游业开发利用而产生的综合效益就越大。因此，人们一般将旅游资源分为自然旅游资源和人文旅游资源。专业教科书阐明："自然旅游资源指的是大自然造化出来的各种特殊的地理地质环境、景观和自然现象。人文旅游资源是人类社会中形成的各种具有鲜明个性特征的社会文化景观。"①

依据国家旅游局提出、国家质量监督检验检疫总局于2003年2月发布的《旅游资源分类、调查与评价》，旅游资源的主类分为八类，即：①地文景观；②水域风光；③生物景观；④天象与气候景观；⑤遗址遗迹；⑥建筑与设施；⑦旅游商品；⑧人文活动。显而易见，这八类旅游资源，前四类可归为自然旅游资源，后四类可归为人文旅游资源。就后四个主类细分的亚类和基本类可以看出，人文旅游资源又主要是文化遗产。

明显陵。图片来源：昵图网(nipic.com)。

壮丽优美的自然景观，对人们有着很大的吸引力，古今中外有经济条件又有闲情雅致的人士大都喜好游山玩水。而中国文人更是追求投身于自然、寄情于自然，在历史上留下了大量的山水作品。可是，经过人类开发自然、改造自然的数百万年的历史发展，迄今凡是人迹易至的山水胜境，大都已有人类的遗迹，在一定程度上被"人化"而成为具有文化价值的遗存。因此，当今世界山水胜境，也多为人文名胜之地。世界遗产于是有双重遗产、文化景观的类型，中国则多有风景名胜区。尽管当今世界仍有不少雄奇壮丽、美妙绝伦的自然景观，对人们有着极大的吸引力，却因人迹难至而不能为旅游业开发利用、产生

① 陈国生：《中国旅游资源学教程》，对外经济贸易大学出版社2006年版，第4页。

效益，当然也就不能成为旅游资源。

2005 年，《中国国家地理》杂志社组织“选美中国”活动，约请国内数百位一流专家评选中国最美丽的景观。专家经过评议打分，评出了中国最美的十大名山、五大名湖、七大丹霞、五大峰林等①。十大名山的排序是：①南迦巴瓦；②贡嘎；③珠穆朗玛；④梅里；⑤黄山；⑥稻城三神山；⑦乔戈里；⑧冈仁波齐；⑨泰山；⑩峨嵋山。这个排行榜的公布，的确让人耳目一新，颠覆了人们心中的传统印象。人称“五岳归来不看山，黄山归来不看岳”，可在这个排行榜里，黄山只排到了第五位，而五岳则仅有泰山入榜。西部雪山，竟然占到七席，而且前四席全为之占有。诚然，人们不会怀疑专家的眼光和评选的权威性，但西部雪山美则美矣，却人迹罕至，大多只有登山运动员可以攀登，难为旅游业开发利用。就经济效益而言，7 座西部名山恐怕还远不及东部3 座名山中的任何一座。中国现已公布的国家级风景名胜区，集中分布于中国东部，尤其是长江中下游地区。《中国国家地理》杂志的执行主编单之蔷由此在《中国的美景分布》一文中大发感慨：“总之，哪里人口多，哪里铁路多，哪里的产值高、经济发达，哪里国家级风景名胜区就多，也就是说哪里的风光就最美。这与我们的常识不符，但却是事实。”②殊不知，这个事实的形成，就在于是广大旅游者认定的，是符合旅游业发展的条件和规律的。密集于长江中下游的国家级风景名胜区，也都是综合效益很高的旅游资源。

明长陵。图片来源：通州时空(btcbd.com)。

1982—2012 年，国务院先后审定公布了 8 批 225 处国家级风景名胜区，其中大多是以人文景观为主或人文景观与自然景观相结合的风景名胜区。如第一批公布的有 44 处，排在前五名的依次为八达岭—十三陵风景名胜区、承德避暑山庄外八庙风景名胜区、秦皇岛北戴河风景名胜区、五台山风景名胜区、恒山风景名胜区。显然，这五处全是含有文化遗产甚至主要为文化遗产的风景名胜区。研究报告指出：“通过 2008 年的贡献数据来保守推算整个‘十一五’期间的总体情况，我们可以判断国家级风景名

① 《中国国家地理》2005 年第 10 期。

② 《中国国家地理》2005 年第 10 期卷首语。

胜区中文化遗产对国民经济发展的贡献近千亿规模。”①

国家级风景名胜区是重要的旅游资源，入选《世界遗产名录》的世界遗产则是更重要的旅游资源。各国的世界遗产大都成了旅游者蜂拥而至的胜地。近年在世界各国及中国各地出现的申遗热，除了是因人们认识到了保护文化遗产的重大意义之外，还有一个重要的动因，就是各国各地企盼申遗成功的遗产可以成为高知名度的旅游资源而吸引旅游者，发展旅游业。无论就全球还是中国的世界遗产中的文化遗产、自然遗产及双重遗产的数量和比例来看，如果说世界遗产是最为重要的旅游资源，占其绝大多数的世界文化遗产就具有代表性地反映出，当今世界旅游资源的主体是文化遗产。

入选《世界遗产名录》的世界文化遗产只是物质文化遗产，非物质文化遗产也是重要的旅游资源。上述旅游资源分类的 H 类“人文活动”中，以非物质文化遗产的“民间习俗”为大项，如所包括的“地方风俗与民间礼仪”、“民间节庆”、“民间演艺”、“宗教活动”、“庙会与民间集会”、“饮食习俗”、“特色服饰”等。由于非物质文化遗产具有活态性和传承性，非物质文化遗产的活态传承又在民间具有广泛性和参与性，非物质文化遗产的表现形式可以直接作用于人的感官、触及人的心灵，故非物质文化遗产作为旅游资源来开发利用，所产生的综合效益甚至更大于物质文化遗产。

国家旅游局曾委托清华大学经济管理学院完成了“中国文物旅游的现状、问题及前景研究”课题，其研究成果的结论说明：“文物资源对于旅游业的发展有着显著的促进作用……在对文物资源进行分类考察后，发现古代文物资源对于国内游客吸引力显著高于近现代资源，而对于国际游客来说吸引力相当。这一方面说明古代文物资源可能在质量上和开发旅游的价值上都更具有优势，也说明了我们在对近现代文物资源的国内旅游开发上仍然具有很大的潜力。”②

旅游资源是旅游业发展的前提和基础，旅游资源的主体是文化遗产及文化遗产与自然遗产相结合的景观。旅游业的发展，也就在相当程度上有赖于对文化遗产的利用和开发。

三、文化遗产与旅游产品

产业，是经济学的概念。旅游作为国民经济的一项产业来发展，就要求旅

① 刘世锦主编：《中国文化遗产事业发展报告(2010)》，社会科学文献出版社 2010 年版，第 54 页。

② 钟笑寒主编：《文物保护与旅游业发展——一个经济学的分析》，清华大学出版社 2008 年版，第 88 页。

游业提供能够适应和满足社会需要的旅游产品。

旅游产品是旅游企业向旅游者提供的游览对象和旅游服务的总和，包括开发利用旅游资源形成的具有吸引力的事物和现象，以及旅游者游览所需要的吃、住、行、游、购、娱等一切物品和服务。旅游产品的核心是游览的对象。如果游览的对象没有吸引旅游者前往观赏的魅力，其他一切旅游服务也就无从谈起，也不会产生效益。作为旅游产品核心的游览对象，也就是经过开发利用可以产生经济效益及其他效益的旅游资源。

根据旅游资源的不同特性和旅游者的不同需要，旅游产品的设计和开发可以分为不同种类。一般而言，旅游产品可以分为四个大类，即观光旅游、文化旅游、休闲旅游和生态旅游。其中，除生态旅游依赖的旅游资源基本上是自然资源而被称为“回归大自然旅游”之外，前三大类依赖的旅游资源主要或者说相当程度上依赖的都是文化遗产。

1. 文化遗产与观光旅游

观光，意谓外出观看风光景物、名胜古迹等。观光旅游，也就是前往异国他乡观赏风物名胜、景色古迹等的旅游。

雅典卫城。图片来源：广西建设网(gxcic. net)。

观光旅游的产品特性，在于可使旅游者通过欣赏美景、了解胜迹、见闻异俗等而开阔眼界，增长见识，陶冶性情，提高素质，调节身心。外出观光，是古今中外最为普遍的旅游活动。观光旅游，也是旅游业中最为普及的基本产品。

依据旅游资源的分类，观光旅游可细分为地文景观观光旅游(如游览黄石国家公园、武陵源风景名胜区等)、水域风光观光旅游(如游览贝加尔湖、黄果树瀑布等)、生物景观观光旅游(如游览肯尼亚山国家公园、四川大熊猫栖息地等)、天象与气候景观观光旅游(如游览美国的威尔逊山、山东烟台的蓬莱海滨等)、遗址遗迹观光旅游(如游览长城、雅典卫城等)、人文活动观光旅游(如游览巴西狂欢节、北京庙会等)。自古以来，旅游者选择的主要观光对象，都是美景名胜集中之区、文物古迹荟萃之地，尤其是价值高的文化与自然遗产。当今世界可以开发利用的旅游资源主要是文化遗产或文化遗产与自然遗产相结合的景观，观光旅游的主要游览对象就是文化遗产。

半个多世纪以来，工业旅游在观光旅游产品中越来越受欢迎，成为当今旅游市场上大受追捧的旅游项目，被称为“朝阳产业中的朝阳”。早在20世纪50年代，欧美发达国家就重视保护其工业遗产并作为旅游资源开发利用。一些重要的近代工业遗产，如英国的卡莱纳冯工业区景观、德文特河谷工业区和德国的弗尔克林根钢铁厂、埃森的关税同盟煤矿工业区等，已被列入《世界遗产名录》。许多老牌的和大型的工业企业，也纷纷“复活”其早期的生产场景，开放其现代的生产流程，吸引游客来企业参观。20世纪末，中国开始重视工业旅游。步入新世纪，工业旅游在中国方兴未艾。上海是中国现代工业的重要基地，2004年只有宝山钢铁厂一处工业旅游景点开放。至2010年，全市开发的工业旅游景点已有约200处。上海在全国率先编制了《上海市工业旅游“十一五”发展规划》，现又编制了《上海市工业旅游“十二五”发展规划》。新规划提出的发展目标是：“到2015年，全市开发的工业旅游景点总数累计达到300家……全年接待旅游参观人数达到2000余万人次。旅游直接收入达到15亿元，带动相关投资35亿元，带动相关产业产值达到70亿元。到2020年，努力将上海打造为世界级工业旅游目的地。”①武汉市是中国近代工业发祥地之一，洋务运动的主要代表人物张之洞任湖广总督时就在武汉建成了亚洲最大的钢铁联合企业汉阳铁厂。新中国成立之初的“一五”期间，有近20项大型工业项目落户武汉。武汉钢铁厂、武汉重型机床厂、武汉锅炉厂、武昌造船厂等大型企业，奠定了武汉作为新中国重要工业基地的地位。改革开放30多年来，又有许多跨国公司、跨地区集团在武汉投资兴业。1994年，武汉建成了首家工业博物馆——张之洞与汉阳铁厂博物馆，还拟在此基础上扩展为武汉近代工业博物馆，将相连地段辟为以工业遗产为主题的旅游胜地。目前，武汉市正在编制《武汉市工业遗产保护与利用规划》，拟从95处工业遗址中确定29处作为工业遗

① 《上海市工业旅游“十二五”发展规划》，上海旅游局政务网(lyw.sh.gov.cn)。

产予以重点保护与利用，在工业遗产相对密集的江汉区、硚口区、汉阳区结合城市绿道将工业遗产点串联起来，形成完整的工业遗产旅游线路。如今，工业旅游资源丰富的中国各大城市及地区，都已开始或正在大力发展工业旅游。

张之洞视察汉阳铁厂(左图)与汉阳铁厂博物馆(右图)。图片来源：《东方早报》2010年3月4日。

工业遗产是文化遗产的重要一类，这已成为国际共识。工业旅游在世界及中国的兴起，说明观光旅游的新产品开发、新热点形成，也倚重文化遗产。

2. 文化遗产与文化旅游

文化旅游，指以身临其境地感知、体验和深入了解异地文化为目的的旅游活动。文化旅游产品的特性，在于可使旅游者通过异地的文化事物参观或文化活动参与，获得对具体文化事物或现象的亲近感知、亲历体验，从而对其历史、艺术和科学等价值有深入了解，有效地丰富知识、提高素养、陶冶情操。

由于文化遗产、文化活动及文化产品是重要的旅游资源，任何类型的旅游产品都或多或少地涉及文化。方兴未艾的工业旅游，既是观光旅游的专项，也是文化旅游的专项。那么，文化旅游的独立性何在？大致说来，相对观光旅游而言，其一，旅游企业提供的观光旅游产品不限于开发利用的文化资源，而提供的文化旅游产品基本为开发利用的文化资源；其二，旅游者选择观光旅游产品主要为一般地开阔眼界、增广见闻、陶冶性情、调节身心，选择文化旅游产品则多是有针对性地追求知识的丰富、认识的深化、素养的提高、情操的陶冶；其三，观光旅游产品多为综合性的，即人文景观与自然景观结合在一起的，文化旅游产品多为专项性的，即如宗教旅游、民俗旅游之类的专项文化旅游。

文化旅游的活动，从来就是旅游活动的重要内容。古今中外的旅游者，大都为具有高度文化价值的事物或现象所吸引而热衷于前往游览。但文化旅游作为旅游产品的概念和大类，则是近几十年里随着文化旅游日益普及和迅速发展而形成和确定的。20世纪下半叶以来，以博物馆、纪念馆、美术馆、名胜古迹、历史城镇、节日庆典、宗教活动、文艺表演等作为参观和体验对象的文化旅游，在西方发达国家及文化遗产丰厚的国家成为旅游业的发展热点，文化旅游也随之从70年代开始被视为旅游产品中的一个特殊种类。欧美国家的文化旅游，已经成为其旅游业中发展很快的旅游项目，甚至被认为是旅游业里发展最快的一个方面。美国的文化旅游，在20世纪末成了旅游业中增长最快的一项①。有学者指出：“以美国国内或旅行去欧洲的美国人为对象所作的研究表明，文化旅游者与整个旅游大众相比，年龄更大、受教育更好、经济也更富裕……而且，文化旅游者经常旅行，在目的地，他们往往比其他旅游者逗留更长的时间，花更多的钱，参加更多的活动。”②埃及、墨西哥等文化遗产丰富的国家，都以文化旅游作为其旅游业发展的重点。

2007年五台山国际旅游月活动。图片来源：五台山网(chinawts. com)。

当今世界，文化旅游兴盛有多方面的原因。究其大概，一是世界的和平发展和经济增长，使得物质生活需求得到基本满足后的人们转向更多地追求精神文化的消费，二是社会发展进入了知识经济的时代，人们需要不断地补充和丰富知识以适应社会需要，即使是意在游玩的旅游者也希望同时提高自己的学养和素质；三是经济状况好、受教育程度高而有着旺盛文化体验需求的退休老人不断增多；四是世界各国都越来越重视保护和利用文化遗产，展示本国的文明和宣扬本国的文化，也日益重视发展文化旅游。

文化旅游的发展，不仅与文化遗产的保护、利用密切相关，也与文化产业的发展密切相关。如吸引游客观赏或参与的现代艺术节、文艺表演、美术展览等，其产品大都属于文化产业的范畴。可是，文化旅游赖以发展的基础，始终是文化遗产。因为文化遗产不仅丰富多样，而且具有现代可重复生产的文化产品无可比拟的文化价值。现代文化产品的制作，也需要利用文化遗产，从文化

① 玉东：《文化旅游——美国旅游业中增长最快的项目》，载《北京日报》1997年6月26日。

② ［加］Bob McKercher、［澳］Hilary du Cros：《文化旅游与文化遗产管理》，朱路平译，南开大学出版社2006年版，第146页。

遗产中寻求创作素材、获取创作灵感。

文化遗产丰富多样，以文化遗产为主要游览对象的文化旅游也可相应形成多个专项文化旅游产品，诸如名人故居旅游、战争场址旅游、历史名城旅游、名镇名村旅游、遗迹考古旅游、宗教建筑及活动旅游、民俗事象与活动旅游等。其中，民俗旅游是文化旅游产品中效益尤高的专项产品。异国他乡的奇风异俗对游客尤具吸引力，丰富多彩而生动真切的民俗事象与活动最能让游客产生观赏和体验的愉悦，民俗事象展现范围和民俗活动开展空间往往可以接纳许多游客。民俗旅游是一种可以满足游客多种心理需求和文化消费的高层次文化旅游，可以让众多游客身临其境地参与互动的文化交流活动，种种因素促使民俗旅游产生较高的综合效益。因此，世界各国发展文化旅游时，尤其重视发展民俗旅游。

彝族火把节。图片来源：中国商务在线旅行网(ccots.com.cn)。

世界及中国的旅游业发展表明，由观光旅游到文化旅游及休闲旅游等其他专项旅游，是旅游业的发展趋势。文化旅游在中国的发展虽然起步较晚，但发展势头迅猛。各地区大力发展旅游业，都以文化旅游为发展重点。2009年8月，文化部、国家旅游局联合发布《关于促进文化与旅游结合发展的指导意见》，提出推进文化与旅游结合发展的措施，主要有：(一)打造文化旅游系列活动品牌。举办全国性文化旅游节庆活动。从2010年开始，文化部、国家旅游局每四年推出一个中国文化旅游主题年，每两年举办一届中国国际文化旅游节。引导区域性文化旅游节庆活动。(二)打造高品质旅游演艺产品。(三)利用非物质文化遗产资源优势，开发文化旅游产品。这三项措施显示了国家发展文化旅游的决心和力度，也明确指出了文化旅游的发展重在利用文化遗产的资源优势打造“突出地域特点和文化特色”的旅游演艺产品，开发文化旅游产品。2010年，文化部和国家旅游局推出以“文化旅游、和谐共赢”为主题的“中国文化旅游主题年”系列活动。2011年被国家旅游局确定为“中华文化游”主题年。2011年1月1日，“中华文化游”在全国各地全面启动。国家旅游局在全球140多个旅游目的地国家和地区广泛开展了形式多样的主题宣传推广活动，大力宣传“旅游中国，品味文化”，充分展示丰富的文化遗产等旅游资源。《国家“十二五”规划纲要》进一步提出，要“深度开发文化旅游”。中共十七届六中全会通过的《决定》特别指出：“积极发展文化旅游，促进非物质文化遗产保护传承与旅游相结合，发挥旅游对文化消费的促进作用。”毋庸置疑，在中国政府的大力促进下，文化旅游将有更大的发展，将与观光旅游一起成为中国旅游业的主导产品。

旅游以文化为灵魂，已是旅游界人士的共识。旅游业的发展，也势必以文化旅游为重点。文化旅游在旅游业中的重要地位和广阔前景，清楚地说明了文化遗产与旅游业的关系。

3. 文化遗产与休闲旅游

顾名思义，休闲即闲暇时间里的休息调养。休闲旅游，指在闲暇时间里以调养身心为主要目的而寻访胜地佳境的旅游活动。休闲旅游产品的特性，在于可使旅游者在怡人的胜地佳境轻松游览或闲适生活，得以调整身体和精神状态、增进身心健康、丰富生活情趣，同时也开阔眼界、增广见闻。

休闲旅游的胜地，既可以是自然风光怡人之地，也可以是人文景观怡人之地。休闲旅游依托的资源，与观光旅游无甚差别，与文化旅游也相重合。不过，休闲旅游的方式，却与但求“多走多看、多游多知”的观光旅游和文化旅游明显有别。出于主要目的的不同，休闲旅游忌奔走而重悠游、忌劳累而求放松、忌变动而尚安居、忌喧嚣而图清净。

现代社会，人们日常工作紧张忙碌，生活节奏快。人们一旦获得休假时间，自然希望离开紧张的工作场景，变换快速的生活节奏，使身心得到放松。外出旅游无疑是一种很好的方式。“多走多看、多游多知”的旅游方式尽管也为人们所爱，但大都是在导游带领下长途跋涉，疲于奔命，如同赶鸭子似的匆匆浏览多个景点的“到此一游”。许多人感到这种旅游方式反而使自己身心更加疲惫，有损身体健康，不利于工作和生活，他们向往并选择自由轻松、舒适安逸的外出旅游。于是，休闲旅游便适应人们的需求而发展起来。

发展休闲旅游的条件，一是要有闲，二是要有钱。休闲旅游是随着近几十年西方发达国家的国民休假制度的逐步完善和国民经济的快速发展，首先在西方国家流行开来的。人们有了较多的闲暇时间和经济收入，也越来越热衷于休闲旅游。当今世界，经济发展较快的许多国家的人口都趋于老龄化。这些国家的许多老年人既有闲又有钱，因而有强烈的旅游欲望，却因人老体衰而不适应“快走快看”的旅游方式，便更多地选择修身养性的休闲旅游。于是，休闲旅游方兴未艾，前景看好，成为旅游业中的一大旅游类型和具有很大增长潜力的旅游产品。在欧美国家，多数游客都选择度假休闲旅游。

随着中国经济的快速发展和每周5天工作制、年休假制度的推行，中国的休闲旅游从20世纪90年代中期开始起步。在中国社会整体步入小康阶段，工薪阶层休假时间增多的新世纪里，休闲旅游有了较快发展，显示出强劲的发展势头。滨海休闲游、温泉休闲游、山居休闲游、乡村休闲游等休闲旅游方式，已经成为大众旅游选择的时尚。三亚、北戴河、青岛等滨海胜地，越来越吸引旅游者。尤其是被誉为中国度假休闲天堂的三亚，近年来旅游接待人次和旅游收入都有大幅度增长，而且旅游收入增幅高于旅游接待人次增幅达6个百分点，经济效益之高令人惊叹①。前往温泉泡澡消乏，成为许多人的经常性活动。广州、武汉等大城市周边，已经开发有多处温泉旅游地。2009年湖北咸宁举办首届国际温泉文化旅游节，创造了万人同浴温泉的世界纪录。全国许多城市争相建设为休闲旅游城市。2010—2013年，由中国旅游协会休闲度假分会主办的年度“中国休闲城市”评选活动已连续举办四届，每届评选出30个“中国休闲城市”、10个“中国最佳休闲城市”等。大城市周边地区，新建的度假村有如雨后春笋。

乡村休闲游(作者摄)

鉴于经济社会发展的需要和旅游业发展的前景，国家旅游局高度重视发展休闲旅游。1996年，国家旅游局与海南省政府共同举办了“中国度假休闲游”活动，旨在尽快将中国度假休闲游产品推向市场。国务院下发的《关于加快发展旅游业的意见》，明确要求“积极发展休闲度假旅游，引导城市周边休闲度假带建设，有序推进国家旅游度假区发展”，并且决定“制定国民旅游休闲纲要。设立‘中国旅游日’。落实带薪休假制度”。2013年2月颁布实施的《国民旅游休闲纲要(2013—2020年)》，将会扩大旅游消费，推动旅游业发展。

以往吸引游客前往休闲度假的地方，莫过于有大海、沙滩和阳光的海滨，其次是风光优美、气候宜人的山水佳境。因此，世界著名海滩都是休闲旅游胜地。三亚的亚龙湾是中国最美的海湾，也可谓中国最好的休闲旅游胜地。如此说来，休闲旅游依托的资源，似乎主要是自然遗产。实际上，休闲旅游可谓尽情适意地“吃喝玩乐”，游客的吃喝、游玩、娱乐都求新、求异、求知，具有地方特色和传统的遗迹、建筑、饮食、文化事象、文艺表演等更为游客喜好和享

① 参见三亚市纪念改革开放30年专题网(www.sanya.gov.cn)/现代旅游业。

用，而这些都离不开文化遗产。随着休闲旅游的发展，越来越多的游客选择人文内涵丰富的胜地佳境，如具有丰富历史文化内涵的城市、乡镇或村庄。许多旅游者会选择这些地方居住几天或一段时间，自由自在地寻访名胜古迹，悠然自得地了解和体验具有地方色彩的传统文化。

农家乐游是中国近年休闲旅游的一大热点。由于乡村的吃喝玩乐都迥异于都市生活，尤其是远避喧嚣都市、脱离紧张工作的松散田园生活，能让人有效地调整身心，而且消费低廉，成为深受市民喜爱的休闲方式。无论长假短假，都有大量市民或全家或结伴出行，前往乡村农家度假。适应社会需要，迄今大都市郊区及周边大大小小的农家乐旅游点多达成百上千处。农家乐的旅游信息，也广泛见于各种媒体。四川被称为中国农家乐游的发源地，农家乐游已成为四川旅游的一大亮点。2004 年初，在成都登记在册的农家乐经营户就达到了 4559 家①。据报道，“十一五”期间，四川省乡村农家乐游的收入由 2005 年的 144.25 亿元增加到 489.60 亿元，增长了 2.39 倍，约占全年旅游总收入的 27.2%，相当于全省 5100 万农村人口人均增加收入 960 元。四川省已将乡村旅游作为全省旅游的三大品牌之一，力争到 2015 年，实现乡村旅游总收入 1000 亿元，占全省旅游总收入的 30%②。

20 世纪 90 年代的农家乐游主要以优美的田园风光、特色的农家饮食吸引游客。进入新世纪以后，游客的农家乐游，明确以观农村景、住农家屋、吃农家菜、赏农民艺、看农民戏等多元化需求为目的，也就是有了越来越多的文化需求。因此，当今农家乐游的经营者，也大力发掘和利用地方文化遗产，为农家乐游注入文化内涵，并且大打文化牌。四川农家乐游的升级，就是大力开发和充分利用了文化遗产。四川德阳绵竹市遵道镇棚花村，是著名的年画村。“5·12”汶川大地震的灾后重建，即以发扬绵竹年画艺术、促进乡村旅游为目标。现今，村中每户农家民居的白色外墙上，都画着“老鼠嫁女”、“三星高照”、“鲤鱼跃龙门”等色彩鲜艳、形象生动、寓意吉祥的年画。外地游客闻风而

绵竹棚花村的年画墙。图片来源：绵竹市人民政府网(mz.gov.cn)。

① 祁兵：《成都的“世外桃源”——“农家乐”》，载《四川日报》2004 年 9 月 13 日。

② 刘星、朱丽：《四川乡村旅游春天绚丽绽放》，载《四川日报》2011 年 3 月 9 日。

来看年画、买年画，他们或在小院把盏，或在田头散步，乐哉快哉。农家乐游利用和开发文化遗产实现旅游产品升级，表明文化遗产与休闲旅游产品的密切关系，也说明休闲旅游必须大力开发和充分利用文化遗产才有良好的发展前景。

中国各级政府高度重视发展休闲旅游，视其为发展旅游产业的重点和国民经济的要径。又由于农家乐游在休闲旅游中显示的重要地位及其具有使农民致富、缩小城乡差别、是保护与利用文化遗产的重要途径和方式等综合效益，中国政府着重强调发展以农家乐为主的休闲旅游产品，并要求将其作为“实施乡村旅游富民工程”来落实。国务院下发的《关于加快发展旅游业的意见》要求：“实施乡村旅游富民工程。开展各具特色的农业观光和体验性旅游活动。在妥善保护自然生态、原居环境和历史文化遗存的前提下，合理利用民族村寨、古村古镇，建设特色景观旅游村镇，规范发展‘农家乐’、休闲农庄等旅游产品。”至 2011 年，乡村旅游已成为民众旅游消费的大类，全国已有 5.3 万个旅游特色村，年接待游客超过 6 亿人次，旅游收入超过 1500 亿元①。2012 年，乡村旅游的年接待游客增加到 7.2 亿人次。政府的要求，发展的现状，既突出了发展农家乐式休闲旅游产品的重要性，也表明了其发展应该依托并妥善保护与合理利用文化遗产。

四、文化遗产与旅游商品

旅游商品即旅游者在旅游活动中购买的商品。购买旅游商品是旅游活动吃、住、行、游、购、娱六大构成要素中的一大要素。旅游商品一般不是生活必需品，而多是具有观赏性、纪念性或兼具实用性的工艺品或艺术品。旅游者购物是没有限额的消费，在六大要素中最具经济效益的增长潜力。据统计，世界旅游业发达的国家，旅游商品的销售收入可达旅游业总收入的 40％～60％。旅游商品的生产和销售状况，直接关联着旅游业的发展状况。

几乎任何旅游景点都有旅游商店或经营旅游商品的摊贩，大多数游客也或多或少会购买旅游商品。旅游商品的种类很多，包括文物仿制品、雕刻艺术品、纺织刺绣品、民族工艺品、珠宝装饰品、字画作品、纪念物品、土特产品等。这些商品要么是利用文化遗产进行开发的产品，如文物仿制品、雕刻艺术品等，要么是传承文化遗产的产品，如丝织刺绣品、民族工艺品、土特产品等。而且，热销的旅游商品，主要是具有地域或民族特色的传统工艺品及土特

---

① 参见国家旅游局局长邵琪伟《在 2012 年全国旅游工作会议上的讲话》，国家旅游局网(www.cnta.gov.cn)/焦点新闻。

产品。去埃及的游客，购买的旅游商品大都首选仿古的纸莎草画及传统工艺的黄铜器制品、香水等。去西班牙的游客会发现，其各地旅游景点销售的商品大都各具地方特色，如马德里普拉多博物馆销售的旅游商品，全与馆藏绘画有关；托雷多古城销售的旅游商品，主要是当地最有名的镶金画。中国也是如此，地处广西大石山区那坡县的少数民族黑衣壮，利用当地棉纺材料用手工编织的围巾，成为热销的旅游商品，每年可销售达5000条。2009 年 5 月，西昌市举办四川省首届农家乐旅游节和西昌首届龙舟艺术节，热销的旅游商品是传统的彝族服饰、彝族漆器及苦荞茶、调味品、山珍等富有地域特色的土特产品。

热销的“黑衣壮”围巾。图片来源：涠洲岛旅游网(weizhoudao. net)。

旅游商品的销售对于发展旅游业的重要性，早已为业界人士所强调，也已为各国政府所重视。国务院下发的《关于加快发展旅游业的意见》就要求：“大力发展旅游购物，提高旅游商品、旅游纪念品在旅游消费中的比重。”

发展旅游购物，前提是旅游商品要因游客喜爱而畅销。中外热销的旅游商品表明，只有利用本地域、民族文化遗产开发出的具有地域、民族文化特色和传统工艺特征的旅游商品，才会深受游客喜爱。这已成为业界的共识。

为促进旅游商品的开发，加快旅游业发展，北京市在 1997 年率先举办了北京旅游纪念品设计大赛。2001 年，国家旅游局开始大力倡导举办旅游商品设计大赛，并决定参照北京市的经验举办全国旅游商品设计大赛。随后，各地也竞相举办这类大赛。

至 2013 年，北京市举办了十届旅游商品设计大赛，其获奖作品都鲜明地体现出北京特色、地域特色、古都特色。2000 年举办的第三届北京旅游商品设计大赛，评选出金奖 5 项、银奖 8 项、优秀奖 20 项。获金奖的为北京世界公园标志性建筑水晶工艺品、水晶天坛、水晶石舫、水晶内雕天坛、阿波兹金

景泰蓝故宫水缸。图片来源：中漫网(zhongman. com)。

北京景点系列、华表系列。2005年举办的第五届旅游商品设计大赛，以“古都北京、文化北京、时尚北京、奥运北京”为主题，评选出产品类和创意类作品金奖9项、银奖22项、优秀奖101项。获金奖的为颐和园耕织图织锦、景泰蓝故宫水缸、梅兰芳珍藏版扑克和折扇、文具摆件类纪念品、老北京门墩系列、手编工艺车、匙扣类纪念品、中国象棋、中国娃娃。

2003年以来，山东省每年举办一届旅游商品创新设计大赛，确立的设计主题为“浓郁的山东特色，厚重的齐鲁文化”，同时还评选民间手工艺大师。首届大赛评选出金奖1项：横排英汉对照版《论语》，银奖3项：年画工具百宝箱、“自生堂”年画雕版、美人鱼。山东省2009年举办的第五届大赛，评选出金奖4项：山东潍县年画系列、龙山文化黑陶系列、孔子标准像系列、东营旅游形象纪念币。

2007年，广西壮族自治区举办首届旅游商品设计大赛，评选出两个一等奖：一是运用了壮族民间传统的硬绣制作工艺，将花鸟鱼虫等日常生活景象融入壮锦图案设计当中的“壮乡锦韵”壮锦；二是将东盟十国和广西的民族风情融入卡通人物设计中的中国-东盟及广西民族风情系列旅游商品。

羌绣“云云鞋”。图片来源：中国商务在线旅行网(ccots.com.cn)。

2009年，国家旅游局首次举办中国旅游商品大赛。在浙江省义乌市举办的2009中国旅游商品大赛暨中国国际旅游商品博览会，共有28个省(区、市)旅游局选送了414项2006件商品参赛参展，评选出金奖10项、银奖20项、铜奖50项。10项金奖是：北京的“北京记忆”旅游特色纪念品和“韵弘”筷子系列、上海的“喜迎世博”玻璃工艺品、江苏的“琵琶”和“静瓶”工艺梳、浙江的“嘉兴红船”船模系列、安徽的“徽州风韵”石雕、山东的“鲁青瓷锆钻陶瓷刀”系列、四川的“云云鞋”羌绣、贵州的“珐琅多彩”银饰、甘肃的“梦里敦煌”陶艺系列。

经过多年开发经营，许多省市已初步形成具有其地域特色、民族风情、文化传统和艺术风格的旅游商品系列。河南省初步形成了以洛阳唐三彩、开封汴绣、南阳玉石、信阳毛尖等为代表的河南特色旅游商品系列。湖南省初步形成了以湘绣、红瓷、菊花石、苗银等为主的旅游手工艺品，以茶叶、湘莲、异蛇酒等为代表的农副旅游产品，以主席塑像、竹木雕刻、土家扎染刺绣等为主的旅游纪念品商品系列。安徽省初步形成了以徽州雕刻、文房四宝、铁画、烙画、剪纸、陶瓷为代表的旅游工艺品生产体系，以茶叶、山核桃、茶干、竹笋等为代表的土特产品生产系列，以景区微缩雕刻、景区光碟、明信片为代表的旅游纪念品生产系列。江西省初步形成了以工艺瓷器、木雕竹编、脱胎漆器、毛笔砚台、茶叶、旅游食品为主的旅游商品系列。

就各省市乃至全国旅游商品大赛的获奖情况和各省市初步形成的旅游商品系列来看，旅游商品无论是设计创意、材料来源，还是文化内涵、制作工艺，都主要利用或传承自文化遗产。

鉴于旅游商品需要具有文化内涵和文化特色才会受到游客喜爱，开发具有文化内涵和文化特色的旅游商品才能有效地拓展旅游产业链、促进旅游业发展，文化部、国家旅游局发布的《关于促进文化与旅游结合发展的指导意见》，要求"深度开发文化旅游工艺品(纪念品)。文化行政部门鼓励创意制作符合地方文化特点的文化旅游工艺品(纪念品)，挖掘旅游品牌的形象价值，拓展旅游品牌的产业链条；旅游部门积极创造条件，加强文化旅游工艺品(纪念品)的市场推广，逐步提高工艺品(纪念品)的信誉和影响力。"根据要求，也就必须利用文化遗产，或取用其素材，或发挥其想象，或承袭其工艺，或熔铸其意蕴，或光大其风格。若不利用文化遗产，旅游商品的开发是难以想象的，旅游购物的发展也是难有作为的。只有充分利用文化遗产，才能深度开发旅游商品，大力发展旅游购物。

五、利用文化遗产发展旅游产业的基本原则

没有文化之魂，旅游业的发展就失去了生命力。没有文化遗产，旅游业的发展就失去了依托。

可是，利用文化遗产发展旅游业是一把双刃剑。众所周知，大凡名胜古迹，都会有大量游客拥至，这势必对其造成影响甚至损坏。名胜古迹一旦遭到损坏，就会损失甚至丧失其原有价值，而依托其经营的旅游产品的效益也会受损甚至丧失。再说，对文化遗产的利用与开发若不合理，旅游业就难以实现最大效益。因此，利用文化遗产发展旅游业，必须遵循合理利用的基本原则。

根据文化遗产的本质特性和旅游业的发展要求，总结中外旅游业利用与开发文化遗产的经验，一般而言，利用文化遗产发展旅游业，应该遵循六项基本原则。

1. 保护为主

文化遗产的本质特性，决定了其必须得到有效保护。从旅游业的发展要求来看，旅游业若要持续发展，必须以有效保护文化遗产等旅游资源为前提，绝不允许过度开发、短暂利用而造成毁损。对文化遗产的利用与开发，就只能是在保护的前提下的开发，或者说是保护性开发。

保护性开发意味着对文化遗产的开发利用要尽可能做到不影响或者最低程度地影响文化遗产的保存，绝对不可以随意改变文化遗产的原真性和完整性，必须坚持依法保护和科学保护其历史风貌和传统风格。

位于法国韦泽尔峡谷的拉斯科洞穴，以其洞顶及洞壁四周布有距今约1.5万年的原始人类创作的千余幅生动形象的彩绘岩画和雕刻画而闻名于世。该洞穴1940年被偶然发现，随即被法国政府予以重点保护并开发成为名扬全球的旅游景点。可是，由于早期旅游开发过度及其他原因，洞穴内出现大规模的真菌侵蚀。从1963年起，法国政府已基本将该洞穴关闭，每周只开放一次，每次只开放一个小时，实行严格的保护性开发，另在附近复制了拉斯科洞穴岩画，以接待来自世界各地的游客。游人若想观赏洞穴岩画真迹，必须申请预约排队，申请成功者也往往需要排队一年以上。尽管如此，在2008年举行的第32届世遗大会上，世界遗产委员会向法国政府发出警告，如果不能及时阻止真菌进一步侵害岩画，拉斯科洞穴将被列入《濒危世界遗产名录》。

被誉为佛教艺术宝库的敦煌莫高窟，是中国首批入选《世界遗产名录》的文化遗产之一，是世界游客向往的旅游胜地。由于历史原因，莫高窟壁画与建筑损坏严重。近几十年来，中国政府不断加大对莫高窟的保护力度，对每日参观人数和参观方式实行严格限制和科学安排，切实执行“保护为主”、“合理利用”的方针。

敦煌壁画：飞天(427窟)。图片来源：《中国壁画全集》。

近年中国兴起了农家乐游，有的地方政府及农家乐经营者为迎合游客，将古老村镇改造为欧美风格，将乡土民居改建成现代宾馆。殊不知，这样做不仅破坏了村镇和民居的原真性和完整性，改变了其历史风貌和传统风格，而且失去了对游客的吸引力，必然不利于旅游发展。

浙江乌镇被认为是当今中国古镇开发的典范，联合国专家考察小组称之为古镇保护的乌镇模式。经科学规划而严格进行保护性开发，乌镇自2001年开放以来，每年都能吸引200多万海内外游客前往观光游览，一跃成为中国享有盛名的古镇旅游胜地，2002年被国家旅游局评为4A级景区，2003年获得联合国颁发的亚太地区遗产保护杰出成就奖，2004年被建设部、文化部授予“中国历史文化名镇”称号，2010年又荣膺国家5A级景区称号。

利用文化遗产，必须坚持“保护为主”这一首要原则。保护为主不仅是文化遗产事业发展的要求，也是旅游业发展的要求，绝不可只将文化遗产视为摇钱树，任意滥用。2012年12月，国务院下发《关于进一步做好旅游等开发建设活动中文物保护工作的意见》，强调各类文物既是中华民族优秀传统文化的重要载体，也是旅游业可持续发展的重要基础；要求旅游、文物等部门要把依法保护文物、确保文物安全列入旅游景区质量标准管理体系，定期组织评估文物保护与旅游发展状况并向社会公布，促进文物保护和文物资源的合理利用。

2. 存用两利

存用两利，即旅游业利用文化遗产的同时也有利于保存文化遗产，而文化遗产的保存又有利于文化遗产的利用。也就是说，利用文化遗产发展旅游业必须采取以开发促保护、以保护助开发的联动方式，实现文化遗产保护与旅游业发展的双赢。

旅游业的发展，是国民经济发展和国家财政收入增长的重要依托。国家财政收入有了增长，可以加大对文化遗产保护的资金投入。从宏观着眼，发展旅游业，必须利用文化遗产。而利用文化遗产发展旅游业，也有利于保护文化遗产。

具体的文化遗产也需要在利用中实现保护。如古旧民居、乡土建筑、古老村镇、历史街区等，如果局限于保护而唯恐人为损坏，于是迁走居民或封闭管理，结果必然适得其反。因为建筑、街区及其相关设施，本是因人需要而修建、因人使用而存在的，若无人居住和使用，失去了经常性的和细致化的维护，也会自然毁损。同时，其若空空荡荡或冷冷清清，也会失去对游客的吸引力，也就不可能通过发展旅游业获得资金以加大对其保护的投入。其因房屋古旧、设施落后而不符合现代生活的需要，就难免原有居民的流失，不仅造成建筑及相关设施的失修毁损，而且逐渐丧失原有的风貌和传统。因此，只有在科学规划的基础上加大利用力度，既保持原有风貌又改造生活条件，既留住原有居民又招徕四方游客，在充分利用的过程中实现对其原真性、完整性的长久保护。口头文学、表演艺术等传承都要有受众，得到游客的欣赏便是利用。礼仪、节庆活动不仅是本地域、本民族的活动，也可吸引外来游客，外来游客的观赏和参与便是利用。传统手工艺不仅具有观赏性，而且凝结为产品。人们对传统手工艺的观赏和对其产品的购买，便是利用。

如本章第一节所述，近年来中国政府正在积极推进非物质文化遗产的生产性保护。所谓“生产性保护”，是指通过生产、流通、销售等方式，将非物质文化遗产转化为产品，形成生产力并产生经济效益，同时促进相关产业发展，从而使非物质文化遗产在生产实践中得到积极保护，使非物质文化遗产的保护融入社会、惠及民生，实现非物质文化遗产保护与经济社会协调发展的良性互动。这样的生产性保护，实际上就是利用中的保护。生产性保护的方式，最适合对传统技艺和工艺的保护，也有助于旅游业和文化产业的发展。对非物质文化遗产进行生产性保护，具有文化遗产保护与旅游业、文化产业发展存用两利的良好效果。

罗斯福总统绣像(湘绣)(1933年长沙锦华丽绣庄绣制，现藏美国亚特兰大市小白宫博物馆)。图片来源：东方网(esday.com)。

发展旅游业，利用文化遗产是必然的，处理好利用与保护的关系也是必需的。

3. 市场导向

旅游业的发展主要是经济活动，旅游产品的经营也主要是市场行为。既然如此，利用文化遗产发展旅游业，就应该以市场为导向，开发具有经济效益的资源；就必须遵循市场导向原则，实现旅游业的发展目标。

市场导向是指根据市场需求的有无及市场规模大小、结构特征等，决定是否开发经营及如何开发经营。旅游市场的导向实际上就是旅游需求的导向。一般来说，旅游资源的经济价值是与旅游者对该资源的喜好程度和造访数量成正比的。因此，利用文化遗产发展旅游业，既要分析评估所利用的文化遗产本身具有的诸如历史、艺术、科学等综合价值，也要分析评估旅游者的喜好程度和潜在的造访数量，这就涉及文化遗产价值吸引力的广泛性、文化遗产所在地可予造访的容量及满足游客吃、住、行、游、购、娱等的条件。

具有高度价值的文化遗产，并非都是可以大力开发而产生很大经济效益的旅游资源。世界遗产周口店“北京人”遗址，具有很高的历史、科学价值，距北京市区只有48千米，公路、铁路皆可抵达。可是，尽管申遗成功后游客慕名而至，旅游火爆一时，国家和地方政府也进行了遗址博物馆、遗址公园等旅游景点、景区的大规模兴建，但由于该遗址毕竟对作为非专业人士的一般游客缺乏广泛的吸引力，近年来游客锐减，每天的参观者少时不足百人。法国的拉斯科洞穴，由于壁画保护困难而基本封闭，也不能作为旅游资源大力开发以产生很大的经济效益。希腊的圣山阿索斯是全球不多的文化与自然双重遗产之一，1988年入选《世界遗产名录》，堪称极有价值的旅游资源。可是，进入阿索斯山不仅需要严格的审批手续，而且占据阿索斯山的修道院严格禁止妇女儿童进入圣山，这就使得造访圣山的游客有限，利用圣山开发旅游的收入也就有限。位于西藏阿里地区札达县境内的古格王国遗址，是一座雄踞西藏西部长达约800年的王国都城遗址，面积广大，规模宏伟，遗存丰富，历史文化价值很高，被确定为中国第一批重点文物保护单位之一。可是，由于交通不便，周边人烟稀少，该遗址孤零零地裸露于大漠荒野之中，既未得到很好的保护，也几乎没能得到利用。

古格王国遗址。图片来源：昵图网(nipic.com)。

文化遗产资源并不丰厚，甚至没有文化遗产的地区，亦能以市场为导向，充分利用文化遗产开发出经济效益大的旅游景点。海南省南山文化旅游区，位于三亚市西南20千米处的海岛最南端，有着悠久的佛教文化传统和福寿文化传说，但其遗迹遗物寥寥无存。1995年，此地动工兴建南山寺和佛教文化苑。2004年，高达108米、伫立于南海之滨且一体化三尊的“南山海上观音”造像工程完工。如今，此地已建成一寺(南山寺)、一苑(南山海上观音苑)、两园(慈航普度园、吉祥如意园)、一谷(长寿谷)、一湾(小月湾)的旅游景观群，成为首批国家5A级旅游景区之一，成为游人如织的旅游胜地。南山文化旅游区不仅自身具有很大的经济效益，而且有力地带动了周边地区的经济发展。其成功原因，首先是对文化遗产资源的大力开发，其次是依托南山独特的山海天然形胜，再次是背靠中国最好而游客纷至的滨海旅游地三亚，最后是交通非常便利。深圳是改革

三亚南山海上观音像开光大典。图片来源：人民网(people.com.cn)。

开放以来由一个边陲渔业小镇发展起来的新兴大都市，本无什么文化遗产资源。可是，深圳自1989年开始，利用文化遗产陆续建成“锦绣中华中国民俗文化村”、“世界之窗”等主题公园，成为效益很大的旅游热点，在全国起到了发展旅游业的示范作用。其成功在于认准了经济高速发展、人口急剧增长的深圳有着巨大的文化旅游消费市场。

中国民俗文化村景点(作者摄)

4. 突出特色

好新奇，喜特异，可谓人类的天性。人们外出旅游，在很大程度上就是为了满足自己观览奇山异水、奇风异俗并知晓奇景异物、奇闻异事的愿望。因此，如果说文化是旅游之魂，那么从一定意义上看，旅游的本质就是探寻文化的差异性。

文化的差异性由文化的特色所显示。发展旅游业，需要通过打造具有特色的旅游品牌吸引游客。利用文化遗产发展旅游业，重在突出所利用的文化遗产的特色以满足游客的心理需求。

人类文化创造具有多样性，人类的文化遗产也具有多样性。利用文化遗产发展旅游业，其旅游产品必然客观地显现文化遗产的多样性。开发文化遗产资源以打造具有吸引力的旅游品牌，则需要在指导思想上大力突出所利用资源的个性和特色。

突出文化遗产资源的特色，是旅游业发展的成功经验和旅游业界的共识。世界各国发展旅游业，无不重视突出特色。中国政府关于旅游业发展的纲领性或指导性的文件，也都强调突出特色。国务院下发的《关于加快发展旅游业的意见》，文化部、国家旅游局发布的《关于促进文化与旅游结合发展的指导意见》，都对此有所强调。《国家“十二五”规划纲要》又提出，要“推动旅游业特色化发展和旅游产品多样化发展”。

近年来，全国各地发展旅游业都重视开发特色旅游产品。各省、市在旅游开发中既重视利用具有特色的自然资源，也重视利用具有特色的文化遗产资源，力图将地域文化特色与旅游产品风格有机结合起来，使其旅游产品具有丰富的人文内涵和鲜明的地方特色。黑龙江省注重利用渤海文化、金源文化等发展旅游业，广东省注重利用岭南文化、潮客文化、华侨文化等发展旅游业，四川省注重利用古蜀文化、道佛文化、羌藏文化等发展旅游业，江苏省注重以勾吴文化、六朝文化、民国文化、园林文化等发展旅游业。海南省的南山文化旅游区，就是利用文化遗产、突出佛教文化与福寿文化的特色进行旅游开发的成功范例。城市和村镇的旅游开发，尤其重视个性和特色。古城丽江和凤凰是中国特色旅游城市的代表。各地的中心城市，在其旅游发展规划中，几乎无不有着确认自己外在形态和文化内涵及其发展重点的个性和特色定位。在利用丰富的古村、古镇资源发展旅游方面走在全国前列的江苏省，2008年已经启动了《江苏特色旅游村镇规划》的编制工作。

突出特色，既应该全面突出，使旅游产品无处不体现鲜明的特色，使游客在吃、住、行、游、购、娱各个环节上都能感受到其鲜明的特色；又需要重点突出，使旅游产品在某一或某些方面体现出浓郁的特色，使游客在某一或某些方面能够强烈地感受到其浓郁的特色。这样，既可让游客在旅游的全过程中始终保持高度的兴趣，又可让游客在旅游的全过程中体验到快乐。利用文化遗产开发旅游产品，突出特色的重点在于充分发挥非物质文化遗产的地域和民族的特色。古时“百里而异习，千里而殊俗”①，今日的地域和民族的习俗依然相异有殊。以地域和民族的风尚习俗为代表的非物质文化遗产，最能体现地域文化和民族文化的个性和特色。具有活态性、传承性和娱乐性的非物质文化遗产，又最能吸引人、感染人。正因为如此，国务院下发的《关于加快发展旅游业的意见》特别要求：“要发挥文化资源优势，推出具有地方特色和民族特色的演艺、节庆等文化旅游产品。”

5. 发掘价值

文化遗产的价值是多方面的，只有全面认识文化遗产的价值，才能对文化遗产合理而充分地利用。

一般而言，文化遗产的价值高低，与其利用为旅游资源的价值高低是成正比的。入选《世界遗产名录》和《世界非遗名录》的文化遗产，大多是著名的旅游胜地或旅游项目。之所

平遥古城街景。图片来源：好易旅游网(haoyily.com)。

① 《晏子春秋·问上》。

以如此，是因为入选名录的世界文化遗产，具有被认可的世界最高文化价值，也最能满足旅游者开阔眼界、丰富知识的需求。近年来，中国各地竞相申遗，与地方政府发展旅游经济的热情直接相关。眼前的事实是，安阳殷墟自2006年申遗成功后，仅一年时间，景区的门票收入就从原来的每年约200万元猛增到1000多万元，旅游综合收入达到40亿元。

文化遗产的价值需要被认可、被知悉，才能发挥出其作为旅游资源的效益。因此，利用文化遗产进行旅游开发，首要在于发掘文化遗产的价值，在对文化遗产的价值有了较为全面的认识的基础上，根据文化遗产的价值及旅游开发的其他条件要求，进行旅游开发的可行性论证及合理规划。在利用文化遗产开发旅游产品的同时，需要采取一切可行的方式(如媒体、广告、网络等)宣传所利用的文化遗产及其价值，好让人们知悉并产生前往游览的意愿。

已经利用文化遗产开发成功的旅游景区或旅游项目，应该利用一切可行的方式(如导游手册、标示牌、电子屏幕等)让游客在观光或体验过程中，全面了解文化遗产的价值，激发出求知欲和回味感，游客也就有可能多次前来游览。

认识文化遗产的价值，需要经过深入研究。随着研究的深入，对文化遗产价值的认识也会更加全面和深刻。因此，旅游经营者在利用文化遗产开发旅游产品的同时，也应该创造条件促进对所利用的文化遗产的研究，并且随着研究的深入和认识的深化而不断充实和更新对其价值的宣传，持续增强其对旅游者的吸引力。

6. 综合效益

发展旅游业，是为了国民经济的发展，当然要追求经济效益。但是，旅游业的发展却不能仅以追求经济效益最大化为目标，同时还要兼顾社会效益、环境效益等其他相关效益，应以追求综合效益的最大化为原则。

旅游业是集多方面服务为一体的综合性产业，关系到人们社会生活的许多方面。旅游业的发展，需要有良好的社会环境。只有促进社会进步，旅游业才能快速发展。只有有助于社会环境改善，旅游业才能很好发展。

利用文化遗产发展旅游业，尤其需要注重社会效益。首先，文化遗产是属于全民的，对其利用具有公益性，不允许任何部门或单位不顾社会效益而利用文化遗产追求小团体利益。其次，文化遗产的利用可以实现文化遗产的教育功能。文化遗产中既有优秀的精华，也有不良的糟粕。利用文化遗产开发旅游产品，如果不加选择地利用，甚至只为追求经济效益而热衷于展示其落后的、腐朽的部分，必然会对游客产生负面影响，也会受到社会的谴责和抵制，最终损害旅游业的发展。

旅游业的发展，与社会的发展密切联系在一起。社会主义中国发展旅游业，更需要突出社会效益。

利用革命文化遗产发展红色旅游，是近年来中国政府发展旅游业既重经济效益，又重社会效益的重大举措。2004 年 12 月，中共中央办公厅、国务院办公厅印发了《2004—2010 年全国红色旅游发展规划纲要》，就发展红色旅游的总体思路、总体布局和主要措施作出明确阐述。其中说明：

> 红色旅游，主要是指以中国共产党领导人民在革命和战争时期建树丰功伟绩所形成的纪念地、标志物为载体，以其所承载的革命历史、革命事迹和革命精神为内涵，组织接待旅游者开展缅怀学习、参观游览的主题性旅游活动。发展红色旅游，对于加强革命传统教育，增强全国人民特别是青少年的爱国感情，弘扬和培养民族精神，带动革命老区经济社会协调发展，具有重要的现实意义和深远的历史意义。

延安宝塔山。图片来源：西安丝路假日旅行社网(xasljr.com)。

随后，国家旅游局和各级地方政府大力推进红色旅游。国务院下发的《关于加快发展旅游业的意见》也要求“继续发展红色旅游”。《国家“十二五”规划纲要》进而强调，要“大力发展红色旅游”。2011 年 3 月发布的《2011—2015 年全国红色旅游发展规划纲要》，明确提出了进一步发展红色旅游的指导思想、基本原则和发展目标。当年 6 月，在北京召开了全国红色旅游工作会议，对前期工作进行了总结，并部署了二期的工作。红色旅游将观光游览与革命传统教育相结合，是作为旅游产品来进行市场化运作的，但它所力求实现的不仅是经济效益，更重要的是对民众进行革命传统教育，培育经济社会发展依然落后的革命老区的支柱产业和特色产业。如今，红色旅游已成为中国旅游消费的又一热点和旅游业的发展重点，显现出政治、社会和经济的综合效益。2012 年，红色旅游年接待游客达到 6 亿人次，同比增长 15%①。

① 新华社记者钱春弦：《邵琪伟：2012 年我国旅游业总收入约 2.57 亿元》，中国政府网(www.gov.cn)/今日中国/中国要闻。

任何不可移动的物质文化遗产，都是存在于自然空间里，与其周边的自然环境相结合的。任何非物质文化遗产，也有其生存的特定文化空间(包括自然环境和人文环境)。利用文化遗产发展旅游，必须追求环境效益。利用文化遗产开发旅游产品，需要在开发经营过程中努力保持其环境的原真性和完整性，实现环境的优化。否则，文化遗产赖以存在的环境遭受破坏，文化遗产的旅游资源价值就会减弱甚至丧失。

追求综合效益，旅游业才能持续、快速地发展。实际上，凡是游客纷至的旅游胜地或景区，其经营者都是因追求综合效益而取得成功的。如深圳市的锦绣中华中国民俗文化村，荣获了国务院授予的“全国民族团结先进集体”，中央文明办、建设部和国家旅游局授予的“全国文明风景旅游区”，深圳市授予的“深圳市顾客满意服务明星单位”等称号。海南省的南山文化旅游区，荣获了中央文明办、建设部、国家旅游局授予的“全国文明风景旅游区示范点”，海南省命名的“海南省生态环境恢复与保护示范工程”和授予的“海南省用户满意企业”等称号。2000 年以来，西安秦始皇兵马俑博物馆每年的门票收入高达亿元，是中国经济效益很好的遗址博物馆之一。该馆的社会效益也是显著的。2007 年，该馆首批获得国家 5A 级旅游景区称号，并先后获得“全国文物系统先进集体”、“全国旅游优质服务先进单位”、“全国精神文明建设工作先进单位”、“全国文博系统先进集体”、“全国五一劳动奖状”、“国家一级博物馆”等多项荣誉。

第五节　文化遗产利用与文化产业发展

文化产业，大体由制作文化产品和提供文化服务的行业构成，是 20 世纪下半叶以来首先在发达国家形成，继而成为世界经济活动及各国国民经济中重要的新兴产业。

文化产业的发展，有赖于对文化资源的开发利用。文化遗产是宝贵的文化资源，文化产业的发展当然离不开对文化遗产的利用。只有充分利用文化遗产进行文化产品的创意性开发，才能大力发展文化产业。

一、文化产业及其发展

文化产品的制作和文化服务的提供，主要是满足人类精神生活的消费需求。为人类的本质特性及其消费需求所决定，人类的社会生产必然是既有提供人类物质生活需要的产品的生产，又有提供人类精神生活需要的产品的生产；人类的社会分工也必然是有满足人类两方面生活需要的产品生产者和消费服务者。因此，文化产品的制作和文化服务的提供由来已久，其历史甚至可以追溯到最早出现社会大分工的原始社会晚期。

玉雕龙(红山文化遗址出土)。图片来源：中文百科在线网(zwbk.org)。

欧洲的奥瑞纳文化、梭鲁特文化和马格德林文化，是前后相续的考古学文化，距今约3万年至1万年。其遗址有着数量众多、丰富多彩的雕刻和绘画作品，被认为是“迄今所知人类最早的真正的艺术品”①。中国新石器时代的众多考古学文化遗址，如裴李岗、仰韶、龙山、红山、马家窑、大汶口、河姆渡、良渚、石家河等，可见大量的玉雕、骨雕、牙雕、陶塑等雕刻和绘画作品，以及骨笛、陶埙等乐器。这些器物或作品，都是原始社会的文化产品，往往与当时人类的宗教意识和宗教活动直接相关。原始社会出现的专业从事宗教活动的巫觋，可谓最早提供文化服务的从业者。

进入文明时代，随着生产力的不断发展，社会的不断进步，基本满足了物质生活消费需求的社会成员的人口比例越来越大，其对精神生活的消费需求也相应越来越大，文化产品的制作与文化服务随之发达。至近代，世界各国都已形成发达程度不同的文化市场，有着数量不等的专业作家、艺术家及图书出版单位、演艺组织、娱乐机构等文化产品的制作者或文化服务的提供者。不过，直至20世纪上半叶，尽管文化产品的制作和文化服务的提供在西方发达国家已经相当普及，西方发达国家的文化市场也已相当繁荣，人们尚未将其视为经济活动或国民经济的一项产业。文化产业的概念，是在20世纪中叶才被人提出的。文化产业的发展，则是20世纪下半叶以来在全球经济快速发展和一体化的背景下兴盛的。

1947年，德国哲学家霍克海默(1895—1973)与阿多诺(1903—1969)合著的《启蒙辩证法》出版。在这部著作中，他们对现代资本主义社会里大众文化严重商品化、工业化现象进行了批判，率先提出了“文化产业”的概念。随着20世纪下半叶其书在欧美国家的流行和西方发达国家文化产业的勃兴，“文化产业”的概念在世界上流行开来，文化产业也被视为尤具发展前景的朝阳产业之一。

文化产业于20世纪下半叶在西方发达国家勃兴的主要原因，一是第二次世界大战后西方国家经济的高速发展，使得富裕了的国民不断加大了文化消

① 《中国大百科全书·考古学》，中国大百科全书出版社1986年版，第357页。

费，社会的文化消费需求急剧增大①；二是在世界经济全球化背景下，发达国家的制造业因生产成本高而向发展中国家转移，发达国家必须进行产业结构调整而寻求国民经济发展的新途径；三是通信、数字、网络等信息技术的飞跃发展，为文化生产和文化服务的产业化和大发展提供了条件；四是文化产业能耗低、污染小却关联度广、附加值高、从业门槛低、吸纳劳动力强、受益时间长，对国民经济发展具有很强的带动性，还具有逆势而上、反向调节的功能；五是西方发达国家有意识地通过发展文化产业来提高其文化的影响力，增强其国家的软实力，以占领全球文化市场，主导世界文化发展。到90年代，美国、英国等西方国家都明确将文化产业作为国民经济重点发展的基础产业。

中国的文化产业是随1978年改革开放、大力发展社会主义市场经济以来而逐步发展的。中国政府明确提出发展文化产业并大力促进文化产业发展，则是进入新世纪以来近10多年的事情。改革开放以前，文化是作为国家事业来发展的，尽管文化的生产和服务多少有点市场因素，但从未被纳入经济活动的视野。1985年，国务院办公厅转发的国家统计局《关于建立第三产业统计的报告》中，首次将文化、广播电视事业等满足人们精神生活需要的行业或事业，作为第三产业的组成部分列入国民经济的统计项目里，开始确认文化具有产业性质。但至20世纪末，文化产业的发展都还基本上处于文化领域放开搞活、文化单位逐步进入市场的自发阶段。2000年，中共中央发布《关于制定国民经济和社会发展第十个五年计划的建议》，其中提出“完善文化产业政策，加强文化市场建设和管理，推动有关文化产业发展”。这是中央文件中首次采用“文化产业”术语并明确提出发展文化产业，标志着中国文化产业的发展结束了改革开放以来社会推进的自发阶段而迈入国家主导的自觉阶段。2002年，中共十六大报告首次在理论上将文化建设划分为公益性文化事业和经营性文化产业，强调要“积极发展文化事业和文化产业”，认定“发展文化产业是市场经济条件下繁荣社会主义文化、满足人民群众精神文化需求的重要途径”，要求“完善文化产业政策，支持文化产业发展，增强我国文化产业的整体实力和竞争力”。2006年，中共中央办公厅、国务院办公厅发布《国家“十一五”时期文化发展规划纲要》，将发展文化产业作为国家文化发展的重点之一，确定“‘十一五’时期，文化及相关产业增加值的年均增长速度明显高于同期经济增长速度，在国内生产总值中的比重有所增加”。2007年，中共十七大报告进一步提出要大力

① 西方发达国家的发展经验表明：人均GDP超过3000美元，国民的消费结构就会出现明显变化，物质生活的消费比重逐渐下降，精神生活的消费即文化消费的比重迅速而不断地增大。

《印象·刘三姐》剧照。图片来源：桂林山水网(guilintrav.com)。

发展文化产业。在党和政府的主导和推进下，中国的文化产业近年来有了快速发展。“十一五”时期，全国文化产业年均增长速度在15%以上，比同期国内生产总值增速高6个百分点①。2009年9月，国务院发布《文化产业振兴规划》，强调“文化产业是市场经济条件下繁荣发展社会主义文化的重要载体，是满足人民群众多样化、多层次、多方面精神文化需求的重要途径，也是推动经济结构调整、转变经济发展方式的重要着力点”，说明“加快文化产业振兴的重要性紧迫性”，提出规划目标：“完成经营性文化单位转企改制，文化市场主体进一步完善，活力进一步增强，文化产业规模不断扩大，推动经济社会发展的功能和作用得到较好发挥。”这是中国政府从国家战略的高度，对文化产业的发展作出的重大部署，标志着中国文化产业发展又进入了一个新的阶段。中共十七届六中全会的《决定》用了篇幅相当长的专节，阐明“加快发展文化产业，推动文化产业成为国民经济支柱性产业”的目标和举措。2012年2月，文化部发布了《文化部“十二五”时期文化产业倍增计划》，提出在“十二五”时期实现文化部门管理的文化产业增加值年平均增长速度高于20%，2015年比2010年至少翻一番的目标。

进入新世纪以来，中国政府高度重视文化产业的发展，其原因除了有同于西方发达国家文化产业的勃兴之外，还有国情的必然要求。首先，中国的发展已进入全面建设小康社会的阶段。据国家统计局的统计数据，2000年的人均GDP超过900美元，2006年的人均GDP超过2000美元，2008年的人均GDP超过3000美元②。2012年，中国人均GDP达到38 354元人民币，按照平均汇率折算为6100美元③。逐渐富裕的国民对精神文化生活的消费需求，也就越

① 文化部部长蔡武2010年12月9日在第四批国家文化产业示范基地命名授牌会议上的讲话：《推动文化产业成为国民经济支柱型产业实现“十二五”时期文化产业又好又快发展》，文化部网(www.mcprc.gov.cn)。

② 据国家统计局编《中国统计年鉴2009》，2008我国人均国内生产总值为人民币22 698元，约合3439美元。

③ 参见国家统计局《中华人民共和国2012年国民经济和社会发展统计公报》，国家统计局网(www.stats.gov.cn)。

来越大。其次，中国尽管地域广大，但人口众多，主要物质资源的人均占有量低于世界人均水平，过去以大量消耗物质资源维持经济快速发展的方式已经难以为继，必须转变经济增长方式，调整产业结构，培育国民经济新的增长点。再次，民族的振兴，以文化的繁荣为标志；国家的强盛，以文化的成就所体现。中华民族历史悠久，中国文化底蕴丰厚，中华民族的伟大复兴和中国的强大昌盛，必须通过大力发展文化事业和文化产业来彰显。最后，发展文化产业，生产更多的优秀文化产品，对内可以激发国民的文化认同感和民族自信心，从而增强民族的凝聚力，对外则能不断扩大和增强中国文化的传播力、影响力，树立良好的国家形象，促进国家综合实力的提高。

关于制作文化产品和提供文化服务所构成的产业，当今世界有着多种称谓。美国初称“版权产业”①，英国则称“创意产业”②，还有的称“内容产业”③、“休闲产业”④等。这些称谓，其概念都与文化产业的概念密切相关，只是在内涵上强调的特性不同，但在外延上有很大的交合。比较而言，文化产业概念的外延最广，也最具包容性。

---

① 1937年，美国开始实行标准产业分类体系(Standard Industrial Classification，简称“SIC”)。1959年，《美国版权产业的规模》研究报告发表，版权产业的发展受到关注。1977年，版权产业被纳入SIC分类体系，确立了其在美国国民经济中的独立产业地位。美国界定的版权产业，主要指生产经营具有版权属性的作品(产品)，并依靠版权法和相关法律保护而生存发展的产业。其界定范围较宽泛，包括核心版权产业、部分版权产业、交叉版权产业和关联产业四大类。核心版权产业为新闻出版业、电影电视业、软件业等。

② 1997年，英国成立英国创意产业特别工作小组，提出把文化创意产业作为振兴英国经济的重点。1998年，英国政府出台《英国创意产业路径文件》，明确提出“创意产业”(creative industries)的概念。创意产业又称“创造性产业”，指从事文化创意的产品生产和经营的行业集合体，主要包括新闻出版、电影电视、表演艺术、古董及艺术品、音乐、建筑、广告、数码娱乐、电脑软件开发、动画制作、时装及产品设计等生产或经营的行业。

③ 内容产业，又称数字内容产业、信息内容产业、文化内容产业、创意性内容产业等，是在20世纪90年代中期随数字化技术飞跃发展并利用其开发文化资源而形成的产业概念。1998年，经济合作与发展组织(简称经合组织)在专题报告《作为新增长产业的内容》中，把内容产业界定为“由主要生产内容的信息和娱乐业所提供的新型服务产业”。欧盟的《信息社会2000计划》中，将内容产业的主体定义为那些制造、开发、包装和销售信息产品及其服务的企业，包括在各种媒介上的印刷品(报纸、书籍、杂志等)、电子出版物(联机数据库、音像制品服务，以传真及光盘为基础的服务以及电子游戏等)、音像传播(电视、录像、广播和影院)、各种软件等。

④ 19世纪后期，西方学者开始将休闲作为一种重要的经济活动进行研究。20世纪80年代，休闲产业在西方发达国家快速发展，休闲产业的概念也开始在世界流行。休闲产业主要指为满足人们的精神文化消费需求而提供产品和服务的经营集合体，其范围一般涉及旅游业、娱乐业、影视业、体育业及相关的服务业。

文化产业可谓当今世界对有关文化产品生产和文化服务提供的产业的最为流行的称名。其定义在当今世界却尚未形成共识，各国说法不一，学术界也是见仁见智。美国有关研究机构认为，文化产业是以文物古迹和艺术创作、艺术表演及展览等为主体而形成的文化产品生产、销售与服务活动。英国和日本学者的一项共同研究指出，文化产业是与电影、电视、戏剧、音乐和艺术等所有文化形式有关的生产活动①。20 世纪 90 年代初，美国总统克林顿提出发展文化产业，他所指的美国文化产业是以信息和知识为基础的经济产业。1997 年，欧盟将“文化产业”界定为基于文化意义内容的生产活动，除新闻出版、广播影视、音像、网络、文学艺术、音乐创作外，还包括一切具有现代文化内容标志的产品和贸易活动，如摄影、舞蹈、工业与建筑设计、艺术场馆、博物馆、艺术拍卖、体育及文艺演出、教育活动等。联合国教科文组织曾把“文化产业”定义为按照工业标准生产、再生产、储存以及分配文化产品和服务的一系列活动，指那些包含创作、生产、销售“内容”的产业。文化产业的定义之所以众说纷纭，主要在于界定者对文化产业特性的认识以及所依据的地域或国别文化产业发展的现状不同而导致的。不过，论者都不否定文化产业主要是满足人们精神生活消费需求而制作文化产品和提供文化服务这一基本性质。

电影《泰坦尼克号》海报。图片来源：互动百科网(hudong. com)。

根据国情和发展文化产业的要求，参考世界各国、国际组织及学术界关于文化产业的理论研究成果，中国政府对“文化产业”作出了切实的界定。2003 年，文化部在下发的《关于支持和促进文化产业发展的若干意见》中，将“文化产业”界定为“从事文化产品生产和提供文化服务的经营性行业”。2004 年，国家统计局在与中宣部及国务院有关部门共同研究的基础上，制定了《文化及相关产业分类》，其中对“文化产业”的界定是：“为社会公众提供文化、娱乐产品和服务的活动，以及与这些活动有关联的活动的集合。”2012 年，国家统计局发布该文件的修订版，对文化产业的内涵和外延重新作了界定：

① 国际统计信息中心课题组：《国外关于文化产业统计的界定》，载《中国统计》2004 年第 1 期。

（一）定义

本分类规定的文化及相关产业是指为社会公众提供文化产品和文化相关产品的生产活动的集合。

（二）范围

根据以上定义，我国文化及相关产业的范围包括：

1. 以文化为核心内容，为直接满足人们的精神需要而进行的创作、制造、传播、展示等文化产品（包括货物和服务）的生产活动；

2. 为实现文化产品生产所必需的辅助生产活动；

3. 作为文化产品实物载体或制作（使用、传播、展示）工具的文化用品的生产活动（包括制造和销售）；

4. 为实现文化产品生产所需专用设备的生产活动（包括制造和销售）。

《国家"十一五"时期文化发展规划纲要》确定的"十一五"时期中国文化产业发展的重点是：①影视制作业；②出版业；③发行业；④印刷复制业；⑤广告业；⑥演艺业；⑦娱乐业；⑧文化会展业；⑨数字内容和动漫产业。

二、文化遗产与文化产业的关系

文化遗产与文化产业有着密不可分的联系，但又是不同性质的概念。具体而言，其关系大致可作以下四个方面的阐述。

1. 文化遗产与文化产业的同一限定词的概念含义有别

文化遗产与文化产业，就其语词而言，都是由两个语词组合而成的合成词。两者的限定词，又是同一语词——文化。不过，两者的限定词虽然同一，其含义却不完全相同。

"文化"的含义，有广义和狭义之别。文化遗产与文化产业的限定词，分别指称的是广义的文化和狭义的文化。

广义的"文化"，一般指人类创造的物质财富和精神财富的总和。第二章已经阐明，人类在社会历史实践中对物质财富和精神财富的一切创造过程和创造结果，都体现为文化。这种着眼于文化本质的大文化观，就是认识文化遗产的理论基点。

狭义的"文化"，特指人类创造的精神财富。《现代汉语词典》解释为："特指精神财富，如文学、艺术、教育、科学等。"2004年制定的《文化及相关产业分类》附件《编制说明》中，特别说明了文化概念的广义与狭义之别，强调"狭义上是指语言、文学、艺术及一切意识形态在内的精神产品"。其对文化产业的定性及分类，依据的正是狭义的文化概念。

《文化及相关产业分类》界定的文化产业的主体和基础，2004年版说明是“文化、娱乐产品”；2012年版说明是“以文化为核心内容，为直接满足人们的精神需要而进行的创作、制造、传播、展示等文化产品”。文化产品主要是为了直接满足人们的精神生活需要，虽然也有物质性的载体和表现，但其内容主要是精神性的，故大体可归属于精神产品。

《永乐大典》书影。图片来源：大藏经网(dzj.fjnet.com)。

诚然，文化产业的重要门类，如影视业、出版业、广告业、演艺业、数字内容与动漫产业等，所生产的影视片、图书、广告、演出节目、数字内容和动漫产品，其内容都是意识形态，其产品当然也是精神产品。

2. 文化遗产与文化产业的不同中心词的学科归属有别

文化遗产与文化产业的中心词，分别是“遗产”和“产业”。它们不仅概念迥异，而且作为研究对象而各自归属于不同学科。

“遗产”与“文化遗产”的含义，已在第二章中阐明。称“遗产”，是以历史的视角予以认定的。“遗产”，属于历史学的概念，对文化遗产本体的认识和研究，也首先是历史学(包括考古学)的任务。

“产业”在古代汉语中的本义，是指生产作业和家有财产，即“治产业”、“置产业”之谓；其在现代汉语中所具有的指生产部门或生产行业的含义，则是随着工业化生产和经济学的发展而逐渐形成并不断发展的概念。英语中的“产业”(industry)一词，既特指工业，又扩展而指实业、行业、事业。迄今，产业泛指国民经济中所有生产和服务的行业。20世纪20年代，国际劳工局对国民经济中的所有生产和服务的行业首次作了较为系统的产业划分，即将它分别划归初级生产、次级生产和服务三大类中。随后，西方国家及世界许多国家的产业划分，都借鉴或采用了这种三次产业分类法。1985年，国家统计局首次采用三次分类法对国民经济行业作了具体划分。2012年，国家统计局又根据国家质检总局和国家标准委新修订颁布的《国民经济行业分类》(GB/T4754-2011)，对原划定的三次产业的范围进行了调整，制定了新的《三次产业划分规定》。其划分规定的三次产业的范围是：第一产业指农、林、牧、渔业；第二产业指采矿业，制造业，电力、燃气及水生产和供应业，建筑业；第三产业即服务业，指除第一、二产业以外的其他行业，包括交通运输、信息传输、金融业、教育、卫生、文化、体育和娱乐业等。显然，与国民经济相关的产业，是从经济的视角来认定的，属于经济学的概念。

国家统计局在产业划分中，依据国际共识和《国民经济行业分类》的国家标准，将生产和经营文化产品的行业划归第三产业。文化产业被认定为国民经济的一个行业，对文化产业的认识和研究也主要是经济学的任务。

3. 文化遗产是文化产业发展的珍贵资源和重要依托

在经济领域中，任何产品的生产都需要原料。物质产品的生产，必然是对物质形态的原料或原物进行获取、培育、加工、制作而成。精神产品的生产，虽然主要是通过脑力劳动完成的，但创造性的思维活动也不会是无源之水、无本之木，其原料取之于社会生活，只是在将有形转化为无形的脑力劳动中完成后，通过必要的物质载体展现罢了。

文化产品，当然主要是可供人们观赏、娱乐的精神产品。文化产品的制作，也就必须从社会生活中发掘素材、启迪创意、借鉴形式。人类的社会生活，既有现实的，也有历史的。人类现实的社会生活，又是历史的社会生活的发展。历史的社会生活，乃为文化遗产所反映。现实的社会生活，也从文化遗产中隐然显示。因此，文化产品的制作，离不开对文化遗产的利用。文化产业的发展，必须以文化遗产为资源和依托。

世界文化产业的发展，一直是以文化遗产为珍贵资源和重要依托。各国文化产品的制作，大量是从文化遗产中获取素材、创意、形象依据和形式来源。影视片生产，大量为直接展现文化遗产的文化专题片或历史题材、以历史为背景的故事片。图书出版，大量为古籍文献的重印、整理、利用文化遗产的编撰或创作。演艺节目，大量为历史题材的戏剧、传统的音乐舞蹈及利用文化遗产的文艺创作。广告制品，大量为具有传统文化元素的创意作品。数字内容与动漫产品，其内容更是以文化遗产或利用文化遗产的作品为主体。尤其是历史悠久的民族、文化遗产丰厚的国度，文化产品的制作也更多地利用文化遗产，文化产业的发展也更重视依托文化遗产。当今中国文化产品的制作，愈加劲吹“中国风”、突出“中国味”，也就是着重利用民族文化遗产而制作出具有中国文化特色、彰显中国精神风貌的文化产品。大力制作具有“中国风”、“中国味”的文化产品，已被业界认为是中国文化产品走向世界、中国文化产业做大做强的有效方式和必由途径。

电视剧《汉武大帝》海报。图片来源：齐鲁网(iqilu. com)。

鲁迅曾在致青年木刻家陈烟桥（李雾城）的信中说过："现在的文学也一样，有地方色彩的，倒容易成为世界的，即为别国所注意。"①这段话已被辗转传述为流行的名言："越是民族的，越是世界的。"此话之所以流行广远，在于其甚有道理而引人共鸣。就文化产品而言，其地方色彩越鲜明、民族风格越浓郁，也就越能满足人们好奇求异的文化心理需求，也就越能为世界其他国家民众所注意和消费。具有鲜明地方色彩、浓郁民族风格的文化产品，无疑是充分利用了地方的、民族的文化遗产的创造性杰作。

《国家"十二五"规划纲要》在《加快文化产业发展》一节中提出："构建以优秀民族文化为主体、吸收外来有益文化的对外开放格局，积极开拓国际文化市场，创新文化'走出去'模式，增强中华文化国际竞争力和影响力，提升国家软实力。"这无疑指明了中国文化产业发展的正确道路和追求目标。

4. 文化产业是文化遗产价值体现的重要方式和保护加强的重要保证

国家的各项事业和各类产业，都不同程度地涉及文化遗产的利用。但需要充分利用文化遗产而能产生直接的、最大的、综合的效益的行业，则是旅游业和文化产业。

文化产业如同旅游业一样，都是文化遗产价值体现的重要方式和保护加强的重要保证。不过，在体现文化遗产的价值，促进文化遗产的保护，以及利用文化遗产创造综合效益方面，文化产业甚至更强于旅游业。

文化产业对文化遗产的利用，主要是将文化遗产作为开发的资源而制作出文化产品。而利用文化遗产制作文化产品，也就使得文化遗产的价值得以体现和实现。经营文化产品，既是实现文化遗产经济价值的方式，又是宣传文化遗产多方面价值的方式。尤其是直接展示文化遗产的文化产品，如出版的古籍文献图书、播出的文化遗产专题影视片、演出的传统戏剧等，都是对文化遗产直接而有效的宣传。旅游业利用文化遗产作为旅游资源招徕游客，同样可以起到宣传文化遗产的作用，但毕竟亲临其境观赏文化遗产的游客远不及图书、电影、电视和戏剧等的受众多，宣传的广度和深度当然也不及文化产业。文化遗产的保护是全民的事业，发展文化产业可使民众在对文化产品的消费过程中认识到文化遗产的价值和保护文化遗产的重要性，从而自觉地、积极地保护文化遗产。

文化产业和旅游业的经济收益，都是文化遗产保护的资金来源。可是，文化产业的附加值比旅游业的附加值更高，经济收益也更大。就直接收益而言，

① 鲁迅：《致陈烟桥》（1934年4月19日），见《鲁迅全集》第13卷，人民文学出版社2005年版，第81页。

在一定时间内，一个大受欢迎的文化产品比著名的旅游胜地要高得多。2009 年，安徽黄山景区的全年门票收入为 4.05 亿元，而电影《建国大业》的票房收入为 4.2 亿元。科幻大片《阿凡达》2009 年末 2010 年初放映仅 3 个多月，就在北美获得了 7.4 亿美元的票房收入。2010 年，该片在中国放映仅 3 个月，也获得了 13.216 亿元人民币(约合 1.94 亿美元)的票房收入。经济收益大，对国民经济的贡献也大，在国家为保护文化遗产拨付的资金中所占比例就相对较大。

电影《建国大业》剧照。图片来源：中国网(china.com.cn)。

文化产业的大发展，基于优秀文化产品的大量推出。一个国家若能大量推出优秀文化产品，就会让国内外民众乐于消费，不仅产生巨大经济效益，也宣扬了该国文化，打造出该国的文化品牌，强化了该国文化的传播力和影响力，树立起该国的形象，提高了该国的软实力。而能彰显该国文化风貌、形成该国文化品牌的文化产品，多是充分利用文化遗产而具有该国民族的、传统的文化元素的产品。旅游业虽然也可以向世界彰显国家的、民族的文化风貌，但需要别国游客的“入境游”。文化产品则容易“走出去”，成为世界各国民众的消费品，其文化传播力和影响力远大于旅游产品。

文化遗产的价值体现，倚重于文化产业及旅游业的发展。文化遗产的有效保护，也需要大力发展文化产业及旅游业。文化产业与旅游业又关系密切，有所重合。尤其是文化旅游，可谓文化产品和旅游产品相结合的旅游类型。

三、文化遗产与文化产业诸门类

文化产品若要为人们接受和喜爱而产生效益，就需要有让人们感到新奇巧丽等精神愉悦的文化创意。所谓创意，就是体现为创造性的新意。文化产业所生产的文化产品和提供的文化服务，只有充分发挥从业者的想象力和创造力，使其体现出丰富厚重的文化寓意和新奇巧丽的文化美感，才能吸引消费者而产生效益。文化创意既贯穿于文化产品制作和文化服务提供的全过程，又存在于文化产业所包括的各行业。因此，人们说文化创意是文化产业发展的灵魂和动力。正是基于这一认识，英国、新加坡等一些国家和国内外许多人士径称或强调文化产业为创意产业、创造性产业或文化创意产业。创意在本质上是创造性思维的成果，而创造性思维的材料和想象力的激发不仅来自现实生活，更重要的是来自文化遗产。

作为人类智慧的结晶，文化遗产既是人类创造性思维用之不竭的材料，又蕴含着人类的想象力，体现了人类的生命力和创造力。在文化产业发展快速和竞争激烈的当今世界，国家和民族的文化产业发展，就尤其需要利用本国和本民族的文化遗产来创意，生产和提供既体现本民族精神价值和思维方式，又发扬本民族文化传统，具有丰富厚重的文化寓意和新奇巧丽的文化美感的文化产品和文化服务，从而既为本土人民喜闻乐见而欣然消费，又为他乡人士追新逐奇而竞相消费，由此加快本国文化产业的发展。

文化产品都是创意的结果，都是创作者、设计者或制造者运用创造性思维进行构思、描绘或制作的产物。在文化遗产中选用创意的材料和获取创意的灵感，进而匠心独运地创作、设计或制造，往往可以生产出深受消费者喜爱的文化产品。利用文化遗产进行文化产品的创意性开发，是发展文化产业的重要途径。

海峡两岸文化创意产业趋势论坛。图片来源：中新网(chinanews.com)。

人们常说文化产业以内容为王，故文化产业也被称作“内容产业”。文化产业可谓文化内容与现代技术相结合的产业，其生产的产品和提供的服务必须以内容为主导。既然是以内容为主导，也就意味着文化产业的发展需要利用文化遗产的重要性。文化产品和文化服务的内容，既来源于现实生活，也来源于历史文化。文化遗产所反映的人类数百万年历史文化，远比现实生活丰富深厚。

文化产业中的重要门类，如影视业、出版业、广告业、演艺业、文化会展业、数字内容和动漫产业等，都与文化遗产关系密切。这些门类生产的文化产品或提供的文化服务，尤其是深受消费者喜爱而在市场大获成功的文化产品或文化服务，许多都是利用文化遗产进行创意性开发的成果或者原本就是文化遗产。

1. 文化遗产与影视业

影视业是电影产业和广播电视产业的合称。广播和电视属于同大类的传播行业，电视业又是在广播业的基础上发展起来的，故人们习惯上将之合为一体。但是，广播业的市场化程度不高，且在电影产业和电视产业兴盛之后日渐衰落。兴盛而依然大有发展前途的影视业，实为电影产业和电视产业。影视业已经发展成为文化产业中的支柱行业。

影视业的主体，是具有文化内容的节目制作，故又称影视业为影视制作业或影视内容产业。影视节目中最受大众喜爱的娱乐形式也最具经济效益的文化产品，是电影故事片和电视剧。故事片和电视剧的制作多以历史为题材。而历史题材的故事片和电视剧，其创作和摄制都是对文化遗产的利用。

电影产业萌芽于19世纪末的法国①，成长于20世纪上半叶的美国②，繁荣于20世纪下半叶的世界③，发展至今已是附加值最高和经济效益最大的文化产业的一个行业。美国的电影产业最为发达，好莱坞已经成了美国电影的代名词。2009年，美国电影的国内票房收入创纪录地达到106亿美元④，出口贸易收入达到140亿美元左右，在全球电影市场的占有率约40%；美国电影业的总产值突破了1000亿美元，虽然还没占到美国GDP的1%，却是除金融业外仅次于航空业、汽车业等少数行业之后的美国国民经济支柱性行业。近两年美国电影的国内票房收入虽见下滑，但2012年又创历史新高，达到108亿美元。

《一个国家的诞生》剧照。图片来源：历史上的今天网(lssdjt.com)。

美国电影产业的勃兴，一个重要原因是出现了善于利用文化遗产摄制影片的世界"电影艺术之父"——大卫·格里菲斯(1875—1948)。他在1908年任导演后开始独立摄制影片，早期拍摄的影片多从莫泊桑、托尔斯泰

① 1895年12月28日，法国的路易·卢米埃尔(1862—1954)和奥古斯都·卢米埃尔(1864—1948)兄弟俩在巴黎的一家大咖啡厅地下室用其发明的放映机放映他们拍摄的电影短片，并且公开售票，标志着电影时代的开始，也标志着电影产业的萌芽。

② 1910年时，美国已经有了多家电影公司，每月可生产单本影片约400部，每周的电影观众达3000多万人次。1911年，美国洛杉矶郊外的好莱坞镇成立了第一家电影公司，随即多家电影公司落户和成千上万的电影从业者蜂拥而至好莱坞。好莱坞由此而成为美国的电影之都，在20世纪30年代达到了其电影产业发展的第一个高峰。利用因两次世界大战而欧洲电影产业萧条的天时，好莱坞电影在20世纪上半叶独领世界电影的风骚。

③ 第二次世界大战后，随着经济的全面恢复和快速发展，电影产业在世界许多国家和地区勃兴，如意大利、法国、德国、日本、印度及中国香港、台湾等。20世纪下半叶的电影产业尽管仍是美国一枝独大，但已在全世界呈现出繁荣景象。

④ 2010年1月10日《新浪娱乐》讯："(2009年美国电影的票房收入)达到了106.1亿美元，比2008年增长了8个百分点。其中有30部影片票房突破1亿，这其中还有8部影片破2亿，最高的达到了4亿。而在全球有48部影片破亿，7部影片破5亿，票房在7亿以上的巨片有5部。"

等文学巨匠的作品中寻找题材，故事是过去的，影片画面也就必须利用文化遗产展现当时的场景。1915 年，他摄制出在世界电影史上具有里程碑意义的艺术影片——《一个国家的诞生》。这部影片以美国南北战争为背景，叙述南北两个家庭的生活遭际，也利用文化遗产形象而真实地展现了美国南北战争的时代风貌。该片投资仅 10 万美元，但到 1931 年的收入达到了 1800 万美元(大约相当于 2009 年的 3 亿多美元)，观众达 2 亿多人次，至今保持着默片的最高票房收入纪录。它也被称为世界上第一部真正意义上的商业影片。

好莱坞生产的影片，有西部片、强盗片、侦探片、战争片、喜剧片、灾难片、科幻片、音乐歌舞片和家庭情节片等类型。无论哪种影片类型，都或多或少地寻求历史题材并需要利用文化遗产。西部片是好莱坞电影的特有类型，内容为叙述美国白人开发西部的故事，题材多取自西部文学和民间传说，画面再现了 19 世纪美国西部大开发的历史景象。其剧本编创和影片摄制都利用了文化遗产。科幻片多是超越历史和现实的幻想与高科技结合的产物，似乎无关文化遗产。其实科幻片所述故事的想象与幻想，也多少源于历史和现实，而且其中还有如《时光倒流七十年》、《回到未来》这类时空交错表现社会生活的影片。票房大鳄《阿凡达》，叙述的是人类到潘多拉星球开采能源，结果因原居民反抗而失败的幻想故事。其宣扬的告诫人类爱护地球、珍惜地球资源，否则没有另外生路的题旨，来源于当今世界的现实。其幻想和虚构故事的创意灵感，也多少源于文化遗产。“阿凡达”之名来自印度教的神话传说，英文“Avatar”的词根源于梵文，本意指降临人间的神之化身。波吕菲莫斯(Polyphemis)星球和潘多拉(Pandora)星球之名，则来自古希腊神话。

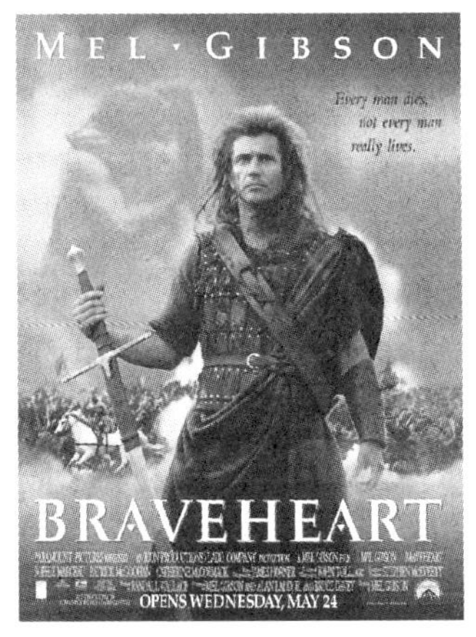

《勇敢的心》海报。图片来源：图片之家(tpzj. com)。

历届奥斯卡获奖影片中，多有选取历史题材或以历史为背景而充分利用文化遗产的杰作，如《莎翁情史》、《泰坦尼克号》、《勇敢的心》、《辛德勒的名单》、《末代皇帝》、《莫扎特传》、《甘地传》、《雾都孤儿》、《日月精忠》、《阿拉伯的劳伦斯》、《宾虚》、《金粉世界》、《桂河大桥》、《王子复仇记》、《青山翠谷》、《乱世佳人》、《左拉传》等。由于文化遗产蕴含着丰厚的历史价值和审美价值，利用文化遗产易于摄制史诗性的和票房价值尤高的巨片。《乱世佳人》和《勇敢的心》就是史诗性的巨片，而且票房价值极高。前者在 1939 年上映期间获得了 4 亿美元收入，大约相当于今天的 60 亿美元，其票房价值至今为世界电影史之冠；后者的票房收入也达到2.1亿美元。按票房收入的绝对值排名，截至2013年，世界电影史上排名第一的是《阿凡达》，全球票房收入为27.8亿美元。

世界上的一些电影大国，其电影产业多是利用文化遗产摄制影片兴起的。电影诞生于法国。电影产业的兴起，卢米埃尔兄弟固然功不可没，世界第一位电影艺术家乔治·梅里爱(1861—1938)更是作出了巨大的贡献。他在19世纪末20世纪初拍摄的受观众欢迎的影片，多取材于神话传说和民间故事，如《灰姑娘》、《小红帽》、《仙女国》等。意大利早期有影响的电影，也多为历史题材的影片，如《麦克佩斯》、《奥赛罗》、《庞培城的末日》等。取材于古罗马与迦太基战争的《卡比利亚》，是20世纪20年代意大利及当时世界电影艺术最重要的作品。公认的世界经典影片中，不乏历史题材或以历史为背景而充分利用文化遗产的杰作。除了上述美国影片之外，还有苏联的《战争与和平》、《安娜·卡列尼娜》，法国的《印度支那》、《玛戈皇后》，德国的《帝国的毁灭》、《浮士德》，日本的《罗生门》、《七武士》等。

中国电影是依托文化遗产诞生的，中国电影产业的发展更有赖于文化遗产。

谭鑫培主演的《定军山》剧照。图片来源：人教社网(pep.com.cn)。

1905年，北京丰泰照相馆拍摄了京剧大师谭鑫培主演的《定军山》片段，标志着中国电影的诞生。首部中国电影，就是记录中国非物质文化遗产的戏曲片。随后几年，丰泰照相馆又拍摄了几位当时的梨园名角的戏曲表演片段并在戏园放映。由此开创了中国电影依托文化遗产起步的发展之路，并且形成了戏曲片这一富有中国特色的电影类别。至1949年，中国电影产业主要在上海艰难地发展着。由于时代和条件的限制，20世纪上半叶的中国电影公司虽然生产了一些较多利用文化遗产的戏曲片、传记片、武侠片等，但大量有影响的影片还是反映现实的生活片。

20世纪下半叶，电影在祖国大陆基本上是作为文化事业的一部分而发展的，在香港和台湾地区则有了较快的产业化发展。由于反映和歌颂近代以来，尤其是辛亥革命以来人民反帝反封建的伟大斗争是文艺创作的主旋律，中国电影也以历史题材，尤其是革命历史题材的影片数量多而影响大，如《林则徐》、《甲午风云》、《南征北战》、《青春之歌》、《红色娘子军》、《开国大典》、《大决战》等。这类影片都可看作是利用文化遗产的艺术制作。

香港的电影业勃兴于20世纪50年代，繁盛于70年代，一度雄霸亚洲、虎视欧美。岛城香港也素有“东方好莱坞”之誉。充分市场化的香港电影业，主要靠生产武侠片、功夫片和警匪片而兴盛。尤其是李小龙、成龙、李连杰等功夫巨星主演的功夫片，对世界电影市场产生了很大的影响，也促使“中国功夫”这一文化遗产得以在全球传播。

台湾电影业的快速发展，始于20世纪60年代。至80年代，台湾一直步香港的后尘，以生产武侠片、功夫片为大类。另外，政治因素还促使台湾生产了许多民国历史题材的影片。

进入21世纪，港台地区的电影业开始出现颓势，中国大陆则在政府大力发展文化产业的背景下，电影产业得以持续快速发展。2000年，国产故事影片仅91部，国内票房收入为8.6亿元。2010年，国产故事影片达到526部，国产影片票房收入达57.34亿元，国内票房收入达到101.72亿元①。2012年，各类国产影片总量达到893部，国内票房收入达到170.73亿元，同比增长30.18%。2013年，国内票房收入达217.69亿元，同比增长27.51%②。早在1980年，国产电影就创造了票房收入过亿元的纪录。近年来，票房收入过亿元的国产影片急剧增多。参见下表：

1980—2009年国内票房收入过亿元的国产影片③

序号	年份	片名	出品	票房收入(亿元)
1	1980	神秘的大佛	北京电影制片厂	1
2	1980	405谋杀案	上海电影制片厂	1
3	1980	庐山恋	上海电影制片厂	1
4	1981	喜盈门	上海电影制片厂	1
5	1981	白蛇传	上海电影制片厂	1
6	1982	少林寺	香港中原电影公司	1.02
7	1982	牧马人	上海电影制片厂	1.3

① 刘阳：《2010年中国电影票房过百亿》，见《人民日报》2011年1月8日报道。

② 《新京报》2013年1月10日报道：《2012，电影总票房超170亿》；《北京日报》2014年1月4日报道：《2013年全国电影票房达217亿》。

③ 本表数据根据媒体的公开报道整理，仅供参考。从近几年国家广电总局电影局的新闻通气会及公布的全国电影票房统计数据获悉，2010年票房收入过亿元的国产影片有17部，其中《唐山大地震》以6.73亿元居首，另有《让子弹飞》、《非诚勿扰Ⅱ》、《狄仁杰之通天帝国》、《叶问2》、《赵氏孤儿》、《大兵小将》、《大笑江湖》、《山楂树之恋》、《锦衣卫》、《孔子》等；2011年票房收入过亿元的国产影片有20部，其中《金陵十三钗》以超过4亿元居首，其后依次为《建党伟业》、《龙门飞甲》、《失恋33天》、《新少林寺》、《窃听风云2》、《白蛇传说》等；2012年票房收入过亿元的国产影片有21部，其中《泰囧》以超过11亿元居首，其后依次为《画皮Ⅱ》、《十二生肖》、《一九四二》、《寒战》、《听风者》等；2013年票房收入过亿元的国产影片达32部，其中《西游降魔篇》以12.46亿元居首，其后依次为《致青春》、《狄仁杰之神都龙王》、《私人订制》、《中国合伙人》、《北京遇上西雅图》等。

续表

序号	年份	片名	出品	票房收入(亿元)
8	1986	芙蓉镇	上海电影制片厂	1
9	1990	妈妈再爱我一次	台湾福祥电影公司	1
10	1991	大决战·辽沈战役	八一电影制片厂	1
11	1992	周恩来	广西电影制片厂	2.7
12	2000	生死抉择	上海电影制片厂	1.2
13	2002	英雄	中国电影集团公司	2.5
14	2004	天下无贼	华谊兄弟影业公司等	1.2
15	2004	十面埋伏	北京新画面影业公司	1.536
16	2004	功夫	香港哥伦比亚电影制作有限公司	1.55
17	2005	无极	中国电影集团公司等	1.795
18	2006	霍元甲	中国电影集团公司等	1.016
19	2006	夜宴	香港寰亚电影公司等	1.251
20	2006	满城尽带黄金甲	北京新画面影业公司等	2.91
21	2007	投名状	中国电影集团公司等	2
22	2007	集结号	华谊兄弟影业公司等	2.407
23	2008	大灌篮	上海电影集团公司等	1.128
24	2008	梅兰芳	中国电影集团公司等	1.13
25	2008	功夫之王	华谊兄弟影业公司等	1.865
26	2008	长江7号	中国电影集团公司等	1.858
27	2008	画皮	宁夏电影制片厂等	2.29
28	2008	赤壁(上)	中国电影集团公司等	3.12
29	2008	非诚勿扰	华谊兄弟影业公司等	3.4
30	2009	游龙戏凤	华谊兄弟影业公司等	1.023
31	2009	大内密探灵灵狗	中国电影集团公司等	1.026
32	2009	疯狂的赛车	中国电影集团公司等	1.088
33	2009	南京！南京！	中国电影集团公司等	1.653
34	2009	风声	华谊兄弟影业公司	2.224
35	2009	赤壁(下)	中国电影集团公司等	2.51
36	2009	十月围城	中国电影集团公司等	2.74
37	2009	三枪拍案惊奇	北京新画面影业公司等	2.75
38	2009	建国大业	中国电影集团公司等	4.2

从上表可知，第一部票房收入过亿元的国产影片，是利用文化遗产摄制成功的《神秘的大佛》。这部影片的摄制以乐山大佛为背景和中心，从传统的中国武术和武侠文化中获得创意，成为首部娱乐性强而票房价值高的武侠动作片，

被认为是开创了新中国电影最早的商业模式。截至 2009 年，票房收入最高的影片，是利用了文化遗产摄制的革命历史题材大片《建国大业》。这部影片叙述了从抗日战争结束到新中国成立前夕发生的一系列故事，展现了新中国成立前夕波澜壮阔的历史面貌。上表所列 38 部票房收入过亿元的国产影片，都或多或少利用了文化遗产。其中，以古代历史为背景或历史传说为题材的古装片有 15 部，以新中国成立前的现代历史为背景或题材的有 6 部。《功夫之王》、《大灌篮》等编写当代人故事的影片，也因为利用了文化遗产而富有中国传统文化色彩。

电影《神秘的大佛》海报。图片来源：广视网(gztv.com)。

电影产品除了故事片之外，动画片也是一大类。相比故事片，动画片往往投入更小而收益更大。许多效益巨大的经典动画片，都是利用文化遗产的杰作。美国迪士尼公司投资 4500 万美元制作的《狮子王》，就是从莎士比亚的名著《哈姆雷特》中获得创意灵感，故被称为“动物界的哈姆雷特”，还配上了宏伟的交响乐，融合了非洲当地的原始音乐。它自 1994 年在美国上映后，次年即风靡全球，迄今的票房收入约达 8 亿美元。迪士尼公司接着又制作了续集《狮子王 2：辛巴的荣耀》和《狮子王 3：Hakuna Matata》，分别取意自莎士比亚的名著《罗密欧与朱丽叶》和现代剧作家汤姆·斯托帕(Tom Stoppard)创作的剧本《哈姆雷特外传》。美国梦工厂影业公司 1998 年出品的《埃及王子》，直接以《圣经》中的故事《出埃及记》为蓝本演绎而成，票房收入也十分可观。梦工厂出品的三部《怪物史瑞克》系列，糅合了许多童话形象而翻出新意，成为“传说童话故事的搞笑版本”，深受世界各国观众追捧，先后上映即雄踞全球最卖座的动画片之冠。其中第一部荣获了奥斯卡最佳动画长片奖；第二部投资7500万美元，在全美票房收入达到 4.37 亿美元，在全球的票房总收入高达 9.198 亿美元。梦工厂还利用中国文化遗产，出品了动画巨片《功夫熊猫》。2008 年该片上映后，在全球获得了 6 亿多美元的票房收入。

中国的动画片生产从一开始就主要利用文化遗产，形成了中国动画片的民族风格和民族特色。第一部动画长片是 1941 年出品的《铁扇公主》。第一部在世界上赢得重大声誉的动画片，是 60 年代出品而先后获得第 13 届卡罗维发利最佳影片奖、第 22 届伦敦国际电影节最佳影片奖的《大闹天宫》。广受欢迎的经典动画片，有《神笔马良》、《渔童》、《鹬蚌相争》、《小蝌蚪找妈妈》、《哪吒闹海》、《金猴降妖》、《女娲补天》、《封神榜》等。上海美术电影制片厂投资

1200万元制作，取材于中国神话传说的《宝莲灯》，1999 年上映后创造了2900万元的国产动画片票房收入纪录。由上海文广新闻传媒集团等制作的武侠动画片《风云决》，2008 年上映后创造了国内票房收入3300万元的纪录。由广东原创动力文化传播有限公司等仅投资 600 万元制作的动画片《喜羊羊与灰太狼》，2009 年上映后创造了票房收入约8000万元的纪录；投资1200万元制作的《喜羊羊与灰太狼 2》(《喜羊羊与灰太狼之虎虎生威》)，2010 年上映的票房收入达到了 1.2 亿元；投资2000万元制作的《喜羊羊与灰太郎 3》(《喜羊羊与灰太郎之兔年顶呱呱》)，2011 年上映的票房收入增长到 1.4 亿元；投入不足 2000 万元的《喜羊羊与太太郎 4》(《喜羊羊与灰太狼之开心闯龙年》)，2012 年上映后的票房收入又增长到 1.65 亿元。

动画片《宝莲灯》海报。图片来源：中国影视资料馆(cnmdb.com)。

国产动画片早在 20 世纪 60 年代就因利用文化遗产形成的浓郁民族特色而立于世界动画片之林，产生了巨大的影响。中国动画片制作利用文化遗产取得了巨大成绩，也显现出产业化发展的良好前景，无疑更需要发扬光大而成为走向世界的重要文化产品。

电视产业诞生于 20 世纪 30 年代①，勃兴于 50 年代②，繁盛于 20 世纪下半叶③，进入 21 世纪又因电视数字化和互联网的发展开拓出更广阔的道路。

电视产业的盈利方式，主要靠播出广告和收费播出，盈利多寡主要取决于电视节目或栏目、频道的收视率。电视节目类型主要有新闻资讯、谈话、文艺、体育、娱乐、游戏、纪录片、专题片、电视剧等。一般而言，收视率高而盈利空间最大的节目类型是电视剧。1977 年，美国广播公司电视台播出的根据同名小说改编、利用文化遗产摄制的《根》，创造了美国电视收视率的历史之最。电视剧的摄制也同电影故事片的摄制一样，需要利用文化遗产。纪录片、

① 1936 年 11 月 2 日，英国广播公司采用英国发明家贝尔德(J. L. Baird，1888—1946)发明的机电式电视广播，首次播出了具有较高清晰度、步入实用阶段的电视图像，随后持续播出电视节目，这标志着电视业的诞生。

② 50 年代，电视业在西方国家获得空前大发展，电视迅速走进千家万户，成为人们获取信息和音像娱乐的主要工具。

③ 据世界银行统计，至 2000 年，电视机普及率在全世界已达到 79.23%，在高收入国家达到 96.90%，在中等收入国家达到 85.05%，在中国内地也达到 86.12%。

专题片、文艺、谈话等类型的节目，也需要利用文化遗产。

与西方国家的电视业发展一直走市场化道路不同，尽管中国内地在1958年就创建了北京、上海、黑龙江等一批电视台，如今已有电视台数千家，但电视业长期是作为广播电视事业的一部分发展的。中国内地电视业的产业化发展，可以说酝酿于80年代，起步于90年代，2000年以后有了较快发展。

中国电视剧的发展经历了半个多世纪，近年的年产量已达500多部、1.4万～1.7万集，中国已成为名副其实的电视剧生产和播出的大国①。中国电视剧生产的繁荣，主要是利用文化遗产制作古装片、武侠片、战争片而形成的。香港电视剧生产在20世纪后期一度兴旺，大量生产而为观众喜爱的多是古装片、武侠片或以历史为背景的片子，如《霍元甲》、《陈真》、《射雕英雄传》、《天龙八部》、《绝代双骄》、《戏说乾隆》、《武则天》、《上海滩》等。内地的电视剧生产，在80年代从改编自四大古典名著的连续剧热播而开始繁荣。1986年，《红楼梦》在中央电视台和香港亚洲电视台同时播出，最高收视率达到70%以上，创造了中国电视剧收视率的历史纪录。《西游记》自1986年首播以来，至今重播了数遍，收视率一直很高，成为播出次数最多、观众最多的国产电视剧。90年代以来，历史题材的大剧和武侠剧等古装剧，一直是国产电视剧生产的主流，如《康熙王朝》、《雍正王朝》、《大明宫词》、《贞观长歌》、《太平天国》、《走向共和》、《孙中山》、《长征》、《宰相刘罗锅》、《还珠格格》、《乔家大院》、《闯关东》、《笑傲江湖》、《神雕侠侣》等。这类利用文化遗产摄制的优秀电视剧，不仅高居收视率前列，也获得了很大的收益，成为中国电视剧生产的骄傲和中国电视剧艺术的特色。2001年，中央电视台投资1200万元摄制的《大宅门》(第一部)播出，不仅创造了当年的收视率奇迹，而且贴片广告收入前所未有地超过了1亿元。2005年，电视剧收视率的前三名分别是《京华烟云》、《亮剑》和《汉武大帝》。其中投资5000万元的《汉武大帝》，贴片广告收入创下1.2亿元的中央电视台电视剧广告收入的新高。另外，《天下粮仓》、《还珠格格》第三部、《乔家大院》、《星火》、

电视剧《大宅门》海报。图片来源：中国影视资料馆(cnmdb.com)。

① 据国家广电总局统计，2012年全国生产完成并获得《国产电视剧发行许可证》的剧目共计506部17 703集。见国家广播电影电视总局网(www.sarft.gov.cn)/广电信息/通知公告/关于2012年第四季度暨年度全国国产电视剧发行许可情况的通告。

《闯关东》、《走西口》、《美人心计》和《宫锁心玉》，分别居于2002年、2003年、2006年、2007年、2008年、2009年、2010年、2011年中国电视剧收视率首位。2012年电视剧收视率排在第一、二位的国产电视剧是《甄嬛传》和《活佛济公3》。2013年热播的电视剧《陆贞传奇》和《笑傲江湖》，也居收视率前列。这些电视剧全是历史题材剧、历史背景剧或古装剧。有调查表明，外国观众也很喜爱看中国利用文化遗产拍摄的古装剧和武打剧①。

以文化遗产为内容的电视节目，大都有较高的收视率。中央电视台的《探索·发现》栏目，播出的多是以文化遗产为内容的考古发现、文物介绍、采风调查、人文地理方面的纪录片或专题片，自2001年开播以来，一直保持着名列前茅的收视率，在中央电视台众多栏目收视率总排名中长期居于前10名之列，在全国电视栏目收视率大排名中也位居前20名之列。中央电视台以文化遗产为内容的其他节目，如《发现之旅》、《中华民族》、《国宝档案》、《走遍中国》等，也都有较高的收视率。

伴随着中国影视业的发展，适应影视剧生产，尤其是历史剧和古装剧生产旺盛的需要，各地也出现了利用文化遗产兴建影视摄制基地或影视城的热潮。目前，中国建成的大型影视城已有10多处，如无锡影视基地、横店影视城、镇北堡影视城、涿州影视基地、中山影视城、南海影视城、上海影视乐园等。这些影视城以其原有的珍贵文化遗产或仿建的历史建筑、场景和道具，既为影视剧的拍摄提供了实景式条件，也招徕了四方游客而成为著名的文化旅游景点。

中央电视台无锡影视基地。图片来源：走遍中国旅游网(zbzg.com)。

《国家"十一五"时期文化发展规划纲要》将影视制作业列在重点发展的文化产业九大门类之首，突出了影视业在中国文化产业中的重要地位，也表明中国

① 参见中国广播网2010年3月18日娱乐新闻《中国电视剧的外国粉丝：多喜看古装剧和武打剧》。

政府发展文化产业的首要着力点是影视业。影视业快速发展的核心，是发展影视内容产业。中国电影、电视剧、动画片等影视内容产业的发展，无疑需要发扬影视制作的传统，更加充分地利用中国丰厚的文化遗产这一资源优势，生产出大量具有中国文化风格而在世界市场竞争力强的影视作品。

2. 文化遗产与出版业

出版业是文化产业中历史最悠久的门类。以图书的复制、发行为基础和核心发展起来的出版业，至今已经形成为以图书、报纸、期刊、音像、电子、网络等媒体的出版、印刷、复制、发行等为主，包括出版教育、出版科研、版权代理、出版物资供应、出版物进出口等附属门类完整的产业体系。

在中国，西汉元始四年(公元 4 年)就在长安出现了历史上最早的图书交易场所槐市①。纸及印刷术发明并推广使用的隋唐之后，中国古代的出版业十分发达并曾长期居于世界领先地位。

中国发明的印刷术约在 15 世纪传到欧洲，即在欧洲各国推广使用并由受到影响的德国人谷登堡(1400—1468)发明了金属活字印刷术，图书印刷业于是在欧洲发展起来。16 世纪下半叶，欧洲的一些大城市陆续出现了出版社，世界出版业也由此发轫。欧洲工业革命以后，出版业在西方国家发展迅猛。20 世纪，美、英、法、德等西方国家成为世界出版业大国，其出版业扩张到全世界，左右了世界出版业的发展。美国更是确立了世界出版业的霸主地位。

2005 年重庆出版集团授牌成立仪式。图片来源：互动百科网(hudong.com)。

中国当代的出版业在港台地区一直走的是产业化道路，在内地则长期走事业化的发展道路。自新中国成立到 20 世纪末，内地的新闻出版机构都是国家事业单位。虽然在社会主义市场经济大潮的推动下，新闻出版机构也做过面向市场的企业化转型的尝试，但直到 20 世纪末也没能真正完成。2002 年，中共十六大报告明确提出发展文化产业，深化文化体制改革，新闻出版机构的企业化转型开始进入实质性阶段，出版业的产业化道路真正开始。至 2012 年，全

① 《太平御览》卷八百二十六引《三辅黄图》云：“元始四年，起明堂、辟雍长安城南，北为会市，但列槐市数百行为队，无墙屋，诸生朔望会此市，各持其郡所出货物，及经书传记、笙磬器物，与卖买，雍容揖让，或论议槐下。”扬雄《法言·吾子》语及书肆，可证西汉末年已有出售出版书籍的书店了。

国3000多家新华书店、528家图书出版社、637家音像电子出版社、3271家非时政类报刊出版单位已经完成转企改制，组建了120多个新闻出版企业集团，有49家新闻出版企业在境外上市①。新闻出版业的总产值2009年突破了万亿元大关，2011年超过了1.5万亿元。2012年，全国出版印刷和发行服务的营业收入达1.65万亿元，图书出版品种和日报发行量居世界第一位，电子出版物总量居世界第二位，印刷业总产值居世界第三位，显示出中国出版业产业化发展的跃进态势。2011年4月，国家新闻出版总署发布的《新闻出版业“十二五”时期发展规划》明确提出，在“十二五”时期“大力弘扬中华文化优良传统，为实现新闻出版强国目标打下坚实基础”，“新闻出版产业增长速度达到19.2%，到‘十二五’期末实现全行业总产出29 400亿元，实现增加值8440亿元”。

出版业的发展立足于纸介质的图书出版，至今图书、报纸、期刊等传统纸介质产品的出版依然是出版业的基础。尤其是图书出版，始终是出版业的支柱。出版图书的销路如何，有无经济效益，主要在于图书的内容和普及程度。一般而言，文学艺术类的图书销路较好。小说《哈利·波特》在世界上的累计销量，据说达到了3.5亿多册。不过，古籍重复出版或文献整理出版，始终是图书出版中出版规模大、综合效益高的大类。古籍的重复出版、文献的整理出版以及文献典籍的编纂出版，既是对文化遗产的保护，也是对文化遗产的利用。

中国历史悠久，文明长期发达而无断裂，文献典籍卷帙浩繁。古籍图书的出版也一直是中国图书出版的重要工作和出版业发展的成绩体现。新中国成立前，中华书局、世界书局、商务印书馆等出版机构，就出版了《四部丛刊》、《四部备要》、《诸子集成》、《古今图书集成》、《百衲本二十四史》等大型古籍丛书，在中国近现代出版史上形成了一个古籍整理出版的热潮。新中国成立后，政府高度重视古籍整理出版，成立了中华书局、上海古籍出版社、人民文学出版社和商务印书馆等专门或重点从事古籍整理和传统文化读物的出版机构，出版了《全唐诗》、《全宋词》、《全元散曲》、《文苑英华》、《艺文类聚》、《太平御览》、《册府元龟》、《永乐大典》、标点本《二十四史》、点校本《清史稿》等众多古籍。改革开放以来，随着出版业的快速发展，全国各地的出版社大都热衷于文献典籍的重版或整理出版，形成了古籍整理出版的高潮。据统计，新中国成

① 《柳斌杰：文化建设新高潮必将兴起》，国家新闻出版总署网（www.gapp.gov.cn）/新闻资讯/总署工作。《中国新闻出版报》2012年12月31日报道：“10多万家印刷复制单位、1万多家国有新华书店率先完成转制，全国图书出版单位全部完成转企改制。”见王玉梅《“黄金十年”的大跨越》。

《中华大典·文学典》出版座谈会，2010年1月在北京举行(作者摄)

立以来整理出版的古籍图书有2万多种，而近90%都是改革开放以来30多年里出版的，如中华书局出版的《中华大藏经》(汉文部分)、齐鲁书社出版的《四库全书存目丛书》、上海古籍出版社出版的《续修四库全书》和《古本小说集成》、解放军出版社和辽沈书社联合出版的《中国兵书集成》、甘肃文化出版社和宁夏人民出版社联合出版的《回族典藏全书》、20多家出版社联合出版的《大中华文库》(汉英对照)等。正在或即将整理出版的大型古籍丛书以及文献编纂的大型类书还有多种，如《中华大藏经》(汉文部分续编)、《中华再造善本》(续编)、《清代诗文集汇编》、《中华大典》等。《国家"十一五"时期文化发展纲要》中列出的国家重大出版工程是：《马克思恩格斯全集》(第二版)、《马克思恩格斯文集》、《列宁文集》、《中华大典》、《中华古籍全书》、《中国大百科全书》、《大辞海》、《域外汉籍珍本文库》等重点图书、音像、电子、网络出版物。这些重点出版的图书都是文化遗产或主要利用文化遗产编纂的图书。国务院办公厅2007年印发的《关于进一步加强古籍保护工作的意见》强调，要"进一步加强古籍的整理、出版和研究利用"。古籍图书或利用文献编纂的图书的出版，过去和将来都是中国出版业的重要支点，也形成了中国出版业的鲜明特色。

在古籍图书出版高潮形成的同时，全国各地纷纷成立从事古籍图书出版的专业出版社，20世纪90年代前，古籍出版社大都有着较好的效益。此后，受市场因素制约，古籍出版社的经济效益有所下滑甚至生存艰难，至2010年还有22家专业古籍出版社。在市场经济环境中，古籍图书毕竟比一般图书的出版投入大、发行范围窄、销售时间长。可是，在与市场博弈的过程中，22家古籍出版社不仅守住根基生存了下来，而且发挥古籍图书出版的优势和实施开发新产品的多元化发展战略，逐渐显露出各自的发展前景。古籍图书出版的优势在于，虽然发行范围窄和销售时间长，却有着较为固定的受众。尤其对图书馆这样的集团客户来说，古籍图书不像一般图书那样畅销一时即成明日黄花，而是可以长时间持续发行和再版发行。随着中国国家实力的增强和国际地位的提高，随着古籍图书出版质量的改进，古籍图书作为中国文化产品的代表，在国际市场上的需求量越来越大。目前多家古籍出版社已经进入国际市场，有的甚至将对外发行作为收益的主要进项。更重要的是，古籍图书出版的综合效益是一般图书出版难以比拟的。古籍是中华民族历史文化的载录，出版古籍图书使之获得有效的保护与利用，对于传承中华文化、维系民族感情、弘扬民族精神、维护国家统一和社会稳定，以及提高中华文化的国际传播力和影响力，具有不可估量的意义。国家和社会的需要，是古籍出版社发展的动力，也强化了古籍出版社的生命力。正如古籍图书出版是中国出版业的鲜明特色一样，古籍出版社也是中国最有特色的出版机构。

音像出版，指录有内容的录音带、录像带、唱片、激光唱盘和激光视盘等音像制品的出版，是20世纪新兴的出版形式。1978年以前，中国仅有一家音像出版单位。至2009年，全国已有音像制品出版单位380家、光盘复制单位126家，发展成为包括制作、出版、复制、进出口、批发、零售、出租、放映等门类齐全的行业体系。音像出版的内容大多依托或利用文化遗产，如古典音乐、传统戏曲、古装影视片、人文地理纪录片等。中国的影视制作多为历史剧或古装剧，中国的音像出版也多反映和利用文化遗产。

电子出版，指将编辑加工后的内容信息以数字代码方式存储在光盘、磁盘、集成电路卡等固定物理形态的磁、光、电等介质上，从而可以通过电子阅读、显示、播放设备读取使用的出版。网络出版，则是将编辑加工后的内容信息以数字代码方式发布在网络上，以互联网为载体和流通渠道出版和销售。这两种出版形式，都是随数字化和网络化技术的发展而勃兴的。由于其出版的范围广、成本低、周期短且发布快、存续长、受众多，方便普及又经济环保，这两种出版形式显现了21世纪出版业的发展方向。至2012年，中国已有268家电子出版物出版单位，而且传统的图书出版社或音像出版社也纷纷开发电子出版物，电子或数字出版显示出强劲的发展势头。电子出版和网络出版所借助的现代科技虽然重要，但决定出版产品命运的毕竟是内容。无论是电子出版还是网络出版，依然是内容产业。其出版内容与传统图书出版及音像出版一样，也多以文化遗产或利用文化遗产的信息作品为内容。因为数字化技术的信息容量大，这两种出版形式也更易于大规模地展示和全方位地利用文化遗产。

3. 文化遗产与广告业

广告，即广而告之以让众人知晓。但“广告”一词，却不是古代汉语中的既有语词，而是20世纪初由英语“advertising”翻译而来的外来语。作为当代大众语词，指的是通过媒体、招贴、橱窗等形式介绍商品、服务内容、文艺节目等的一种宣传方式。作为经济学术语，则指为了商业或其他经济目的而作的付费信息发布。

人类社会自出现了商品交换、市场买卖活动，也就随之出现了口头的、文字的或图画等方式的叫卖商品、推销货物的广告活动。广告活动的历史可谓源远流长。西方的古希腊社会，伴随海上贸易的发达和商业的繁荣，广告活动相应较为普遍。不过，由社会的广告活动发展为经济领域的广告行业或产业，则是在欧洲工业革命后西方经济快速发展而促成的。1841 年，美国人帕默自称报纸广告代理人，在费城兜售报纸广告版面，标志着广告代理业的出现。1869 年，美国人艾耶在费城创办艾耶父子广告公司，标志着现代广告业的诞生。20 世纪，知识、技术、人才和智能皆密集的广告业作为市场经济的先导，在世界上快速发展，在西方发达国家尤其发达。作为世界广告业老大的美国，其广告业规模占到了世界广告市场总规模的一半以上。

当今全球最大的广告公司——位于东京的电通广告公司总部大楼。图片来源：互动百科网(hudong.com)。

中国广告业的发展，始于 20 世纪 20 年代的上海。新中国成立后的前 30 年里，广告业被视为资本主义的产物，在内地的发展基本停滞。港澳台地区的广告业，在 20 世纪下半叶有较快的发展。尤其是香港，广告业相当发达，被誉为亚洲的“广告之都”。1979 年，广告业在大陆恢复发展。经过 80 年代的调整，中国广告业在 90 年代进入高速发展时期，在 21 世纪的头 10 年更是发展迅猛。2009 年，中国的广告业规模已超过 2000 亿元，跃居世界第三，仅次于美国和日本①。2012 年，中国的广告业经营额达到 4698 亿元②。

广告业运行的要素，有广告主体、广告公司(广告代理商)、广告作品(广告信息)、广告媒体和广告客体(广告受众)。在这五大要素中，体现广告活动最终成果和决定广告效益大小的是广告作品。可以说，广告作品是广告业运行的核心要素。

广告作品是广告作者设计和制作，用以表达广告主体意图并试图影响受众的符号集合体，是创意性的文化产品。无论是文字、图案、形象等构成的平面或立体广告，还是语言、音乐、画面等构成的视听广告，都要求广告作者根据

① 德国广告经济联合会于 2008 年初在其网站上公布的根据世界广告研究中心的数据计算的结果，称中国广告业规模已跃居世界第二。见新华网、《北京商报》等媒体报道。

② 中新社记者刘长忠：《中国广告业市场总体规模已跃居世界第二位》，见中国新闻网(www.chinanews.com)2013 年 4 月 26 日报道。

广告主体的主观意图和广告客体的心理需求，创制出具有丰厚文化寓意和新奇艺术表现的作品。广告主体的主观意图(推销的商品或服务等)决定了广告的主题，广告客体(消费者)的心理需求决定了广告的创意；只有丰厚的文化寓意和新奇的艺术表现，才能最大范围和限度地吸引受众，激发其消费心理需求，达到诱导其产生消费欲望，从而实现广告主体的推销目的。若要使广告作品寓意丰厚和表现新奇，就免不了需要利用文化遗产以从中提炼传统文化的元素，获得构思和设计的灵感而进行广告创作；也必须以既有的文化遗产为基础，借鉴前人的文化成果从事作为文化产品的广告创作。实际上，世界上的许多广告设计大师，都热衷于利用文化遗产进行创作。国内外许多经典的、效益巨大的广告作品，也多是利用了文化遗产创制的作品。

李奥·贝纳(Leo Burnett，1891—1971)是世界广告设计大师之一，他所创立的李奥贝纳广告公司居于世界十大广告公司之列。他最为成功的作品，就是被认为是创造出“万宝路神话”的万宝路(Marlboro)香烟品牌广告。诞生于1924年的万宝路香烟，原本是为女士生产的，但一直打不开销路，甚至一度停产。1954年，无奈的烟草公司求助于他。他经过周密的市场调查后，受到当时好莱坞西部片热播而观众趋之若鹜的启发，敏锐地感受到美国人对历史上开发西部和民间传说中的粗犷、野性、豪迈而具有英雄气概的西部牛仔形象的追捧，大胆对万宝路香烟的销售对象重新定位，变女士烟为男士烟，并设计出既有传统的西部牛仔风貌，又具当代男人气质的“万宝路牛仔”品牌广告。广告推出仅一年，万宝路香烟就在美国香烟品牌的销量排名中跃居第10位。到1975年，万宝路香烟销量超过了一直位居首位的云斯顿香烟。80年代至今，万宝路香烟一直居世界香烟销量的首位，约占世界香烟总销量的1/4。不言而喻，“万宝路牛仔”的香烟广告，是世界广告史上利用文化遗产进行广告创意和设计最成功的案例。

万宝路香烟广告。图片来源：中国经济网(ce. cn)。

日本电通(Dentsu)是当今全球规模最大、排名第一的广告公司，于1994年进入中国市场。其在中国的形象广告，利用中国文化遗产，选择孙悟空和诸葛亮的形象作为沟通语言，在设计和制作中又以摄影的方式表现中国漆画、水墨画的特点，通过突出浓厚的中国元素和中国文化，来传达电通公司立足中国市场的信心和态度。

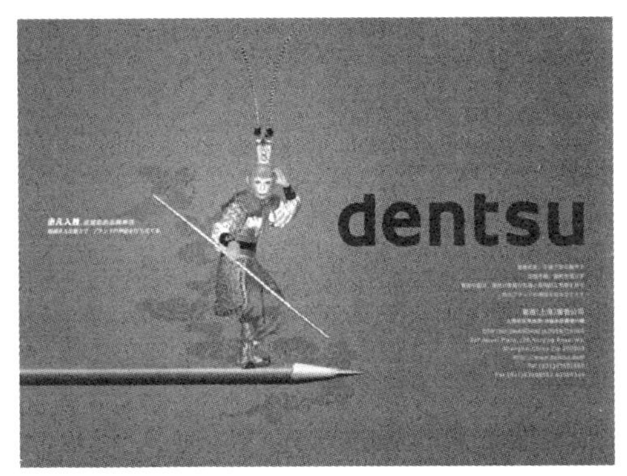

电通在中国的形象广告。图片来源：中国广告协会网(cnadtop.com)。

中国的广告业在近20年的高速发展过程中，也出现过类似"万宝路牛仔"的经典案例。1994年，山东鱼台县酿酒厂在中央电视台首届广告竞标中，投入3079万元，一举夺得1995年央视广告标王。1995年，随着"孔府宴酒"的品牌形象和"喝孔府宴酒，做天下文章"的广告词在央视黄金时段播出，当年就创造出中国广告业催生的经济神话：孔府宴酒迅即畅销全国，为生产企业实现销售收入9.18亿元、利税3.8亿元；原本名不见经传的鱼台酿酒小厂，也在主要经济指标上跨入全国白酒行业三甲。这一奇迹的出现固然与央视的特殊地位所形成的巨大广告效果直接相关，但也不可否认其广告作品的成功之处。其品牌名称利用了孔府家宴必用鱼台美酒的传说，迎合了国人好新奇、爱美酒的消费心理和期盼团圆、共享家宴的美好心愿；其广告词则利用了历史上孔子被尊为至圣先师的史实，迎合了国人尊崇孔子、追求学而有成、做好笔下文章和人生文章的文化心理和美好心愿。只可惜该企业没能将经济效益转为持续发展的后劲，因决策失误而导致急剧衰败，孔府宴酒的品牌也在数年后被人遗忘。企业之盛，有赖于广告的成功；企业之衰，却非广告的失败①。孔府宴酒当年的广告，应该说是利用文化遗产的成功案例。

江苏红豆集团以生产内衣起家，创建伊始即以打造民族品牌为己任。其红豆衬衫的广告片，利用红豆相思的古老传说和唐代诗人王维的名作《相思》生发②：妈妈教幼女背唐诗《红豆》，女儿口齿清晰地诵出前三句却忘记了最后一句，爸爸拿着盒装的衬衫走过来续道"此物最相思"，妈妈会意地一笑。这一广告片，让中国受众深有共鸣，被认为是具有传统文化内涵和情结的优秀广告，

① 在孔府宴酒通过央视广告创造经济奇迹的刺激下，同处山东的临朐同行——秦池酒厂不惜先后以6660万元和3.2亿元连续夺得1995年、1996年的央视广告标王，虽然也一度因广告而获得惊人效益，终究因广告投入过大而力不能支及其他原因，迅即败落。秦池酒厂的盛衰，可谓不自量力的广告失败。

② 中国南方生长红豆树，结果浑圆红亮若豆，古人常用以镶嵌饰物。传说古代有一女子，因丈夫死于边地，在树下悲哭而亡，化为红豆，人们乃称红豆为"相思子"。红豆集团的创始人周耀庭的家乡无锡市下港镇多有红豆树，其中最老的一棵红豆树在当地传说是梁昭明太子因思念死去的情人而栽下的。

成为当今广告学教科书中的经典案例。红豆集团也借助这样的广告宣传和自身不懈的努力，使得"红豆"商标成为中国驰名商标之一，企业则从1983年创业时的一家乡镇小厂发展成为当今集纺织服装、机械车辆、橡胶轮胎、生物制药等生产于一体的大型集团公司。

广告作品对于文化遗产的利用，往往与作品所推销的对象、表达的意图和受众的文化心理密切相关。一般而言，传统的商品或消费对象的广告作品，利用文化遗产也较多。在中国，近年来广告投入排在前五名的行业是房地产、药品、食品、化妆品和汽车。其中，食品行业的广告多利用文化遗产，而且尤以白酒类广告为最。当今一些畅销的白酒新品牌，大多利用文化遗产而注入了品牌白酒的历史文化内涵，并且以其大做广告宣传，如"国窖1573"、"水井坊"、"道光廿五"、"白云边"等。这些品牌白酒的广告宣传之所以取得较好的促销效果，正在于中国有着源远流长的酒文化传统，也有着酿酒的精湛工艺传统，其文化遗产的利用牵动了国人的民族文化情结，也引发了国人的消费欲望。另外，旅游业也是广告投入很大的行业。而以文化遗产为主要资源的旅游业，广告宣传也多利用文化遗产。

国窖1573包装。图片来源：一站式酒城(ezhangshi.com)。

在中外广告史上，利用文化遗产进行创意的杰作不胜枚举；在世界广告业里，利用文化遗产进行创意的广告宣传所取得成功的实例也难以尽述。人人都有怀旧心理，人人都有历史情结，巧妙而贴切地利用文化遗产进行广告创意，容易迎合受众的文化心理，引发受众的消费欲望。

4. 文化遗产与演艺业及演艺节目

演艺，即音乐、舞蹈、戏剧等文艺表演，是人类生活中不可或缺的活动，其历史可以追溯到人类的童年时代。演艺活动的商业化，大约在两千多年前就开始了。随着社会经济的发展和人类文明的进步，演艺行业也不断发展兴旺。至今，演艺业不仅依然是文化产业的重要门类和基础行业之一，而且具有旺盛的生命力和广阔的发展前景。

演艺业的发展程度与经济发展水平和国民收入水平直接相关。当今世界的发达国家，演艺业也十分发达。犹如好莱坞是美国电影产业的标志乃至世界电影产业的标杆，百老汇则是美国演艺业的标志乃至世界演艺业的标杆。

百老汇(Broadway)，是纽约曼哈顿区一条大街的名称，本义为"宽阔的街

百老汇音乐剧《阿依达》剧照。图片来源：新浪网(sina.com.cn)。

道”。自1810年第一家剧院建在百老汇，到20世纪20年代百老汇的演艺业达到鼎盛，大街上曾聚集有80家剧院，每年上演新创剧目达270台。20世纪下半叶以来，尽管演艺业受到影视业的巨大冲击，但百老汇还是持续繁荣，观众数量和票房收入都呈现出上扬的总趋势。至今，百老汇有600座以上的大剧院约40家，形成百老汇剧院群以及与之相关的创意、制作、表演、宣传、销售、融资投资、法律服务、人才培训、行业管理等完整的体系和产业链组构的“百老汇戏剧产业园区”。百老汇的兴盛，在于20世纪20年代统治舞台、继而名扬全球的百老汇歌舞剧(亦称“音乐剧”)。它是一种以大众熟悉的日常英语为口语，以轻松幽默、活泼大方的表演为特征，结合民间歌舞、杂耍艺术，借鉴欧洲轻、喜歌剧和清唱剧艺术，糅合美国爵士音乐的新型文艺形式，可以说是汲取多元文化遗产因素新创的、体现了美国的精神文化而迎合了美国人消费需要的大众娱乐形式。长达200年来的发展，百老汇保留的经典剧目和演出设施，已经成为文化遗产。百老汇每年上演的剧目，既有新创的，也有重排的，还有翻新的。重排的老戏或老戏翻新的剧目，是对文化遗产的直接利用或间接利用。就是新创剧目，也往往会在创意、素材、服装、道具、布景及表演形式等各方面利用文化遗产。百老汇演艺业的历史，也是不断利用文化遗产发展的历史。

中国的演艺业起步于20世纪80年代，发展于90年代。进入21世纪以来，在政府主导下，原属国家事业单位的文艺演出团体改企转制的力度不断加大，民间文艺演出组织急剧增多，投入演艺业的社会力量迅猛增强。2005年，文化部、财政部、人事部和国家税务总局联合发布《关于鼓励发展民营文艺表演团体的意见》，中国演艺业的发展突飞猛进。2006年，中国演艺业的活力空前释放。2009年，各地演艺业出现繁荣景象，有114家国有院团完成转企改制，中国演艺和制作企业还购买了美国的剧院①。2011年，中国已有演艺机

① 据报道，2009年底，中国港中旅集团所属天创国际演艺制作交流有限公司购买了美国第三大演艺中心布兰森的白宫剧院，使得中国的演出剧目在国外拥有了固定的演出场所。这是中国文化企业首次购买外国剧院，标志着中国文化企业开始强势挺进国际演艺市场。参见马小宁《中国〈功夫传奇〉在美落地生根》，载《人民日报》2010年7月4日。

构1.1万多个，演出市场的票房收入达120.9亿元①。

近年来中国演艺业的迅猛发展，与演艺企业和演艺节目利用文化遗产关系至大。在演艺市场上生命力旺盛，有较大效益的演艺企业和演艺节目，许多都是主要利用文化遗产开展活动的企业或利用文化遗产编创的节目。

昆曲的经典剧目《牡丹亭》、《西厢记》、《长生殿》和《桃花扇》的剧本，是中国古代戏曲的四大名著。2004年，苏州市昆剧院排演的新版全本《长生殿》和著名作家白先勇改编、苏州市昆剧院演出的青春版《牡丹亭》公演，深受观众欢迎，成为轰动文化界的大事。尤其是青春版《牡丹亭》，至2009年在海内外巡演近200场，几乎场场爆满。2006年，江苏省昆剧院排演的新版《1699桃花扇》在保利剧院和国家大剧院连续公演，并与十大国际级艺术节签署展演合同，随即在海内外产生巨大影响。演出仅两年，投入1500万元的这一剧目就赢利达5000万元。三台大戏，或保持了原著的汁味，或撷取了原著的精华，充分展现了昆曲艺术的风格和特色，不仅让观众强烈感受到昆曲的高雅和绚美，而且让观众深刻领悟到昆曲所传承的民族历史文化神韵。

昆曲《1699桃花扇》剧照。图片来源：中演票务通（piaowutong.com）。

值得注意的是，近年在演艺市场引起轰动、获得成功的戏剧，多是利用文化遗产的文化产品，如江苏省京剧院2006年推出的京剧《西施归越》，江苏演艺集团2007年推出的大型广场剧《三国志·吴》，江苏演艺集团与荷兰巡演歌剧院合作编创，2008年在新落成的荷兰国家大剧院首演的歌剧《紫禁城的故事》，国家话剧院2009年推出的《简爱》、《堂吉诃德》，上海文广演艺集团推出的梦幻剧《时空之旅》、话剧《鹿鼎记》和《武林外传》及新版评弹系列新篇《四大美人》，中国对外演出公司和山东杂技团联合打造的综艺舞台剧《中国风》等。天创国际演艺制作交流公司制作的大型舞台剧《功夫传奇》，自2004年推出后在国内常演、国外巡演不衰，成功进入欧美主流演艺市场，2010年在白宫剧院演出达236场。

一些主要传承和利用文化遗产的演出单位，如民族歌舞团、民族乐团、杂技团等，面向市场后勇于变革创新，也取得了较好的效益。成立于1962年的东方歌舞团，是文化部直属的国家事业单位，以继承和发扬中外传统的民族民间

① 郑洁：《演艺产业吹响冲锋“集结号”》，载《中国文化报》2012年12月8日。

优秀歌舞艺术的节目为主要表演内容，因有一大批著名表演艺术家和经典歌舞节目而享有盛誉，在丰富人民的文化生活及中外文化交流中贡献卓著。2005 年，东方歌舞团作为国家演出单位的首批改制试点，与原中国歌舞团组建为中国东方歌舞团(国家歌舞团)，建立了与社会主义市场经济体制相适应的运行机制。改制后仅半年，该团就获得以往不敢想象的演出收入 2400 多万元。在改制成功、效益显著的基础上，该团又于 2009 年进一步转为文化“央企”，组建成中国东方演艺集团有限公司。已经成立的大型演艺企业，如江苏演艺集团、上海文广演艺集团及陕西演艺集团等，也都高度重视利用文化遗产生产经典文化产品。江苏演艺集团近年重点开发的项目，是建设以传统文化为核心，集演出、商业、展览、旅游于一体的中华戏曲文化博览园。上海文广演艺集团在 2010 年新年伊始，就打造出继承传统杂技艺术精髓而具有浓郁东方风味的《海上风韵——大型杂技精品晚会》。2009 年成立的陕西演艺集团，以打造一批具有浓郁陕西地方特色的艺术精品为发展的突破点，现已走在全国演艺企业的前列。

蓬勃发展的中国民营演艺团体，多以表演民族民间传统戏曲、乐舞为主，其壮大也主要在于对民族民间传统表演艺术的继承和创新。1993 年创立的河南小皇后豫剧团，本是以家庭成员为主干，靠 10 万元流动资金起家的农村剧团，现已成长为资产逾千万元的国内外知名剧团。拥有 5 个子公司、固定资产达3000多万元的四川德阳市杂技团有限责任公司，1980 年始建时还只是一个个体“背篓”杂技马戏班。演出的节目主要为对中国传统杂技艺术的继承和发扬，还多方面地利用文化遗产进行创新。2008 年，该公司投入巨资打造出凸显三星堆文化的大型主题杂技《飞翔》，成为北京奥组委的推荐节目，在北京连续演出 800 多场。2009 年，该公司又与成都艺术剧院联合创制了以古蜀文化为背景的大型杂技剧《魔幻金沙》，受到市场欢迎和业界肯定。吉林省东北风文化传播有限公司自 2002 年成立伊始，即定位于以东北传统民间艺术“二人转”为主要表演形式，同时将戏曲、舞蹈、杂技、武术等多种艺术表现形式及专业的旦角、民间的丑角有机地结合起来，大胆创新而制作出丰富多彩的舞台节目。于是，企业很快发展成为在全国数个大都市有固定或流动演出场所、下辖 4 个子公司的大型民营文艺团体，还被文化部授予“国家文化产业示范基地”称号。公司的董事长则被港澳台地区中华非物质文化遗产研究会授予“中华非物质文化遗产杰出传承人”称号。

云南山林文化发展有限公司与著名舞蹈家杨丽萍合作，2003 年推出精心打造的大型原生态歌舞集《云南映象》。它将原生态的云南民族民间乡土歌舞精华整合重构，展现了云南浓郁的地域和民族风情，是一部既有传统之美又有现代之力的歌舞杰作。《云南映象》于 2004 年参加第四届中国舞蹈“荷花奖”舞剧、舞蹈诗比赛，一举荣获舞蹈诗剧目金奖等五项大奖，2005 年又获得“国家舞台艺术十大精品工程”大奖。公司也在 2004 年更名为云南映象文化产业发展有限公司，并在 2005 年被文化部授予“国家文化产业示范基地”称号。至 2011 年，《云南映象》已在国内外巡演3000多场，观众达 120 多万人次，获得了巨大的经济效益和社会效益。

《云南映象》剧照（刘广铭摄）。图片来源：人民网(people.com.cn)。

近年来利用文化遗产开发演艺节目，扩大产业规模的民营企业中最成功的实例，无疑是本山传媒集团。表演“二人转”出身的草根艺人赵本山成为中国小品王之后，在 2003 年成立了以演出“二人转”、喜剧小品和东北民间歌舞为主的辽宁民间艺术团有限责任公司。在经营的同时，赵本山又围绕“二人转”这个核心涉足影视业和艺术教育。2005 年，企业升格为本山传媒集团。至 2012 年，企业资产已达数十亿元①。以“刘老根大舞台”为品牌的舞台演出，一直是企业的支柱，现已在沈阳、北京、天津等地开设多家连锁剧场，而且在 2010 年被文化部、国家旅游局联合评为首批“国家文化旅游重点项目”。2008 年，赵本山被评选为曲艺类东北二人转国家级非物质文化遗产项目代表性传承人。

演艺业与旅游业关系密切，中国各地政府、旅游景区和旅游企业为发展旅游业，一直都致力开发与当地旅游景观相结合的演艺产品，当下更是倾力创制大型旅游演艺产品。这类产品大都以展现地域文化和自然风光为主，因而着力于充分利用地方的文化遗产。深圳华侨城集团利用文化遗产于 1991 年、1994 年先后建成的“中国民俗文化村”和“世界之窗”两大文化景观的主题公园，都有展现民族风情的民间歌舞表演。2003 年，桂林广维文华旅游文化产业有限公司投入巨资，聘请著名导演张艺谋领衔执导，编创出大型桂林山水实景演艺节目《印象·刘三姐》。据悉，自节目演出以来的 8 年里，该公司已经获得超过 6

① 《东方早报》2012 年 10 月 17 日报道：“有机构评估本山传媒目前的资产达到 50 亿元，赵本山个人身家被估高达 10 多亿元。”见骆俊澎《赵本山：我不排斥新生事物，也不排斥与周立波合作》。

亿元的总收入，参与演出的400多名农民年均增加收入1.5万元，对当地旅游的综合收入的增长和拉动经济的作用更是难以估量。因其示范效应，一些著名旅游胜地纷纷聘请张艺谋及其团队开发大型实景演艺节目。于是，《印象·丽江》、《印象·西湖》、《印象·海南岛》、《印象·大红袍》、《印象·普陀》、《印象·武隆》等陆续推出，构成张艺谋导演的所谓“印象系列”。“印象系列”着重以现代艺术表现手法展示当地原生态的民族民间文化和自然景观，突出天人合一。尽管后出的“印象”演出的经济效益已不及早出的节目，但各地依然不惜投入数亿元巨资跟风打造。其他著名电影导演如陈凯歌、冯小刚等，也步张艺谋后尘参与其中。有人调研后指出，“印象系列”每天的门票收入，保守估计也在200万元以上。所以，投资虽大，但收入可观且受益时间长，直接和间接的经济效益无疑将会远超投资成本。正因为演艺与旅游可以密切结合、相互促进，文化部、国家旅游局2009年联合下发《关于促进文化与旅游结合发展的指导意见》，将打造高品质旅游演艺产品作为推进文化与旅游结合发展的主要措施之一。

《印象·丽江》演出情景。图片来源：新浪网(sina.com.cn)。

文化与旅游相结合的高品质演艺产品，大都需要充分利用文化遗产。2010年10月，文化部与国家旅游局联合评选出首批国家文化旅游重点项目名录——旅游演出类，《西湖之夜》、《印象·刘三姐》、《宋城千古情》、《东北二人转》、《禅宗少林音乐大典》、《魅力湘西》等35个文化旅游演出项目上榜①。这35个旅游演出项目，几乎全是利用文化遗产创作的演艺产品。

① 见文化部网(www.mcprc.gov.cn)/信息发布/新闻中心/文化新闻：《35台旅游演出项目入选首批国家文化旅游重点名录》。

5. 文化遗产与文化会展业

会展业是会议业和展览业的合称，指举办大型会议、展览及聚会性活动(节会、运动会、文艺会演等)而产生经济效益和社会效益的产业形态。

会展的起源，可以追溯到文明时代早期。市场的集会活动，已经有了数千年的历史。但现代会展业的诞生，则在19世纪的欧洲。1851年的英国万国工业博览会，或者可以说是世界会展业发展的起点。尽管当时英国举办首届世博会旨在宣扬当时作为“世界工厂”的英国的强大国力，但历时5个月、600多万人次的参观活动，使博览会净赚了18.6万英镑，其产生的综合效益更是难以估量。会展业是随着工业化程度加快、经济高速发展、信息社会来临而兴起的一种服务业门类，由于其具有涉及面广、关联度高、信息量大、推销商品集中、获取资源便利、就业机会增加、形象得以彰显等优势，于20世纪60—80年代在西方发达国家迅速发展成为一个庞大的行业。目前，西方经济强国也都是会展业发达的国家。据报道，世界会展业强国德国，每年的展览会收入就有近30亿欧元，对德国经济直接带来的增长总额至少在105亿欧元以上①。

中国现代会展业滥觞于20世纪初。新中国成立后，会展也一直是促进社会经济发展的重要活动。创办于1957年、每年春秋两季在广州举行的中国进出口商品交易会(原名中国出口商品交易会，简称广交会)，已是中国目前历史最长、层次最高、规模最大、商品种类最全、到会客商最多、成交效果最好、国际影响最大的综合性贸易盛会，在互通有无、了解商情、树立形象、增进友谊、对外开放、促进中国经济社会发展和中外文化交流等方面起到了巨大的作用。在计划经济时代，会展活动虽有，会展行业却无。改革开放以来，中国会展业呈现出良好的发展势头。中国会展业经济的平均年增幅，在“十五”时期为14%以上，“十一五”时期约为20%。迄今，中国已是亚洲第一、世界第二的展览大国，展览设施和展览项目的数量仅次于美国，但展览的层次、规模和效益还较低。会展业正在成为中国经济发展新的增长点和文化繁荣的展示平台。

会展活动大都与文化遗产相关，尤其是大型会展。奥运会是世界上最大的体育盛会，不仅其比赛的体育项目大都是传统体育项目的发展，而且其各种表现形式和相关活动也多联系着文化遗产。2008年北京奥运会的会徽、吉祥物、招贴画及相关展览、演出等活动，大都联系着文化遗产。世博会是世界上最大的展览盛会，是集中展示科学技术与产业成果，多有反映各国历史上的科技成就的展品。2010年的上海世博会，其吉祥物“海宝”以汉字“人”为核心创意，

① 《会展业——德国服务行业的一朵奇葩》，载《经济日报》2009年1月15日。

上海世博会中国馆。图片来源：中国广播网(cnr.cn)。

配以代表生命和活力的海蓝色设计而成的形象；其会徽以汉字“世”为原型，设计为三人合臂相拥的图案；许多主场馆都体现出不同国家的传统文化。中国的主场馆鲜明地体现了中国传统建筑的艺术风格和传统文化的精神风貌。中国的各省、自治区场馆，也都融入了各地传统文化的元素。北京奥运会和上海世博会都产生了巨大的经济效益和社会效益。

北京奥运会会徽

上海世博会吉祥物“海宝”

文化会展业，指举办以文化为内容的大型会议、展览及聚会性活动的行业。作为文化产业的重要门类，中国的文化会展业是随文化产业的发展而发展的。

改革开放以来，中国的会展活动往往与文化活动结合在一起。只是在许多会展活动中，文化活动仅为经贸活动的点缀或造势。所谓“文化搭台，经贸唱戏”，往往是中国各地政府主导举行会展活动的流行口号和指导思想。即使如此，只要举行文化活动，就必然需要利用文化遗产。尤其是地方政府主导举行的会展活动，更需要利用地方文化遗产来彰显形象、提高知名度以招商引资、推销产品。如近年陆续举办的中国山西侯马·新田春秋古都文化节暨首届经贸洽谈会和商品交易会、中国商丘国际木兰文化节暨商贸洽谈会、中国(滕州)国际墨子文化节、中国沛县刘邦文化节暨经贸洽谈会等，不仅都利用本地文化遗产冠名，而且在活动期间都要展示地方的文化遗产。

面向市场的专门的文化会展活动或以文化为主体的会展活动，则真正属于文化会展业的范畴，如中国曲阜国际孔子文化节、中国岐山周文化艺术节、中国刺绣文化艺术节、中国侗族鼓楼文化艺术节、中国重庆文化艺术节、齐文化旅游节、伏羲文化旅游节、妈祖文化旅游节、中国(深圳)国际文化产业博览交易会、中国北京国际文化创意产业博览会、中国西部文化产业博览会、中国义乌文化产品交易博览会、北京图书订货会、全国图书交易博览会、北京国际图书博览会等。这类会展活动，在2000年以来逐渐增多，也大都要展示文化遗产及利用文化遗产生产的文化产品。

2007年首届中国成都国际非物质文化遗产节开幕式。图片来源：人民网(people.com.cn)。

中国现有由国务院批准的四大国家级国际性文化节，即北京国际音乐节、上海国际艺术节、吴桥国际杂技艺术节和成都国际非物质文化遗产节，都是蜚声中外的中国文化品牌。这四大活动的内容，多是展示文化遗产或利用、传承文化遗产的节目。自1998年以来每年举办一届的北京国际音乐节的节目，较多的是中外古典或民族的音乐和戏剧作品，中国的民族管弦乐作品和民间戏曲作品在节目构成上一直占有很大比例。自1999年以来每年举办一届的上海国际艺术节的节目，利用文化遗产的创作具有突出地位。2009年在沪举办的第十一届艺术节，开幕演出的分别是湖北省歌剧舞剧院新创作的大型民族舞剧《王昭君》和蒙特卡罗芭蕾舞团的现代芭蕾舞剧《灰姑娘》，闭幕式的演出则是上海歌剧院的原创歌剧《楚霸王》。各国的杂技艺术，本就是各国的民族文化遗产。自1987年以来每两年举办一届的吴桥国际杂技艺术节，不仅是各国杂技汇演的艺术盛宴，也是各国杂技艺术这一非物质文化遗产的集中展示。成都国际非物质文化遗产节创办于2007年，每两年举办一届，其内容主要是集中展示非物质文化遗产，其意义在于促进多样化的非物质文化遗产的保护与利用。这四大文化节虽然是由政府主办，但也越来越市场化。

如今，中国一些地方政府主办的“文化搭台，经贸唱戏”节庆活动，也逐渐由以经贸为中心转为以文化和旅游为中心。中国豆腐文化节是在商务部特别支持下，由中国商业联合会与安徽省人民政府主办，淮南市人民政府承办的大型国际性商旅会展活动，自1992年以来每年举办。豆腐的制作技艺是中国的珍贵文化遗产，该会展在豆腐的发明地淮南市和豆腐的发明者——西汉淮南王刘安的诞辰(9月15日)举办，活动包括豆腐文化国际研讨会、豆腐菜肴烹饪大赛、豆腐寻源游及民间文艺演出等，使得地方文化遗产得到了很好的保护与利用。每届节庆活动中，都有中外企业的合作项目集中签约仪式。八公山相传为西汉淮南王刘安与门客著书立说、研究天象、编制历法、冶丹炼砂之地，现已兴建了汉淮南王宫、升仙台、白塔寺等景点，成为淮南市著名的风景名胜区。通过节庆活动，八公山成为闻名遐迩的文化旅游品牌。

第十六届中国豆腐文化节开幕式(作者摄)

在各种文博会、图书交易会上，收藏文物、古籍图书和利用文化遗产的作品等与文化遗产相关的文化产品，都是重要展销内容。2004 年首创于深圳的中国(深圳)国际文化产业博览交易会，是由国家有关部委与广东省人民政府、深圳市人民政府联合主办的中国唯一国家级文化产业博览交易盛会，每年一届的文博会的展览交易项目，包括文化、旅游、新闻出版、数字影视、演艺娱乐、动漫游戏、创意设计、书法绘画、工艺美术等，涉及文化产业的核心层、外围层和相关层的各个领域。2013 年 5 月举办的第九届文博会，设有文化产业综合馆、创意设计生活馆、影视动漫游戏馆、非物质文化遗产馆、美术馆、新闻出版馆、文化旅游馆和工艺美术馆八大专业展览馆，另外设置了一个特色馆——演艺产业项目交易馆。4 天会期的交易总额达 1665.02 亿元，比上届增加 229.51 亿元，同比增长 15.98%①。

文化遗产的保护与传承，也正在与会展业密切结合。近年来，中国大力兴办非物质文化遗产的会展。2010 年 9 月在天津举行的全国非物质文化遗产展示会，展示了全国 25 个省、市、自治区的 70 多个国家级非物质文化遗产项目。2010 年 10 月，在济南举行了由文化部、山东省人民政府主办的首届中国非物质文化遗产博览会。博览会以“保护传承、合理利用”为主题，采取“政府主导、社会参与、市场运作”的方式，通过实物展销、图片展览、多媒体演示等形式，展示全国 31 个省、市、自治区的 600 余项传统美术、传统技艺、传统医药等适合生产性保护的非物质文化遗产项目，有近 300 名代表性传承人现

① 参见光明网(www. gmw. cn)第九届深圳文博会专题报道，中国文博网(www. cnicif. com)/第九届文博会。

场展示精湛技艺，充分展示了中国非物质文化遗产的独特魅力①。这样的展示不仅丰富了民众的文化生活，宣传了中国的文化遗产，而且推动了商贸旅游、文化遗产保护与经济社会协调发展。

6. 文化遗产与数字内容和动漫产业

数字内容产业，指提供采用了数字化高新技术手段和信息技术，将图像、文字、影像、语音等内容进行整合运用的产品或服务的产业。就“数字”而言，其涉及电视、互联网和移动通信的服务；就“内容”而言，其涉及出版、影视、戏剧、乐舞、游戏、动画、漫画、教育等多个领域。

动漫产业是提供以动画、漫画为表现形式的产品和服务的产业，包括动漫化的图书、报刊、影视剧、舞台剧、音像制品、电子出版物和基于现代信息传播技术手段的动漫新品种等产品的生产与服务，以及与动漫形象有关的服装、玩具、电子游戏等衍生产品的生产经营。

数字内容产业与动漫产业密不可分，两者是大体重合又少许有别的关系：其一，两者都以内容为基础、以创意为核心；其二，前者包含经过数字化技术处理的动漫产品及其服务；其三，后者的生产和经营主要依赖数字化处理技术和信息技术；其四，后者未采用数字化技术处理的产品及衍生产品的生产经营不为前者所包容。

由于数字内容与动漫产业都以内容为基础、以创意为核心，又都是随数字化和互联网等高新信息技术发展而勃兴的朝阳产业，故西方一些发达国家所称并大力发展的内容产业、创意产业，狭义即指数字内容与动漫产业。

西方发达国家自 20 世纪 90 年代后期开始大力发展数字内容产业②，以美国为首的西方经济大国也成为数字内容产业强国。世界各国纷纷跟进，形成全球数字内容产业迅猛发展的大潮。据在上海举办的“2009 数字内容产业发展趋势高峰论坛”公布的数据，全球数字内容产业的规模已超过 4 万亿美元。

中国政府大力推进数字内容与动漫产业的发展，是在“十一五”期间。《国家“十一五”规划纲要》首次明确提出：“鼓励教育、文化、出版、广播影视等领域的数字内容产业发展，丰富中文数字内容资源，发展动漫产业。”2006 年，国务院办公厅转发的《财政部等部门关于推动我国动漫产业发展的若干意见》，为中国动漫产业的快速发展奠定了政策基础。现在，全国许多省市都将数字内

① 文化部网(www. mcprc. gov. cn)/信息发布/新闻中心/文化新闻：《全国非物质文化遗产展示会圆满成功》、《首届中国非物质文化遗产博览会开幕》。

② 1995 年的西方七国信息会议，首次提出了“数字内容”(Digital Content Industry)的概念，欧盟随后又在《信息社会 2000 计划》中进一步明确了数字内容产业的内涵，欧盟各国也纷纷致力于发展数字内容产业。

容与动漫产业作为地方经济发展的重点。2003—2008年，在重点发展数字内容与动漫产业的上海，数字媒体产业的产值从200亿元增加到600亿元左右，企业数量由3305家增加到10 959家，初步形成了产业集群①。“2009数字内容产业发展趋势高峰论坛”宣布，中国数字内容产业在2008年的市场规模达到了2100亿元，增长率为26.4%。有机构估算，2012年中国数字内容产业的规模已经突破3200亿元。《国家“十二五”规划纲要》说明，数字内容和动漫产业是“十二五”时期加快发展的文化产业重点之一。

网络游戏《征途》广告。图片来源：中国风(zgfeng.com.cn)。

以内容为基础的数字内容与动漫产业，以数字化技术处理和高新信息技术传播的出版、影视、戏剧、乐舞等内容，即如影视业、出版业、演艺业的产品一样，多反映文化遗产或利用文化遗产。尤其是中国的数字出版，更多的是古籍数字化产品和历史片、古装片影视产品。至于在线教育的内容，许多就是文化遗产或与文化遗产相关。

游戏和动漫一直是数字内容与动漫产业的主体和引擎。

游戏即指电子游戏产业，自20世纪70年代随个人电脑的逐渐普及而开始形成，90年代随着互联网的发展而进入高速发展阶段。从2000年开始，美国的游戏产业规模超过电影产业，成为美国最大的娱乐产业。当今世界，美国、英国、日本、韩国等都是致力于发展游戏产业的游戏产业发达国家。游戏产业发展的基础，是生产供人娱乐的游戏产品。而游戏产品的创意和内容，也同影视产品一样，免不了需要利用或取材于文化遗产。

中国的游戏产业于20世纪90年代逐渐形成，随电脑在中国的普及和互联网在中国的发展而经历了10多年快速发展阶段，显示出强劲的发展势头，形成了全球最大的游戏市场。据文化部发布的《2012中国网络游戏市场年度报告》，2012年中国网络游戏市场收入达到601.2亿元人民币，同比增长28.3%。

中国游戏产业的发展，一开始就主要立足于利用文化遗产的游戏产品的基础上。20世纪90年代中期，中国最早一批游戏公司开发的游戏产品，就多为历史题材或利用文化遗产的产品，如金盘公司的《成吉思汗》、《鸦片战争》，前导公司的《官渡》、《赤壁》，伟地公司的《地道战》，腾图公司的《水浒英雄传》，

① 参见《经济日报》2009年12月1日报道。

金山公司的《剑侠情缘》等。2001 年以来，国产游戏产品更是以历史题材或古装形象主打天下，《傲世三国：三分天下》和《赵云传》成为 2001 年的游戏大作，《霸王别姬》、《碧血情天》、《天王》、《吕布与貂蝉》、《秦殇》等都是 2001 年以来较为成功的产品。在世纪之交第一批进入中国的网络游戏《万王之王》、《石器时代》、《千年》等，都是利用了文化遗产的产品。中国公司自主研发的民族网络游戏产品，也以利用文化遗产的产品撑起了中国游戏产业的一片天地。目标软件公司的《天骄》、雷爵公司的《童话》、网易公司的《大话西游》和《梦幻西游》、金山公司的《剑侠情缘 OL》等，都是经典的国产游戏产品。在近几年举行的一年一度"中国游戏产业年会"上公布的"十大最受欢迎的网络游戏"名单中，国产网络游戏占了大半，而这大半产品大都是利用民族文化遗产的杰作。时下的一些"网址之家"、"网址大全"之类的上网主页上，"网游"一栏游戏也主要是利用文化遗产的产品，由此也表明利用文化遗产的游戏产品如今广受玩家喜爱。

网络游戏《成吉思汗》广告。图片来源：游久网(uuu9.com)。

2010 年 3 月在美国旧金山举行的游戏开发者大会上，美国游戏界从业人士伍筱姗在接受专访时说："深厚的文化底蕴，是中国发展游戏产业的一大优势，中国可以挖掘的游戏内容实在是太多了。"①2011 年 1 月，在北京举行的 2010 年度中国游戏产业年会上，国家新闻出版总署副署长孙寿山在讲话中，希望网络游戏企业站在产业持续发展和企业自身生存的高度，着力在内容创作上加大创新力度，深度挖掘中华历史文化中的优秀题材，努力探索通过多种方式将弘扬传统美德、凝聚民族情感、提升文化品位、引领和谐风尚的思想内容融入网络游戏出版主题……网络游戏作为新型出版业态，不仅承载着传承中华文化的历史使命，也是对外阐释中华民族文化精华、展现中华民族文化魅力的重要窗口②。诚如其所言，中国游戏产业发展的最大优势和有效途径，就是充分利用丰厚的文化遗产，将中华民族文化精华与电子游戏这一新颖的高技术手

① 新华社记者毛磊专访：《中国游戏产业走向世界急需提高创新能力——访美业界人士伍筱姗》，见新华网(www.xinhuanet.com)2010 年 3 月 14 日报道。

② 孙寿山：《推动网络游戏出版产业的健康可持续发展》，见计世网(www.ccw.cn)专题报道《2010 年度中国游戏产业年会》。

段有机结合，开发出令游戏玩家喜闻乐见、痴迷陶醉的产品，从而既可创造巨大的经济效益，又可广泛传播悠久灿烂的中华文化。

近十年来，中国游戏产业已由市场总收入不足10亿元的小行业，发展成为直接市场规模超过800亿元，带动电信、媒体等相关产业发展，有数亿人消费的巨大产业。在武汉举行的“2013年度中国游戏产业年会”发布的《2013年中国游戏产业报告》显示：2013年中国游戏的市场实际销售收入达到831.7亿元，较2012年增幅为38%；自主研发网络游戏市场销售收入达476.6亿元，同比增长29.5%；自主研发网络游戏海外市场销售收入已实现连续四年增长，达到18.2亿美元，同比增长219.3%；游戏市场用户数量约达4.9亿人，同比增长20.7%。

动漫是动画与漫画的合称，这里特指动画与漫画作品及其衍生产品的生产与经营产业。动漫产业包括了塑造动漫形象的游戏产业，但又不限于互动娱乐的游戏产业，还包括凡是以动画、漫画为表现形式的产品及其服务。因此，动漫产业是一个涵盖游戏产业并且涉及各生产与服务行业的庞大产业。正因为动漫产业是国民经济中的一块巨大蛋糕，世界许多国家都将其作为支柱产业予以重点发展。美国、日本和韩国则成为世界动漫产业发展的龙头。

动漫产业尽管有着很长的产业链或庞大的产业群，但其基础或主体则除了动漫游戏产品之外，就是动漫影视片。而动漫影视片也与影视故事片和动漫游戏产品一样，在创意、题材及形象塑造上多利用文化遗产。成功的电影动画片还可延伸出许多产品。迪士尼公司将《狮子王》改编成舞台音乐剧，使其不仅成为百老汇的经典剧目，而且在世界巡演大受欢迎。《狮子王》的故事及艺术形象，衍生为图书、服装、食品、广告、玩具等多种产品。《狮子王》及其延伸和衍生产品所创造的巨大价值，实在难以确切估量。

当今动漫影视产品更多的是电视产品。日本是当今世界电视动漫片生产强国，全球有约70个国家播放日本的电视动漫片，美国的电影公司也购买日本电视动漫片进行电影化的加工。日本的电视动漫片大量利用了文化遗产。人气超高的漫画作品《龙珠》，利用了中国的龙珠传说和《西游记》故事而大获成功，被日本人称为“国民漫画”。其在日本改编为每周热播系列电视动漫片后，又被美国福克斯公司购买了版权。再如糅合了古希腊神话人物的《圣斗士星矢》，取材于古印度神话的《天空战记》，从中国武侠故事和传统医术中获得灵感的《北斗神拳》，表现中日传统的围棋技艺《棋魂》等，都是深受世界观众喜爱的日本经典电视动漫片。

中国电视动漫片的生产始于20世纪80年代，在90年代逐渐增多。2000年以来，在政府的鼓励和扶持下，国产电视动漫片生产出现飞跃，近几年更是每年有约30%的增幅。近年的国产电视动漫片中，取材于历史、传说、童话、武侠故事、古典名著等利用文化遗产的制作，不仅影响大，而且有成为主导的趋势。中央电视台动画有限公司制作的《哪吒传奇》和《美猴王》，中国国际电视总公司辉煌动画公司制作的《秦汉英雄传》及其与日本未来行星株式会社公司合拍的《三国演义》，北京电视台等制作的《西游记》，玄机科技公司等制作的《秦时明月》，安徽樱艺缘文化传播有限公司制作的《黑脸大包公》等，都是业界称道的国产经典电视动漫片。2009 年，在法国戛纳国际电视节上，投资逾5000万元打造的 52 集动画片《西游记》以 10 万美元一集的天价，打破了被日本动画片长期垄断的销售纪录，引发了欧美市场的抢购热潮。在南非国际影展上，《西游记》不仅是入围动画金奖角逐圈的唯一一部亚洲作品，还击败英美国家选送的四部动画巨制，一举问鼎金奖。同年，投资3000万元的 52 集动画片《三国演义》，也进入了世界主流动画市场而在日本及美、德、英、意等西方主要国家电视台播出。

电视动画片《哪吒传奇》画面。图片来源：央视网(cctv.com)。

2006 年，国家文物局在相关部委的支持下，举办了首届中国文化遗产动漫大赛。其活动宗旨是“保护文化遗产、传承民族文化、创新文化产业、打造中国文化软实力”，其活动基点是“用动漫手段讲述文化遗产故事，用中国元素丰富动漫作品内涵”。到 2012 年，中国文化遗产动漫大赛已经举办了三届，对于促进中国元素的原创动漫产品的生产起到了很大作用。

2009 年 10 月，在安徽芜湖举行的第二届中国国际动漫创意产业交易会上，利用文化遗产展现“中国精神、中国形象、中国故事”的动漫产品成为会展和交易的主体。2011 年 12 月，文化部公布了中国文化艺术政府奖首届动漫奖评选结果，获奖的多是利用文化遗产而具有中国元素的作品。中国元素的原创作品大量涌现并在世界上越来越受欢迎，表明中国动漫产品的生产从主要模仿美国、日本等动漫大国的风格转向文化寻根，表明中国动漫产业将发展的根基开始深植于中国丰厚的文化遗产中。

数字内容和动漫产业是极具活力的新兴文化产业门类，对于满足民众日益增长的精神文化需求和培育新的经济增长点意义重大。我国动漫产业的总产值在“十五”期末尚不足 100 亿元，至 2012 年已达到 759.94 亿元，年均增长率超过 40%。为了推动我国从动漫大国向动漫强国的跨越发展，文化部产业司于 2012 年 6 月发布了《“十二五”时期国家动漫产业发展规划》。其发展的基本经验和重要措施之一，就是充分利用文化遗产资源，生产出大量具有民族文化风格又体现当今时代特点的动漫精品。

四、利用文化遗产发展文化产业的基本措施

利用文化遗产发展文化产业的基本原则，与旅游业利用文化遗产的基本原则既相同又相通。

利用文化遗产发展文化产业的主要问题，在于利用什么、怎样利用及如何很好地利用。利用文化遗产发展文化产业的基本措施，即应针对这三个主要问题的解决而实施。

1. 采取多种方式使文化产业从业者具备丰富的文化遗产知识

利用文化遗产发展文化产业，首先必须使文化产业的从业人员熟悉文化遗产。倘若文化产品的制作者和经营者对文化遗产一无所知，又遑论其能在文化产品的制作和经营中利用文化遗产呢？

从事文化产业的人员必须既懂文化，又知产业。文化，是以文化遗产所蕴含和反映的历史文化知识为重要内容；产业，是以文化遗产为重要资源进行的产品生产和经营。文化产业以内容为王、以产品为主。文化产品的内容，多来自文化遗产的内容。只有熟悉文化遗产的内容，文化产品的制作者才能根据市场的需要有选择地将文化遗产的内容转化为文化产品的内容。

大凡受过教育的文化产业从业者，都会对文化遗产有所了解。但从行业角度来说，文化产业从业者如果仅对文化遗产有粗浅的了解，那是不够的，而应该对文化遗产相当熟悉。否则，他们一者不善于从文化遗产中发现“金矿”，找到素材，获得灵感，二者容易在产品推介中出现有悖史实的错误而有损产品价值，三者难以很好地推介和经营产品。

美国动画片《功夫熊猫》海报。图片来源：北京文艺网(artsbj. com)。

美国动画巨片《功夫熊猫》，利用了中国功夫这一文化遗产，糅合了多种中国元素并将之表现得淋漓尽致，从而在世界文化市场上大获成功。这不禁让中国文化产业界的人士深刻反思，为什么中国就没能制作出如此卖座的动画片呢？其原因当然是多方面的，但与影视业中的从业者对文化遗产不够熟悉，不善于从文化遗产中发掘出最切合市场需要的素材，获取别出心裁的创意灵感，恐怕不无关系。

一些历史题材或以历史为背景的影视剧中，有或多或少的史实错误或穿帮镜头。如美英合拍的大片《角斗士》，叙述的是古罗马帝国的角斗士故事。在片中，罗马城的街道是用沙土铺成的，人物所骑的马匹都有马镫。而考古证明的

史实是：古罗马城的街道是用石头铺成的，马镫是公元5世纪后才从中国传到欧洲的。今日罗马城的一些古迹集中地的街道，仍用与古罗马时期规格相同的石头铺成。迄今所见欧洲最早的马镫，出土于公元6世纪的匈牙利阿瓦尔人的墓葬中。有批评者指出，中国影视剧的历史常识性错误甚多，误导了观众，贻害了孩子。如秦汉骑兵足踏马镫，唐代富家陈设唐三彩，春秋时期的士卒使用"诸葛弩"等，不胜枚举。其实，马镫大约是在公元3—4世纪时由中国境内的鲜卑族发明的，迄今所见中国最早的马镫出土于辽宁省北票市西官营子村的北燕贵族冯素弗墓中；唐三彩在唐代多作为随葬的冥器，唐代富家陈设的多是金银器皿；连发弩初见于战国，但未用于实战，用于实战的十连发弩传说是三国时诸葛亮发明的。影视剧中之所以多有历史常识性错误，很可能就是编导对相关文化遗产的历史源流不太熟悉。影视剧中过多出现这样为人诟病的错误，也使其声誉和价值打了折扣。

只有熟悉文化遗产，才能善于和正确利用文化遗产。文化产业的从业者可以通过自学、培训及文化旅游等多种方式熟悉文化遗产。首先是熟悉最为重要的、一般民众有所知晓并会有兴趣的文化遗产，其次是熟悉与从业者具体工作相关的文化遗产。

2. 鼓励学习和深造以使文化产品制作者深刻理解文化遗产精髓

文化产业的从业者都需要熟悉文化遗产，但文化产业的就业门槛低、从业者多，并非要求所有的从业者都对文化遗产有相同程度的熟悉。

文化产品是文化产业的主体和基础，文化产品的制作者需要了解和熟悉文化遗产，尤其需要深刻理解文化遗产的精髓。

文化遗产的精髓，也即文化遗产的重要价值及核心价值。凡是珍贵的文化遗产，也都具有历史、艺术和科技等价值。文化产品的制作者对于具体文化遗产的熟悉，只有深刻理解其多方面价值中哪些是重要价值，哪些是次要价值，才能根据产品生产的需要，选择可利用的文化遗产并充分发掘和展现其价值。文化遗产的核心价值，指文化遗产所蕴含的精神价值，包括价值观念、理想追求、道德意识、思维方式、想象力等。具体的文化遗产，其核心价值也体现在其精神价值的不同方面。文化产品的制作者只有深刻理解了具体文化遗产所蕴含的精神价值，才能根据产品生产的需要，选择可利用的文化遗产并充分提炼和弘扬其价值，从而形成和突出文化产品的风格和价值。中国的文化遗产，蕴含着中华民族特有的精神价值，如天人合一、和谐为贵、真善致美、先国后家、内圣外王、敬老爱幼等。文化产品的制作者若能根据产品生产的需要而从蕴含有丰厚中华民族特有精神价值的文化遗产中，寻求素材、获得创意并大力弘扬其精神价值，就会制作出既有鲜明而突出的中国特色，又有巨大而感人的精神力量的文化产品。

花木兰代父从军抗击柔然、功绩卓著却辞官回乡侍养父母的故事，在中国民间流传了千余年，可谓家喻户晓。古今中国的文艺作品多予以描述和表现。近些年，中国内地和香港也出品了多部以花木兰故事为题材的影视剧。令人费解的是，美国迪士尼公司于1998年出品的动画片《花木兰》，上映以来在全球获得了超过20亿美元的票房收入。中国星光国际传媒集团、湖南电广传媒股份有限公司、上海电影集团公司等于2009年联合摄制的电影《花木兰》，尽管作为贺岁档大片上映，却反响平平甚至多有批评。析而言之，动画片《花木兰》虽然是美国人的制作，但不仅保留了中国传说的基本内容，而且突出了花木兰故事的精神价值，即纯洁、善良、美丽、勇敢的花木兰的爱国精神、孝顺美德和朴实品格，只是针对儿童观众而做了迎合儿童心理和兴趣的艺术处理。电影《花木兰》虽然采用了花木兰故事的基本情节，但虚构了花木兰与一名军官的爱情故事，以致被观众批评是为了卖座而添凑爱情戏，也掩盖了花木兰故事的精神价值。

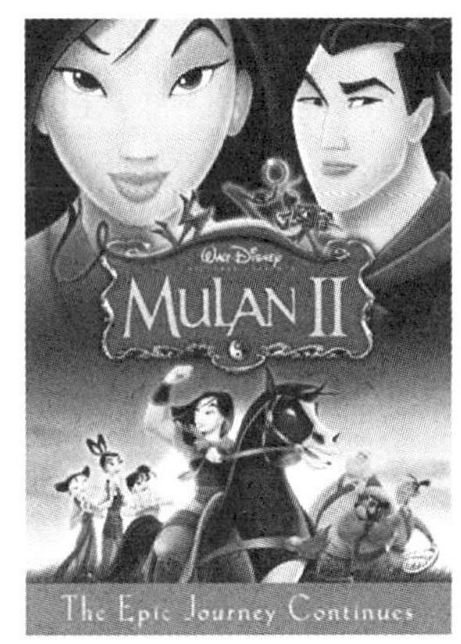

美国动画片《花木兰》海报。图片来源：环球娱乐网(ccwb. net)。

近年来的中国文化产品，已经越来越多地利用文化遗产而体现出鲜明的中国元素，并且涌现出一批民族原创品牌。可是，不少产品虽然具有民族文化特色，却还缺乏民族文化价值。2009年，在第二届中国国际动漫创意产业交易会高峰论坛上，被誉为“中国创意产业之父”的厉无畏指出，中国动漫产业缺少中国文化的根。这中国文化的根，也就是中国文化遗产所蕴含的精神价值。

创意是文化产品的核心，文化产品的创意往往是从文化遗产的精髓中获得的。

文化产品的制作者不应该满足于一般地熟悉文化遗产，而应该深入了解和高度熟悉文化遗产，尤其是对与自己工作相关的文化遗产，并且进一步深刻理解文化遗产的精髓。深入了解文化遗产和深刻理解文化遗产精髓的方式，无非是加强历史文化知识的学习和对文化遗产进行实物、实地的考察。必要时，文化产品的制作者可以到文化遗产的教育、科研部门深造，提高自己对文化遗产精髓的理解能力。

文化产业各门类的生产企业，都应该鼓励和支持制作者的学习和深造。

3. 倡导和促进文化产业与文化遗产事业的结合

文化产业的发展需要利用文化遗产，也就是说，文化产业的发展与文化遗产事业的发展是密切联系在一起的。诚然，文化产业的发展主要是面向市场的经营性活动，文化遗产事业的发展主要是面向大众的公益性活动，但从人类的利益和国家的层面来看，两者实际上是一体的。

社会主义中国在改革开放前的计划经济时代，只有文化事业而无文化产业。文化产品的制作与经营、文化遗产的保护与利用，都属于文化事业的一部分。文化产业从文化事业中分离出来成为国民经济领域的一大行业，还是近十年的事情。但在国家的行政管理上，文化产业与文化遗产事业的管理并未完全分开，如文化部既管文化遗产又管文化产业。

既然两者紧密相关，那么文化产业的发展与文化遗产事业的发展应该是相辅相成的，而且结合越紧密就越能互促互进而共同发展。这就要求文化产业的企业单位与文化遗产的事业单位加强联系与合作，提倡文化产业的从业者与文化遗产的工作者加强交流与合作。

实际上，中国文化产品的制作与经营，一直有文化遗产工作者的参与。例如，文化专题影视片的拍摄，少不了有文博单位协作和文物专家指导；历史题材的影视剧拍摄，往往请熟知文化遗产的专家做顾问；利用非物质文化遗产编创的演艺节目，往往在编创过程中经过了民间艺人指点……只是当今中国，文化产业的生产与经营企业及其从业者，多着眼于商业利益，对与文化遗产的事业单位及工作者的合作必要性认识不够；具体负责文化遗产管理的事业单位及其工作者，多着眼于文化遗产保护，对与文化产业的生产与经营企业及其从业者的合作主动性，还显得不够。

电影《孔子》剧照。图片来源：《楚天金报》2009年12月12日。

文化部与国家旅游局联合印发的《关于促进文化与旅游结合发展的指导意见》，基于全社会对文化事业与旅游业发展的相辅相成、互促互进关系的深刻认识。为了促进文化产业与文化遗产事业的共同发展，国家主管部门也应该出台类似的《意见》，大力倡导文化产业与文化遗产事业的结合，促进两者的和谐共赢，加快发展。

《国家“十二五”规划纲要》第四十四章《繁荣发展文化事业和文化产业》强调：“坚持一手抓公益性文化事业、一手抓经营性文化产业，始终把社会效益放在首位，实现经济效益和社会效益有机统一。”文化遗产的保护与利用，本为坚持公益性的文化事业，却可以与经营性的文化产业深度结合，既突出社会效益，又实现经济效益。

第八章　文化遗产的管理

有了人类社会，也就必然有人类生活与生产的社会管理活动。

历史证明，管理是人类生存和发展的一项基本社会活动。只要存在两个以上的个人或群体的共同活动，就有管理问题。

人们共同珍视文化遗产而予以保护和利用，也就必然要从事文化遗产管理的活动。

第一节　文化遗产管理的含义和要素

一、文化遗产管理的必要性

文化遗产的保护与利用绝非个人之事，而是集体的、民族的、国家的乃至世界的社会活动和共同事业。文化遗产管理的必要性是不言而喻的，没有文化遗产的管理，就不可能进行文化遗产保护与利用的社会活动。

正因为如此，各国政府都高度重视和不断加强文化遗产的管理，不仅建立和完善文化遗产的管理体制，而且采取各种有效的管理方式。中国政府则将加强管理作为文化遗产保护基本方针的内容，在《文物法》中予以阐明。

从文化遗产管理的特质着眼，文化遗产管理的必要性大致有三点。

1. 文化遗产管理是保护与利用活动正常而有效进行的先决条件

文化遗产保护与利用的短期、中期及长期目标的实现，都是一项事业活动和一个工作过程。要使这项活动和过程正常而有序地进行、顺利而有效地完成，就必须明确目标，制订计划，确立领导，建立组织，实行控制，实施有效的管理。对文化遗产实施有效管理，可就文化遗产的保护与利用进行科学规划，统筹安排，分类指导，突出重点，逐步实施。

2. 文化遗产管理是妥善处理保护与利用关系的基本措施

文化遗产是不可再生的珍贵资源，必须以保护为主。文化遗产又是民族、国家乃至人类发展的基础性和战略性资源，必须予以利用，才能促进民族、国

2003年被焚毁的武当山遇真宫主殿。图片来源：新华网(xinhuanet.com)。

家乃至人类社会的发展。可是，若重于保护而忽略利用，就不能充分发挥文化遗产的资源作用；若轻于保护而过度利用，则难免会造成文化遗产的损毁。

只有通过管理，才能正确而妥善地处理文化遗产的保护与利用的关系，解决保护与利用之间的矛盾，从而既确切保证文化遗产的安全，又充分发挥文化遗产的作用。

3. 文化遗产管理是实现对文化遗产的有效保护与永续利用的重要保证

文化遗产不仅是前人遗留给今人的财富，也是前人遗留给后世子孙的财富，故文化遗产应该得到永续利用。如何能够使文化遗产得到有效保护和永续利用？只有实施和加强管理，不断提高管理水平，最大限度地发挥管理机制的效能才可实现。

有效地保护文化遗产，文化遗产才能长久存在。有了长久存在的文化遗产，永续利用文化遗产才有可能。而文化遗产的有效保护和永续利用，有赖于不断加强对文化遗产的管理。

二、文化遗产管理的含义

文化遗产管理，即相关国家机关或社会组织为了实现保护和利用文化遗产的预期目标，以人为中心，有组织、有计划地进行的协调活动。

从范围着眼，指相关国家机关或社会组织为实现文化遗产的有效保护与合理利用的目标而领导、组织、协调社会成员从事的文化遗产保护与利用活动。

从过程着眼，指相关国家机关或社会组织筹划、领导、组织人们或团体完成文化遗产保护与利用的既定任务的工作过程。

从职能着眼，指相关国家机关或社会组织领导、决策、控制、支配他人完成文化遗产保护与利用的既定任务、实现其预期目标。

从功效着眼，指相关国家机关或社会组织为实现文化遗产保护与利用的预期目标而进行的计划、组织、指挥、协调的科学性和有效性。

三、文化遗产管理的要素

1. 文化遗产管理的主体

文化遗产管理的主体，主要是相关国家机关或社会组织，又具体指其各级领导人。

由于珍贵文化遗产大都属于国家所有，文化遗产的保护与利用也主要是国家的责任，故文化遗产的管理者主要是国家设置的相关权力执行机关和职能部门。

2. 文化遗产管理的客体

文化遗产管理的客体，也即文化遗产管理的对象，主要是从事和参与文化遗产保护与利用活动的人，用于文化遗产保护与利用的经费、设备和文化遗产。

人是最主要的，是整个管理系统中最活跃、最能动、最积极的因素。一切物质因素只有通过人的因素才能加以利用。文化遗产管理首要的是调动人的积极性，发挥人的智慧、才干和创造力，以实现预期目标。

布达拉宫。图片来源：国家文物局网(sach.gov.cn)/中国的世界遗产。

3. 文化遗产管理的目标

文化遗产管理的目标，指文化遗产管理所要达到的具体目标、总体目标或短期、中期、长期目标。

凡是管理活动都必然有目标，尽管各种管理活动的主体、内容、范围等不同而具体目标也不同。管理目标不仅由管理主体提出，而且强烈地反映管理主体的意志。

国务院于2005年下发的《通知》明确提出了中国近期文化遗产保护的总体目标。概言之，文化遗产管理的目标就是要使文化遗产得到全面有效的保护与合理永续的利用。

4. 文化遗产管理的职能

(1)计划职能。计划职能是管理的首要职能，指确定文化遗产保护与利用的目标及拟订实现目标方案的过程。重点即目标的确定和进程的时序。

(2)组织职能。组织职能指将文化遗产管理要素中的人、财、物等按目标要求组合成一个协调的整体。

(3)指挥职能。指挥职能主要指运用政府行政权限，发挥领导的权威作用，按计划目标的要求，把所有管理对象集合起来，形成一个高效的指挥系统，保证人、财、物等在时间上和空间上相互衔接。指挥是带强制性的管理活动。

北京琉璃厂文化街。图片来源：博闻旅游网(china-sites. com)。

(4)控制职能。控制职能指对文化遗产保护与利用规划执行情况不断进行监督检查，发现问题后，及时采取纠正偏差的措施，以保证原定目标顺利实现。

(5)协调职能。协调职能指对文化遗产保护与利用的各项工作的平衡协调，使之配合默契、有条不紊地开展。协调是管理本质的体现，包括了垂直和平行的协调。只有通过协调，才能保证各管理层和部门间的同心协力。

文化遗产管理五大基本职能的关系是：既各自发挥独特的功能和作用，又密切联系而互补共进，围绕着管理目标而构成有机整体。

第二节 文化遗产的行政化管理

文化遗产的行政化管理，即政府的文化遗产管理机构运用国家赋予的行政权力，对文化遗产进行的综合管理。在现代文明社会，文化遗产管理的行政化管理主导和控制其他管理方式并且与之形成管理体系。中国是议行合一的国家，行政与立法、司法是统一的整体，要求依法治国，国家一切事务都由政府主导和控制。属于国家事业的文化遗产管理更是如此。

一、文化遗产行政化管理的性质和特点

1. 文化遗产行政化管理的性质

文化遗产的行政化管理，即国家文化遗产管理机构对文化遗产保护与利用事务的管理。

行政化管理的性质是由国家的性质决定的。

中国文化遗产行政化管理的性质，是由中国的社会主义国家性质所决定的，即在本质上是为广大人民群众服务的，体现着广大人民群众的根本利益。

2. 文化遗产行政化管理的特点

行政化管理的特点是由行政化管理的性质决定的，一般而言，主要有：

(1)政治性。这是国家行政化管理的首要特点，表现为代表国家，为国家利益开展活动；代表统治阶级，为统治阶级的利益服务。

(2)权威性。一切行政活动，无论领导、决策还是实施，都是通过行政权力的运作来实现的。文化遗产行政化管理，即政府文化遗产管理机构通过国家赋予的权力实施管理，体现出政治的强制力，故具有权威性。

(3)法制性。任何国家的行政化管理，都是依法运用国家权力管理国家事务、社会事务的活动。现代行政化管理的法制性主要表现在：①各项管理都是有法可依的；②各部门、机构的权力都是法律授予的，并且各自在法律规定的范围内活动；③政府机构是依法设置的。

北京中南海新华门。图片来源：胡同网(hottoo.com)。

(4)科学性。①用现代化的科学理论和方法及先进的技术手段实施管理，不断提高管理质量和效率；②按照文化遗产事业发展的规律性科学地组织管理活动。

(5)服务性。现代行政化管理的统治职能不断减弱，服务职能日益增强。社会主义制度要求国家行政人员做人民的公仆，服务性理当表现得最为全面充分。国家的文化遗产管理机构的工作宗旨，就是为人民服务。其工作人员在具体工作中，也应注意以指导、协调为主，切忌滥用权力的命令、强制。

二、中国的文化遗产行政管理体系

文化遗产行政管理体系，即国家关于文化遗产管理的行政组织系统。

广义而言，它指为执行文化遗产管理事务而将从事共同工作的人们通过权责和任务分配组成的系统协调的组织机构；狭义而言，它指为执行国家的文化遗产管理事务所组成的有系统的组织机构。

静态而言，它指国家为执行文化遗产管理事务而依法组建的行政机构体系；动态而言，它指行政机构作为管理系统发挥领导和管理国家文化遗产事务而产生的各种组织活动。

纵向而言，它是由中央政府、地方政府以及各级相关文化单位构成的多层级管理体系；横向而言，它是文化、建设、民族、宗教等相关部门构成的多部门管理体系。

模式而言，它是层级与部门相结合的体系构成和管理实施模式；机制而言，它是由政府领导、职能部门具体实施的运行机制。

1. 文化遗产行政组织的基本要素和基本要求

中国文化遗产的管理职权，分解在多个国家行政职能部门中。因此，中国文化遗产行政组织的基本要素，也就是相关国家行政组织的基本要素，同于国家所有的行政组织的基本要素。

国家行政组织是由若干要素构成的有机整体，既是模式的，又是动态的；既是自成体系的，又是发展变化的。而其要素的构成状况，决定了组织的存废优劣。一般认为，其基本要素和基本要求有八个方面。

(1)规章制度健全。国家行政组织是依法设立的，并且要求依法行政，而行政组织内部必须建立健全符合国家法律的规章制度方能正常运行、有效地发挥行政职能，故其健全与否是行政组织健全与否的主要标志之一。文化遗产的行政管理组织，即须据法立规，从而依法行政，照章办事，政令畅通，有条不紊。

(2)组织目标明确。国家行政机构是依据国家公共管理的任务和目标设置的。组织的具体目标反映了所立具体行政组织在国家公共管理中的地位和作用。只有组织目标明确，所立组织才能以目标为导向在国家行政组织体系中发挥应有的职能，消除组织的不作为或乱作为。文化遗产行政管理组织，虽然是依据明确的管理目标设置的，但仍需根据文化遗产保护与利用的情况变化，不断将管理目标具体化和细致化，并且将其分解到组织内部的每个岗位，从而充分发挥管理职能。

(3)人事调配恰当。事要人做，组织因人而成。人的素质和状况、人员配备的完整和恰当，都直接关系到行政组织的效能。文化遗产管理的行政组织，具有明确的针对性和较强的专业性，故尤需重视工作人员的素质和状况、人员与岗位配置的完整与合理，力求做到人尽其才、才尽其用，从而实现高效的管理。

(4)权责分配合理。国家行政组织是典型的层级节制的层峰结构，权力和责任是其基础。权责分配合理是指权力与责任之间的对应关系，权大责也大。文化遗产需要严格保护，而且保护与利用的任务艰巨，故必须赋予行政管理组织以充分的权力，同时也要求其承担相应的责任。各级文化遗产行政管理组织，既要具有与其地位相应的权力并且承担相应的责任，又要在内部分解权力和责任，形成组织系统和组织整体的高效运作。

(5)资金数量适中。资金是行政组织运行的物质条件，多则浪费，少则低效。文化遗产管理工作复杂繁重，需要足够的行政经费方能充分发挥职能作用。在目前条件下，尽管国家在不断增加文化遗产保护经费的同时，也增加了文化遗产管理机构的行政经费，但其行政管理经费依然普遍不足。因此，要求文化遗产管理机构厉行节约、杜绝浪费，利用有限的经费发挥最大的管理效能。

郢爰(战国楚墓出土)。图片来源：文化艺术收藏网(cacbo.com)。

(6)运行机制有效。单靠首长意志和个性管理是不能奏效的，行政组织必须建立一整套既重法度，又重灵活性的可调控的管理制度。文化遗产的相关行政组织建立的管理制度，应该通过规范、目标、分工、程序、反馈、监督等因素的有机配合形成内在的运行机制，并通过机制的有效作用保证组织行为的有效性，进而实现文化遗产管理的社会目的。

(7)行为方式优化。行为是组织的属性，总是表现为一定的行为方式。从时空和管理对象的条件出发选择行政行为方式，是公共行政管理的一项原则。文化遗产管理机构应根据文化遗产保护与利用的状况、需要、特点等因素，来选择恰当的行为方式，以利于顺利地实现管理目标。

(8)价值观念整合。即统一行政管理人员对组织的认同感、责任心、奋斗精神，这关系到组织成员的工作状态，进而关系到组织有效运转的能力和进步发展的活力。这在当今更是决定行政管理人员的稳定性和公共管理效能的一大要素。文化遗产管理机构，需要其工作人员充分认识到文化遗产保护与利用的意义，具备为国家、民族乃至人类维护其发展基业和为子孙后代造福的强烈责任心，形成全身心投入管理、从事管理的自觉行动和事业精神，由此可团结奋斗，发挥出巨大的管理效能。

2. 文化遗产行政管理的组织结构体系

(1)最高管理机关——国务院

国务院由全国人民代表大会产生，主要工作是管理全国的政治、经济、文化、外交、国防等各项行政事务，统一领导全国的行政工作；带有局部性和专门性的工作，由国务院各部门具体负责完成。地方各级人民政府的工作则在国务院的直接领导下开展，主要负责其所辖行政区域内的各项行政事务和日常的行政工作；专门性的工作由地方各级人民政府所属的具体工作部门负责完成。

《中华人民共和国宪法》第八十九条第七项规定："(国务院)领导和管理教育、科学、文化、卫生、体育和计划生育工作。"

(2)国务院具有文化遗产管理职能的重要部门及其直属单位

国务院的各部委，几乎都涉及文化遗产管理。国务院办公厅转发的《关于加强我国世界文化遗产保护管理工作的意见》，即由九个部委联署。2010 年 11 月在北京举行的非物质文化遗产保护工作部际联席会议，出席的有文化部、国家发改委、中国教科文全委会、科学技术部、工业和信息化部、国家民委、财政部、住房和城乡建设部、商务部、国家宗教事务局、国家文物局、中国社科院、国家中医药管理局等部际联席会议成员单位的有关负责人。

这里只简述直接涉及文化遗产管理的部门。

①文化部

1988 年，国务院进行机构改革，将文化部、对外文化联络委员会、国家出版事业管理局、国家文物事业管理局、外文出版发行事业局合并，设置中华人民共和国文化部。

负责全国文物类物质文化遗产和民族民间文化类非物质文化遗产保护与利用的管理，是其主要职能之一。

文化部办公大楼。图片来源：中国工程项目管理网(cpmchina.com)。

部内涉及文化遗产管理的主要机关有政策法规司、艺术司、文化市场司、文化产业司、公共文化司、非物质文化遗产司等。

文化部直属具体负责某方面文化遗产保护、利用及其研究等事务的单位主要有：

中国艺术研究院：前身是成立于20世纪50年代初的中国戏曲研究院、中央民族音乐研究所和中国绘画研究所，经合并，1980年定名为中国艺术研究院，现为中国唯一的国家级综合性艺术科研、创作和教育机构，内设经中央编办批准成立的国家级非物质文化遗产研究保护的专门工作机构——中国非物质文化遗产保护中心，还承担着文化部委托的向联合国教科文组织申报世界“非物质文化遗产代表作”的论证、评选工作。

中国国家图书馆：前身是筹建于清宣统元年(1909年)的京师图书馆，1951年更名为北京图书馆，1998年更名为国家图书馆，是国家的总书库、书目中心和古籍保护中心。现为亚洲规模最大的图书馆、世界上最大和最先进的国家图书馆之一。其典藏可以远溯到3000多年前的殷墟甲骨，其藏书可上溯到700多年前的南宋皇家缉熙殿藏书，且尤以“四大专藏”——敦煌遗书、赵城金藏、《永乐大典》和《文津阁四库全书》最受世人瞩目。至2008年，馆藏文献已达2697万册(件)，其中有善本古籍27万册(件)、普通古籍164万册(件)。外文善本中，最早的版本为1473—1477年印刷的欧洲“摇篮本”。

国家图书馆。图片来源：新华网(xinhuanet.com)。

故宫博物院：成立于1925年，是在明、清两代皇宫(紫禁城)的基础上建成的，兼容建筑、藏品与蕴含其中的历史文化为一体的中国最大的综合性博物馆；也是世界上极少数同时具备艺术、建筑、历史、宫廷文化等博物馆特色，并且符合国际公认的“原址保护”、“原状陈列”基本原则的著名博物馆。

中国国家博物馆：2003年2月，由原中国历史博物馆和中国革命博物馆合并而成，是以具有历史价值与艺术价值的文物陈列为主、全面展示中华民族伟大历史进程和灿烂文化，同时集收藏、研究、考古、展览、文化交流于一体的大型综合性博物馆。

中国美术馆：建成于1963年，是以收藏、研究、展示中国近现代艺术作品(包括丰富多彩的民族民间美术作品和工艺制品)为重点的造型艺术博物馆。

文化部民族民间文艺发展中心：成立于1998年，主要任务是全面承担中国民族民间文艺的搜集、整理、保护、研究、开发工作。

②国家文物局

1949年，文化部下设文物局。1973年，国务院决定成立国家文物事业管理局，属国务院文化小组领导。1974年，文物局改为国务院直属机构。1982年，改由文化部统一管理，称文化部文物事业管理局。1987年，改为国家文物事业管理局，独立行使职权，计划单列，但隶属关系不变。1988年，更名为国家文物局，作为代管局由文化部归口管理。

根据第九届全国人大一次会议审批的国务院机构改革方案及《国务院关于部委管理的国家局设置的通知》，国家文物局是由文化部管理的国家行政机构，主要负责全国文物类物质文化遗产保护与利用及博物馆工作的管理，下设管理文化遗产的主要机关有政策法规司、文物保护与考古司(世界文化遗产司)、博物馆与社会文物司(科技司)等。

国家文物局的直属单位有中国文化遗产研究院、中国文物信息咨询中心、中国文物交流中心、北京鲁迅博物馆等。

③住房和城乡建设部

根据第九届全国人大一次会议批准的国务院机构改革方案和《国务院关于机构设置的通知》，设置建设部。2008年，根据十一届全国人大一次会议通过的国务院机构改革方案，建设部撤并为住房和城乡建设部(简称住建部)。

住建部办公大楼。图片来源：金汤防水网(jtfs.com.cn)。

住建部是负责建设行政管理的国务院组成部门，主要涉及建筑类物质文化遗产保护与利用的管理，会同国家文物局负责全国历史文化名城、名镇、名村的保护和监督管理工作，负责全国风景名胜区的监督管理工作。

④国家民族事务委员会

简称国家民委，设立于1949年，“文革”期间一度撤销，1978年恢复，具体负责全国的民族工作。

中国的文化遗产，大量存在于民族地区。民族地区文化遗产的保护与利用，也是国家民委的重要职责。国家民委设置的文化宣传司和全国少数民族古籍整理研究室，较多地负责或参与文化遗产的管理。

⑤国家宗教事务局

国家宗教事务局，是国务院负责宗教事务的职能部门。

古寺庙、佛塔、道观、教堂等宗教建筑及宗教文物，都是文化遗产，尽管主要由文物部门管理，但实际上多由宗教界人士所使用和管理。保护宗教活动场所，也即保护文化遗产。负责宗教事务的国家行政机构，必然要直接或间接参与文化遗产的管理。

清醇亲王府。图片来源：爱游记网(iyouji. cc)。

(3)地方各级人民政府

中国的地方人民政府，具体指省、自治区、直辖市、自治州、市、市辖区、县、自治县、乡、民族乡、镇人民政府。

①性质、地位与关于文化遗产管理的职权

地方人民政府既从属于本级国家权力机关(人民代表大会)，由地方人民代表大会产生，对地方人民代表大会负责并报告工作，又都是国务院统一领导下的地方国家行政机关，都要服从国务院的领导。这种双重从属制度是由国家行政体制的特点决定的，保证了国家整个行政活动的统一性。

中国各地的文化遗产原则上是属地管理，即由当地人民政府具体负责管理。

②地方政府设置的文化遗产管理机构

新中国成立以来，地方各级人民政府设置的机构，大体与中央人民政府的机构相对应，县以下的政府机构有较多的精简合并。

各地文化遗产管理机构的设置，也根据地方情况而有其特点，又主要体现在省政府相关部门的下属机构和市、州、县的机构设置。

3. 中国文化遗产行政管理体系的基本特征

中国文化遗产管理体系，隶属于国家行政管理体系。

国家行政组织的建立、政府机构的设置，主要由社会环境和行政目标所决定，也需要随客观环境的变化、行政目标的改变而调整。

中国文化遗产管理体系成型于计划经济时期，虽然自20世纪50年代以来随政府机构的多次改革而作过多次调整，但还是大体沿用了计划经济时期的方式，即根据文化遗产的资产属性进行管理，而不是根据文化遗产的价值属性进行管理，因此带有很强的计划经济色彩。目前形成的管理体系有四大基本特征。

中国美术馆。图片来源：人民网(people.com.cn)。

(1)公益性质。文化遗产在根本上是属于全民的资源或资产，管理文化遗产的出发点和落脚点必然是突出全民共享的公益性。中国文化遗产管理属于国家事业，中国文化遗产管理体系也是立足于保证文化遗产的全民所有和全民共享而建立的。中国文化遗产的具体管理单位主要是中央或地方政府下设的非营利性事业单位，如博物馆、图书馆、美术馆、档案馆、群众艺术馆、文化遗产保护中心等。这些具体的管理单位，都主要依靠政府的财政拨款开展工作。尽管它们被赋予了对不同类型文化遗产的管理权，以及对不同类型文化遗产的有限经营权，可以获得政府财政拨款以外的资金来源(如门票收入、活动收入、社会捐助等)，但经营所得资金仅占其运行总经费的很少部分，且这部分资金也被要求不可用于福利而只可上缴国库或弥补文化遗产管理经费的不足。当今中国逐步实现全国文化行政部门归口管理的各级国有博物馆、美术馆、图书馆、文化馆(站)的免费开放，彰显了中国文化遗产管理体系的公益性质。

(2)政府主导。文化遗产的全民所有性质和全民共享要求，决定了文化遗产只能是由代表全民的国家或政府进行管理，文化遗产管理体系也只会是构建为全民所有制下的政府主导型管理体系。中国文化遗产管理的重要工作，如文化遗产保护与利用的计划确定、资金划拨、立规执法、检查督导等，都是由政府的文化遗产主管部门实施。博物馆、图书馆、群众艺术馆、文化遗产保护中心等具体文化遗产管理事业单位，则属于政府文化行政部门领导。社会上所涉及的文化遗产保护与利用事务，也必须依据法规请示或通过政府文化遗产主管部门。

(3)条块结合。由中央到地方的各级政府和相关机构组成多层级和多部门相联系的管理体系，分级成条，连署成块，条块分布，条块结合。条是由各级政府的文化遗产管理相关职能部门构成完整的纵向管理系统，如文化部→省文化厅→市文化局→县文化局这样的多层级垂直管理系统；块是由各级政府的相关职能部门构成完整的横向管理系统，如各级政府中文化、建设、宗教、旅游等相关部门构成的多部门平行管理系统。这种条块结合管理格局的形成，是因为代表全民管理文化遗产的国家依据文化遗产的资产属性，交付各级政府相应的职能部门进行管理，各职能部门又组成了从中央到省、市、县的行业管理系统。文化遗产的各行业管理系统内部，实行上级部门对下级的行业管理和业务指导。文化遗产的各级政府的相关职能部门，又由各级政府设置并且直接向各级政府负责。文化遗产管理职能的分解，主要是着眼于文化遗产的资产属性而划分，适应计划经济的管理需要而历史地形成，而非主要着眼于文化遗产保护与利用的需要划分。

(4)属地负责。文化遗产主要由所在地区的地方政府负责管理，实行的是以块为主的属地化管理。如平遥古城由山西省平遥县政府负责管理，丽江古城由云南省丽江市政府负责管理。像长城这样横贯多个省、市、自治区的世界文化遗产，也实行的是“整体保护，分段管理”。《长城保护条例》规定：“国务院文物主管部门负责长城整体保护工作，协调、解决长城保护中的重大问题，监督、检查长城所在地各地方的长城保护工作。长城所在地县级以上地方人民政府及其文物主管部门依照《文物法》、本条例和其他有关行政法规的规定，负责本行政区域内的长城保护工作。”各地文化遗产保护与利用的投入、经营及其管理机构的设置和人、财、物的调配，都由地方政府主管。

4. 中国文化遗产行政化管理的优势和问题

(1)中国文化遗产管理体系是中国行政管理体系的一部分，是适应中国的社会主义国家性质和中国文化遗产保护与利用的要求而逐步建立和完善的。现在的管理体系较好地保障了文化遗产的全民所有权和全民共享的公益性，但开放性不够，缺乏吸引社会组织和广大民众参与文化遗产管理的机制。

(2)政府主导强劲有力，管理的政令畅通、效率很高，尤其是宜于集中力量组织大规模的文化遗产抢救和保护工作，如全国文物普查、三峡库区考古调查与发掘、南水北调工程考古调查与发掘、全国非物质文化遗产普查等。但目前的政府主导实际上成了政府包管，几乎没有社会力量介入管理。而文化遗产极其丰富，文化遗产管理事务极为繁杂且需要大量投入，文化遗产保护与利用是全民的宏大事业，仅由政府

承德避暑山庄。图片来源：乐途网(lotour.com)。

包管，在人力、财力和物力上都是远远不够的。

(3)条块结合的管理格局，可以对文化遗产进行细致的分类分区管理，即如不同遗产类别和不同资产属性的文化遗产由不同职能部门和不同地方政府负责管理。文化遗产的管理职能，分属于各级政府一些相关的职能部门。就国务院机构而言，如传统意义上的文物由归属文化部的国家文物局负责管理，非物质文化遗产由文化部内设职能部门管理；一些文化遗产地，包括自然遗产和双重遗产，被命名为“风景名胜区”或历史文化名城、名镇、名村，主要由住建部管理；以文化遗产为旅游资源的利用、开发事务，则主要由国家旅游局管理；涉及宗教的文化遗产，由国家文物局和国家宗教事务局共同管理；文化遗产地还由国土资源部、国家林业局等部门介入管理。但是，相关的政府职能部门虽多，却往往造成有利则争管、无利则推诿、多头管理却无从管理的局面。依据行政区域实行的分区属地管理也使跨地区的大型文化遗产，如长城、大运河、丝绸之路等的保护与利用较难统一协调。政出多门、条块分割、机构重叠、职能交叉、职责不清、相互掣肘、步调不一、各行其是、利益冲突的现象，已经成为文化遗产管理的顽疾。

(4)由于现行属地管理、分级负责的体制，文化遗产由中央政府直接、具体管理的极少，主要是由各级地方政府对其属地的文化遗产进行直接、具体的管理。这一管理体制有利于减轻中央政府的管理负担，发挥各级地方政府的地利、人和的管理优势和资源利用积极性。但是，一些地方政府往往过于看重经济利益而忽视文化遗产保护，导致文化资源的过度开发和不合理利用。另外，属地的世界遗产和国家级文化遗产大都由属地的政府行政职能部门具体管理，如世界遗产明显陵由湖北省钟祥市文体局具体管理，全国重点文物保护单位乔家大院由山西省祁县文物旅游局具体管理，致使文化遗产的价值级别与文化遗产的管理级别严重不对应，往往是世界级别的文化遗产归县级文化遗产管理机构具体管理。其管理水平和管理能力达不到对高级别文化遗产管理的要求。

(5)在文化遗产管理体系中，文化遗产主要是由政府文化(文物)管理部门和建设管理部门兼代管理①，形成的是一个以文物管理系统和社会文化管理系统为主体的文化遗产管理系统。国家还没有专门的、独立的、统一的文化遗产行政管理机构和组织系统，如“国家文化遗产管理局”、“国家文化遗产管理委员会”之类统辖文化遗产管理事务的主管机构，及其直属的各级各类文化遗产管理机构所形成的组织系统。国家文物局及地方文物局虽然为专职物质文化遗产行政管理机构，但其管理

① 文化(文物)行政部门具体管理物质的和非物质的文化遗产，建设行政部门主要管理风景名胜区内的文化遗产，并与文化(文物)行政部门共同负责对历史文化城镇、乡村的管理。

的物质文化遗产也是不完整的，而且其行政力量较弱。文化遗产的具体管理机构多附属于政府的文化管理部门，地位不高，职权不明。

《中国文化遗产事业发展报告(2010)》蓝皮书指出，中国的文化遗产管理存在着公益功能发挥不足、经济功能发挥无序、管理矛盾处理乏力三大突出问题。不少学者也指出，中国的文化遗产管理在管理理念、权责对应、监督机制诸多方面都存在问题。这些问题的存在，表明在计划经济时代逐渐形成的现行文化遗产管理体制，已经不能适应当今社会主义市场经济发展的要求，必须随社会转型而改革完善。

5. 中国文化遗产行政管理体系的改革趋向

中国自1985年加入《世遗公约》以来，在汲取国际文化遗产保护的先进理念，借鉴各国文化遗产保护的有效经验，不断加强文化遗产管理的同时，国内许多从事文化遗产管理和文化遗产研究的人士，就一直在分析和总结中国文化遗产管理体制的利弊，比较和参照发达国家的文化遗产管理体制的合理构建，思考和探讨中国文化遗产管理体制的改革方案。

根据上述对中国文化遗产管理体系利弊的分析，综合相关人士对中国文化遗产管理体系改革的思考和建议，中国文化遗产管理体系的改革趋势大致会体现在如下几个方面：

(1)改善政府主导。文化遗产在根本上属于全民所有的性质，这决定了文化遗产管理是国家的事业和政府的责任。管理文化遗产当然只能由政府主导，只能主要由政府实施行政化和法规化的管理。政府主导文化遗产管理，世界各国概莫能外。政府主导文化遗产管理，必须始终坚持，否则就会损害全民的利益。但是，政府主导并不等同于政府包管，而是需要改善现今的政府主导方式，即在坚持政府主导的同时，建立开放性的管理机制，引进社会力量参与管理，扩大管理范围，丰富管理内涵，增强宏观管理能力，简化微观管理工作，形成以政府文化遗产管理系统为主干、社会相关组织为附属的合理、有序、协调、高效的管理体系。

锅庄舞(羌年习俗)。图片来源：中国网(china.com.cn)。

(2)保证公益为主。全民所有的文化遗产只能是全民共享，国家的文化遗产管理体系必须保证文化遗产为全民共享的公益性。可是，文化遗产有着不可估量的经济价值。文化遗产的利用，也是为了发挥其经济效能。引入社会力量参与管理，又必然更多牵涉社会各方面的经济利益。经济利益的诱惑，往往致使一些管理机构忽略甚至无视公益性。现实社会中的文化遗产，其所有权也不是无条件地属于全民。依据现行法律，文化遗产的主体，尤其是绝大部分珍贵文化遗产归国家所有，仍有许多文化遗产有所限制地属于私人所有或集体所有①。私人所有或集体所有的文化遗产，是不能强制要求个人无偿提供给全民共享的。个人若提供文化遗产服务，理应获得一定收益。所以，文化遗产的利用都像国有博物馆、图书馆等免费开放那样突出公益性是不现实的。文化遗产管理体系的改革，只能是也必须是保证以公益为主。如此，就必须坚持以政府文化遗产管理系统为主干，对国有文化遗产(即文化遗产的主体)实行非营利性的事业化管理或以事业化管理为主、市场化管理为辅的管理方式。即使是私人或集体的文化遗产的利用，文化遗产管理体系也应该引导或规范其在一定程度和根本利益上服务于公益，杜绝纯粹的市场化经营。

(3)实行统一管理。文化遗产管理体系若要实行对文化遗产高效、有力的管理，以确保文化遗产保护的严格性、科学性和利用的公益性、持续性，就必须是能够实行统一管理的政府管理体系，就必须是有着集中文化遗产管理权限、能够统筹文化遗产管理事务并制定统一的文化遗产管理规范和绩效标准的国家最高文化遗产管理机构。针对文化遗产管理中多部门职能交叉、权限分散的现状，为了加强管理，国务院的《通知》特别强调，要“成立国家文化遗产保护领导小组，定期研究文化遗产保护工作的重大问题，统一协调文化遗产保护工作”。国家文化遗产保护领导小组于2006年4月成立②。可是，这个国务院多部门负责人组成的国家文化遗产保护领导小组，却难以很好地发挥管理文化遗产的统一协调作用。有学者建议，应该借鉴外国经验，集中文化遗产管理

---

① 私人所有或集体所有的文化遗产，诸如合法的收藏文物、古民居、古祠堂、古店铺、各种手工艺技能、表演艺术等。

② 2006年4月27日，国务院办公厅下发《关于成立国家文化遗产保护领导小组的通知》。《通知》说明，国家文化遗产保护领导小组由国务委员陈至立任组长，文化部部长孙家正、国务院副秘书长陈进玉任副组长，成员由国家发改委、教育部、国家民委、公安部、财政部、国土资源部、建设部、文化部、海关总署、林业局、旅游局、宗教局、法制办、文物局的副职或正职担任。领导小组下设办公室，办公室设在文化部，由孙家正兼任办公室主任，文化部副部长周和平和国家文物局局长单霁翔兼任办公室副主任。办公室负责承担领导小组的日常工作，提出文化遗产保护工作政策和措施的建议，落实领导小组会议议定事项，承办领导小组交办的有关事项。2006年5月8日，国家文化遗产保护领导小组在北京召开了第一次会议。

权，建立诸如“国家文化遗产管理委员会”或“国家文化遗产管理局”这样的主管机构，对全国文化遗产实行统一管理。

(4)加强分级负责。中国地域广大，文化遗产丰富，对文化遗产的管理必须实行分级分类管理。现行的属地管理、分级负责的有效方式和经验应予总结和沿用，同时根据国家统一管理文化遗产的要求而采取文化遗产的价值级别与管理级别对应的管理方式，加强分级负责制。学者的建议是：国家级以上的文化遗产(主要是世界遗产、全国重点文物保护单位、国家级非物质文化遗产及其传承人)，原则上由国家最高文化遗产管理机构(诸如“文化遗产管理委员会”或“文化遗产管理局”)实行直接的和垂直的管理；省级文化遗产，原则上由所在省、自治区、直辖市的最高文化遗产管理机构(诸如省、自治区、直辖市的“文化遗产管理委员会”或“文化遗产管理局”)实行直接的和垂直的管理；市、县级文化遗产，由市、县政府实行属地管理。国家最高文化遗产管理机构除了直接管理国家级以上的文化遗产外，还履行制定文化遗产保护与利用的政策和规范，统筹和协调全国文化遗产管理，督促和检查各地区及各部门文化遗产管理工作等职责。省、自治区、直辖市的最高文化遗产管理机构，遵循国家政策和规范，接受国家最高文化遗产管理机构的业务指导，协助管理本地区国家级以上的文化遗产，直接管理本地区省级文化遗产，同时统筹和协调、督促和检查本地区文化遗产管理工作。市、县政府的文化遗产管理部门，则相应地遵循国家政策和规范，接受上级文化遗产管理机构的业务指导，协助管理本地区的省级以上的文化遗产，直接管理本地区市、县级文化遗产。由此，构建成责、权、事对应的分级负责管理体系。

文化遗产行政管理体系改革的目标，就是建立统一、规范、高效的行政管理体系。

三、联合国教科文组织的世界遗产管理体系

1. 联合国教科文组织

联合国教科文组织全称联合国教育、科学及文化组织。1945 年 11 月，37 个国家代表参加的伦敦会议上通过了教科文组织的《组织法》。获得 20 个国家批准后，《组织法》于 1946 年 11 月4 日正式生效。同年 12 月，教科文组织成为联合国的专门机构，总部设在巴黎。至 2013 年，联合国教科文组织已有 195 个会员国和 9 个准会员地区。

联合国教科文组织标志

联合国教科文组织的使命是：通过教育、科学、文化、传播与信息，促进

建设和平、消除贫困、可持续发展和文化间对话。因此，该组织致力于在尊重共同价值观的基础上为不同文明、文化和民族之间开展对话创造条件。正是通过这种对话，世界才能实现可持续发展的全球愿景，包括尊重人权、相互尊重和减轻贫困。

联合国教科文组织有五大职能，即前瞻性研究，明天的世界需要什么样的教育、科学、文化和传播；知识的发展、传播与交流，主要依靠研究、培训和教学；制定准则，起草和通过国际文件和法律建议；知识和技术，以技术合作的形式提供给会员国制定发展政策和发展计划；专门化信息的交流①。

2. 联合国教科文组织的世界遗产管理机构

联合国教科文组织的世界遗产管理机构，根据《世遗公约》和《非遗公约》的规定及具体工作需要设置，并与国际上相关的权威学术组织密切联系，形成一体化的组织体系。

(1)世界遗产委员会

《世遗公约》第八条规定：“在联合国教育、科学及文化组织内，现建立一个保护具有突出的普遍价值的文化和自然遗产政府间委员会，称为‘世界遗产委员会’。”

《世遗公约》对世界遗产委员会的构成、选举、任期、职能、工作内容和工作方法等，都有明确规定。它于1976年11月成立，由21个《世遗公约》缔约国的代表组成，每届任期6年，每两年改选其中三分之一委员，是一个政府间国际合作性的世界遗产管理机构，每年至少举行一届世遗大会，具体负责《世遗公约》的实施。

(2)政府间保护非物质文化遗产委员会

《非遗公约》第五条规定：“兹在教科文组织内设立政府间保护非物质文化遗产委员会。”

《非遗公约》对政府间保护非物质文化遗产委员会的构成、选举、任期、职能、工作内容和工作方法等，都有明确规定。它于2006年6月成立，由24个《非遗公约》缔约国的代表组成，是一个政府间国际合作性的世界非物质文化遗产管理机构，每年至少举行一届常会，具体负责《非遗公约》的实施。委员任期4年，《非遗公约》缔约国大会每两年改选12名委员。

(3)世界遗产中心(世界遗产委员会秘书处)

世界遗产中心又称公约执行秘书处，1992年成立，是世界遗产委员会的

---

① 联合国教科文组织《2008—2013年中期战略》确定该组织“将为国际社会担负起五项既定职能”是：(Ⅰ)思想实验室；(Ⅱ)标准制定者；(Ⅲ)信息交流中心；(Ⅳ)会员国在教科文组织各主管领域的能力培养者；(Ⅴ)国际合作的推动者。

日常办公机构。其主要工作是：组织缔约国大会和世界遗产委员会的会议，具体协助缔约国执行《世遗公约》，收受、核查世界遗产申报文件并组织评估，组织对世界遗产的定期报告和协调对世界遗产的反应性监测，对世界遗产委员会提出建议，执行世界遗产委员会的决定和联合国教科文组织大会的决议并向委员会和大会汇报执行情况，协调国际援助和研究，处理联合国教科文组织内部有关世界遗产事务等。

联合国教科文组织总干事伊琳娜·博科娃在政府间保护非物质文化遗产委员会第五次会议开幕式上致辞(2010年)。图片来源：联合国教科文组织网(unesco.org)。

(4)非物质文化遗产科

联合国教科文组织具体负责非物质文化遗产保护的日常工作机构，隶属教科文组织秘书处，下设理事机构和事务办公室、计划与评估办公室。前者负责预期成果五个方面的工作，组织《非遗公约》的所有法定会议，为这些会议拟定议程和文件，接收和管理所有申报、建议和国际援助的申请，管理遗产科的信息系统(数据库和网站)；后者负责预期成果六个方面的工作，分析由缔约国提交的申报、建议和国际援助的申请以及由非政府组织提交的认证申请，实施和监督保护遗产和能力建设活动(包括由正常预算、预算外资金和非物质文化遗产基金提供资助的活动)，动员预算外资金来支持上述保护遗产和能力建设活动。

3. 联合国教科文组织世界遗产管理的咨询机构

《世遗公约》第十四条明确规定，国际文物保护与修复研究中心、国际古迹遗址理事会、世界保护自然联盟为世界遗产委员会的三大专业咨询机构。通常，世界遗产委员会通过这三个独立的国际组织管理世界遗产事务。这三个组织则与世界遗产委员会密切合作，帮助成员国完成对世界物质文化遗产和自然遗产的保护。

《非遗公约》第九条规定，非物质文化遗产的咨询机构，应是在非物质文化遗产领域确有专长的非政府组织，由政府间保护非物质文化遗产委员会认证，报《非遗公约》缔约国大会批准。

(1)国际文物保护与修复研究中心，又称国际文化财产保护与修复研究中心(ICCROM)

国际文物保护与修复研究中心由联合国教科文组织于1956年创建，总部设在罗马，负责推动世界范围内所有文物的保护工作，是文化遗产领域从事培训、专家服务、资料收集和编撰的专门性政府间组织。该组织的宗旨是保护古代建筑、历史遗迹和世界艺术珍品，以及为此而进行的专业队伍的培训和修复技术、规范等的研究。该组织的主要职能是：通过调研培训、信息交流、技术援助、合作和宣传等方式致力于世界范围内可移动和不可移动文物的保护。另外，它还负有监督世界文化遗产保护状况、审查《世遗公约》缔约国提交的国际援助申请等职责。

(2)国际古迹遗址理事会(ICOMOS)

国际古迹遗址理事会于1965年在华沙成立，总部设在巴黎，是从事文化遗产保护理论、方法、科学技术的研究、运用和推广工作的非政府国际组织，也是古迹遗址保护和修复领域最具影响的非政府国际组织，目前有103个国家委员会、28个国际科学委员会和11 000多名个人会员。该组织的主要职能，是推广建筑和考古遗产保护理论、方法和科学技术的应用。作为世界遗产委员会的专业咨询机构，它主要负责对各国《世界遗产预备清单》中的文化遗产项目进行认定和评估，同时还与世界保护自然联盟共同完成其中双重遗产项目的评估。另外，它也负有同国际文物保护与修复研究中心同样的监督、审查等职责。

(3)世界保护自然联盟，又称国际自然及自然资源保护联盟(IUCN)

世界保护自然联盟成立于1948年，总部设在瑞士格朗德(Gland)，初名国际自然保护协会，1956年更为现名，是一个以保护全球自然环境为宗旨的国际组织。其使命在于影响、鼓励和协助世界各团体保护自然的完整性和多样化，并确保任何对自然资源的使用都是公正的、符合生态的可持续发展。现由世界上80多个国家、100多个政府机构、800多个非政府组织及约1万名专家、学者和工作人员组成，为联合国教科文组织世界遗产委员会在自然遗产、文化与自然双重遗产事务方面的咨询机构，主要负责对世界自然遗产的评估认定、保护状况的监督、国际援助申请的审查等事务。

世界保护自然联盟标志

(4)非物质文化遗产咨询机构

2010年举行的《非遗公约》缔约国大会第三届会议，通过了政府间保护非物质文化遗产委员会第三、四届常会对97个非政府组织作为委员会咨询机构地位的认证。这97个非政府组织包括中国的两个学术组织——中国工艺美术学会和中国科学技术史学会。

2012年举行的《非遗公约》缔约国大会第四届会议，通过了政府间保护非物质文化遗产委员会第五、六届常会对59个非政府组织作为委员会咨询机构地位的认证，其中包括中国民俗学会和总部设在北京的世界中医药学会联合会。

截至目前，在通过认证的两批共 156 个非政府组织咨询机构中，有 4 家是获得两届缔约国大会复核批准的中国(或总部设在中国)学术团体。

四、西方一些发达国家的文化遗产管理体系

1. 美、英、法、意、日的文化遗产管理体系

(1)美国

美国的文化遗产少而自然遗产多，故重视对自然遗产并结合文化遗产的管理，形成了具有美国特色的国家行政化管理组织系统和国家公园系列遗产保护体系。

组约大都会博物馆。图片来源：光明网(gmw.cn)。

内政部是美国文化遗产管理的主要机关，其下设有国家公园管理局等机构。美国于 1970 年通过的《国家公园事业许可经营租约决议法案》规定："国家公园是不管现在还是未来，由内政部长通过国家公园管理局管理的以建设公园、文物古迹、历史地、观光大道、游憩区等为目的的所有陆地和水域。"另外，美国联邦政府还设立有国家历史保护信托委员会、国家历史保护办公室、遗产保护部等机构。各州政府也都设立有遗产保护委员会或办公室等机构。

(2)英国

伦敦塔。图片来源：北京人出游网(bjrcy.com)。

文化传媒体育部是英国兼管文化遗产的最高行政机关。1992 年，英国为加强文化遗产管理，创设了国家遗产局，下辖皇家历史宫苑处和皇家公园处两个机构、37 个非部门的公共机构(包括 16 个博物馆、艺术馆和 7 个咨询机构、5 个具有公共性质的法人经营公司)。1997 年，工党政府据"遗产关注过去，我们关注未来"的观念，将国家遗产局裁撤，并入新成立的文

化传媒体育部。

中介机构主要有英国文化遗产委员会、英国历史古迹皇家委员会、皇家美术委员会、教堂信托基金、国家古迹基金。另有一个完全独立的遗产资助机构“国民信托基金”。英国的文化遗产管理，当前越来越倚重文化遗产委员会。

(3)法国

巴黎卢浮宫。图片来源：亚心网(iyaxin. com)。

法国人以建设文化国家为目标，以遗产丰厚为荣耀。法国政府也高度重视文化遗产管理，并且以行政力量控制文化遗产管理事务，将博物馆、美术馆、遗产地等重要文化遗产单位都隶属在政府文化遗产管理机关之下。

法国文化遗产管理的最高政府机关是文化部，文化部下设文化遗产司，专门负责文化遗产的保护，任职人员大都具有相应的专业知识。文化遗产司又下设四处、三科，专门负责不同类型文化遗产的保护工作，又主要负责法国文化遗产保护工作的规划、决策、领导与监督。法国地方政府也设立了相应的管理机构，负责调查、监督文化遗产存在和保护的状况。

(4)意大利

意大利是文化遗产富集之国，被称为一个“巨大的露天博物馆”。但意大利的经济状况却长期不太景气，国家财政难以满足文化遗产保护的需要，故政府对文化遗产的管理既高度重视保护又充分进行利用。

比萨大教堂。图片来源：开元网(kaiyuan. eu)。

文化遗产部(又称文化遗产与文化活动部)是意大利政府于1975年专设的文化遗产管理机构，以管理世界遗产为主，下设负责文化遗产保护与利用的建筑、考古、艺术、历史遗产司和负责调研、协调文化空间的环境、景观遗产司。地方政府相应设置了文化遗产保护局，下辖具体文化遗产管理的事业单位。从中央到地方，意大利建立了较为完备的行政化管理的组织体系，实行垂直管理。

为加强文化遗产的管理，意大利成立了由文化遗产部、交通部、生产活动部等多部门负责人组成的“混合委员会”，负责协调全国文化遗产地的环境规划和基础设施建设，推动文化遗产保护与利用并举的战略目标的实现。

(5)日本

日本是世界上最重视文化遗产管理的国家之一，也是文化遗产管理体制完备且效果很好的国家之一。文部省是文化遗产管理的政府主管部门，下设直接管理文化遗产的文化厅和负责对文化遗产管理重要问题进行调研并提出建议的保护文化财产委员会，以此为核心，构成直接或间接联系的国家各级、各类文化遗产管理机构的组织系统。

奈良东大寺。图片来源：腾讯旅游(itravelqq. com)。

2. 西方发达国家文化遗产行政化管理的共性

由于政府重视而又有长期的管理体制建设，由于经济发达而又有较充裕的财政经费作保障等原因，西方发达国家的文化遗产行政化管理有着明显的共性。其共性主要表现在：(1)主要的文化遗产属于国家所有，并且由政府实行统一管理；(2)针对不同层次、类别的文化遗产，相应设立专门的行政主管部门；(3)文化遗产的保护主要是政府的责任，保护经费主要由国家财政负担；(4)文化遗产的利用坚持公益性质，但文化遗产单位的经营则根据国情而方式不一。

五、文化遗产管理机构的行政领导及一般人员

行政领导指文化遗产管理机构中担任领导职务的工作人员。一般人员指文化遗产管理机构中没有担任领导职务的工作人员。

1. 行政领导的含义

行政领导是国家行政机关中主管职能的承担者依法行使国家权力、组织和管理行政事务所进行的行政活动的通称。文化遗产管理机构的行政领导，是国家文化遗产管理机构中主管职能的承担者依法行使国家权力、组织和管理行政事务所进行的行政活动的通称。

2. 领导者的基本素质

政府文化遗产管理机构的领导者，代表国家进行公共事务的管理，体现国家的形象，应是群众的表率，故有较高的素质要求。

(1)政治素质。行政领导的政治素质如何，直接影响到国家的长治久安、社会生活及事业发展，故每个国家、阶级都对行政领导有政治要求。不同的时期、社会、民族、阶级，对行政领导的政治素质的具体要求也不同，但都要求他们忠于本民族、国家、阶级和为之奋斗的事业。社会主义中国现阶段的行政领导，则要求其坚信社会主义、共产主义是人类最伟大的事业，并将为之奋斗终生；坚持共产党的领导，拥护和执行党的路线、方针、政策，全心全意为人民服务，以国家和人民的利益为重。

(2)道德素质。所谓君子服人以德，具体而言就是：①大公无私、严于律己；②尊重科学、实事求是；③诚信宽仁、谦逊公正；④吃苦耐劳、以身作则。

西安鼓乐。图片来源：互动百科网(hudong.com)。

(3)知识素质。行政领导工作是一项综合性的复杂劳动，也是一种兼有科学性和艺术性的创造性活动，故领导者既需有自己的专业知识，还需有其他领域的知识，能够“一精百通”。具体要求是：①具有较丰富系统的社科理论知识，特别是与文化遗产关联密切的法律学、管理学、政治学、人类学、社会学、环境学、教育学、旅游学等知识；②具有相当水平的专业知识，包括与文化遗产最为密切的历史学、考古学、博物馆学、民族学、民俗学等方面的知识；③具有较丰富的社会生活知识，因为文化遗产管理需要同社会各方面、各阶层发生联系；④具有较丰富的世界文化知识，因为文化遗产管理需要借鉴别国经验，需要在联合国教科文组织主导下进行国际合作。

(4)能力素质。衡量行政领导者是否称职，主要看他是否具有履行职责的能力。具体要求是：①认知能力，尤其是发现和分析问题的能力；②决策能力，即能够权衡利弊，准确、及时地作出决策；③协调能力，即从大局出发，统筹兼顾，使本部门人、才、物形成合理组合以取得最佳效益，使外部相关因素融通和谐而形成便于工作的最佳环境；④应变能力，即能根据客观情况的变化，及时调整工作重点，改变工作策略，掌握工作的主动权；⑤创新能力，即不墨守成规，能够适应社会发展要求，勇于、善于开拓创新。文化遗产管理不断出现新问题，在体制、方式等各方面都需要创新。

(5)性格素质。常言道，性格决定命运。性格也可决定行政领导者的管理业绩。性格素质的一般要求是：①乐观自信；②坚忍不拔；③沉着稳重；④热情大方。

(6)作风素质。工作中表现出的一贯态度和行为，就是作风。作风素质的基本要求是：①民主平等，即发扬民主、平等待人，尊重他人人格、发挥工作人员的积极性；②平易近人；③求真务实；④言行一致。

3．一般工作人员

政府文化遗产管理机构的一般工作人员，是国家行政管理主体的成员，即国家公务员，由法规保障其身份和规定其职责，虽然在机构内不具有组织、管理、决策、指挥的职能，但得到授权后也在对外的管理工作中代表政府。

政府设立的文化遗产管理事业单位中的一般工作人员，是对文化遗产进行具体保护与利用的职员，主要从事技术性、专业性的管理工作。

六、决策与规划

决策与规划是制订工作计划、选择最佳方案的过程，是人类社会实践活动的重要内容。上自国家大事，下及个人生活，都少不了决策和规划。

文化遗产的管理主要是政府管理，故文化遗产管理中的决策与规划主要是行政化的。

1．决策的含义

决策不仅仅是已定的几种方案的选择，还是决定解决问题方案或办法的过程。

文化遗产管理中的决策，就是管理人员为了达到预定目标，根据实际情况和条件，运用科学的理论和方法，在充分了解有关信息和深入分析主客观条件的基础上，对所要解决的问题或处理的事务作出决定。

2．决策的过程

决策过程一般分为四个阶段。

(1)发现问题和确立目标阶段。通过调查研究发现问题，根据实际情况和要求确定目标。

(2)拟订方案阶段。在全面深入分析有关信息和主客观条件的基础上，运用科学的理论和方法拟订解决问题、实现目标的方案。决策的基本要义是抉择，故需拟订多个方案。

四川青城山。图片来源：旅游视频网(tripdv. com)。

(3)选择方案阶段。就拟订的多个方案进行评价，择优选出最具可行性，即最简易、最圆满地实现目标的方案。这是决策过程的核心，体现决策的水平，关系管理的成效。

(4)实施方案阶段。方案选定，即付诸实施。一般而言，选定方案就完成了决策过程。但方案是否可行，需要在实施中检验，而且实施中遇到具体情况，尤其是不断变化的情况，还要对选定的方案进行修正和完善，这本是复杂的决策过程，又是整个决策过程的补充。

3．规划的含义

规划也是决策，但不是战术决策，而是战略决策。就国家、企业、单位而言，可称为发展战略。制定并通过、颁布的规划，即为规范性文件。

4．规划的形成

规划的形成与决策的过程基本一致，只是参与人员众多、制定过程复杂、选择尤为慎重、实施面广时长，而且由于费时费力、成本较高。规划的制定一般是先拟出草案(讨论稿)，在广泛征求意见中修改完善。

文化遗产保护与利用的规划，由于内容繁复又专业性强，往往是由文化遗产管理部门委托大专院校、科研单位或学术组织等专业机构制定。

5．决策与规划的原则

(1)科学性。对文化遗产保护与利用情况的调查研究、方案的设计、规划的制定，都必须抱着实事求是的科学态度，运用科学的理论和方法，从而保证所设计方案的合理、制定规划的有效。调研是决策与规划的基础，必须力求所得信息的完整全面、真实准确。

2009年隋唐洛阳城宫城考古遗址公园项目启动仪式。图片来源：河南文物网(haww.gov.cn)。

(2)民主性。发扬民主、集思广益，充分听取相关人员的意见，细致分析其合理性，广泛吸取其科学成分，方可使得决策正确和规划合理，而且在规划制定过程中尤须如此。有偏有倚，独断专行，难免失误和失败。文化遗产保护与利用的决策和规划，尤其需要征询专家的意见。世界遗产委员会确定三大国际组织为咨询机构，就是样板。

(3)可行性。决策和规划不是纸上谈兵，而须付诸实施。在决策和规划的每个环节，都需考虑其可行性，都需根据实际的情况、分析主客观条件而作决策和规划。文化遗产保护与利用的决策和规划，牵涉面很广，尤需着眼于可行性。

科学性、民主性、可行性三原则，是相辅相成而合为一体的，遵循科学性原则，即可保证可行性；遵循民主性原则，即可保证科学性；遵循可行性原则，也就不可不遵循科学性和民主性原则。

6. 中国文化遗产保护与利用规划的基本内容

中国文化遗产保护与利用的规划，主要应有四个方面的内容：(1)保护与利用的现状；(2)规划的指导思想、基本方针和总体目标；(3)规划的具体任务；(4)实施规划、完成任务、达到目标的主要措施。

第三节　文化遗产的法规化管理

现代社会是法治社会，现代社会的一切管理活动都要求有法可依，有章可循。

文化遗产管理主要是公共事务的管理，必须实行法规化管理。

一、文化遗产法规化管理的特点

1. 法规的含义

法规是国家或组织制定并公开颁布的、由国家政权或组织力量保证执行的行为规则。其核心和基础是法律，因为法律是由立法机关制定的，具有最大的公共性和权威性，体现了统治阶级的意志和国家的利益。法令、条例、规则、章程等，只能依据法律制定和宣布，实际上是针对具体事务的法律实施细则。

无论是中央政府还是地方政府，无论是文化遗产管理的行政机关还是事业单位，制定规章都要有法律根据或上级部门具有法律效力的文件根据。颁行的各种法规，往往开宗明义就说明其法律根据。

祁县乔家大院。图片来源：山西省人民政府网(shanxigov.cn)。

2. 法规化管理的特点

法规化管理的本质，是法制化或法治化管理。

法制化管理指依据法律制度进行的管理，法治化管理指依法进行治理，两者在精神上是一致的，都强调管理的根据是法律，管理不能违背或逾越法律，但又有所偏重，前者偏重于静态的法律制度，后者偏重于动态的依法治理过程。

法规化管理指依据法律以及在法律基础上产生的规章制度进行管理。其范围较法制化或法治化管理宽泛，因为文化遗产管理涉及面虽广，却是具体的管理，其本质则与之一致，在根本上是依法治理。

法规化管理也与法制化或法治化管理的特点基本一致。

(1)规范性。文化遗产管理的法律规章是强制实施的规范或命令，明确规定了在文化遗产管理中应做什么和不应做什么、可做什么或不可做什么，明确规定了有关国家机关、事业单位、社会团体、公民个人在保护与利用文化遗产方面的权利和义务。

(2)普适性。"在法律面前人人平等"①，已经成为现代民主国家共同的法治观念。文化遗产管理的法规不是为个人或相关少数人员制定的，而是为全社会成员或相关组织的所有人员制定的，要求人人都遵纪守法，照章办事。

(3)公益性。法规不是私人制定的，因而具有公共性。法规是国家或组织针对全社会成员或组织所有人员制定的，因而具有公益性。文化遗产的保护与利用是国家、民族乃至全人类的事业，关系到国家、民族乃至全人类的发展，文化遗产管理的法规也尤其具有公益性。

(4)强制性。一般而言，文化遗产管理的法规是以国家政权或组织力量为实施保证的，要求社会成员或组织人员严格遵守，不容违反，否则就要承担后果，依法或照章受到处罚。

(5)稳定性。文化遗产管理的法规，大都是在大量调查研究，反复讨论修订，甚至长期试行实践的基础上制定的，一旦颁布，就必须保持一定的连续性和持久性，若朝令夕改、立废无常，就有损于法规的严肃性和权威性，而且让人无所适从，影响到管理系统的秩序性和结构性。

二、文化遗产法规化管理的原则

法规化管理的根本原则，在中国已由《中华人民共和国宪法·总纲》所阐明。具体就文化遗产管理而言，则有如下基本原则：

(1)一切具体的行政法规和地方性法规都不能同国家立法机关制定的法律相抵触，都必须根据法律制定。

(2)管理行为必须符合法规的规定，不可与既定的法规相抵触。也就是说，在既定法规有效期间，与既定法规相抵触的行政命令、决定等不具有效力。

(3)由法规明确规定了的诸事项，不可以行政命令取代。即使法规有不适应社会变化而需修改之处，也不可率意自以为是，有损于法规的严肃性和权威

---

① 法国《人权宣言》。

性。法规修订需按法定程序进行。严格法治，杜绝人治。

(4)任何管理机构或管理者都不得有超越法规的权力，都要受到法规的约束并且依照法规接受监督。

三、文化遗产法规化管理的作用

文明社会的管理，必须借助法规这一工具。现代社会的一切重要的管理活动，都是依法治理的过程。文化遗产管理只有通过法规化，才能顺利进行而实现目标。因此，法规化是文化遗产管理的基本方式。国务院的《通知》强调："加快文化遗产保护法制建设，加大执法力度。加强文化遗产保护法律法规建设，推进文化遗产保护的法制化、制度化和规范化。"

文化遗产法规化管理的作用，主要在于：

(1)政府和组织执行法规的强制力，可以严厉打击破坏文化遗产的各类违法犯罪行为，追究因决策失误、玩忽职守而造成文化遗产破坏、被盗或流失的责任人的责任，有效保护文化遗产。

(2)法制化、规范化和制度化的管理，可以维持管理系统协调有序地运行，落实文化遗产保护与利用的基本方针，保证文化遗产保护与利用的近期与远期、局部与总体的目标得以实现。

(3)法规针对全社会成员或相关组织的所有人员，并通过其得以执行和实施。其平等性、公共性和公益性的特点，可以让人人都明确自己的权利和义务，认识到文化遗产保护与利用的重大意义，激发民众的参与热情，使文化遗产保护与利用成为全社会的自觉行动。

四、文化遗产管理的国际公约和文件举要

文化遗产管理方面的国际公约，是国际就文化遗产保护与利用问题缔结的条约。国际组织、国际会议通过的保护文化遗产的重要文件，或又称为建议、宪章、宣言等。

一些专业性的国际非政府组织或国际会议形成和通过的保护文化遗产的宪章、宣言等，因其具有权威性而成为保护文化遗产国际公约的制定基础或国际社会保护文化遗产的依据，也是文化遗产管理的重要国际文件。

1.《武装冲突情况下保护文化财产公约》(简称《海牙公约》，联合国教科文组织1954年5月14日通过于海牙)

(1)背景

第二次世界大战结束后，国际社会开始建立一种全球治理机制，期望通过和平协商方式解决国际争端，从而诞生了联合国。第二次世界大战对文化遗产

的惊人破坏也引起国际社会的普遍关注，战后地区间、局部的战争依然持续不断并且毁坏着文化遗产。国际社会初步认识到必须对世界各地、各民族的文化遗产进行国际保护。联合国主要机构之一的教科文组织，开始关注如何在武装冲突情况下保护文化遗产，并且“决心采取一切可能的步骤以保护文化财产”。

柏林大教堂。图片来源：北京旅游网(bjlyw.com)。

(2)内容

《海牙公约》正文有七章，共四十条，具体规定了文化遗产保护的内容和方式、公约的适应范围和实施措施等。为保证此公约的顺利实施，联合国教科文组织还相应通过了三个重要文件，即《武装冲突情况下保护文化财产公约实施条例》、《武装冲突情况下保护文化财产议定书》和《武装冲突情况下保护文化财产的政府间会议通过的决议》。为了强化贯彻此公约条款的力度，联合国教科文组织于1999年3月26日又通过了此公约的《第二议定书》。

(3)意义

①《海牙公约》首次在国际上达成对保护文化遗产的全人类意义和国际保护重要性的共识，确认对任何民族文化财产的损害亦即对全人类文化遗产的损害，因为每个民族都对世界文化作有贡献；而各国各族文化遗产的保护并非自己的事情，只有在联合国主导下进行国际协作，才能使各国各族的珍贵文化遗产得到有效保护。

②《海牙公约》首次以公约方式明确要求国家之间相互尊重和保护对方的文化遗产，要求“各缔约国承允不为可能使之在武装冲突情况下遭受毁坏或损害的目的，使用文化财产及紧邻的周围环境或用于保护该项财产的设施以及进行针对该等财产的敌对行为，以尊重位于其领土内以及其他缔约国领土内的该等文化财产”；要求“占领另一缔约国全部或部分领土的任何缔约国应尽可能协助被占领国国家主管当局保护并保存其文化财产”，要求“各缔约国共同承允禁止、防止及于必要时制止对文化财产任何形式的盗窃、抢劫或侵占以及任何破坏行为。他们不得征用位于另一缔约国领土内的可移动文化财产”。

③《海牙公约》首次对文化遗产下了国际性定义：Ⅰ. 对每一民族文化遗产具有重大意义的可移动或不可移动的财产，例如建筑、艺术或历史纪念物而不论其为宗教的或非宗教，考古遗址，作为整体具有历史或艺术价值的建筑群，

艺术作品，具有艺术、历史或考古价值的手稿、书籍及其他物品，以及科学收藏品和书籍或档案的重要藏品或者上述财产的复制品；Ⅱ．其主要和实在目的为保存或陈列Ⅰ项所述可移动文化财产的建筑，例如博物馆、大型图书馆和档案库以及拟于武装冲突情况下保存Ⅰ项所述可移动文化财产的保藏处；Ⅲ．保存有大量Ⅰ和Ⅱ项所述文化财产的中心，称为“纪念物中心”。定义反映了18世纪以来欧洲国家关于文化遗产保护的基本认识。从历史或艺术价值含量的角度理解、认识文化遗产对于当代社会发展的重要意义，是18世纪以来西方人士保护文化遗产的基本出发点。

④《海牙公约》是联合国教科文组织通过的第一个文化遗产保护国际公约，为该组织主导的世界遗产保护运动的形成和发展奠定了一块基石。

1999年10月31日，经第九届全国人大常委会第十二次会议通过，中国加入了《海牙公约》及其议定书。

2．《保护世界文化和自然遗产公约》(简称《世遗公约》，联合国教科文组织第17届大会1972年11月16日通过于巴黎)

(1)背景

20世纪五六十年代在西方形成、在世界出现的日益迅猛的城市化、现代化建设浪潮，以及自然灾害、战争炮火等因素，造成全球自然环境和文化遗产的巨大破坏，引起人们的高度关注和深刻反思，人们意识到“任何文化或自然遗产的坏变或丢失都有使全世界遗产枯竭的有害影响”，而国家一级保护文化和自然遗产则限于能力和条件往往很不完善。

西班牙科尔多瓦历史中心。图片来源：环球网(huanqiu.com)。

在世界有识之士的大力呼吁和推动下，联合国教科文组织着手发起世界各国共同保护世界遗产的活动，制定相关公约并及时于大会通过。

(2)内容

《世遗公约》正文分为八大部分，共三十八条，就文化和自然遗产的定义、保护文化和自然遗产的主体和国际协作方式、国际保护机构的设置、国际保护经费的来源与使用、国际援助的条件与安排、国际保护教育计划等做了明确的阐述和规定。

为保证此公约的顺利实施，世界遗产委员会制定了《实施〈保护世界文化和自然遗产公约〉的操作指南》(又译《〈世界遗产公约〉实施细则》，简称《操作指南》)。

(3)意义

①《世遗公约》明确规定了世界文化和自然遗产的范围和标准，使人们对其存在的类型、价值和保护的必要性有了较为清晰的认识。

②《世遗公约》首次在国际社会明确将文化遗产与自然遗产的概念结合在一起，提出了包括具有突出的普遍价值的文化遗产和自然遗产的世界遗产概念。

③《世遗公约》明确指出文化和自然遗产是全人类共同的财富，各国保护与利用本国遗产主要是国家的责任，同时各国也有责任和义务通过国际合作参与他国的遗产保护。

④《世遗公约》规定建立政府间委员会——世界遗产委员会和设立世界遗产基金，细化世界遗产的保护规则和评选程序、建立世界遗产的监测机制等，不仅使得世界遗产保护有了组织保证和经费保证，而且形成了一个完整、科学的遗产管理体系，使得世界遗产保护成为全球治理的实质性操作，也为各国的遗产保护提供了范本和导向。

⑤《世遗公约》成为遗产保护领域最具普遍性的国际法律文书，大大促进了各国的遗产保护，在世界范围内掀起了保护遗产的热潮。

⑥《世遗公约》是被广泛接受的国际公约，已有187个国家和地区加入。联合国教科文组织主导的世界遗产保护运动也成为全球治理的典范，为今后的全球治理提供了经验，将对世界政治、经济和文化的发展产生更为广泛而深远的影响。

1985年12月12日，经第六届全国人大常委会第十三次会议通过，中国加入《世遗公约》。

3.《保护非物质文化遗产公约》(简称《非遗公约》，联合国教科文组织第32届大会2003年10月17日通过于巴黎)

(1)背景

《世遗公约》定义的文化遗产，是以静态形式存在的物质文化遗产，不包括非物质文化遗产，故部分会员国提出由联合国教科文组织出台关于民间传统文化等非物质文化遗产保护的国际准则性文件。1989年，联合国教

福建南音表演。图片来源：厦门网(xmnn.cn)。

科文组织第25届大会通过了《建议案》，提出了“传统的民间文化”的概念，对民间传统文化的保护、振兴等方面制定了指导原则。1993年，联合国教科文组织执行局第142届会议作出决议，建立“人类活财富”制度。1997年，联合国教科文组织第29届大会通过了教科文组织宣布“人类口头遗产代表作”国际荣誉称号的决议。教科文组织第154届执行局会议考虑到“口头遗产”并不能涵盖全部遗产以及其与“非物质遗产”的不可分性，决定在“口头遗产”的后面加上“非物质遗产”。1998年出台的《非遗代表作条例》，正式提出了“人类口头和非物质遗产”的概念。5年后，产生了《非遗公约》。

(2)内容

《非遗公约》正文分为九章，共四十条。比照《世遗公约》，根据非物质文化遗产的特性，正文就制定公约的宗旨，非物质文化遗产的定义，国际保护机构和保护基金的设立，国家保护与国际保护的责任、方式和措施，国际合作与援助的目的、形式和条件等，作了具体的阐明和规定。

为了保证《非遗公约》的顺利实施，联合国教科文组织政府间保护非物质文化遗产委员会制定了《执行〈保护非物质文化遗产公约〉的业务指南》(又译《〈保护非物质文化遗产公约〉实施指南》)，在2008年6月召开的缔约国第二届常会上通过，又在2010年6月召开的缔约国第三届会议上通过了修正版。

(3)意义

①《非遗公约》充分说明非物质文化遗产的重要性及其保护的紧迫性，特别强调国际合作保护非物质文化遗产符合人类的整体利益，引导并促使各国及国际社会开展行动。

②《非遗公约》对非物质文化遗产做了明确的界定，使得人们对其有了清晰的认识。

③《非遗公约》弥补了《世遗公约》的不足。

④《非遗公约》汲取了世界各国保护非物质文化遗产的经验，尤其是借鉴了《世遗公约》实施以来的保护世界文化遗产的经验，制定得甚为完整系统，具有很高的科学性和很强的操作性。

⑤《非遗公约》体现了保障人权观念、民族平等意识和维护世界文化多样性的精神。

2004年8月28日，经第十届全国人大常委会第十一次会议通过，中国加入《非遗公约》，成为该公约的首批缔约国之一。

至2013年，《非遗公约》已有157个缔约国。

4.《保护和促进文化表现形式多样性公约》(简称《文化多样性公约》，联合国教科文组织第33届大会2005年10月20日通过于巴黎)

(1)背景

20世纪90年代以来，随着科学技术的快速发展，经济全球化程度日益加深。在此背景下，世界各民族都对其原来在全球舞台上的角色进行重新定位，世界各国越来越清楚地意识到民族文化多样性和丰富性正受到严重威胁。各国文化部长参加的国际会议相继召开，旨在讨论和呼吁加强对各国和各民族传统文化的保护，并且认识到具有多种多样表现形式的文化多样性是交流、革新和创作的源泉，对人类来讲就像生物多样性对维持生物平衡那样必不可少。2001年，《世界文化多样性宣言》出台。随后，联合国教科文组织制定并实施了相关行动计划，大力促进对文化遗产，尤其是非物质文化遗产的保护与利用。2003年10月，联合国教科文组织第32届会议通过决议，授权教科文组织总干事启动起草关于保护文化多样性国际公约的工作。

西班牙叠人塔。图片来源：人民网(people.com.cn)。

中国政府始终重视和支持此公约的制定，并在推动此公约诞生的过程中发挥了积极作用。

(2)内容

《文化多样性公约》正文分为七章，共三十五条，前有《序言》，后附《调解程序》。七章正文就目标与指导原则、适用范围、定义、缔约方的权利和义务、与其他法律文书的关系、公约的机构等做了说明和规定。

(3)意义

①《文化多样性公约》重申了《世界文化多样性宣言》的基本精神，确认了文化多样性是人类的一项基本特性，强调了文化多样性是人类的共同遗产而应当为了全人类的利益对其加以珍爱和维护。

②《文化多样性公约》弘扬了《世界人权宣言》的基本精神，肯定了保护文化多样性就是维护人权和主权，强调了世界各国享有平等的文化主权，提出了保护和促进文化表现形式多样性的八条指导原则：尊重人权和基本自由；主权；所有文化同等尊严和尊重；国际团结与合作；经济和文化发展互补；可持续发

展；平等享有；开放和平衡。

③《文化多样性公约》对文化多样性的概念作出了明晰的界定，并且说明其不仅体现在文化遗产上，也体现在文化产品上。

④《文化多样性公约》倡导和鼓励各国在保护文化遗产以维护世界文化多样性的同时，充分利用本国文化遗产以可持续地发展世界文化多样性，同时在平等互利的基础上，加强文化的交流互动以促进世界文化的繁荣发展。

⑤《世遗公约》和《非遗公约》，强调的是对具有地域性和特殊性的文化遗产的保护。《文化多样性公约》则在强调保护的基础上，进而强调了利用多样性的文化遗产资源发展多样性的文化产业，提供多样性的文化产品和文化服务，维护和保证人类文化的生命力和创造力，体现了国际社会对保护与利用文化遗产以发展经济文化的共识和愿望，从而对上述两个公约作了必要补充，并且与之共同构成了保护与利用文化遗产、维护和促进世界文化多样性的国际法体系。

⑥《文化多样性公约》标志着国际社会在保护和促进世界文化多样性方面迈出了关键的一步，也为各国制定和实施相关政策提供了强有力的法律依据，将对世界的文化发展和文化贸易产生积极的和规范性的影响。

2006 年 12 月 29 日，经第十届全国人大常委会第二十五次会议通过，中国加入《文化多样性公约》，成为此公约的首批缔约国之一。

5.《关于保护景观和遗址的风貌与特性的建议》(简称《建议》，联合国教科文组织第 12 届大会 1962 年 12 月 11 日通过于巴黎)

澳大利亚卡卡杜国家公园风景与岩画。图片来源：中国网(china.com.cn)。

(1)背景

20 世纪 50 年代，世界许多国家，尤其是欧洲国家在第二次世界大战后的经济复兴期中，大规模的土地开发、工程建设，尤其是城市的改造新建给自然景观、文化景观及文化遗址造成很大破坏，有识之士痛感如此下去将“使得全世界各个地区的文化、艺术甚至极重要的遗产濒于枯竭”，而景观和遗址对于人类生活必不可少，必须为保护世界各地的景观和遗址的风貌与特征采取必要措施，制定国际性文件要求各国对之进行保护。在有识之士的呼吁和倡议下，1960 年举行的联合国教科文组织第 11 届会议决定以制定和通过向成员国建议的形式的国际性文件作为下届会议的议题。

(2)内容

《建议》正文分为五大部分，共四十二条，就景观和遗址的风貌与特征的定义、文件总则、保护措施、保护措施的实施、公共教育作了具体的阐明和要求。

(3)意义

①《建议》首次对景观和遗址的风貌与特征下了明晰的定义：“系指保存并在可能的情况下修复无论是自然的或人工的，具有文化或艺术价值，或构成典型自然环境的自然、乡村及城市景观和遗址的任何部分。”

②《建议》首次提出保护景观和遗址，要求将自然的和人工的景观、遗存联系在一起予以共同保护，蕴含着保护世界文化和自然遗产的意识。

③《建议》确定了保护景观和遗址的一些重要原则，如保护措施“应适用于一国之全部领土范围，并不应局限于某些选定的景观和遗址”的全面保护原则，“为保护景观和遗址所采取的措施应既是预防性的，又是矫正性的”预防与矫正并重原则，等等。

④《建议》制定出保护的具体措施和实施保护措施的具体办法，对各国的景观和遗址保护具有很强的指导性。

⑤《建议》成为联合国教科文组织于 10 年后制定和通过《世遗公约》的前奏。

6.《关于历史地区的保护及其当代作用的建议》(简称《内罗毕建议》，联合国教科文组织第 19 届大会 1976 年 11 月 26 日通过于内罗毕)

(1)背景

20 世纪 70 年代，世界范围的现代化进程加快，世界许多国家和地区在大规模的城市化、现代化建设中毁坏了包括文化遗址和古老街区、城镇、乡村在内的历史地区，尽管已经有保护古迹、保护景观和遗址及保护世界文化遗产的国际文件出台，但仍未引起世界多数国家的高度重视，致使历史地区的存在状况更趋恶劣。为此，联合国教科文组织专门针对历史地区的保护制订并及时通过了这一重要文件。

(2)内容

《内罗毕建议》正文分为六大部分，共五十五条，就历史地区的定义、文件总则、国家及地区和地方政策、保护措施、研究与教育及信息、国际合作，做了详明的要求和阐释。

（3）意义

①《内罗毕建议》明确提出“历史地区”的概念，并将其定义为：“‘历史和建筑（包括本地的）地区’系指包含考古和古生物遗址的任何建筑群、结构和空旷地，它们构成城乡环境中的人类居住地，从考古、建筑、史前史、历史、艺术和社会文化的角度看，其凝聚力和价值已得到认可。在这些性质各异的地区中，可特别划分为以下各类：史前遗址、历史城镇、老城区、老村庄、老村落以及相似的古迹群。”

葡萄牙波尔图历史中心。图片来源：旅游窝（tripwo. com）。

②《内罗毕建议》反映文化遗产保护的认识深化和实践发展，即文化遗产保护不仅仅是对单个遗址、单一建筑或一组建筑群的保护，还需要对文化遗产富集的区域进行整体保护。

③《内罗毕建议》强调历史地区与其周围环境的不可分割关系，保护历史地区也必须保护其周围环境，即“每一历史地区及其周围环境应从整体上视为一个相互联系的统一体”，“历史地区及其周围环境应得到积极保护”。

④《内罗毕建议》阐发了维护世界文化多样性的观点，即“当存在建筑技术和建筑形式的日益普遍化可能造成整个世界的环境单一化的危险时，保护历史地区能对维护和发展每个国家的文化和社会价值作出突出贡献。这也有助于从建筑上丰富世界文化遗产”。

7.《保护民间创作建议案》（简称《建议案》，联合国教科文组织第25届大会1989年11月15日通过于巴黎）

（1）背景

1972年，联合国教科文组织在讨论和起草《世遗公约》时，有会员国提出也应关注和保护非物质类的文化遗产，但未能引起重视。次年，玻利维亚政府向联合国教科文组织提出了保护民俗（folk-lore）的提案，就本国音乐、舞蹈和口头文学等类型的民俗文化被盗用成为商业化的个人作品的严峻现实，希望教科文组织关注民俗，并在国际版权公约中增加予以保护的条款，建立“民俗文化财产的国际注册”体系。这一提案得到教科文组织和世界知识产权组织的重视，扩大版权法或立法保护民俗也成为许多国际会议的重要议题。《世遗公约》颁行以来，随着文化遗产保护的实践日益全面深入，人们也越来越深刻地认识到文化遗产不仅有以静态形式存在的物质化遗产，还有以活态形式存在的非物质化遗产，认识到以民间传统文化为主体的非物质文化遗产的重大价值和保护的必要性。于是，在许多国际著名的民俗学者的积极推动和参与下，联合国教科文组织对民间传统文化保护的问题进行了多次论证和讨论，就保护民间传统文化的必要性和操作性有了越来越深刻和明晰的认识，并在此基础上形成了一系列文件草案，最终产生了《建议案》。

秘鲁剪刀舞。图片来源：中国日报网(chinadaily.com.cn)。

(2)内容

《建议案》共八个部分，包括序言，民间创作的定义、鉴别、保存、保护、传播、维护，国际合作等。

(3)意义

①《建议案》首次阐明了关于民间创作或民间传统文化的重要价值和作用的国际共识，指出民间创作是人类的共同遗产，是促进各国人民和各社会集团更加接近以及确认其文化特性的强有力手段，在社会、经济、文化和政治方面具有重要意义，在一个民族的历史和现代文化中都占有重要地位。

②《建议案》强调了民间创作或民间传统文化的特性和保护的必要性，说明民间创作的传统形式存在着不稳定性，口头传说的不稳定性尤其突出，存在可能消失的危险。

③《建议案》首次对民间创作或民间传统文化作了界定。

④《建议案》首次较为系统地提出了民间创作或民间传统文化的保护措施和方法。

⑤《建议案》标志着联合国教科文组织主导的世界非物质文化遗产保护工作的正式开始，是世界非物质文化遗产保护事业的第一座里程碑。

⑥《建议案》为《非遗公约》的出台奠定了基础。

8.《国际古迹保护与修复宪章》(简称《威尼斯宪章》，第二届历史古迹建筑师及技师国际会议1964年5月31日通过于威尼斯)

(1)背景

20世纪60年代，人们越来越意识到人类价值的统一性和保护作为人类文明见证的古代遗物遗迹的必要性，世界各国也逐渐重视对古迹的保护。但是，如何保护和修复古迹，国际社会长期没能确定公认的基本原则，存在着“修旧如初”和“修旧如旧”的争议和做法。为了统一认识、确定古迹修复的基本原则，以便将古迹真实地、完整地保存下去，国际文物保护与修复研究中心组织召开会议并通过了《威尼斯宪章》。

土耳其希拉波利斯遗址。图片来源：土耳其第一中文门户网（tuerqi. info）。

（2）内容

《威尼斯宪章》分为六部分，共十六条，就历史古迹的定义、保护与修复古迹的宗旨、保护古迹的基本原则、修复古迹的基本原则、遗址发掘的基本原则和记录出版的基本要求作了简明扼要的阐述。

（3）意义

①《威尼斯宪章》首次阐明世界各国、各地区、各民族的古迹是人类历史的见证，是人类的共同遗产，而保护古迹是全人类的公共责任，即：“世世代代人民的历史古迹，饱含着过去岁月的信息留存至今，成为人们古老的活的见证。人们越来越意识到人类价值的统一性，并把古代遗迹看作共同的遗产，认识到为后代保护这些古迹的共同责任。”

②《威尼斯宪章》确立了真实性和完整性是保护文化遗产的两大基本原则。

③《威尼斯宪章》对历史古迹作出较为科学的定义，即：“历史古迹的概念不仅包括单个建筑物，而且包括能从中找出一种独特的文明、一种有意义的发展或一个历史事件见证的城市或乡村环境。这不仅适用于伟大的艺术作品，而且亦适用于随时光流逝而获得文化意义的过去一些较为朴实的艺术品。”

④《威尼斯宪章》提出了古迹保护包含保护古迹产生环境的观念，强调了古迹保护一般不可脱离其产生环境。即“古迹的保护包含着对一定规模环境的保护”，“古迹不能与其所见证的历史和其产生的环境分离。除非出于保护古迹之需要，或因国家或国际之极为重要利益而证明有其必要，否则不得全部或局部搬迁古迹”。

⑤《威尼斯宪章》确立了“保持原样”、“可以识别”、“保留各个时代叠加物”等古迹修复原则，即“修复过程是一个高度专业性的工作，其目的旨在保存和展示古迹的美学与历史价值，并以尊重原始材料和确凿文献为依据”，“任何不

埃塞俄比亚拉利贝拉岩石教堂。图片来源：环球网(huanqiu. com)。

可避免的添加都必须与该建筑的构成有所区别，并且必须要有现代标记”，“各个时代为一古迹之建筑物所做的正当贡献必须予以尊重，因为修复的目的不是追求风格的统一”等。

⑥《威尼斯宪章》提出的保护古迹的主要观念和基本原则，在其后的文化遗产保护实践中得到国际认同并发扬光大。它因而被认为是当代文化遗产保护史上一座影响深远的里程碑。

9.《奈良原真性文件》(奈良原真性会议 1994 年 11 月 6 日通过于奈良)

(1)背景

虽然《威尼斯宪章》确定了文化遗产保护的真实性原则，并被《操作指南》将真实性或原真性作为认定世界遗产的基本检验标准之一，但国际社会对文化遗产原真性的概念的理解和应用存有困惑，世界遗产委员会在认定世界遗产的操作上也存在困难。1992 年 12 月，在美国圣菲召开的世界遗产委员会第 16 次会议上，围绕着《操作指南》中的“原真性检验”的含义和标准，深入讨论了有关文化遗产原真性的问题。世界遗产委员会希望，在国际古迹遗址理事会建议的基础上，通过国际专家们的讨论，对文化遗产原真性的概念和应用作进一步的阐释。于是，1994 年 11 月，世界遗产中心与国际古迹遗址理事会、国际文物保护与修复研究中心合作筹办了在日本奈良举行的国际专家会议。来自 28 个国家的 45 名与会者，在会上主要讨论了与原真性定义和评估有关的综合性议题。

(2)内容

《奈良原真性文件》分“背景”、“建议”、“价值和原真性”、“定义”四个部分。其中“建议”、“价值和原真性”共十三条，“定义”是关于“保护”和“信息源”的界定。

(3)意义

①《奈良原真性文件》说明文化遗产信息源的可信性与真实性程度，是文化遗产的价值认定的必要基础，即：“对各种类型和各个历史时期的文化遗产的保护，根植于遗产自身的价值。我们对这些价值的理解能力，部分依赖用于理

奈良唐招提寺金堂。图片来源：央视网（cctv. com）。

解这些价值的信息源的可信性与真实性程度。对这些信息源的认识和理解，与文化遗产原初的和后续的特征有关，是评价遗产原真性所有内容的必要基础。”

②《奈良原真性文件》强调了原真性对于文化遗产的认定和保护的重要性，即：“原真性……得到《威尼斯宪章》认可，看来是评审遗产价值的本质因素。对原真性的理解，在文化遗产的所有科研中，在保护与修复规划中，也在《世遗公约》和其他文化遗产目录所采用的申报程序中，发挥着基础性作用。”

③《奈良原真性文件》阐明文件的基本精神源自《威尼斯宪章》，即：“《奈良原真性文件》构思于《威尼斯宪章》(1964 年)的精神之中。它以《威尼斯宪章》为基础，并顺应当代世界对文化遗产日益扩展的相关内容和利害关系，拓展这种精神。”

④《奈良原真性文件》阐发了文化遗产多样性与世界文化多样性的关系，以及保护世界文化多样性的必要性，即：“世界的文化多样性和遗产多样性，是人类精神丰富性和智慧丰富性的不可替代的源泉。对我们世界的文化多样性和遗产多样性的保护和加强，应作为人类发展的一个本质方面加以积极推动。”

⑤《奈良原真性文件》弘扬《威尼斯宪章》的基本精神，对真实性原则作了进一步阐明并对与之相关的重要问题作了深刻阐发，统一了国际社会对文化遗产“原真性”的认识和遵循原真性原则以保护文化遗产的应用方式，巩固地确认了原真性为文化遗产保护的首要原则，强化了文化遗产保护的世界意识。

10.《西安宣言——关于古建筑、古遗址和历史区域周边环境的保护》(国际古迹遗址理事会第 15 届大会 2005 年 10 月 21 日通过于西安)

(1)背景

20 世纪下半叶以来，世界范围内的城市发展与文化遗产保护的矛盾始终未能解决。尤其是在 20 世纪末，伴随着包括中国在内的亚太地区经济的高速发展而产生的城市化建设与文化遗产保护的矛盾更显突出。进入 21 世纪，城市化进程的急剧加快给古迹遗址及文化景观的保护带来了巨大的冲击，大量建筑和工业设施的疯狂扩张使得文化遗产，特别是其存在环境不断遭到破坏，以致文化遗产所具有的历史价值也日渐剥离。面对这种情况，世人更加强烈地意识到保护遗产周边环境的重要性和紧迫性，也不约而同地意识到以往对遗产环境概念认识的局限性。针对文化遗产保护实践中出现的新情况，为了总结古建筑、古遗址和历史区域保护的经验，提出解决在经济社会加速变化和发展的条件下充分保护古建筑、古遗址和历史区域的问题及实施的对策、途径和方法，国际古迹遗址理事会决定接受中国古迹遗址保护协会的邀请，于2005年10月在中国西安举行第15届大会。适逢国际古迹遗址理事会成立40周年，大会不仅举行以“古迹遗址及其周边环境——在不断变化的城镇和自然景观中的文化遗产保护”为主题的国际研讨会，还举行了一系列庆祝活动。

国际古迹遗址理事会第15届大会。图片来源：新华网·陕西(sn. xinhuanet. com)。

(2)内容

《西安宣言》分“导言”、“承认周边环境对古迹遗址重要性和独特性的贡献”、“理解、记录、展陈不同条件下的周边环境”、“通过规划手段和实践来保护和管理周边环境”、“监控和管理对周边环境产生影响的变化”和“与当地、跨学科领域和国际社会进行合作，增强保护和管理周边环境的意识”六个部分，正文共十三条。

(3)意义

①《西安宣言》总结了古迹遗址保护的历史经验，发展了《威尼斯宪章》、《世遗公约》等相关国际性文件的基本理念。

②《西安宣言》首次系统地确定了古迹遗址周边环境的含义，强调了保护古迹遗址周边环境的意义。

③《西安宣言》强调既要注重文化遗产的真实性，也要注重其完整性(包括古迹遗址相关的自然环境及其环境空间存在的非物质文化遗产等)，拓展了文化遗产保护的范围和内容，反映了文化遗产保护的新趋势和新要求，为今后的文化遗产保护提供了有力的理论依据，是促进各国文化遗产保护和可持续性发展的纲领性文件。

④《西安宣言》为文化遗产环境的认识、评估、管理、监测和保护等提供了较为全面而具体的实施方案、建议和指南。

⑤《西安宣言》是中国专家参与起草并在中国通过的国际文件，汲取了中国

文化遗产保护的成果，体现了中国文化遗产保护的认识(基于和谐统一的中国传统哲学思想而注重整体保护文化遗产)，反映出中国文化遗产保护在理论和措施上都跃入世界前列，融入世界文化遗产保护的主流。

五、中国文化遗产管理的法规文件举要

中国文化遗产的法规化管理，始于民国时期。

新中国成立后，政府高度重视文化遗产保护与利用，逐步建立文化遗产管理的法规体系，形成了以《文物法》和《非遗法》为主体，国务院及各地方政府、各相关部门制定的行政法规、部门规章为辅助的中国文化遗产保护法规体系。

1.《中华人民共和国文物保护法》(简称《文物法》，2013 年 6 月 29 日第十二届全国人民代表大会常务委员会第三次会议通过，国家主席令第五号公布并施行)

(1)立法过程

清东陵。图片来源：互动百科网(hudong.com)。

1982 年版《文物法》，总结了新中国成立后 30 多年的文物保护经验，在肯定 1961 年颁行的《文物保护管理暂行条例》确定的基本制度的前提下，立足解决改革开放以来出现的新问题，将文物保护工作中的一些行之有效的制度、措施升格为法律制度，共八章三十三条。后为加大对文物违法行为的处罚力度，1991 年 6 月 29 日，第七届全国人大常委会第三十次会议通过了《关于修改〈中华人民共和国文物保护法〉第三十条第三十一条的决定》。为配合《文物法》的实施，国务院及政府主管部门自 1982 年来颁布了以《中华人民共和国文物保护法实施细则》为代表的多部规章。1990 年后，1982 年版《文物法》在文物的保护力度、合理利用、管理制度等方面越来越不适应社会主义市场经济发展形势的要求。于是，国家文物局于 1996 年开始起草文物法修订稿，1998 年经文化部部务会议原则通过并上报国务院。国务院法制办在长达 3 年多的时间里，研究了国内外大量的相关法规，多次深入调研，广泛征求意见，经反复论证修改，形成新草案。2001 年，国务院常务会议讨论通过并上报全国人大。2001 年 10 月至 2002 年 10 月，第九届全国人大常委会先后对其进行了四次审议。又经反复调研、论证和审议，新修订的《文物法》得以通过。2007 年和 2013 年，全国人大常委会会议又先后通过了《关于修改〈中华人民共和国文物保护法〉的决定》和

《关于修改〈中华人民共和国文物保护法〉等十二部法律的决定》。

(2)立法宗旨

《文物法》坚持原法确定的立法宗旨和指导思想，着眼于加强文物保护、完善保护制度立法，说明保护文物是《文物法》的基点，立法的宗旨主要是加强文物保护、完善文物保护制度，并且通过文物的保护与利用来“继承中华民族优秀的历史文化遗产，促进科学研究，进行爱国主义革命传统教育，建设社会主义精神文明和物质文明”。

(3)法律原则

《文物法》特别增加了阐明文物工作根本方针和基本准则的第四条：“文物工作贯彻保护为主、抢救第一、合理利用、加强管理的方针。”这一方针的含义是：以文物保护为整个文物工作的中心任务，以抢救文物为首要工作，在确保文物安全和永久保存的前提下正确发挥文物的作用，将管理的强化作为实现文物有效保护与合理利用的基本保障。方针正确处理了文物保护与利用的关系，全面、完整、准确地反映了文物工作的本质属性和基本要求。

《文物法》确定的文物保护基本原则还有：文物保护与经济社会发展相协调；就地保护；相对集中收藏；保持原状；限定用途。

(4)主要内容

《文物法》共八章八十条，除总则外，就不可移动文物、考古发掘、馆藏文物、民间收藏文物、文物出入境管理及相关法律责任等作出了明确规定。

清西陵。图片来源：保定热线(bdinfo.net)。

(5)配套法规

①《中华人民共和国文物保护法实施条例》(2003年5月13日国务院第八次常务会议通过，国务院令第377号公布)

此条例共八章六十四条，对文物工作作了具体详尽的法律阐释和规定，明确了各级政府和各有关部门的权利、义务和工作程序，还就文物的勘探、发掘、买卖、展览等作了具体规定。

②文化部及国家文物局颁布了《文物保护工程管理办法》、《文物行政处罚程序暂行规定》等30余个部门规章和规范性文件。

(6)法律特性

①《文物法》阐明了“中华人民共和国境内地下、内水和领海中遗存的一切

太原晋祠圣母殿(作者摄)

文物，属于国家所有”和“国有文物所有权受法律保护，不容侵犯”、“国有不可移动文物不得转让、抵押”和“不得作为企业资产经营”的严正立场和基本原则。

②《文物法》将文物工作方针以法律形式确定，明确了各级政府负责本地文物工作的职责。

③《文物法》广泛借鉴了外国的文化遗产法规、主要的相关国际公约和文件，与《世遗公约》总的原则和精神是相通的、一致的，国际社会公认的物质文化遗产保护的具体原则和制度也根据国情在法律中得到充分反映。

④《文物法》在保留 1982 年版原法确定的正确原则和良好制度的基础上，对原法的内容作了较大的修订和扩充，阐明的文物工作方针和政策更加符合中国社会主义市场经济发展的现实要求，对加强文物保护管理的要求更加明确，有关文物保护的原则和法理也表达得更为清晰和严谨，法律规定更加明确且具有可操作性，完善和强化了文物保护的各项管理制度和措施，从而使得这部新修订和修正的法律更具有权威性。

⑤《文物法》阐明了文物的保护与利用关系，肯定了利用文物促进经济社会发展的必要性和现实性。

⑥《文物法》完善了法律责任规定，明确了文物行政执法权力，加大了对违法的惩处力度。

(7)颁行意义

①1982 年颁布的《文物法》，是新中国文化领域颁行最早的一部大法。经过修订和修正的新《文物法》，则是一部更为完整、系统、科学、权威的保护中国物质文化遗产的国家法典。

②《文物法》为文物保护提供了较严密的法律保障。

③《文物法》为合理利用文化遗产以服务现实、促进发展提供了法律依据。

2.《中华人民共和国非物质文化遗产法》(简称《非遗法》，2011 年 2 月 25 日第十一届全国人民代表大会常务委员会第十九次会议通过，国家主席令第四十二号公布，2011 年 6 月 1 日起施行)

(1)立法过程

中国政府一直高度重视非物质文化遗产的保护，近 30 年来也不断加强对非物质文化遗产的保护。随着全球化、工业化和城市化的进程加快，中国社会也在发生急剧变化，非物质文化遗产依存的社会环境日益恶化，迫切需要通过立法来加强保护。特别是中国积极参与《非遗公约》的制定并于2004年成为缔约国后，也要根据《非遗公约》规定的各缔约国应该“采取适当的法律……措施”来保护、展示和传承本国的非物质文化遗产。因此，近10年来，文化部致力于推动非物质文化遗产保护的立法工作。

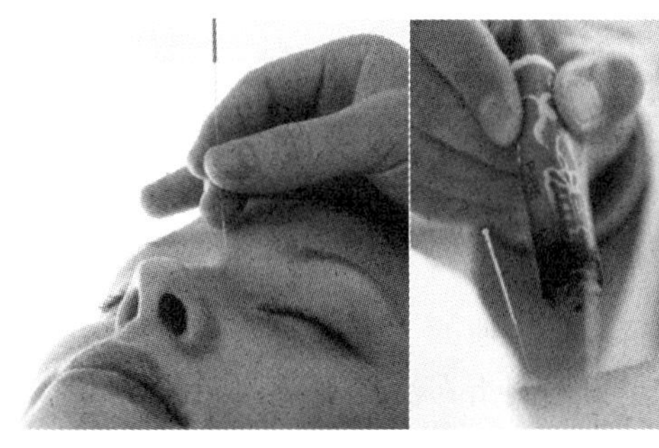

中医针灸。图片来源：39健康网(39.net)。

20世纪90年代，全国人大教科文卫委员会在对西南一些省市进行民间文化的调查后，向文化部提出了研究起草民族民间传统文化保护法的建议。2002年8月，文化部向全国人大教科文卫委员会报送了民族民间文化保护法的建议稿。中国加入《非遗公约》后，为了更好地与国际公约接轨，全国人大教科文卫委员会决定由文化部牵头，组织有关方面的力量，对原有的文本加以修改和补充。2005年开始，文化部成立的立法工作小组在总结实践经验、广泛调查研究的基础上，起草了《非遗法(草案送审稿)》，于2006年9月报请国务院审议。国务院法制办在审查过程中，会同有关部门进行了认真的修改和完善，形成了《非遗法(草案)》。2010年6月，国务院第115次常务会议讨论通过并将其正式提请全国人大常委会审议。同年8月，全国人大常委会初次审议并对其提出了许多建设性意见。随后，文化部配合全国人大法工委在各地进行调研，再次征求有关部门和专家意见。同年12月，全国人大常委会对《非遗法(草案)》进行了第二次审议，进一步充实和明确了其内容。

(2)立法宗旨

《非遗法》总则说明，为了继承和弘扬中华民族优秀传统文化，促进社会主义精神文明建设，国家对非物质文化遗产采取认定、记录、建档等措施予以保存，对具有历史、文学、艺术、科学价值的非物质文化遗产采取传承、传播等措施予以保护。这一宗旨基于保存和保护中国非物质文化遗产，建立和完善非物质文化遗产的保护制度，同时阐明应该利用非物质文化遗产为现实经济社会发展服务，可谓将以往主要体现在党和国家相关文件中的基本精神以法律的形式予以确认。

(3)主要内容

《非遗法》共六章四十五条，除总则外，分别对非物质文化遗产的调查、代表性项目名录、传承与传播、法律责任等作了具体规定。

(4)法律原则

《非遗法》阐明了非物质文化遗产保护工作的两大原则：①应当注重其真实性、整体性和传承性；②应当有利于增强中华民族的文化认同，有利于维护国家统一和民族团结，有利于促进社会和谐和可持续发展。

这两大原则是中国非物质文化遗产保护经验的高度概括和总结，是中国在保护实践中遵循非物质文化遗产传承、衍变规律，处理好有关民族、宗教问题以及传统文化中的精华与糟粕等问题的基本依据。

(5)法律特性

①《非遗法》不仅对传统文化表现形式的保护、保存作了规定，还对与之相关的实物和场所的保护、保存作了规定；既与《非遗公约》的基本精神保持一致，又与《文物法》相联系；具有理论上的先进性、操作上的可行性，体现出鲜明的中国特色。

②《非遗法》规定了根据非物质文化遗产的价值采取不同的处理措施，即对各类非物质文化遗产采取认定、记录、建档等措施予以保存，对体现中华民族优秀传统文化，具有历史、文学、艺术、科学价值的非物质文化遗产采取传承、传播等措施予以保护。

③《非遗法》规定了非物质文化遗产保护的三项制度：调查制度、代表性项目名录制度、传承与传播制度，从而以法律形式确立了中国非物质文化遗产保护的制度体系，保证中国非物质文化遗产既能得到全面保存，又能得到重点保护，还能通过传承与传播而发展。

④《非遗法》明确了各级政府的责任，定位于以行政保护为主，鼓励和支持社会各方面的组织、人士积极参与非物质文化遗产的展示和传承。

⑤《非遗法》强调对文化遗产的合理利用，鼓励和支持合理利用非物质文化遗产代表性项目开发具有地方、民族特色和市场潜力的文化产品和文化服务。

⑥《非遗法》尊重知识产权，阐明应当依据有关法律、行政法规的规定使用涉及知识产权的非物质文化遗产。

(6)颁行意义

①《非遗法》是文化领域颁行的第二部大法，与《文物法》相辅相成、构成一体，基本完善了中国文化遗产法律体系，为中国文化遗产的全面、有效保护与合理利用提供了法律保障。

②《非遗法》适应了文化多样性发展的世界潮流，彰显了中国维护人类文化多样性的决心和努力，是中国为促进世界非物质文化遗产保护、维护人类文化

多样性作出的积极贡献。

③《非遗法》填补了中国非物质文化遗产保护以往只有地方法规而无国家法律的立法空白，使得中国非物质文化遗产保护与利用有法可依，在中国文化建设立法中具有里程碑的意义，将对继承和弘扬中华民族优秀传统文化，增强民族凝聚力和创造力，推动文化的大发展大繁荣产生重大而深远的影响①。

3.《风景名胜区条例》(2006 年 9 月 6 日国务院第 149 次常务会议通过，国务院令第 474 号公布，2006 年 12 月 1 日起施行)

(1)修订背景

风景名胜区指具有观赏、文化或者科学价值，自然景观、人文景观比较集中，环境优美，可供人们游览或者进行科学、文化活动的区域。其人文景观也即文化遗产的展示。风景优美且人文景观丰富的区域，即构成为文化景观或双重遗产。

中国国家级风景名胜区徽志

1982—2012 年，国务院先后公布了 8 批共 225 处国家级风景名胜区，各地方政府公布的省级风景名胜区有 737 处，景区总面积占到国土总面积的 2.02%②。其中，有 32 处国家级风景名胜区和 8 处省级风景名胜区已成为世界遗产地。

1985 年 6 月，国务院曾颁布《风景名胜区管理暂行条例》。《暂行条例》对加强风景名胜区的保护，合理利用风景名胜资源，起到了积极的作用。但随着我国改革的深化和社会主义市场经济的发展，《暂行条例》已经不能适应风景名胜区管理工作的需要，在实践中出现了一些亟待解决的问题。

2006 年 8 月，国务院完成对 1985 年颁布的《暂行条例》的全面修订，删去了“暂行”二字。

(2)主要内容

《风景名胜区条例》共七章五十二条，除总则外，主要规定了风景名胜区的设立、规划、保护、利用与管理等内容，远较仅十七条的《暂行条例》丰富完整，而且突出了对风景名胜资源的严格保护与合理利用。

(3)条例特性

---

① 蔡武：《〈非物质文化遗产法〉出台具有里程碑意义》，载《人民日报》2011 年 3 月 2 日。

② 《中国风景名胜区事业发展公报(1982—2012)》，住房和城乡建设部 2012 年12 月4 日发布。

①《条例》明确了国家对风景名胜区实行科学规划、统一管理、严格保护、永续利用的原则，明确了风景名胜区的概念、设立原则和分级，明确了风景名胜区与自然保护区的关系，明确规定风景名胜区内的土地、森林等自然资源和房屋等财产的所有权人、使用权人的合法权益受法律保护。

②《条例》对风景名胜区规划的编制、审批、修改、地位等作了具体明确的规定，特别规定未经规划禁止一切开发建设。

③《条例》明确了设立风景名胜区管理机构的主体地位及行政职责，政企分开，门票收入和风景名胜资源有偿使用费实行收支两条线管理。

④《条例》对风景名胜区内的有关违法行为确定了严格的法律责任，破坏风景名胜可追究刑事责任。

(4)颁行意义

①《条例》将风景名胜区的管理工作进一步纳入法制化、规范化的轨道。

②《条例》对风景名胜区内文化遗产依存的自然环境的整体和有效保护提供了法律保障。

③《条例》确定了风景名胜区的管理制度，强化了风景名胜区的各项管理措施，既利于风景名胜区的整体保护，又利于发挥和提高风景名胜区的社会效益和经济效益，促进经济社会的发展。

4.《历史文化名城名镇名村保护条例》(2008 年 4 月 2 日国务院第三次常务会议通过，国务院令第 524 号公布，2008 年 7 月 1 日起施行)

(1)制定背景

1982 年至今，由于国家级历史文化名城、名镇、名村及省级历史文化名镇、名村的评选公布和管理加强，中国已基本形成历史文化名城、名镇、名村的保护体系。不过，其保护还存在许多困难和问题。例如，有的地方保护意识薄弱；不少地方重建设轻保护，将文化遗产保护与城乡发展对立起来；一些地方依法行政力度不够，不严格执行保护规划，导致古城古镇格局、历史街区的传统风貌、遗存周围的历史环境被破坏等；还有保护资金不足、历史文化资源存量不清等问题。为了进一步加强保护，国务院在《文物法》相关规定的基础上，制定了这部专门法规。

北京市门头沟区爨底下村(作者摄)

(2)主要内容

《历史文化名城名镇名村保

护条例》共六章四十八条，就历史文化名城、名镇、名村的保护与管理的原则、申报与批准的标准和程序、保护规划的编制、保护措施、法律责任等作了具体规定；强调历史文化名城、名镇、名村应当整体保护，保持传统格局、历史风貌和空间尺度，不得改变与其相互依存的自然景观和环境；强调保护工作中政府、单位、社会团体、个人都有责任，要建立起利益沟通和协调合作机制。

(3)条例特性

①《条例》确立了历史文化名城、名镇、名村的文化遗产保护体系，本着城乡统筹、城乡一体化的思想保护文化遗产。

②《条例》既要求保护历史文化名城、名镇、名村，还要求保护历史文化街区和古旧建筑等不可移动文物；既重面的整体保护，又重点的个体保护，而且要求采取不同的保护方法。

③《条例》具体规定了从申报、审批、规划到实施的程序、内容和要求，尤其是明确规定了各项保护措施，严密、完整、系统而可操作性强。

④《条例》明确了政府、开发商、社会大众等各责任主体的行政责任、经济责任、民事责任和刑事责任。

⑤《条例》与《文物法》、《城乡规划法》等相关法规紧密衔接。

(4)颁行意义

①《条例》充分体现了中国政府对历史文化名城、名镇、名村保护的高度重视，反映了中国文化遗产保护理念所发生的深刻变化，即由过去重视文物保护单位的个体保护到重视文化遗产的整体保护，改变了以往没有具体法规可依的状况。

②《条例》在制度上明确了历史文化名城、名镇、名村保护的目标、措施、方法和标准，在法律上明确了致使文化遗产遭到破坏的人员的责任，为有效保护历史文化名城、名镇、名村及其街区、相关文化遗产提供了坚实的法规保障。

③《条例》突出了文化遗产保护的一些基本原则，如科学规划、严格保护、整体保护、传统格局、历史风貌、维护真实性和完整性、建设控制地带等。因此，它的公布实施，实际上是中国文化遗产保护法规体系的进一步完备和发展。

六、中国文化遗产管理法规建设的成就与问题

1930 年，国民政府颁布的《古物保存法》，标志着中国文化遗产管理的法规建设的起步。1931 年，国民政府行政院颁行了《古物保存法施行细则》。1935 年，国民政府行政院依据《古物保存法》及其《施行细则》制定并颁布了《采掘古物规则》。1946 年，国民政府将古物保护写进了宪法。1946 年国民大会通

过、1947年南京国民政府颁布的《中华民国宪法》第166条规定："国家应奖励科学之发明与创造，并保护有关历史文化艺术之古迹古物。"

新中国成立后，政府高度重视文化遗产保护与利用，也逐步建立了文化遗产管理的法规体系。1950年，中央人民政府政务院颁布了《禁止珍贵文物图书出口暂行办法》。同年，政务院还颁行了《古文化遗址及古墓葬之调查发掘暂行办法》，对考古发掘的申请、批准、条件、方法和出土文物的保管等作了明确规定。其第十五条规定：

> 凡地下埋藏及发掘所得之古物、标本概为国有，由中央人民政府文化部及当地之大行政区人民政府或军政委员会文教部协商处理，交中央或地方博物馆保管。其情形特殊者，得先交由该发掘团体从事研究，但该团体于研究完毕后，仍应将各种记录材料研究结果及古物送中央或地方博物馆公开展览，以供全国人民及学术界之观览及研究。

此后，中央政府又颁布了一些专门保护文物的法规。1961—1965年，国务院颁布《文物保护管理暂行条例》及一些相关规章。1982年12月，继《文物法》颁布之后，第五届全国人大第五次会议通过并公布了《中华人民共和国宪法》修订版。其第二十二条明确规定国家保护文化遗产："国家发展为人民服务、为社会主义服务的文学艺术事业、新闻广播电视事业、出版发行事业、图书馆博物馆文化馆和其他文化事业，开展群众性的文化活动。国家保护名胜古迹、珍贵文物和其他重要历史文化遗产。"

玉琮（良渚遗址出土）。图片来源：中国文物网（wenwuchina.com）。

20世纪八九十年代是中国法制建设大发展时期，政府相关部门颁行了一系列的文化遗产管理方面的重要法规。除上述之外，还有如《中华人民共和国水下文物保护管理条例》、《中华人民共和国考古涉外工作管理办法》等。

2002年，新修订的《文物法》正式颁行。2003年，国务院颁行了《中华人民共和国文物保护法实施条例》。

近年来，为加强对文化遗产与自然遗产的保护，中国政府高度重视遗产保护的立法工作，连续颁行了几部专门的法规或规章，如《风景名胜区条例》、《长城保护条例》、《历史文化名城名镇名村保护条例》、《文物保护工程管理办法》、《博物馆管理办法》、《世界文化遗产保护管理办法》、《国家级非物质文化遗产保护与管理暂行办法》等。

2011年，《非遗法》由全国人大常委会通过并颁行。

截至2012年，中国现行有效的文化遗产保护法规性文件已有500余件，初步建立起较为完备的文化遗产保护法规制度体系。

这些重要法规的颁行，使得中国文化遗产保护与利用的法规体系日益完善，显示出中国文化遗产保护与利用的法规建设的辉煌成就。

不过，目前的法规建设仍不能很好适应文化遗产以及与之相关遗产的保护要求与利用需求，还存在诸多问题，主要是：

①关于国家文化和自然遗产保护，现有的建筑、森林、地质等法律法规和管理办法都有所涉及，但这些多是行业性法规文件，部分法规并未上升到遗产保护的高度来加以明确。相关法律法规之间的不吻合，制约了国家遗产事业的发展。

②《文物法》、《非遗法》的颁行，虽然基本完善了文化遗产保护的法律体系，但两法只是基本法律，与之配套并与相关法律协调的法规还不够完备，尤其是《非遗法》的配套法规还有待制定，故仍难以满足现在和将来国家全面保护文化遗产的要求。

③一些重要的行业或类别管理立法定规滞后，导致管理混乱。如博物馆的管理，长期未能制定权威的法规，仅据部门规章进行管理，以致定位不清、主体单一、社会化程度低、藏品来源少、文物保护状况差①。民间博物馆的管理，尚无具体法规可依。

④一些较早颁行的法规，已经不太适应文化遗产事业发展的需要，致使当今出现的新情况、新问题无法可依而难以管理，必须根据现实、着眼发展而及时修订。如近年违法的海底捞宝现象日趋严重，可1989年颁行的《中华人民共和国水下文物保护管理条例》过于简约笼统，已经不能有效地保护中国的水下文物所有权和打击猖獗的盗捞、抢捞行为②。又如土地流转前的考古发掘、民间收藏文物的流通登记等问题，也没有明确的法规规定。

⑤近年颁行的《风景名胜区条例》、《历史文化名城名镇名村保护条例》等法

① 据《法制日报》2013年2月1日报道，拟订多年的《博物馆条例(草案)》已由文化部报请国务院审议。

② 2011年12月，国家文物局和国家海洋局在北京联合召开了我国管辖海域内文化遗产联合执法工作会议，会议审议通过了《国家文物局国家海洋局水下文化遗产联合执法工作职责》。单霁翔在讲话中指出，将采取探明家底、完善法律和加强管理、强化执法等措施，切实保护好我国海域中珍贵的水下文化遗产。

规，是对中国文化遗产保护与利用的法规体系的重要补充和完善，但国家的法律和国务院的法规所作的规范都较为原则，还需要具体的行政法规、地方性法规、部门规章甚至专属规章与之配套以有效实施。

荆州古城楼(作者摄)

国家治理需要依法治国，文化遗产管理也必须依法管理。国家的法制建设是一个复杂而长期的过程，文化遗产管理的法规建设也不可能一蹴而就，需要根据国家文化遗产事业的发展而逐步完善以形成完备的体系。

第四节　文化遗产的教育化管理

保护与利用文化遗产仅靠少数行政管理人员和专业人士是远远不够的，还需要广大民众热情参与并且形成自觉的行动。无论是文化遗产管理的行政人员和专业人士，还是参与文化遗产管理的广大民众，都需要通过教育才能从事或参与管理。

教育化管理，是文化遗产管理的重要方式。

一、文化遗产教育化管理的含义

文化遗产教育化管理采用的教育概念是广义的，既包括学校教育，也包括社会教育，即在社会生活中采用各种方式对人的身心发展施加影响的教育。

文化遗产教育化管理，就是在社会生活中，通过各种方式使人们了解和深化对文化遗产的认识，从而自觉地严格保护与合理利用文化遗产。

二、文化遗产教育化管理的地位和作用

人类传授经验与知识的教育，源于人类的社会实践活动，也是伴随和促进人类社会发展的重要活动形式。在当今知识经济和信息化社会时代，教育的作用越发重要，地位愈加突出。

文化遗产的管理者只有通过教育，才能具有管理的理论知识和专业知识，也才能对文化遗产的保护与利用实施有效的管理。文化遗产的保护与利用只有

通过社会化的教育，使得广大民众充分认识到其意义和要求，才能真正实现其目的。因此，文化遗产教育，是文化遗产保护与利用的基础，关系到文化遗产保护与利用的全局。文化遗产的教育化管理，是文化遗产管理的先导，关系到文化遗产管理的成效。

明定陵。图片来源：互动百科网(hudong.com)。

三、文化遗产教育化管理的要求

联合国教科文组织及各国政府都高度重视文化遗产的教育化管理，其颁发的关于文化遗产的法规和重要文件也都明确要求进行文化遗产教育。

1. 联合国教科文组织相关公约中的要求

(1)《世遗公约》Ⅵ教育计划

> 第二十七条　1. 本公约缔约国应通过一切适当手段，特别是教育和宣传计划，努力增强本国人民对本公约第一和二条中确定的文化和自然遗产的赞赏和尊重。2. 缔约国应使公众广泛了解对这类遗产造成威胁的危险和根据本公约进行的活动。
>
> 第二十八条　接受根据本公约提供的国际援助的缔约国应采取适当措施，使人们了解接受援助的财产的重要性和国际援助所发挥的作用。

(2)《非遗公约》

> 第十四条　教育、宣传和能力培养

各缔约国应竭力采取种种必要的手段，以便：

(a)使非物质文化遗产在社会中得到确认、尊重和弘扬，主要通过：

(i)向公众，尤其是向青年进行宣传和传播信息的教育计划；

(ii)有关群体和团体的具体的教育和培训计划；

(iii)保护非物质文化遗产，尤其是管理和科研方面的能力培养活动；

(iv)非正规的知识传播手段。

(b)不断向公众宣传对这种遗产造成的威胁以及根据本公约所开展的活动。

(c)促进保护表现非物质文化遗产所需的自然场所和纪念地点的教育。

第十五条　社区、群体和个人的参与

缔约国在开展保护非物质文化遗产活动时，应努力确保创造、延续和传承这种遗产的社区、群体，有时是个人的最大限度的参与，并吸收他们积极地参与有关的管理。

2. 中国相关法律中的要求

(1)《文物法》

高校师生参观非物质文化遗产展览(作者摄)

第十一条　文物是不可再生的文化资源。国家加强文物保护的宣传教育，增强全民文物保护的意识，鼓励文物保护的科学研究，提高文物保护的科学技术水平。

第四十条　文物收藏单位应当充分发挥馆藏文物的作用，通过举办展览、科学研究等活动，加强对中华民族优秀的历史文化和革命传统的宣传教育。

第五十二条　国家鼓励文物收藏单位以外的公民、法人和其他组织将其收藏的文物捐赠给国有文物收藏单位或者出借给文物收藏单位展览和研究。

(2)《非遗法》

> 第三十四条　学校应当按照国务院教育主管部门的规定，开展相关的非物质文化遗产教育。
>
> 新闻媒体应当开展非物质文化遗产代表性项目的宣传，普及非物质文化遗产知识。
>
> 第三十五条　图书馆、文化馆、博物馆、科技馆等公共文化机构和非物质文化遗产学术研究机构、保护机构以及利用财政性资金举办的文艺表演团体、演出场所经营单位等，应当根据各自业务范围，开展非物质文化遗产的整理、研究、学术交流和非物质文化遗产代表性项目的宣传、展示。

另外，中国政府发布的相关文件中，如国务院办公厅印发的《意见》、国务院下发的《通知》等，都对保护文化遗产的教育、宣传有着明确要求。

四、文化遗产教育化管理的基本原则

文化遗产管理要取得良好的效果，必须遵循一些基本原则。

1．目的性原则

教育是极为广泛的，人类社会实践和社会生活的内容皆可纳入教育。但文化遗产的教育化管理，则必须有明确的目的。其目的是由文化遗产管理的要求所决定的。文化遗产管理的要求，是使文化遗产得到有效保护与合理利用。文化遗产教育在方针、措施等方面，都要围绕文化遗产保护与利用制定和展开，从而使接受教育的管理人士及广大民众明确保护与利用文化遗产的意义，并且或多或少地具备保护与利用文化遗产的知识，自觉地从事或参与文化遗产的保护与利用，于是也就取得了教育化管理的实效。

2．科学性原则

首先，文化遗产具有历史、艺术、科学等多方面的价值，文化遗产的研究就是科学研究，传播保护与利用文化遗产知识的教育也就是科学知识教育，且不可违背其本身的科学性；其次，采用什么方法、手段、措施来有效地传播保护与利用文化遗产的知识，也需要讲究科学性；再次，文化遗产教育应纳入教育学的知识体系，不能违背教育学的基本规律。因此，文化遗产教育化管理必须遵循科学性原则。

3．理论与实践相结合原则

对文化遗产的认识，是对文化遗产进行研究的结果。对文化遗产的全面深刻的认识，必然是上升到理论高度的认识。文化遗产研究也必然构建其研究的理论体系。传播文化遗产知识，就必须注重文化遗产研究的理论。可是，文化遗产研究构建的理论体系，主要是为文化遗产的保护与利用服务的。文化遗产的保护与利用，又是具体的实践活动。因此，文化遗产知识的传播，既要有理论的证明和阐说，又要有实践的考察和运用，从而使得接受者既对文化遗产有理论认识，又能从事或参与文化遗产的具体管理。理论与实践相结合的原则，正是文化遗产教育化管理应该遵循的原则。

《文物保护法》学习辅导讲座。图片来源：互动百科网(hudong.com)。

4．普及与提高相结合原则

文化遗产的教育化管理，既需要通过职业化的学校教育来培养从事文化遗产管理的专业人士，又需要通过社会化的大众教育来形成参与文化遗产管理的热心人士。专业人士的培养，当然是重在提高其文化遗产管理的理论知识及其应用能力。热心人士的形成，则需要在社会上普及文化遗产的相关知识以及保护与利用文化遗产的基本方法。文化遗产管理的要求决定了其为专业人士和广大民众的共同管理，文化遗产的教育化管理也不可偏废普及与提高，而必须遵循普及与提高相结合的原则。

五、文化遗产教育化管理的实现途径

文化遗产的教育化管理，是通过培养从事文化遗产管理的专业人士和了解文化遗产保护与利用知识的广大民众来实现的。因此，其实现途径也就是传播文化遗产知识、培养文化遗产管理人才的途径。

1．学校教育

现代的大学，早就设置了与文化遗产管理密切相关的专业或课程，如历史、文献、考古、博物馆、民族、民俗等。但是，这些专业和课程并非着眼于文化遗产保护与利用的需要而设置的。随着世界范围的文化遗产保护热潮在20世纪下半叶兴起并且持续升温，世界各国日益重视文化遗产的保护与利用，各国高校也开始着眼于文化遗产管理而设置专业和课程，培养相关管理人才。西方如英、德等国，在20世纪90年代就已开始培养文化遗产研究生。

中国政府高度重视文化遗产教育。21世纪初，中国开始设置文化遗产管理方面的课程并尝试设置文化遗产管理的本科及研究生专业。

2. 职业培训

职业培训，既可以在学校进行，也可以在工作单位以及社会各种相关机构进行。

文化遗产管理的职业培训，旨在提高从事文化遗产管理的工作人员的理论知识和实践技能。文化遗产的政府主管部门，目前非常重视这项职业培训。

3. 社会宣传

社会宣传也就是大众教育。利用社会服务机构、文化设施和采用社会活动方式进行有目的的施加于人们身心影响的活动，也就是社会化的大众教育。

文化遗产管理的社会宣传，可以充分利用一切社会服务机构、文化设施和各种社会活动方式，将文化遗产保护与利用的意义和知识传播到家喻户晓、人人皆知，并且引导和激励广大民众自觉参与文化遗产的保护与利用，从而使文化遗产得到有效的管理。

广州越秀山镇海楼(作者摄)

进行文化遗产的社会宣传，可以利用的社会文化、服务机构和设施主要有：(1)博物馆、文物保护单位、文化遗产地(包括含有文化遗产的风景名胜区)；(2)群众艺术馆、文化馆、文化站；(3)图书馆、科技馆、展览馆；(4)报社、杂志社、出版社；(5)电台、电视台；(6)互联网。

第五节　文化遗产的市场化管理

自古以来，古董文物可在交易市场买卖；现代社会，名胜古迹可入旅游市场经营。既然如此，文化遗产的市场化管理也可谓由来已久。

当前，文化遗产作为经济资源的重要性日益突出。为了加强文化遗产的保护，利用文化遗产发展社会经济文化，除了需要高度重视和不断加强对文化遗产的行政化、法规化和教育化管理外，无疑也需要高度重视和不断加强文化遗产的市场化管理。

一、文化遗产市场化管理的含义

文化遗产的市场化管理，就是让文化遗产管理的主体与客体在市场中，依据法规的规定，通过适应供求关系的变化，发挥竞争机制的功能，实现文化遗产的管理者和管理对象的最优配置，从而达到保护与利用文化遗产的预期目标。

二、文化遗产市场化管理的必要性

文化遗产市场化管理的必要性，具体说来主要有以下几点：

(1)古董文物的市场交易由来已久，至今古玩旧货市场日益兴隆，文物拍卖、文物网络交易活动也日益频繁，市场化管理的传统不仅延续，而且更待发扬。

(2)古迹名胜和传统民族民间文化为旅游业利用和开发方兴未艾，文化遗产已经成为社会经济文化发展的重要资源，加强市场化管理则可充分地利用文化遗产发展经济文化。

(3)通过市场化管理、采取积极保护的措施，可以经营收益弥补文化遗产保护经费的不足。

(4)采用市场经济的法则和方式管理文化遗产，有利于激励和调动全社会个人和单位参与文化遗产保护与利用的积极性。

三、文化遗产市场化管理的特征

文化遗产的市场化管理，有同属于市场化管理的基本表征，即同样要以经济利益为导向，激励个人与企业积极参与文化遗产的保护与利用，同样要适应供求关系的变化以实现保护与利用文化遗产的各种资源和要素的最优配置，同样要坚持开放性以最大限度地引入保护与利用文化遗产的各种资源和要素，同样要鼓励竞争以促进和提高文化遗产保护与利用的效益，同样要保证、监督在市场化条件下参与文化遗产保护与利用的个人和企业在国家法规的规范下有序地运作。

不过，文化遗产又有其不同于市场交易的一般商品的特殊性。其特殊性在于：文化遗产是不可再生、不可替代的资源；具有重大价值的文化遗产基本上是属于全民所有而不可用于市场进行实物交易的资源，基本上是隐形存在而不变更所有权的市场交易的资源。文化遗产的这些特殊性，决定了文化遗产市场化管理的特殊表征。

(1)专业性。文化遗产的市场化管理，是针对文化遗产这一不可再生、不

天津古文化街。图片来源：河南旅游资讯网(hnta.cn)。

可替代资源的市场化管理，从事文化遗产经营的人员，都应该且必须具备一定的关于文化遗产的价值、保护与利用的原则和使命等专业基础知识，国家相关法规对此也有比较明确的规定。正像文化遗产的行政管理部门具有很强的专业性一样，文化遗产市场化管理也要求管理主体与管理客体都具备一定的专业条件。否则，经营者会因为无知而损坏文化遗产。

(2)公益性。文化遗产在根本上为全民所有的属性，决定了文化遗产的利用必须坚持公益性。具有文化遗产经营权的个人或组织，都应该且必须遵循为公众服务的原则，绝不可为谋取高额利润而导致广大民众难以见识文化遗产。文化遗产的市场化管理，必须突出其公益性。

(3)有限性。市场化管理不可能是无限的，文化遗产的特殊性决定了其市场化管理的有限性更为突出。文化遗产的经营需要有专业知识的条件，意味着从事文化遗产经营的企业和人员是很有限的。另外，对于文化遗产的利用，必须以有效保护为前提、以永续利用为目的，故文化遗产的经营者，不能像经营一般产品那样为追求经济利益最大化而一次性或过度地利用文化遗产资源。文化遗产的市场化管理，对文化遗产的经营有着明确而严格的限制。

(4)服务性。属于国家所有、具有重大价值的文化遗产，并不用于市场交易而出让其有形的使用价值，主要是通过展示其历史、艺术、科学诸方面的价值而直接或间接地产生经济效益。因此，文化遗产的经济价值是由其文化价值派生出来的。经营文化遗产，实际上主要是提供让人们自如、舒适、安逸、真切地观赏的服务获取经济收益。文化遗产的市场化管理，即突出体现其服务性。

四、中国文化遗产市场化管理的基本法规

1.《文物法》及其《实施条例》第五章

(1)民间收藏文物管理

民间收藏主体的权利有四：依法获得并占有文物；依法使用并通过使用文物获得一定经济利益；依法处置文物；要求文物行政部门对其收藏的文物提供

鉴定、修复、保管等方面的咨询。

民间收藏主体的义务有三：不得以交换、依法转让的名义从事文物商业经营活动；不得将国家禁止出境的文物转让、出租、质押给外国人；运送、邮寄、携带所收藏的文物出境，必须依法领取文物出境许可证。

国家鼓励民间收藏文物的利用，限制其主体的随意处置。

(2)文物经营管理

文物经营的主体，20 世纪 50 年代以前是私营古董商，50 年代被改造为商业性质的国营文物单位，1960 年改为实行企业经营管理方法的文化事业单位，1974 年改为国营文物商店。1982 年，《文物法》规定了国有文物商店的独营权①。1996 年颁布的《中华人民共和国拍卖法》，规定了拍卖企业也可依法经营文物。2004 年，国家文物局印发了《关于加强国有文物商店改制管理工作的通知》，要求规范审批，依法推进国有文物商店的转企改制工作。

《文物法》界定的"文物经营"概念为：依法设立的文物商店或经营文物拍卖的企业依照法规从事的文物买卖、拍卖活动的总称。

经营主体是文物商店和拍卖企业，特点有三：单位而不是个人；只能是具有法定资格的企业；只能具有一种文物经营业务而不得兼有两种文物经营业务。

艺术品拍卖现场。图片来源：国际在线(cri.cn)。

关于文物经营投资主体的限定(不允许)有五种情形：文物行政部门的工作人员；文物收藏单位；境外自然人、法人和其他组织；文物商店不得从事文物拍卖经营；文物拍卖企业不得从事文物购销。

文物商店设立的条件和许可程序。条件：200 万元人民币以上的注册资本；5 名以上取得中级以上文博专业技术职称的人员；有保管文物的场所、设

① 1981 年国家文物事业局颁行的《文物商店工作条例》第一条指出：文物商店是国家设立的文物事业单位。在其内部实行企业管理。它的主要任务是通过商业手段，收集流散在社会上的文物使之得到保护，为博物馆(院)和有关科研部门提供藏品和资料，并把完成这一任务作为检验文物商店工作成绩的重要尺度。同时，将一般不需要由国家收藏的文物投放市场，满足国内文物爱好者需要，或为国家创造较高的外汇收入。

施和技术条件；符合法规规定的其他条件。程序：经营者按规定申请；省、自治区、直辖市以上人民政府文物行政部门审批。

拍卖企业从事文物经营的条件和许可程序。条件：依法设立的企业；1000万元人民币以上的注册资本；5名以上取得文博专业技术高级职称的人员；申领到国务院文物行政部门发给的文物拍卖许可证。程序：经营者按规定申请；国务院文物行政部门审批；决定批准的发给文物拍卖许可证。

2003年，国家文物局根据《文物法》及其《实施条例》、《中华人民共和国拍卖法》制定并颁行了《文物拍卖管理暂行规定》。

文物商店和拍卖企业交易的文物，应在销售或拍卖前经文物行政部门审核，并将其基本资料送交文物行政部门备案。文物行政部门对文物商店和文物拍卖企业实行监督检查。拍卖企业交易的珍贵文物，国家享有优先购买权。

2.《非遗法》的相关规定

《非遗法》没有对非物质文化遗产的开发利用作出市场化管理的具体规定，但强调国家鼓励和支持面向市场开发利用非物质文化遗产资源。其第三十七条说明：

> 国家鼓励和支持发挥非物质文化遗产资源的特殊优势，在有效保护的基础上，合理利用非物质文化遗产代表性项目开发具有地方、民族特色和市场潜力的文化产品和文化服务。
>
> 开发利用非物质文化遗产代表性项目的，应当支持代表性传承人开展传承活动，保护属于该项目组成部分的实物和场所。
>
> 县级以上地方人民政府应当对合理利用非物质文化遗产代表性项目的单位予以扶持。单位合理利用非物质文化遗产代表性项目的，依法享受国家规定的税收优惠。

东北二人转。图片来源：中国网(china.com.cn)。

开发利用非物质文化遗产而形成的文化产品和文化服务，必然要进入市场，也当然应有相应的市场化管理。只是非物质文化遗产的传承现状是，直接利用非物质文化遗产的文化产品和文化服务的市场化程度较低，远不能像古代艺术品那样在市场上交易获利。况且，开发利用非物质文化遗产的文化产品和文化服务，进入市场后即由相关管理机构依据相关的市场经营法规进行管理。

五、文化遗产市场化管理的现状与问题

1. 外国文化遗产市场化管理举例

(1)英国

由于历史原因，英国的文化遗产丰厚。英国政府十分重视文化遗产管理，并且将重要文化遗产的所有权归属国家，设有政府管理机构。不过，政府管理机构却不直接控制和经营文化遗产，而是授权或委托具有相当独立性的文化公益单位(博物馆、艺术馆等)或文化中介机构，实行英国式的公共服务私营化、市场化政策，采取的是政府不直接介入的“臂距原则”(源自英国大学对资助者的态度——与资助者保持一定距离，接受其资助而不受其控制)。

(2)法国

由于文化遗产丰厚，法国中央政府直接管理的文化遗产不到总量的5%，剩余的一半由地方政府管理、一半由私人管理。因此，法国政府发动和引导全社会的组织和个人参与文化遗产管理。保护法兰西文化遗产，已经成为法国的社会共识和广大民众的自觉行动。

(3)意大利

根据国情，意大利实行文化遗产私营化政策，即文化遗产所有权属于国家，政府负责文化遗产的保护，由私人或非政府组织进行非赢利性开发利用的经营，政府管理部门则严格控制门票价格并严予监督，从而形成意大利特有的文化遗产管理模式。

概而言之，西方发达国家文化遗产的市场化管理都十分严格，管理方式则各有千秋。其市场化方式的选择和市场化程度的深浅，都因国情而定，主要是因国家财力而定。美国和日本这样的富裕国家，文化遗产管理的市场化程度就低一些。西欧国家虽然重视市场化管理，但都坚持了公益性原则。

2. 中国文化遗产市场化管理的现状与问题

(1)文物市场的繁荣与问题

20世纪80年代以来，中国的文物市场日益繁荣，大中城市皆有文物市场，文物交易量巨大，文物买卖的从业人员众多。近几年井喷式行情出现在各地的文物古玩市场上，一件鼻烟壶竟能卖到几百万元，一件清代官窑瓷器拍卖到几千万元也不足为奇。始建于1992年的北京潘家园旧货市场，是经营民间旧货、工艺品、收藏品、装饰品的假日市场，如今已成为全国人气最旺的古旧物品市场、品类最全的收藏品市场和规模最大的民间工艺品集散地，年交易额高达数亿元。艺术品拍卖市场更是火爆，名家遗作的拍卖价格往往呈几何级数增长。2013年，国家文物局公布的文物拍卖企业已有379家，国内经营性艺

术品的网站也有200多家。近几年，中国各地的艺术品拍卖会上的天价拍品之多，成交量之大更令世人惊叹①。

北京潘家园古玩市场。图片来源：北京网（www. beijing. cn）。

大建古玩城、大兴拍卖企业，已是许多地方大力发展文化产业的重要内容。

当前文物市场存在的主要问题是：

①文物经营审批把关不严，监管力度不够，经营场所过多过滥。

②一些经营者违反国家规定，超范围经营文物监管品，或以假充真、以次充好，或用“托儿”哄抬价格，以至赝品泛滥、卖假拍假成风，损害消费者利益。

长沙清水塘古玩街。图片来源：长沙旅游网（www. csta. gov. cn）。

③非法倒卖国家禁止流通的文物，特别是倒卖出土（水）文物的活动非常猖獗。

④无证经营者和非法交易场所众多，致使合法的文物市场冷冷清清，非法的文物市场热热闹闹。

⑤管理法规缺失或疏漏，让经营者不遵职业操守而肆无忌惮。

古董文物不是一般的商品，文化遗产的市场化管理，既要尊重市场规律，又不能完全遵循市场规律，管理复杂，难度甚大。国家主管部门曾多次严厉整顿文物市场，但收效甚微，目前正在加大管理力度、完善管理制

① 参见文化部副部长宋新潮2011年1月11日在南京举行的全国文物拍卖管理工作座谈会上的总结讲话：《努力推动我国文物拍卖市场健康规范有序发展》，见国家文物局网（www. sach. gov. cn）/政务信息/领导讲话；2011年11月17日下发的《文化部关于加强艺术品市场管理工作的通知》。

度。文物市场机制的健全，文物流通秩序的规范，是一个长期的过程。

(2)旅游产业的兴旺与问题

依托丰富的文化遗产资源，中国的旅游业日益兴旺，成为中国第三产业的主要支柱之一和国民经济极具活力的增长点之一。中国政府明确将旅游业作为国民经济战略性支柱产业来培育。

第十届世界旅游旅行大会开幕式(连品洁摄)。图片来源：人民网(people.com.cn)。

2010年5月25日，由中国国家旅游局和北京市人民政府联合举办、以“旅游，世界第一大产业，迈向新领域”为主题的第十届世界旅游旅行大会，在北京隆重开幕。世界旅游组织秘书长塔勒布·瑞法在致辞中表示，中国是世界上一流的旅游目的地国，是引领世界旅游业发展的国家。中国将发展旅游业作为国家发展战略的一部分，极富远见，给其他国家树立了典范。国家旅游局局长邵琪伟在致词中说：“改革开放30年来，中国旅游业保持了年均近20%的增速。去年，中国旅游市场规模达20亿人次，旅游总收入达1.29万亿元人民币(2000亿美元)，旅游直接就业人数达1100万人，旅游业增加值占全国GDP的比重超过4%。”从近两年的统计数据来看，中国旅游业的增速更快。据世界旅游组织预测，到2015年，中国三大旅游市场人数将超过35亿人次，成为世界第一大入境旅游接待国，第四大出境旅游客源国，并形成世界上最大的国内旅游市场①。2011年12月，国家旅游局发布的《中国旅游业“十二五”发展规划纲要》确定的发展目标是：到2015年，旅游业总收入达到2.5万亿元，年均增长10%，初步建设成为国民经济的战略性支柱产业和人民群众更加满意的现代服务业。

不过，中国旅游业依然存在不少制约其发展的问题。其利用文化遗产发展旅游业在管理上的主要问题是：

①文化遗产实行属地管理，文化遗产管理机构由地方政府设置，地方政府以及地方文化遗产管理机构多以发展经济、创造经济收益为首要目的，文化遗

① 国家旅游局局长、中国旅游协会会长邵琪伟在中国旅游协会会长座谈会上的讲话，见国家文物局网(www.sach.gov.cn)/焦点新闻/中国旅游协会召开会长座谈会。

产或由其管理机构行使既管理又经营的一部门两块牌的运作，或交给企业经营而行使管理权与经营权分离的运作，在实践中普遍为逐利性压倒了公益性、利用冲击了保护，致使文化遗产遭到过度开发和不合理利用而受损严重，也影响到旅游业的可持续发展。

②文化遗产实行多头管理，旅游部门不承担文化遗产的保护责任，也较少考虑文化遗产的安全，主要追求的是经济效益，与承担文化遗产保护责任的部门缺乏有机的联系和很好的配合。目前，尚未建立起旅游管理部门与文化遗产管理部门顺畅合作和有效协调的机制，以致许多珍贵的文化遗产资源未能得到合理的开发利用，也就不能进一步扩大旅游市场规模。游客在旅游旺季被引导而蜂至少数著名文化遗产地，既有损于文化遗产，又令游客因人满为患而失去了重游的兴致。2009 年 8 月，文化部与国家旅游局联合下发《关于促进文化与旅游结合发展的指导意见》，提出要“建立文化部门与旅游部门协作配合长效工作机制，进一步加强对文化旅游结合工作的领导”。

陇南民间剪纸。图片来源：陇南旅游网(www.517ln.com)。

③现在的管理体制，一方面因多头管理致使管理工作不到位，另一方面又因属地管理致使地方保护主义严重。利用文化遗产发展旅游，缺乏跨地区的统一、科学的规划和共享共赢的合作。

④政府虽然大力强调利用文化遗产发展旅游，也提出了促进文化与旅游协调发展的指导性意见，但尚未制定出具体而系统的相关政策，配套法规也有待进一步完善。

⑤文化遗产作为旅游资源，还远未得到充分合理的利用。尤其是丰富多样的非物质文化遗产，如各地区、各民族的民间文艺、民间习俗、民间手工艺等，都还有待于旅游部门和文化部门的合作，通过旅游产品和旅游商品的开发予以充分利用。

“山不在高，有仙则名。水不在深，有龙则灵。”①文化是旅游的灵魂，文化遗产是旅游业的重要资源。只有切实解决利用文化遗产发展旅游业中存在的问题，才能促使旅游业持续兴旺，推进旅游业快速发展。

① 刘禹锡：《陋室铭》。

参考文献

一、相关重要文件

(一)联合国教科文组织文件

1. 武装冲突情况下保护文化财产公约.(联合国教科文组织 1954 年 5 月 14 日通过于海牙)

2. 关于保护景观和遗址的风貌与特性的建议.(联合国教科文组织第 12 届大会 1962 年 12 月 11 日通过于巴黎)

3. 保护世界文化和自然遗产公约.(联合国教科文组织第 17 届大会 1972 年 11 月 16 日通过于巴黎)

4. 实施《保护世界文化和自然遗产公约》的操作指南.(世界遗产委员会颁行,2005 年版)

5. 关于在国家一级保护文化和自然遗产的建议.(联合国教科文组织第 17 届大会 1972 年 11 月 16 日通过于巴黎)

6. 关于历史地区的保护及其当代作用的建议.(联合国教科文组织第 19 届大会 1976 年 11 月 26 日通过于内罗毕)

7. 关于保护可移动文化财产的建议.(联合国教科文组织第 20 届大会 1978 年 11 月 28 日通过于巴黎)

8. 保护民间创作建议案.(联合国教科文组织第 25 届大会 1989 年 11 月 15 日通过于巴黎)

9. 奈良原真性文件.(奈良原真性会议 1994 年 11 月 6 日通过于奈良)

10. 宣布"人类口头和非物质遗产代表作"条例.(联合国教科文组织第 155 届执行局会议 1998 年 11 月通过)

11. 世界文化多样性宣言.(联合国教科文组织第 31 届大会 2001 年 11 月 2 日通过于巴黎)

12. 保护水下文化遗产公约.(联合国教科文组织第 31 届大会 2001 年 11 月2 日通过于巴黎)

13. 保护非物质文化遗产公约.（联合国教科文组织第32届大会2003年10月17日通过于巴黎）

14. 执行《保护非物质文化遗产公约》的业务指南.（2008年6月16—19日《非遗公约》缔约国第二届常会通过，2010年6月22—24日《非遗公约》缔约国第三次会议修正）

15. 保护和促进文化表现形式多样性公约.（联合国教科文组织第33届大会2005年10月20日通过于巴黎）

（二）国际性文件

1. 国际古迹保护与修复宪章.（第二届历史古迹建筑师及技师国际会议1964年5月31日通过于威尼斯）

2. 历史园林保护宪章.（国际古迹遗址理事会1982年12月15日登记）

3. 保护历史城镇与城区宪章.（国际古迹遗址理事会第8届会议1987年10月通过于华盛顿）

4. 考古遗产保护与管理宪章.（国际古迹遗址理事会第9届会议1990年10月通过于洛桑）

5. 关于乡土建筑遗产的宪章.（国际古迹遗址理事会第12届会议1999年10月24日通过于墨西哥）

6. 关于工业遗产的下塔吉尔宪章.（国际工业遗产保护协会大会2003年7月17日通过于下塔吉尔）

7. 西安宣言——关于古建筑、古遗址和历史区域周边环境的保护.（国际古迹遗址理事会第15届会议2005年10月21日通过于西安）

（三）中华人民共和国文件

1. 中华人民共和国文物保护法.（2013年6月29日第十二届全国人民代表大会常务委员会第三次会议通过）

2. 中华人民共和国文物保护法实施条例.（2003年5月13日国务院第八次常务会议通过）

3. 关于实施中国民族民间文化保护工程的通知.（文化部、财政部2004年4月8日联合下发）

4. 关于加强我国非物质文化遗产保护工作的意见.（国务院办公厅2005年3月26日印发）

5. 关于加强文化遗产保护的通知.（国务院2005年12月22日下发）

6. 风景名胜区条例.（2006年9月6日国务院第149次常务会议通过）

7. 国家“十一五”时期文化发展规划纲要.（中共中央办公厅、国务院办公厅2006年9月13日印发）

8. 长城保护条例.（2006 年 9 月 20 日国务院第 150 次常务会议通过）

9. 历史文化名城名镇名村保护条例.（2008 年 4 月 2 日国务院第三次常务会议通过）

10. 文化产业振兴规划.（2009 年 7 月 22 日国务院常务会议通过）

11. 关于加快发展旅游业的意见.（国务院 2009 年 12 月 1 日下发）

12. 中华人民共和国非物质文化遗产法.（2011 年 2 月 25 日第十一届全国人民大会常务委员会第十九次会议通过）

13. 关于深化文化体制改革推动社会主义文化大发展大繁荣若干重大问题的决定.（2011 年 10 月 18 日中国共产党第十七届中央委员会第六次全体会议通过）

14. 国家“十二五”时期文化改革发展规划纲要.（中共中央办公厅、国务院办公厅 2012 年 2 月 15 日印发）

二、相关文集和论著

1. 国家文物局法制处. 国际保护文化遗产法律文件选编[M]. 北京：紫禁城出版社，1993.

2. 国家文物局法制处. 外国保护文化遗产法律文件选编[M]. 北京：紫禁城出版社，1995.

3. 吴良镛. 北京旧城与菊儿胡同[M]. 北京：中国建筑工业出版社，1994.

4. 复旦大学文物与博物馆学系. 文化遗产研究集刊(1～3 辑)[M]. 上海：上海古籍出版社，2000—2003.

5. 谭维四. 湖北出土文物精华[M]. 武汉：湖北教育出版社，2001.

6. 范敬宜等. 文物保护法律指南[M]. 北京：中国城市出版社，2003.

7. 中国世界遗产年鉴编撰委员会. 中国世界遗产年鉴 2004[M]. 北京：中华书局，2004.

8. 阮仪三. 城市遗产保护论[M]. 上海：上海科技出版社，2005.

9. 顾军，苑利. 文化遗产报告：世界文化遗产保护运动的理论与实践[M]. 北京：社会科学文献出版社，2005.

10. 徐嵩龄. 第三国策：论中国文化与自然遗产保护[M]. 北京：科学出版社，2005.

11. 李晓东. 文物学[M]. 北京：学苑出版社，2005.

12. 刘晓霞等. 文物保护法通论[M]. 北京：中国城市出版社，2005.

13. 杨巨平. 保护遗产　造福人类：世界文化遗产的保护与管理[M]. 北

京：世界知识出版社，2005.

14. 苏士澍. 中国文化遗产年鉴(2006)[M]. 北京：文物出版社，2006.

15. 郭万平. 世界自然与文化遗产[M]. 杭州：浙江大学出版社，2006.

16. 王文章. 中国非物质文化遗产保护论坛文集[M]. 北京：文化艺术出版社，2006.

17. 鲍勃·麦克切尔，希拉里·迪·克罗斯. 文化旅游与文化遗产管理[M]. 朱路平译. 天津：南开大学出版社，2006.

18. 张朝枝. 旅游与遗产保护：政府治理视角的理论与实证[M]. 北京：中国旅游出版社，2006.

19. 单霁翔. 城市化发展与文化遗产保护[M]. 天津：天津大学出版社，2006.

20. 单霁翔. 从“功能城市”走向“文化城市”[M]. 天津：天津大学出版社，2007.

21. 国家文物局. 中华人民共和国文化遗产保护法律文件选编[M]. 北京：文物出版社，2007.

22. 国家文物局. 国际文化遗产保护文件选编[M]. 北京：文物出版社，2007.

23. 中国艺术研究院，中国非物质文化遗产保护中心. 中国非物质文化遗产普查手册[M]. 北京：文化艺术出版社，2007.

24. 国家文物局. 文化遗产保护地方法律文件选编[M]. 北京：文物出版社，2008.

25. 于海广，王巨山. 中国文化遗产保护概论[M]. 济南：山东大学出版社，2008.

26. 刘世锦. 中国文化遗产事业发展报告(2008)[M]. 北京：社会科学文献出版社，2008.

27. 孙克勤. 世界遗产学[M]. 北京：旅游教育出版社，2008.

28. 国家旅游局. 中国旅游业发展“十一五”规划纲要·地方篇[M]. 北京：中国旅游出版社，2007.

29. 国家旅游局. 中国旅游业发展“十一五”规划纲要·专题篇[M]. 北京：中国旅游出版社，2008.

30. 费尔登·贝纳德，朱卡·朱可托. 世界文化遗产地管理指南[M]. 刘永孜等译. 上海：同济大学出版社，2008.

31. 张朝枝. 旅游与遗产保护：基于案例的理论研究[M]. 天津：南开大学出版社，2008.

32. 钟笑寒. 文物保护与旅游业发展[M]. 北京：清华大学出版社，2008.

33. 彭顺生. 世界遗产旅游概论[M]. 北京：中国旅游出版社，2008.

34. 祁述裕. 中国文化产业发展战略研究[M]. 北京：社会科学文献出版社，2008.

35. 单霁翔. 从“文物保护”走向“文化遗产保护”[M]. 天津：天津大学出版社，2008.

36. 单霁翔. 文化遗产保护与城市文化建设[M]. 北京：中国建筑工业出版社，2009.

37. 单霁翔. 走进文化景观遗产的世界[M]. 天津：天津大学出版社，2009.

38. 国家文物局. 中国文化遗产事业法规文件汇编(1949—2009)[M]. 北京：文物出版社，2009.

39. 徐新建. 文化遗产备忘录：2008中国高校文化遗产学论坛纪实[M]. 成都：四川大学出版社，2009.

40. 王鹤云，高绍安. 中国非物质文化遗产保护法律机制研究[M]. 北京：知识产权出版社，2009.

41. 复旦大学文物与博物馆学系，复旦大学文化遗产研究中心. 文化遗产研究集刊(第四辑)[M]. 上海：复旦大学出版社，2009.

42. 刘锡诚. 非物质文化遗产：理论与实践[M]. 北京：学苑出版社，2009.

43. 苑利，顾军. 非物质文化遗产学[M]. 北京：高等教育出版社，2009.

44. 顾江. 文化遗产经济学[M]. 南京：南京大学出版社，2009.

45. 荆州博物馆. 荆州重要考古发现[M]. 北京：文物出版社，2009.

46. 张晓明等. 2009年中国文化产业发展报告[M]. 北京：社会科学文献出版社，2009.

47. 张晓明等. 2010年中国文化产业发展报告[M]. 北京：社会科学文献出版社，2010.

48. 张晓明等. 2011年中国文化产业发展报告[M]. 北京：社会科学文献出版社，2011.

49. 刘世锦. 中国文化遗产事业发展报告(2009)[M]. 北京：社会科学文献出版社，2009.

50. 刘世锦. 中国文化遗产事业发展报告(2010)[M]. 北京：社会科学文

献出版社，2010.

51. 刘世锦. 中国文化遗产事业发展报告(2012)[M]. 北京：社会科学文献出版社，2012.

52. 单霁翔. 留住城市文化的“根”与“魂”：中国文化遗产保护的探索与实践[M]. 北京：科学出版社，2010.

53. 乌丙安. 非物质文化遗产保护理论与方法[M]. 北京：文化艺术出版社，2010.

54. 李墨丝. 非物质文化遗产保护国际法制研究[M]. 北京：法律出版社，2010.

55. 牟延林，谭宏，刘壮. 非物质文化遗产概论[M]. 北京：北京师范大学出版社，2010.

56. 全国人大常委会法制工作委员会行政法室. 中华人民共和国非物质文化遗产法释义及实用指南[M]. 北京：民主法制出版社，2011.

57. 康保成. 中国非物质文化遗产保护发展报告(2011)[M]. 北京：社会科学文献出版社，2011.

58. 康保成. 中国非物质文化遗产保护发展报告(2012)[M]. 北京：社会科学文献出版社，2012.

59. 中国社会科学院知识产权中心. 非物质文化遗产保护问题研究[M]. 北京：知识产权出版社，2012.

60. 高轩. 我国非物质文化遗产行政法保护研究[M]. 北京：法律出版社，2012.

61. 文化部对外文化联络局. 联合国教科文组织《保护非物质文化遗产公约》基础文件汇编[M]. 北京：外文出版社，2012.

62. 王云霞. 文化遗产法教程[M]. 北京：商务印书馆，2012.

63. 陈文海. 世界文化遗产导论[M]. 长春：长春出版社，2013.

64. 王文章. 非物质文化遗产概论(修订版)[M]. 北京：教育科学出版社，2013.

65. 王文章. 非物质文化遗产保护研究[M]. 北京：文化艺术出版社，2013.

66. 文化部非物质文化遗产司，非物质文化遗产保护法律法规资料汇编[M]. 北京：文化艺术出版社，2013.

67. 张杰等. 世界文化遗产保护与城镇经济发展[M]. 上海：同济大学出版社，2013.

后　记

人类历史的见证，有赖于文化遗产；人类未来的发展，有赖于文化遗产。

新世纪初，联合国教科文组织主导的世界遗产事业迈入了新的发展阶段，与世界接轨的中国文化遗产事业也在政府主导下蓬勃发展。“文化遗产”已成为世界流行的时尚语词，文化遗产的保护与利用则成为世界各国发展文化和经济的工作重点。

感受着国内外文化遗产保护与利用热潮的日益澎湃，意识到全社会对文化遗产保护与利用的知识宣传和人才培养的巨大需求，出自于保护文化遗产的责任感和传承民族文脉的使命感，笔者于 2003 年就思考在高校创办文化遗产本科专业，开展文化遗产及其保护与利用系统知识的教学。2004 年暑假，笔者与华中师范大学楚学研究所的同仁走访了北京、天津、上海等地的相关科研机构和设置了相关专业的高校，调研在高校设置文化遗产本科专业的必要性和可行性。通过调研，我们明确了设置文化遗产本科专业势在必行且事已可行，修改并完善了草拟的文化遗产本科专业培养计划和课程设置体系，向所在的历史文化学院正式提议创办文化遗产本科专业，得到学院领导的认同和支持。作为设置新专业的探索，学院领导决定先试办本科专业方向班，待条件成熟后兴办本科专业。经过一年的筹办，2006 年 6 月 9 日，华中师范大学举行国家首个文化遗产日暨历史文化学院文化遗产班成立庆祝大会。经过两年的探索，根据现实的条件和情况的变化，历史文化学院正式创办了文化遗产与文化产业本科专业并设置了硕士专业方向，于 2008 年开始招生。

专业教学，课程为先。因教学需要，从 2005 年起，笔者开始把主要精力转向文化遗产的研究与教学，开设了“文化遗产管理”和“文化遗产学概论”课程。教学需要将文化遗产及其保护与利用的知识系统化，研究需要将文化遗产及其保护与利用的知识理论化，而日益广泛深入开展的文化遗产保护与利用的实践，更需要构建为其作支撑和指导的系统化、理论化的知识体系。在教学、研究及相关考察中，笔者深感学界呼吁构建文化遗产学科知识体系的必要性和紧迫性。可是，文化遗产学科知识体系的构建尚且在学者们的探讨之中。是期待他人构建，还是自己参与构建？有道是："一人拾柴火不旺，众人拾柴火焰高。"作为毕生以研究历史文化、弘扬优秀传统文化为己任的笔者，参与构建自当责无旁贷。有鉴于此，笔者在编写课程教案的同时，不揣浅陋，试撰本书。现在，倾注八年心血的书稿终于完成，即将付梓。其中，筚路蓝缕之艰，以启山林之难，寸心所知。

笔者毕竟不是从事文化遗产保护与利用工作的专业人士，撰成这部力图全面系统地论述既包括物质的和非物质的文化遗产，也关涉自然遗产及其保护与利用的理论和方法，并构建出文化遗产学科知识体系的论著，难免有力不从心的遗漏和舛误，故撰写过程中战战兢兢，如履薄冰；付梓之际，更是唯恐有失，忐忑不安。不过，自己能够为文化遗产学科知识体系的构建奋力添砖加瓦、勇于抛砖引玉，岂不感到欣慰！

楚学研究所的同仁曾一度参与了本书部分初稿的撰写，学界的诸多师友在本书撰写过程中给予了大力帮助和支持，学校教务处对本书的撰写给予了立项资助。对此，笔者心存感激，自当铭记。

华中师范大学出版社将本书纳入出版计划，使本书得以顺利面世，在此谨致谢忱！

蔡靖泉

2013 年 12 月 31 日于武昌东湖之滨白水斋